STARSCHNITTE

SVEN MICHAELSEN

STARSCHNITTE

Interessante Menschen erklären sich und die Welt

DUMONT

Dieses Buch versammelt Auszüge aus Gesprächen, die der Autor für die Magazine
STERN, NEON, BIOGRAPHIE und PARK AVENUE geführt hat.

Erste Auflage 2006
© 2006 DuMont Literatur und Kunst Verlag, Köln
Alle Rechte vorbehalten
Bildnachweise am Ende des Bandes
Umschlag: Zero, München
Gesetzt aus der Clearface und der Knockout
Gedruckt auf säurefreiem und chlorfrei gebleichtem Papier
Druck und Verarbeitung: fgb · freiburger graphische betriebe
Printed in Germany
ISBN 10: 3-8321-7991-7
ISBN 13: 978-3-8321-7991-5

»Einander kennen? Wir müssten uns die Schädeldecken aufbrechen und die Gedanken einander aus den Hirnfasern zerren.«

Georg Büchner

Meiner Mutter

Inhalt

Vorwort 9

Woody Allen 10
Robbie Williams 15
Peter Ustinov 20
Harald Schmidt 25
Friedrich Dürrenmatt 32
George Tabori 35
Claus Peymann 38
Luc Bondy 40
Franz Xaver Kroetz 43
Will Quadflieg 47
Paulus Manker 49
Helmut Berger 50
Karl Lagerfeld 53
Wolfgang Joop 56
Vivienne Westwood 60
Alexander McQueen 62
Helmut Newton 63
Peter Lindbergh 68
Iris Berben 70
Veronica Ferres 72
Penélope Cruz 73
Udo Jürgens 74
Hugh Hefner 77
Hans Moser 79
Marcel Reich-Ranicki 82
Martin Walser 87
Peter Handke 94
Helmut Krausser 99
Walter Kempowski 100
Bernhard Minetti 103
Einar Schleef 104
Günter Lamprecht 108

Paulo Coelho 111
Siegfried Unseld 114
Thomas Brasch 116
Heiner Müller 117
Thorsten Becker 118
Armin Mueller-Stahl 120
Jurek Becker 122
John Updike 123
Elfriede Jelinek 126
Hans Werner Henze 127
Thomas Quasthoff 130
Kirk Douglas 132
Robert De Niro 135
Michael Caine 136
Joe Eszterhas 138
Robert Evans 139
Roman Polanski 142
Arnold Schwarzenegger 145
Wolfgang Petersen 148
Til Schweiger 150
Hanna Schygulla 151
Ingrid Caven 154
Peter Berling 156
Joachim Lottmann 157
Udo Kier 158
Peter Zadek 160
Gert Voss 162
Ben Becker 165
Josef Bierbichler 166
Benjamin von Stuckrad-Barre 168
Harald Juhnke 170
Heiner Lauterbach 171
Heinz Hoenig 174
Dieter Bohlen 176

Michael Ammer 178
Karl-Heinz (»Neger-Kalle«) Schwensen 180
Paul Bowles 183
Wolfgang Koeppen 184
Thomas Gottschalk 186
Sandra Maischberger 188
Robert Wilson 190
Bruno Ganz 192
Werner Herzog 193
Robert Hunger-Bühler 194
Volker Schlöndorff 195
Sönke Wortmann 196
Udo Lindenberg 197
Markus Lüpertz 198
Alice & Ellen Kessler 200
James Last 202
Heino 203
Christoph Schlingensief 204
Hella von Sinnen 206
Herbert Grönemeyer 207
Marius Müller-Westernhagen 210
Durs Grünbein 212

Peter Rühmkorf 213
Robert Gernhardt 214
Hans Magnus Enzensberger 216
Harry Mulisch 217
Heinz G. Konsalik 218
Robert Schneider 219
Salman Rushdie 220
Peter Sloterdijk 222
Michael (»Bully«) Herbig 224
Michael Mittermeier 225
Arthur Miller 226
Robert F. Kennedy, Jr. 228
Otto von Habsburg 230
Christoph Ransmayr 232
Sten Nadolny 233
Fatih Akin 234
Rolf Zacher 236
Thomas Kapielski 241

Dank 244
Bildnachweis 245
Index 246

Ich, allein

Venezianische Spiegel nannte man einst Spiegel, durch deren Rückseite sich hindurchblicken lässt. Das ist gewiss nichts Besonderes mehr. Schon lange gibt es das ab Fabrik, ganze Bankfassaden aus verspiegeltem Glas, Hotels, Pressehäuser, Autofenster, Sonnenbrillen. Sehen und nicht gesehen werden. Es ist ein Spiel.
Natürlich könnte man das alles auch ganz heftig ernst nehmen. Mit sabinechristianösem Augenaufschlag nach dem Stellenwert der Prominenz fragen. Nach den Gesetzen der Medien, des Marktes, den Strukturen der Öffentlichkeit. Nach der Bedeutung des Individuellen. Man könnte in den Texten dieses Buches die Mechanik der Exhibition und die Mechanismen der Intimität erforschen, Narzissmus, Voyeurismus. Geltungssucht und Identitätsverweigerung studieren. Autismus als Metapher für die Krankheit des 21. Jahrhunderts analysieren. Vor allem aber: Wie schön ließen sich an dieser Stelle die Leiden des Menschenreporters ausmalen, der am Ende, nach tausendundeinem Interview in den Bars und Hotellobbys, an den Pools und Kneipentresen zwischen Reeperbahn und Hollywood, von einem geradezu Schopenhauerschen Daseynsekel geschüttelt vielleicht nur noch Tiere um sich dulden mag, Blumen, zart bemooste Steine, und den Rest seiner Tage in stiller Betrachtung wogengleich gekämmten Sandes verbringt.
Ach was.
Es ist nur ein Spiel. Ein altes Spiel: Diskrete Fragen, indiskrete Antworten. Ein Spiel mit der Eitelkeit, mit dem Stolz, mit dem Witz. Ein Spiel mit der Darstellungslust und der Stilisierungssucht. Ein Spiel, gerade da, wo es um alles geht, um die Kunst, das Geld, die Liebe, den Sex. Und auch da, wo von den anderen die Rede ist, Gefährten, Geliebten, ob in Trauer oder im Tratsch, klatschlüstern oder voll sanfter Ergebung. Seien Sie ganz Sie selbst! Auch wenn das Ich ein anderer ist. Auch wenn es gar kein Ich gibt, sondern –

Aber das ist kein Verhör. Wir sind nicht auf der Wache. Auch nicht im Zimmer mit der Couch, auch nicht im Beichtstuhl und ganz gewiss nicht im Fernsehen, in einem dieser Gard-Talkstudios. Eher schon in einem Atelier. Das Spiel, das ist die Kunst, den anderen vor den Spiegel zu locken. Ihn in den Fragen sich erkennen zu lassen. (Daher oft das Erstaunen und Erschrecken hinterher: »Das soll ich gesagt haben?! Nie und nimmer. Das streichen wir!«)
Die Persönlichkeit, »das höchste Glück«, Goethe. Wir sehen sie sich winden, sich spreizen. Nach Worten suchen und vor Worten rasen, überwältigt. Wir sehen die Persönlichkeit posieren. Einen Hut aufsetzen, eine Jacke präsentieren, eine Geste anprobieren. Und Grimassen schneiden.
Doch dann kommt, vor dem Spiegel, immer der Moment, da man sich wirklich sieht. Moi seul: Nur ich, ich allein. Ich, allein.
Es ist ein Spiel – und noch ein Spiel, Spiel im Spiel: Plötzlich ist der Frager weg. Plötzlich sind die Fragen weg, gestrichen. Anders als in den meisten Interview-Büchern gibt es in diesem hier keine Stimme aus dem Off, keinen Dompteur, der ins Scheinwerferlicht tritt und die Peitsche schwingt, dass das Sägemehl spritzt. Keine Anweisung. Keine Nachfrage. Kein Insistieren, keine Replik. Das Interview wird zum Protokoll. Zurück bleiben die Antworten, die Posen, die gestotterten oder allzu eloquenten Meinungen und Ansichten, die Eingeständnisse. Zurück bleibt der Text, der nichts als das Selbst enthält, staunenswert oder lächerlich.
Einen Moment lang nur wird es sichtbar, wie wir alle Wahrheit nur für einen Moment erkennen können, zwischen zwei Schnitten. Es ist der Moment, in dem das Auge im Spiegel das Auge trifft. Der Mann dahinter hat es gesehen.

Benedikt Erenz

Woody Allen   Regisseur und Schauspieler
»Das Glück schreibt mit weißer Tinte«

Tragödien sind mir viel näher als Komödien. Ich bin ein Mensch, der bei einem eingewachsenen Zehennagel überzeugt ist, er wird sterben. Früher nahm ich mir dann vor, bis zu meinem Ende noch mit jeder Frau zu schlafen, die ich zu fassen bekomme, und all die Pizzas zu essen, die ich mir verbiete, weil sie schlecht für meine Gesundheit sind. Ich habe aber festgestellt, dass ich nicht zu denen gehöre, die in einem abstürzenden Flugzeug noch schnell mit ihrer Sitznachbarin Sex haben wollen. Ich bin ein energiearmer, gedämpfter Typ, der still und voller Rücksichtnahme auf andere aus dem Leben scheiden würde. ▎ Je depressiver ich bin, desto komischer sind meine Drehbucheinfälle. Wenn ich mich klein, niedergeschlagen und nichtswürdig fühle, gelingen mir sehr, sehr unterhaltsame Sachen. Und wenn ich dann spüre, dass ich amüsant bin, gerate ich in eine manische Anspannung, die mich noch amüsanter macht. Vielleicht ist dieses Hochputschen eine unbewusste Strategie meiner Seele, um mein angeschlagenes Selbstwertgefühl wieder aufzurichten. Hätte ich allerdings die Wahl, würde ich lieber weniger leiden und dafür in Kauf nehmen, weniger komisch zu sein. ▎ Zu meinem Unglück ist Glück kein produktiver Zustand. Glück oder eine sonnige Wesensart erzeugen keinen Impuls, sich künstlerisch auszudrücken. Das Glück ist entweder stumm oder es schreibt mit weißer Tinte – und dann bleiben deine Seiten leer. Schmerz dagegen stimuliert. Nur darf der Schmerz nicht zu groß sein, weil er dich sonst zum Krüppel macht. Ich kenne eine Menge Künstler, deren Fantasie und Gabe zu unterhalten durch einen Schmerz unwiederbringlich zerstört wurde. Alles hängt vom richtigen Grad des Leidens ab. ▎ Meine Mutter war der Meinung, ich sei bis zum vierten Lebensjahr ein fröhliches und optimistisches Kind gewesen. Dann sei mein Wesen ohne erkennbaren Grund versauert. Dabei habe ich nie etwas Tragisches erlebt. Meine Eltern prügelten mich nicht, sie kauften mir alle Spielsachen, die ich haben wollte, und ich wurde auch nicht plötzlich Vollwaise. Meine Theorie ist, dass ich damals anfing zu spüren, dass ich sterblich bin, und eines Tages alles das Klo runterrauschen wird – ich, meine Eltern, unsere Wohnung, die Nachbarn, eben einfach alles. Als ich begriff, dass das wahre Bild des menschlichen Lebens ein alles verschlingendes Toilettenrohr ist, verschwanden jede Niedlichkeit und alle Begeisterung aus mir. Stattdessen begann mein Körper Angst zu produzieren – und das hat bis heute nicht aufgehört. ▎ Aus Angst vor dem Tod habe ich bis zu meinem 40. Lebensjahr immer bei eingeschalteter Beleuchtung geschlafen. Wenn ich alleine bin, tue ich das heute noch, denn wer weiß, was die Dunkelheit verbirgt. ▎ Sterblich zu sein ist unglücklicherweise nicht bloß ein vereinzelter Gedanke von mir, sondern eine mich ständig verfolgende Obsession. Hinter jedem Menschen sehe ich stets dessen Skelett hervorlugen. Und wenn ich zuschaue, wie Michael Jordan mit dem Basketball zaubert, denke ich: »Wie bitter! In ein paar Jahren wird dieser herrliche Körper nur noch ein hässlicher Klumpen kranker Zellen sein.« Begegnet mir auf der Straße eine traumschöne Frau, sagt eine Stimme in meinem Kopf: »Mein Gott, was für ein infames Verbrechen! Irgendwann wird eine heimtückische Krankheit diesen himmlischen Körper für immer brutal entstellen.« ▎ Da ich von allem immer nur die negative Seite sehe, raten mir Seelenärzte mit sehr gutem Leumund, ich solle doch Antidepressiva nehmen. Diese Herren sagen mir, die Welt sei nicht annähernd so trübsinnig, wie ich sie wahrnehme, und ich müsse endlich begreifen, dass meine Perspektive nicht normal sei. Ich möchte aber keine Mittel schlucken, denn ich fühle, dass ich es bin, der Recht hat – nur sieht das eben keiner ein. Natürlich weiß ich, dass das der Standardsatz aller Insassen von Irrenanstalten ist. Aber auch Sie werden noch erleben müssen, dass Ihrem Leben kein Hollywood-Ende beschieden ist. ▎ Meine Psychoanalytiker reden seit Jahrzehnten auf mich ein, es sei doch widersinnig, dass ich mich ein Leben lang vor den paar Sekunden fürchte, in denen ich sterbe. Diese Leute finden meinen Pessimismus und meine dauernde Besessenheit vom Tod neurotisch. Ich verstehe aber nicht, wie jemand überhaupt an etwas anderes denken kann. Das kommt mir vor, als würde ein Häftling in Auschwitz sagen: »Was für herrliches

Wetter heute. Und die Essensration ist auch ein klein wenig größer als gestern.« Ich würde dem Mann zurufen: »Wach auf und begreif endlich: Du bist hier in einem Vernichtungslager!« Wir alle befinden uns in einem gigantischen Vernichtungslager. Ich sage Ihnen, was unsere Existenz auf diesem Planeten ausmacht: Nach ein paar Jahren Leben klopft es mitten in der Nacht an deiner Tür und eine fremde Stimme sagt: »Mitkommen! Sie sind schuldig!« Du wirst nie den Grund erfahren, warum ausgerechnet du es bist, der in dieser Sekunde ausgelöscht werden soll. Ich könnte diese schmerzliche Wahrheit natürlich mit Chemikalien betäuben, aber ich habe noch nie an einer Marihuana-Zigarette gezogen oder Kokain geschnupft. Ich schlucke nur Vitaminpillen, in dem Irrglauben, sie würden mir helfen. ■ An ein Leben nach dem Tod zu glauben ist lächerliches Wunschdenken. Je mehr Astrophysiker über das Universum lernen, desto klarer bestätigen sich meine schlimmsten Ängste. Unser Universum entstand bloß durch schieren Zufall und wird eines Tages durch einen kosmischen Rülpser vollständig ausgelöscht werden. Luft, Raum, Zeit, Mozart, Rembrandt, meine Filme – alles wird im Klo verschwinden und übrig bleibt nur komplette Leere, das reine Nichts. ■ Insgeheim spüren wir alle, dass unser eigentliches Schicksal die willkürliche Auslöschung ist. Unser Leben besteht darin, wie sich jeder auf seine Weise vor dieser Wahrheit drückt. Die einen benebeln sich mit Religion oder ausschweifendem Sex, andere mit politischer Macht oder Applaus im Showbusiness. ■ Meinen Film »Der Stadtneurotiker« wollte ich eigentlich »Anhedonismus« nennen, das ist die Unfähigkeit, dem Leben Freude und Vergnügen abzugewinnen. Die Verantwortlichen bei United Artists sagten aber: »Sorry, der Titel ist ein Marketing-Alptraum. Niemand weiß, was dieses Wortungetüm bedeutet, und wer es herausfindet, wird lieber zu Hause bleiben.« Wenn Sie also unbedingt ein Etikett für meine Weltsicht haben wollen: Ich bin Anhedonist. Ich habe allerdings so meine kleinen Strategien entwickelt, um Ablenkung und Zerstreuung zu finden. Ich schaffe mir Probleme, unter denen ich leide, die mich aber nicht töten – Filme! Wenn ich mich wochenlang mit einem Dialog herumquäle, muss ich mich nicht mit den unlösbaren Problemen meiner Existenz auseinander setzen. Am liebsten würde ich ganz in meinen Filmen leben, um mich vor der Realität zu verstecken – aber Ärzte nennen das Leben in Fantasiewelten nun mal eine Psychose. ■ Meine Filmerei ist wie Korbflechten in Irrenanstalten: Der Patient fühlt sich dabei etwas besser. ■ Die Welt, wie man sie auf der Kinoleinwand sieht, erscheint mir lebenswerter als die wirkliche. Das erklärt die Melancholie meiner Filme. ■ Ich habe einen sehr starken Willen, aber weil ich auch privat eine Eierkopf-Brille trage und nicht exakt den Körper von Bruce Willis habe, verwechselt man mich immer mit den schwächlichen und herumgeschubsten Kunstfiguren, die ich auf der Leinwand spiele. Ich kann das sogar verstehen. Ich würde auch nicht gern erfahren, dass John Wayne privat ein parfümierter, schwuler Feigling war. ■ Humoristen und Komödianten fürchten sich tief in ihrem Inneren vor Sex. Das Lachen ist für sie der Schutzmechanismus gegen Sex. ■ Eine der törichtsten Redewendungen im Englischen ist »He made his luck«. Glück ist weder machbar noch ein Verdienst. Würden wir begreifen, wie stark unser Leben von Zufällen bestimmt wird, würden wir umgehend wahnsinnig werden. Glück ist reine Glückssache. ■ Meine eigenen Filme sehe ich mir niemals an. Stellen Sie sich einen emsigen Koch vor, der den ganzen Tag am Herd verbracht hat. Der mag nach Feierabend nicht das essen, was er tagsüber gekocht hat. Genauso geht es mir mit meinen Filmen. Vom Drehbuch bis zur Farbkorrektur kümmere ich mich um alles, aber dann bin ich fertig und will den Film nie mehr wieder sehen. Meinen ersten Film »Woody, der Unglücksrabe« habe ich 1968 gedreht. Heute habe ich arge Mühe, mich an einzelne Szenen zu erinnern. ■ Ich galt als sehr kluges Kind, und nach einem IQ-Test wollte man mich auf eine Schule für Spitzenbegabte schicken. In Wahrheit habe ich meine Eltern für immer enttäuscht, als ich Filmemacher wurde. Sie hielten mich für ein Genie, dem eine rosige Zukunft bevorstand. Als sie dann meine Filme sahen, werden sie erschüttert gedacht haben: »Und das soll alles

sein, was aus diesem vortrefflichen Hirn entsprungen ist?«
▍ Weil ich in der High School nichts mit mir anzufangen wusste, schickte ich irgendwann ein paar Witze an die Zeitung. Und plötzlich sah ich meinen Namen gedruckt! Ein paar Monate später wurde ich Gagschreiber für Talkshows und verdiente 8000 Dollar im Monat – und das mit 17 Jahren. Meine Mutter verkaufte Blumen, und mein Vater hatte kleine Jobs als Kellner, Barmann, Taxifahrer und Schmuckverkäufer. Sie begriffen nicht, wofür ich dieses Vermögen bekam. ▍ Ich fand überhaupt nichts dabei, 50 Witze am Tag zu schreiben. Wer die Gabe geschenkt bekommen hat, einen Hasen zeichnen zu können, kann auch mühelos Hunderte anderer Tiere zeichnen. ▍ Meine Frau Soon-Yi hält mich für einen verdüsterten und sauertöpfischen Übertreibungskünstler. Ein Freund von uns hat ihre Meinung über mich ein Mal so zusammengefasst: »Für die meisten Menschen ist der Sarg halb leer. Für Woody dagegen ist der Sarg halb voll.« Dabei nehme ich mir jeden Morgen vor zu denken, das Glas ist nicht halb leer, sondern halb voll – nur bin ich in Wahrheit fest davon überzeugt, dass es gleich runterfällt. ▍ Wenn ich schwermütig bin, ignoriert mich Soon-Yi. Sie blendet mich aus wie einen schlechten Song im Radio und kümmert sich um die Kinder, damit die nicht auch noch durchdrehen. ▍ Bedauerlicherweise sind Kinder keine Therapie gegen Melancholie. Ich liebe es, zwei Kinder zu haben, aber als Junggeselle war ich nur von meiner eigenen Verwundbarkeit besessen. Jetzt muss ich mir auch noch dauernd ausmalen, was meinen Töchtern alles zustoßen kann. Meine Schwermut wird also immer schlimmer. Als ich Bechet das erste Mal in der Wiege liegen sah, konnte ich nur an eines denken: »Du armes kleines Ding, dies ist eine Welt aus Krebs und Nazis, aus Heuchelei und Betrug. Schon Sophokles sagte, das größte Geschenk sei, nicht geboren zu werden.« ▍ Mit Mia Farrow hatte ich oft einen Streit. Sie sagte, auch wenn sie in der nächsten Sekunde sterben würde, hätte sie jeden Moment ihres Lebens genossen. Ich erwiderte dann immer, ich würde es vorziehen, gar nicht erst geboren worden zu sein, weil mir dann die Erfahrung meines Todes erspart bliebe. ▍ Soon-Yi stammt aus Korea. Sie erzählt sehr gute Witze, aber versteht keine. Sie müssen sich das bildlich vorstellen: Ich, Woody Allen, erzähle einen wirklich grandiosen Witz, und meine Frau starrt mich bloß verständnislos an – als hätte sie taube Ohren! Wenn ich morgens beim Frühstück eine lustige Bemerkung mache, fragt sie: »Woody, wie meinst du das? Ist das jetzt dein Ernst?« Meine Frau ist wirklich kein einfaches Publikum. ▍ Meine Hypochondrie bringt Soon-Yi zur Raserei. Wenn ich schlecht geschlafen habe, denkt sie: »Oh mein Gott, jetzt will dieser Mann bestimmt wieder eine Computertomographie machen lassen, weil er glaubt, in seinem Gehirn wächst ein riesiger Tumor.« Und dann ist da noch mein Widerwille, etwas Neues zu erleben. Ginge es nach mir, würden wir Manhattan nie verlassen und stets in denselben drei Restaurants essen. Leider kriege ich von meiner Frau immer Sachen zu hören wie: »Warum müssen wir denn jeden Tag den gleichen Spaziergang machen? Lass uns doch mal ein Taxi nehmen und am Hudson entlanggehen.« Wahrscheinlich hat mich meine Lebensangst zu einem übersteigerten Gewohnheitsmenschen gemacht. ▍ Seit meiner Kindheit achte ich ängstlich darauf, meine Frühstücksbanane in exakt sieben Scheiben zu schneiden. Ich habe den Aberglauben, sechs oder acht Scheiben würden die empfindliche Balance des Universums zerstören. Und dann habe ich noch jede Menge neurotische Ticks. Ich kann zum Beispiel nur duschen, wenn der Abfluss nicht in der Mitte der Wanne ist, sondern am Rand. ▍ Ich wünschte, Soon-Yi würde nicht immer gleich so aus der Haut fahren, nur weil ich ein wenig schwerhörig bin. Ich habe zwar ein Hörgerät, das ich regelmäßig reinige und dauernd mit neuen Batterien versorge, aber da das Einsetzen so eine elende Fummelei ist, benutze ich es fast nie. Meine Frau schimpft dann immer:

»Jetzt setz endlich dein Hörgerät ein! Du bekommst ja gar nicht mit, was ich sage.« Dass ich so gerne in meiner tauben Welt lebe, ist eine Quelle vieler Konflikte zwischen uns. ❚ Niemand hat ein Rezept gegen Liebeskummer. Ich brauche auch keins, weil ich mit Soon-Yi extremes Glück habe. Wir sind wie Sadist und Masochist: Der eine schlägt für sein Leben gern, und der andere will unbedingt geprügelt werden. Wir sind wirklich die perfekte Paarung. ❚ Soon-Yi ist halb so alt wie ich. Dieses Ungleichgewicht tut uns gut. Ich habe einen fast väterlichen Blick auf sie, deshalb bin ich ihr nie richtig böse. Ich denke dann immer: »Nun ja, das Alter, sie ist halt noch ein Kind und weiß nicht so recht, was sie da sagt. In ein paar Jahren wird sich das schon bessern.« Wir hatten noch nie einen wirklich bitteren Streit, weil man für sein eigenes Kind fast unbegrenzte Liebe hat. Sie hat auch einen guten Einfluss auf mich, weil sie so lange Druck ausübt, bis ich aufgebe und sage: »Na gut, dann lass uns halt in Gottes Namen nach Europa fliegen.« Oder Silvester. Sie will ausgehen und feiern, und ich würde am liebsten bei uns zu Hause einen Film schauen, weil mir mit über 70 Silvesterpartys zum Hals raushängen. Natürlich gehen wir dann doch aus, und wenn ich ihr beim Feiern zuschaue, denke ich jedes Mal: Nur sehr verzweifelte Menschen verbringen Silvester alleine zu Haus. ❚ Wegen ihres Alters versteht Soon-Yi vieles nicht. Wenn ich über das Attentat auf Kennedy spreche, kommt ihr das vor, als würde ein greiser Historiker einen Vortrag über die Ermordung Abraham Lincolns halten. ❚ In meiner ersten Ehe führte jeder Streit zu einer grausamen Katastrophe, und hinterher liebten wir uns jedes Mal ein bisschen weniger. So wurde ein Meer zu einer Pfütze. Billy Wilder riet mir: »Gehe nicht gleich vor Wut durch die Decke, sondern lerne, mit Frauen zu streiten. Anfangs wirst du denken, du hättest es mit bösartigen Außerirdischen zu tun, aber irgendwann wirst du spüren, wie deine Wut langsam in dir zusammenfällt.« Da ich sehr viel Erfahrung mit Frauenbeziehungen habe, habe ich bei Soon-Yi nicht sehr viele Fehler gemacht. Ich bin inzwischen sehr tolerant und verständnisvoll, ich biete ihr ein äußerst komfortables Leben, und die Kinder haben es bei uns wirklich sehr gut. ❚ Manchmal verzweifle ich bei dem Gedanken, vielleicht nicht zu erleben, wie meine Töchter volljährig werden. Es ist keine Garantie, aber ich zähle darauf, dass ich die Gene meiner Eltern geerbt habe. Meine Mutter wurde 95 und mein Vater 100. Was wirklich schmerzt, ist der Gedanke an Soon-Yi. Ich könnte einen Euphemismus aus Grabreden verwenden und sagen: Ich werde vorangehen müssen. Aber die bittere Wahrheit lautet: Ich werde vor ihr sterben.

Robbie Williams Musiker
»Ich bin ein Mensch, der leicht verbeult«

Die früheste Kindheitserinnerung von Ihnen ist vielleicht, dass Sie ein Eis geschenkt bekommen. Meine ist, dass mich zwei Jungen am Strand auslachen, weil mein Bauch dicker ist als ihrer. Und die beiden hatten Recht: Mein Bauch sah aus, als würden da zwei Welpen drin kämpfen. Das ist schon ziemlich kaputt, wenn man sich nur an Selbstzweifel und Unsicherheiten erinnern kann. ▮ Als ich zwölf war, fragte meine Großmutter, was ich mal werden will. Ich sagte: »Ein Millionär, der auf der ganzen Welt berühmt ist.« Die Leute am Tisch haben die Wände angeschaut und in ihrem Tee herumgerührt. ▮ Wenn man innerlich ein Kind geblieben ist, gibt einem Applaus Selbstbestätigung. Das ist wie ein Spiegel, in dem man sich schön findet. Nehmen Sie mir das Mikrofon weg, und ich bin schüchtern und unsicher. Nehmen Sie mir den Beifall weg, und ich bin in kürzester Zeit ein Wrack. Ich kann vor 100.000 Zuschauern auftreten, aber ich werde zum zitternden Nervenbündel, wenn ich mich in einer Bar mit jemandem unterhalten soll, den ich nicht schon jahrelang kenne. ▮ Ein zu großes Selbstbewusstsein kann sehr schnell zu deinem Sargnagel werden, weil das Heile die Leute irgendwann langweilt. Wer nicht hin und wieder Abstürze hat, den lieben die Leute nicht. ▮ Ich war jahrelang der Bimbo einer Boyband. Take That hatte die Kreativität von Schwachsinnigen und wurde von einem Satan gesteuert. Wenn jemand Gottesfurcht in mich gepflanzt hat, dann unser Manager Nigel Martin-Smith. Manchmal zittere ich heute noch vor Angst, wenn ich an diesen Teufel denke. Ich habe ihm meinen Song »Karma Killer« gewidmet. Darin bedauere ich, dass er es immer noch nicht geschafft hat, seinen eigenen Tod zu managen. Dieser Bastard hat mich emotional versaut. Er weiß, dass es Teenager gibt, die alles tun, um berühmt zu werden. Als 16-Jähriger vergaß ich leider, das Kleingedruckte im Vertrag zu lesen, und kapierte nicht, dass ich einen Faustischen Pakt schloss: Nigel gibt dir Ruhm und Reichtum, und du opferst ihm dafür deine Seele und 25 Prozent der Einnahmen. ▮ Mit 18 war ich Millionär, aber ich konnte mich nie respektieren für das, was ich machte. Ich hasste unseren Leadsänger Gary Barlow, ich hasste unsere Musik, und am Ende hasste ich auch mich selbst. Wir haben in den USA in einer Schule gespielt. Das Publikum waren Schwarze, die auf Rapper wie Naughty by Nature standen. Und da kamen wir daher und sangen »I found heaven on the wings of love«. Dieses Gefühl von Scham werde ich mit ins Grab nehmen. Dass die uns nicht mit Dosen beworfen haben, lag nur daran, dass da auch deren Lehrer rumstanden. ▮ Dass wir mit Take That 15 Millionen Platten verkauft haben, ist so ein Studenten-Ding, das es auch bei den Bee Gees gibt. Die Leute sagen: »Wir tanzen zu Schweinemusik, weil es cool ist, Scheiße gut zu finden.« ▮ Ich bin weit davon entfernt, Gary Barlow zu vergeben. Es ist doch nicht bloß ein Robbie-Williams-Ding, schwelende Bitterkeit zu fühlen wegen etwas, das einem in der Jugend zugestoßen ist. Mir geht es darum, den Jungen in mir zu beschützen, der sehr verletzt wurde. Das bin ich mir wert. Wenn ich an Gary erinnert werde, meldet sich in mir eine junge Stimme, die sagt: »Du warst heute nicht nett zu mir, Gary, deshalb werde ich dich jetzt in einen beschissenen Frosch verwandeln!« ▮ Man ist auch, was und wen man hasst. ▮ Eigentlich sollte ich nichts gegen Gary Barlow sagen. Seine heutige Musik lässt meine wie Johann Sebastian Bach klingen, und seine Interviews sind so blamabel, dass ich dagegen wie ein Gott wirke. ▮ Von den englischen Zeitungen wurde ich als »fetter Witz« verhöhnt. Die hatten Recht. Ich war eine jämmerliche, bemitleidenswerte Kreatur. Morgens leerte ich erst mal die Flasche Rotwein, über der ich zwei Stunden vorher eingeschlafen war. Dann nahm ich eine Linie Koks, weil ich sonst nicht hochgekommen wäre. Ich erzählte jedem meine Leidensgeschichte: »Ich bin ein Opfer. Die ganze Welt hat mich schlecht behandelt.« Wenn man ohnehin schon konfus und wirr ist, sind Drogen die schlimmste Kombination. Wenn ich versuchte einzuschlafen, bekam ich Paranoia: »Es sind Leute im Zimmer. Die Armee ist da, um dich zu holen. Alle reden über dich, und nur die gemeinsten Sachen.« ▮ Ich bin ein Suchtcharakter. Ich habe 1000 Mal gedacht: »Das Schlimmste, was du dir jetzt antun könntest, wäre ein Gramm Koks.«

Im nächsten Moment griff ich zum Telefon und rief meinen Dealer an. ▪ Nach meinem Zusammenbruch 1997 überredete mich Elton John, bei seinem Therapeuten Beechy Colclough eine Entziehungskur zu machen. Beechy hat schon Michael Jackson und Paul Gascoigne behandelt. Er versucht, aus berühmten Leuten bessere Menschen zu machen. Wer ihn auf der Straße sieht, könnte ihn für einen drogensüchtigen Hippie-Rockstar halten, der in einer Band wie Jefferson Airplane spielt. Mein Zimmer in einem großen Haus auf dem Land musste ich mit sieben Leuten teilen. Wir hatten keinen Fernseher, kein Radio, keine Gameboys – und das sechs Wochen lang! Wir durften das Gelände nicht verlassen. Nur an Sonntagen war es erlaubt, für 60 Minuten Besuch zu haben. ▪ Über Beechys Therapiemethoden soll man als sein Patient nicht sprechen. Alles, was ich sagen will, ist: Ohne ihn wäre ich tot. Ich werde nie mehr etwas trinken können, ohne mich schlecht und schuldig zu fühlen. Sie können mir das ruhig glauben, denn ich habe es versucht. ▪ Wenn Elton John einkaufen geht, gibt er an einem Tag bis zu 800.000 Euro aus. Wir sind mal zusammen in einen Modeladen gegangen. Ich hielt mich für unglaublich verwegen und dekadent, als ich ein halbes Dutzend Anzüge kaufte. Dann war Elton dran. Er sagte nur: »Und ich nehme alles, was auf diesen drei Regalwänden ist. Einzupacken brauchen Sie nichts. Ich schicke einen Laster vorbei.« ▪ In New York habe ich mal einen Billardtisch für 50.000 Dollar gesehen. Der Verkäufer dachte, ich würde mir das Teil niemals leisten können. Ich hab den Tisch dann nur gekauft, um diesen Typen zu ärgern. Bei dem Preis müsste ich eigentlich auch drauf schlafen. Inzwischen weiß ich, dass Sting den gleichen Tisch hat. Das hat mir den Rest gegeben. ▪ Manchmal stelle ich mir vor, was ich tun würde, wenn ich für 24 Stunden eine Frau wäre: Ich kaufe mir einen dicken Notizblock und schreibe alles mit, was ich denke. Dann werde ich endlich kapieren, was in den Köpfen von Frauen los ist, wenn sie wieder einen dieser beschissenen hysterischen Anfälle haben. Ich könnte dann erstmals mit einem reinen Herzen sagen: »Okay, okay, Liebling, jetzt habe ich endlich begriffen, was du immer an mir kritisierst.« Und ich werde Sex haben, sehr viel Sex. Aber stopp, das würde ja bedeuten, ich schlafe mit einem Mann. Na gut, es gibt ja auch Lesben, mit denen ich ins Bett gehen könnte. Ich will endlich mal wissen, wie sich Sex für eine Frau anfühlt. Und ich möchte einen weiblichen Orgasmus spüren. Die Frauen sehen dabei so großartig aus, und sie können einen Orgasmus nach dem anderen haben. Das hat mich schon immer neidisch gemacht. Ich fürchte, ein Mann sieht beim Orgasmus eher aus wie ein Gewichtheber, der unter Verstopfung leidet. ▪ Ich halte mich nicht für liebesbegabt. Ich weiß nur, was Lust ist. Als Teenager habe ich nie verstanden, was Erwachsene meinen, wenn sie sagen, dass jemand eine Menge Ballast mit sich rumträgt. Ich dachte: »Oh, Gott, Ballast muss etwas Schreckliches sein.« Heute merke ich, dass ich unglaubliche Mengen Ballast mit mir rumschleppe. Ich bin also genau die Person geworden, vor der ich immer Angst hatte. ▪ Als ich 30 wurde, habe ich Bilanz gezogen. Ich halte meine Dämonen in Schach und habe so ziemlich alles in meinem Leben – außer Liebe. Die große Leerstelle bei mir ist die Mrs. Forever zum Heiraten und Kinderkriegen. ▪ Ich war nie mit Frauen zusammen, weil ich sie mochte, sondern weil ich mich einsam fühlte. Ich selbst zu sein und mich hinzugeben war undenkbar. Dazu fehlte mir die Selbstachtung. Insgeheim dachte ich, wenn sich eine Frau in einen wie mich verliebt, kann sie nichts taugen. Also lief ich einfach weg, bevor eine Beziehung drohte. Als ich 2000 endgültig clean wurde und bei den Anonymen Alkoholikern eincheckte, habe ich mir versprochen, erst dann eine Beziehung einzugehen, wenn ich mir zutraue, so zu sein, wie jede Partnerin es wünscht: aufrichtig und ohne Affären. Heute habe ich mein Gehirn so weit entwirrt, dass ich mir das zutraue. Bitte, Gott, gib mir eine Frau, es wird wirklich Zeit! Ich mag mich inzwischen. Ich bin okay. Ein guter Junge, der bereit und fähig ist für seine erste Liebe. ▪ Die Celebrity-Welt ist oft ein verdammtes Gefängnis, und in einem Gefängnis bist du verdammt, deine Zellennachbarn zu vögeln. Aber ich bin auf freiem Fuß, ich bestehe nicht zu 100 Prozent aus Selbstsucht, und ich halte mich

nicht für künstlich. Vielleicht gibt es da draußen eine Frau, die auch nicht künstlich ist. Ich glaube, du kannst glücklich sein, wenn dir in deinem ganzen Leben zwei Menschen begegnen, die du liebst. Vielleicht wird es auch nur einer sein. Meine Mrs. Right ist da draußen irgendwo. Also werde ich weiterwandern, vom Hotel zum Jet und vom Jet zum Hotel – bis ich sie endlich gefunden habe. ▍ Um die Wahrheit zu sagen: Ich bin mit meiner Karriere verheiratet, und ich denke, dass meine nächste Freundin wieder aus der Star-Szene kommen wird. Wenn meine große Liebe hinter der Theke eines Supermarktes auf mich wartet, werde ich sie nie treffen. ▍ Ruhm weckt feindselige Neugier. Deshalb lebe ich seit 2002 in Los Angeles. Ich bin in den USA kein Star und werde dort einigermaßen in Ruhe gelassen. Es tut meiner Seele gut, keine Angst vor durchgeknallten Stalkern haben zu müssen oder vor Paparazzi, die meinen Penis beim Pinkeln fotografieren. Dafür ist es in Los Angeles fast unmöglich, sich zu verlieben, weil die Frauen dort so gottverdammt neurotisch sind. Bei ihrem Gestörtsein entwickeln sie wirklich übermenschliche Kräfte. Fast jede dieser Zicken ist eine Supermacht der Neurosen. ▍ In den ersten Monaten habe ich meine Villa in den Hollywood Hills »Pants Down Palace«

genannt, wegen der vielen Mädchen, die sich dort auszogen. Ich habe dann aber ziemlich schnell die Lust verloren, weil die Mädchen doch irgendwann drauf kommen, dass ich nicht Joe Nobody bin – und dann kriegen sie diesen gierigen Dollar-Blick. Manchmal läuft es aber auch genau andersrum. Neulich habe ich mich vier Mal mit einem Mädchen getroffen, immer in Restaurants. Ich erzählte ihr, ich sei irgendein unbekannter Musiker, der hin und wieder ein paar Songs verkauft. Beim fünften Date kam sie mit zu mir. Mein Haus ist ganz schön beeindruckend, und ich sah ein großes Fragezeichen auf ihrer Stirn. Ich mochte sie ein bisschen, und die Situation turnte mich an. Also wollte ich ihr zeigen, was ich tue, und legte eine DVD ein mit meinem Auftritt in Knebworth. Sie sah, wie mir 125.000 tanzende Menschen beim Singen zuschauen – ziemlich beeindruckend. Es war ein surrealer Moment: Sie starrte mit offenem Mund den Bildschirm an und wurde total konfus. Überflüssig zu sagen, dass wir uns nie wieder gesehen haben. ▪ Ich hatte schon sehr, sehr lange keinen Sex mehr. In Los Angeles stört mich das auch nicht. Ich mag mein Haus, mein Schlafzimmer, und ich will dort niemanden haben, weil das eine Art Befleckung sein könnte. Wenn ich rumreise, kippe ich ins andere Extrem und biete mich quer durch das uns bekannte Universum an. Also Achtung, Mädchen, ich bin im Wahlkampf und werbe um eure Stimmen! ▪ Ich bin ein Mensch, der leicht verbeult. Ein Motiv von mir, Popstar zu werden, war die Hoffnung, dass mich dann niemand mehr verletzen kann. Aber es läuft genau andersrum: Ruhm vergrößert deine Empfindlichkeiten, er verstärkt deine Schwächen, und er offenbart die unheimlichsten Seiten deines Charakters. ▪ Ich hatte die Figur Robbie Williams noch nie unter Kontrolle. Manchmal nehme ich mir fest vor, bei Konzerten die großen Performer-Gesten wegzulassen. Ich will bloß dastehen und singen. Aber mein Körper gehorcht mir einfach nicht. Und plötzlich ist wieder alles da: meine hochgereckten Arme, das Deuten ins Publikum, die große Show eben, die die Leute zum Lachen und Weinen bringt und ihnen das Gefühl gibt, für zwei Stunden geliebt zu werden. Ich schaue mir dann selber dabei zu, wie es ist, dieser gefallsüchtige und umwerfend charismatische Entertainer Robbie Williams zu sein. ▪ Das Wunderbare an der Beziehung mit meinem Co-Songschreiber Stephen Duffy ist die Empathie zwischen uns. Wir sind beide sehr schüchtern und introvertiert und verstehen blind, wovon der andere spricht. Auch Stephen hatte seine Drogenjahre, hat sich mit Models unglücklich gemacht und war dann wegen Depressionen in Therapie. Er leidet auch unter den gleichen Panikattacken in der Öffentlichkeit wie ich. Es hilft beim Songschreiben, wenn beide die gleichen Neurosen haben. ▪ Meine Therapeuten sagen, Glück besteht darin, sich selbst zu akzeptieren. Mein Album »Intensive Care« entstand in der bislang glücklichsten Phase meines Lebens. Wäre es deshalb ein Flop geworden, wäre ich am Arsch. Ich müsste sofort meine Happy Pills absetzen, um schnellstens wieder depressiv zu werden. ▪ Ich nehme jeden Tag das Antidepressivum Effexor, und ich sehe auch keinen Grund, von diesen Pillen loszukommen. Einige Leute warnen, ich solle mich nicht von einem Medikament abhängig machen, aber ich denke: Warum denn nicht? Diese Pillen behindern mich in keiner Weise, und sie machen mein Leben viel erfreulicher, weil sie mich seelisch im Gleichgewicht halten. Endlich keine Achterbahnfahrten mehr! ▪ Ich habe Kate Moss sehr, sehr gern, aber wir sind keine verwandten Seelen, auch wenn wir beide mit 15 aus unserer Kindheit katapultiert wurden. Ich habe mit vielen der Journalisten gemeinsam Drogen genommen, die geschrieben haben, wie schlimm es sei, dass Kate kokst. Für diese Heuchler sollte es keinen Platz auf dieser Welt geben. Sie verdienen es nicht zu leben. ▪ Ecstasy ist viel besser als Kokain. Kokain ist eine verdammte Depri-Droge. Ich habe mir jahrelang dabei zugesehen, wie sich mein Leben in Scheiße auflöste. Ich erinnere mich, wie ich mit 19 mit einem 35-Jährigen gekokst habe. Ich fragte ihn: »Hast du jemals Spaß gehabt, wenn du eine Linie ziehst?« Seine Antwort war: »Nicht wirklich. Du kannst nur länger wach bleiben als andere – und das ist ein verdammter Scheißsport.« Ich habe Drogen nie genommen, um Spaß zu haben, sondern weil ich einsam war und mich fühlte wie ein

Haufen Dreck. Ich wünsche jedem Süchtigen die Erfahrung, welche Freude es ist, keine Drogen mehr in der Blutbahn zu haben. Du wachst nicht mehr mit diesem grausamen Kokain-Kater auf und brauchst nicht zu grübeln, was du gestern Nacht wieder Peinliches angestellt hast. ▪ Wegen der Drogen hat mein Arschloch-Radar nicht mehr funktioniert. Wenn ich an die peinlichen Typen denke, mit denen ich rumhing, krümmen sich meine Zehen. ▪ Als ich clean wurde, kam mir das Leben erst mal so aufregend vor wie mit der eigenen Schwester zu tanzen. Heute denke ich: »Wenn du ein Konzert gibst, starren dir Tausende ins Gesicht, und du starrst denen ins Gesicht. Welche Sorte Kick könntest du um Himmels willen mehr brauchen als das?« Ansonsten gibt es da noch dreifache Espressi, drei Packungen Silk Cut Purple am Tag, Scrabble und Fußball. ▪ Ich bin ein Konkurrenz-Typ, der den Wettkampf braucht. Ich muss bei allem so tun, als hinge mein Leben davon ab, dass ich am Ende auf dem Siegerpodest stehe. ▪ Je mehr Angst ich habe, desto selbstsicherer wirke ich. ▪ Tourneen bringen mich jedes Mal an den Rand des Zusammenbruchs. Sie tun meiner Seele sehr weh. Aber wenn ich Schmerzen habe, spüre ich wenigstens, dass ich lebendig bin. ▪ Ich bin ein großer Fan von allem, was mit Okkultismus, Schwarzer Magie und übernatürlichen Phänomenen zu tun hat. Schon meine Mutter hat nach Ufos Ausschau gehalten. Meine Angst vor Gespenstern und Untoten grenzt bedauerlicherweise an Paranoia. Ich kann oft nicht allein schlafen, weil ich mich von ihnen terrorisiert fühle. Ich versuche, mit denen zu reden, aber die hören mir offenbar nicht zu. Dann muss mein Manager kommen und an meinem Bett Wache halten. ▪ Ich schlafe nicht gern. Ich habe brutale Alpträume. ▪ Bis vor ein paar Jahren habe ich vor dem Einschlafen immer neben dem Bett gekniet und gebetet. Ich habe dann aber zu viel gegrübelt: »Mit wem spreche ich da eigentlich? Was kann er für mich tun? Wofür muss ich mich eigentlich jeden Tag bedanken?« Irgendwann ist mir an der Gebetsfront der Saft ausgegangen. ▪ Charisma ist, dein Ego auf der Bühne hundertfach zu vergrößern und die Leute glauben machen, du seist echt. ▪

Selbstbeobachtung und Selbstinszenierung sind die Berufskrankheit jeden Entertainers. Sie führen dazu, dass du selbst in intimsten Momenten neben dir stehst und dir zuschaust. Das verdirbt in Wahrheit fast alles. ▪ Ich kann nicht allein sein. Ich beobachte mich dann beim Robbie-Sein wie durch eine Videokamera und kommentiere, was ich sehe. Das ist die Hölle. ▪ Wenn ich Porträts über mich lese, versuche ich so zu tun, als würde da eine Kunstfigur beschrieben werden, die mit meinem wirklichen Ich nichts zu tun hat. Ich hämmere mir in den Schädel: »Rob, nimm das bloß nicht persönlich, sonst wirst du zu all dem, was über dich geschrieben wird.« ▪ Wenn ich einen Verriss über mich lese, ist mein erster Gedanke: »Der Typ hat völlig Recht.« ▪ Zum Bücherlesen fehlt mir die Geduld. Ich kann nicht länger als fünf Minuten still sitzen, es sei denn, ich gebe ein Interview. ▪ Songs sind mächtiger als Bücher. ▪ Die winzigste Geringschätzung, die ich erlebe, kann bei mir zu tagelanger Selbstzerfleischung führen. Ich suche unterbewusst immer nach etwas, das mir den Tag versaut. ▪ Ich muss die ganze Zeit unterhalten werden. Gibt es Pausen, fängt mein Kopf an, fiese Sachen über mich zu sagen. Wenn mir jemand auf der Straße die Sachen sagen würde, die ich über mich denke, würde ich ihn auf der Stelle umbringen. ▪ Das Grundproblem aller Stars ist: Vertrauen. ▪ Es wäre schön, wenn ich wegen etwas deprimiert wäre. In Wahrheit habe ich eine Krankheit, die man Depressionen nennt – und Depressionen brauchen leider keine Gründe. Ich war schon mit 14 deprimiert. Mein Kopf dreht eben manchmal durch. Deshalb bin ich das falsche Beispiel für das Drama des Berühmtseins. Als Fahrradkurier hätte ich die gleichen Probleme. ▪ Ich habe eine psychische Krankheit – also ziehe ich Menschen mit psychischen Krankheiten an. ▪ Beim ersten Date stelle ich mir oft vor, wie sich die Frau bei meiner Beerdigung benehmen würde. ▪ Ich finde es langweilig, mich normal zu fühlen. ▪ Hätte ich Probleme, die außer mir niemand hat oder versteht, hätte ich nicht 40 Millionen Soloalben verkauft. ▪ Warum hört dieser hündische Hunger nach Anerkennung niemals auf?

Peter Ustinov Schauspieler, Regisseur und Autor
»Nur das Lachen unterscheidet uns wirklich von den Tieren«

Weil ich mir beim Sportunterricht die Schuhe nicht selbst zubinden konnte, wurde ich als »Dickerchen« und »Klops« gehänselt. Um dem Spott den Stachel zu nehmen, übertrieb ich meine komischen und tollpatschigen Seiten. Ich verteidigte mich, indem ich meine Mitschüler zum Lachen brachte, und ich lachte über mich selbst, um den anderen zuvorzukommen. Ich wurde komisch aus Notwehr. ▪ Mein Spitzengewicht liegt bei 110 Kilo. Diese Hopps-Orgien, die sich heute pseudowissenschaftlich »Aerobic« nennen, waren ebenso wenig meine Sache wie Reiten. Ich schätze es gar nicht, auf etwas zu sitzen, dessen Gesicht ich nicht sehen kann. Rudern missfiel mir auch. Es ist zugig, man schwitzt und fährt dazu noch in die falsche Richtung. Als ich in der Schule in einem Achter mitrudern musste, brach ich wegen meines Gewichts durch den Boden, und wir versanken in der Themse. Das sahen Matrosen eines holländischen Schiffes – doch statt uns zu retten, veranstalteten sie ein Wettspucken auf unsere Köpfe. Danach ließ man mich Tennis spielen, und es stellte sich heraus, dass ich erstaunlich flink sein kann, wenn mir der Grund einleuchtet. Mein Angstgegner beim Tennis war später Luciano Pavarotti. Wenn der mit seinen majestätischen Ausbuchtungen am Netz steht, ist es so gut wie unmöglich, ihn zu passieren. Nur gegen einen Lop ist er machtlos – da fällt er hintenüber. ▪ Für mich ist Komik eine lustige Art, ernst zu sein. Eine Komödie ist eine Tragödie, bei der etwas in die Hose gegangen ist. Besonders komisch ist, dass Komiker privat überhaupt nicht komisch sind – aber sagen Sie das bitte nicht weiter! Die Humorgeschichte ist voller Künstlerdramen, und glauben Sie mir: Kaum etwas ist so deprimierend wie ein Abendessen mit lauter Berufskomikern. Da herrscht eine Stimmung wie auf einem dieser schwarzbraunen Rembrandt-Gemälde. ▪ Indem einem fast alles zur Anekdote wird, hält man die Welt auf sicherem Abstand. Wahrscheinlich bin ich ein scheuer und schüchterner Mensch, der sich versteckt, indem er die Flucht nach vorn antritt. Aber lachend oder lachen machend sehe ich mich lieber als mit hängendem Kopf in der Ecke stehend. Zu meiner Verteidigung kann ich sagen: Wer aus purer Gutgelauntheit besteht, ist noch nie ein guter Komiker geworden. Vielleicht kennen Sie das aus Ihrem privaten Leben: Wer nicht vollkommen niedergeschlagen sein kann, wird auch nie wirklich witzig sein. ▪ Meine Tochter Tamara sagt: »Mein Vater hat durchaus traurige und melancholische Seiten. Wenn er durchhängt, benutzt er öffentliche Auftritte als eine Art Vitaminstoß.« Ich kann Gefühle nicht gut zeigen, und meine Wunden öffentlich zu lecken ist mir unmöglich. Das ist meine englische Seite. Traurigkeit und Fatalismus sind das Erbe meiner russischen Vorfahren. Ich fühle mich in Russland sehr zu Hause, ebenso in Irland, denn Irland ist ein Mikrokosmos von Russland – beide Länder haben den gleichen Surrealismus. Neulich sagte ein Gepäckträger auf dem Dubliner Flughafen zu mir: »Follow me, Sir, I am right behind you.« ▪ Bei der Frage, ob Lachen oder Weinen den größeren therapeutischen Wert hat, bin ich befangen. Ärzte finden das Leben wichtig, Beerdigungsunternehmer finden den Tod wichtig. Für mich unterscheidet uns nur das Lachen wirklich von den Tieren. Menschen zum Weinen zu bringen ist technisch leichter. Sogar ein Komiker kann Tränen hervorrufen. ▪ Eine der niederschmetterndsten Erfahrungen meines Lebens ist, dass Dummheit für Dumme offenbar unterhaltsam ist. ▪ Bei der Geburt wog ich elf Pfund. Dick auf die Welt zu kommen ist bei uns eine Familieneigenschaft. Meine Mutter wusste nie, wo bei mir vorne und hinten ist. Ich war ein kugelrundes Buddha-Baby, das ständig lächelte und sich kaum bewegte. Bis heute mögen mich Säuglinge, weil sie auf den ersten Blick glauben, ich könnte ihnen Milch geben. Zu Kindern dagegen hatte ich nie ein gutes Verhältnis – nicht einmal als Kind. Wenn andere Kinder unartig waren, drohte man ihnen mit mir als Spielkamerad. Da ich ein Einzelkind war, musste ich selbst für Unterhaltung sorgen. So wurde meine Fantasie mein Spielkamerad. Weil meine Fantasie so überaktiv war, litt ich unter Angstträumen und Zwangsvorstellungen. Ich hatte zum Beispiel die fixe Idee, mich werden bei meinem Tod alle Tiere vorwurfsvoll anschauen, die ich in meinem Leben gegessen habe. ▪

Meine Eltern sagen, ich hätte schon mit vier Jahren geschichtsphilosophische Exkurse gehalten. Einzelkinder entwickeln sich schneller. Wie Affen studieren sie die Großen und ahmen deren Verhalten nach. Meine erste Berührung mit dem Showbusiness war, dass ich mit zwei Jahren vor der Verwandtschaft als Stimmenimitator auftrat. Mit zwölf wurde ich dann sehr gut als Mussolini und Hitler. ▪ Vater und Mutter waren höchst kultivierte Bohemiens, die ihre eigene Agenda hatten. Eines Tages hieß es, bei uns würde ein schwarzes Kindermädchen aus Togo anfangen. Ich stellte mir eine angenehm rundliche und warmherzige Person vor, aber leider entpuppte sich Fräulein Bertha als Kreuzung aus Gauleiter und Condoleezza Rice. Sie war vom Gedanken beseelt, mir Disziplin einzubläuen, und brüllte mich den ganzen Tag an. Da ich nicht ordentlich parierte, musste ich die meiste Zeit in der Ecke stehen – mit einer klatschnassen Windel auf dem Kopf. ▪ Mein Vater Jonah war Presseattaché der deutschen Botschaft in London. Nach Hitlers Machtergreifung wurde er britischer Staatsbürger und arbeitete für den Geheimdienst MI 5. Er war klein und rund wie ein Mini-Churchill und hatte zwei Monokel – für jedes Auge eins. Er besaß großen Charme, war aber auch launisch und schrie furchteinflößend. Er lebte für den Augenblick und gehörte zu den Menschen, die mit leerem Portmonnaie zum Einkaufen gehen, um abends eine opulente Gesellschaft zu geben. Dieser Mensch hat sich nie von den Komplikationen belasten lassen, die es mit sich bringt, kein Geld zu haben. Seine Devise war: »Lebe erst mal und philosophiere später.« Bei ihm hieß das in Wahrheit: Philosophiere nie! ▪ Er war nicht nur ein Dandy, sondern auch ein Weiberheld. Den eigenen Vater dauernd als anzüglichen Schürzenjäger zu erleben ist eine grauenhafte Erfahrung. Erblickte er einen Busen, weiteten sich automatisch seine Pupillen, und noch am Ende seines Lebens umgaben ihn junge Mädchen wie einen Guru. Er war meiner Mutter oft untreu. Sie wusste das, aber sie war viel stärker als er und ertrug seine Affären ohne Dramen. ▪ Er hatte sogar eine Liaison mit meiner Freundin. Als ich die beiden zusammen sah, war ich schockiert: Wie kann man so etwas tun? Und wie kann man bloß so einen Geschmack haben? Einmal nahm er mich in Paris mit in eine Stripshow, angeblich um mich an den Anblick von Nacktheit zu gewöhnen. Da war ich erst 14. Wenn wir im Café saßen, hieß es: »Guck mal, was die Frau da für einen großartigen Hintern hat!« Mein Pech war, dass ich gar nicht gucken wollte, weil sein Verhalten mich maßlos genierte. Indem ich gegen meinen Vater opponierte, wurde ich ein gefühlskalter Puritaner voller Komplexe, der in einem sterilen Gefängnis lebte. Zuneigung körperlich auszuleben kam mir nie in den Sinn. ▪ Ich besuchte Jungenschulen, und da ich laut meiner Zeugnisse ein ziemlicher Versager war, riet mir meine Mutter, auf eine Schauspielschule zu wechseln. Dort traf ich dann auf die ersten Mädchen. Da war ich schon 16. ▪ Drei Jahre später heiratete ich eine Schauspielkollegin, ohne zuvor mit ihr geschlafen zu haben. Ich war seltsam unaufgeklärt, da meine Eltern wohl davon ausgingen, ich hätte das Nötige auf dem Schulhof mitbekommen. Meine Frau musste mir erklären, wie Kinder in die Welt kommen. Ich dachte, das sei wie bei diesen russischen Puppen: Man zieht sie auseinander, und es kommt ein vollständig angezogenes Kind heraus. Als ich die Wahrheit erfuhr, bekam ich schreckliche Klaustrophobie. Wie hatte ich es bloß ertragen, neun Monate lang in einem Bauch eingesperrt zu sein, ohne frische Luft atmen zu können? ▪ Mein Vater war im Ersten Weltkrieg Kampfflieger der deutschen Luftwaffe, ich wurde 1942 britischer Soldat. Ich konnte den Kriegsdienst nicht aus Gewissensgründen verweigern, weil ich gegen Hitler war. Seine Moral war widerwärtiger Dreck, und außerdem hatte er einen miserablen Geschmack. Wie kann man eine Bewegung gründen, wo man braune Hemden tragen muss? Ich sagte meinem Offizier: »Lassen Sie mich eines klarstellen. Ich werde in diesem Krieg niemanden töten. Bekomme ich den Befehl zu schießen, werde ich daneben zielen.« Seine Antwort war: »Okay, aber sagen Sie das bitte keinem anderen.« Der Mann war eine Rarität: ein Militär, der sich zivilisiert benahm. ▪ Da ich als Infanterist ein treffliches Ziel abgeben würde, wollte ich zu den Panzern. Ich hielt es auch für vorteilhaft, sitzend in

die Schlacht zu ziehen. Dummerweise machte man mich dann doch zum Infanteristen. Der Soldat Ustinov war die stupideste und längste Rolle, die ich jemals spielen musste – und die am schlechtesten bezahlte. Ich schälte Kartoffeln, übte für den Spindappell und wurde von morgens bis abends von Leuten angebrüllt, die keine natürliche Begabung zur Konversation besaßen. Unser Feldwebel machte es sich zur Gewohnheit, mich zusammenzustauchen, weil er sein Gesicht auf meinen Stiefeln nicht wirklichkeitsgetreu widergespiegelt fand. Am Strand mussten wir mit nackten Füßen über Steine rennen, angetrieben von Vorgesetzten, die Stiefel trugen. Die Herren nannten das »foot hardening excercises« – als ob man mit harten Füßen bessere Chancen gegen die Deutschen hätte. Sollte ich mein Bajonett in einen Strohsack rammen, bellte man mir ins Ohr: »Remember this: The only good Germans are dead Germans!« Ich dachte: »Wie grotesk! In welchem Jahrhundert leben wir eigentlich?« Ich konnte die Armee nur aushalten, weil ich wusste, dass es eines Tages sehr komisch sein würde, über sie zu schreiben. ▪ In der Gefahr, befördert zu werden, war ich nie. Nach der Grundausbildung hieß es in meiner Beurteilung: »Dieser Mann darf unter keinen Umständen andere befehlen!« Ich wurde dann zur Heerespsychiatrie abkommandiert. Gegen Ende des Kriegs war ich in einem Militärhospital, weil meine Blase sich aus seelischen Gründen nicht in korrekter Weise entleerte. Unter meinem Fenster lag der Garten eines Irrenhauses, in dem halbnackte schreiende Frauen rumliefen. Beim Spazierengehen in diesem Garten traf ich einen gefangenen deutschen General, den man aus Platzmangel zu den verrückten Frauen gesteckt hatte. Ich sagte auf Deutsch: »Guten Morgen, Herr General, wie befinden Sie sich hier in England?« Sekunden später wurde ich festgenommen – wegen Fraternisierung mit dem Feind. ▪ Ich sollte mich ohrfeigen. Hätte ich den kleinsten Verdacht gehabt, dass Humphrey Bogart zu einer Jahrhundert-Ikone wird, hätte ich ihn natürlich genauer beobachtet. Als wir 1954 »Wir sind keine Engel« drehten, war er für mich bloß jemand, mit dem man halt jeden Tag arbeitet. Mir fiel nur auf, dass er beseelt war vom Kult des Antihelden. Nichts an ihm war auch nur annähernd perfekt. Er war sehr klein, verachtete ganz offensichtlich Kosmetik und lispelte sehr stark. Nach jedem Wort fiel seine Zunge in einen See von Spucke. Später trug er ein Toupet. Seine Make-up-Frau hat ein Buch geschrieben mit dem Titel »The Proud Toupet«. Es wurde jedoch nie gedruckt. ▪ Charles Laughton war fast immer beleidigt. War er gerade mal nicht beleidigt, bereitete er sich darauf vor, gleich wieder beleidigt zu sein. Als wir 1959 bei mir zu Hause eine Szene aus »Spartacus« probten, fragte mein damals vierjähriger Sohn Igor: »Dad, wer ist diese Dame?« Als ich ihn über seinen Irrtum aufklärte, fragte er: »Aber warum hat dieser Mann dann Brüste?« Laughton war wieder mal sehr beleidigt. ▪ Als ich 1964 bei »Lady L« Regie führte, sollten Paul Newman und Sophia Loren ein feuriges Liebespaar spielen. Man merkte aber jede Sekunde, dass Miss Loren ihren Partner für einen vulgären Proll hielt. Ich flehte sie an, sich alle Mühe zu geben, ihn anziehend zu finden. Am nächsten Morgen flötete sie: »Paul, womit klebst du dir jeden Morgen deinen Schnurrbart an?« Seine Antwort war: »Mit meinem Sperma, Darling.« ▪ Vor Bette Davis hatte ich schreckliche Angst. Jeder Schauspieler wusste, dass sie nicht nur die Kommata in ihrem Text auswendig lernte, sondern auch die ihrer Mitspieler. Als wir 1977 in Ägypten »Tod auf dem Nil« drehten, habe ich sie einmal tödlich beleidigt erlebt. Bei der Besichtigung der Pyramiden von Gizeh sah sie einen Fotografen und machte eine Pose für ihn. Daraufhin sagte der Mann: »Sorry, lady, but we are here to photograph some real antiques.« ▪ Die Leute sind oft erstaunt, dass ich nicht pompös bin und keine großartigen Privilegien beanspruche. Ich meide Menschen, die dauernd damit beschäftigt sind, ihren eigenen Olymp anzuhäufeln. Wenn ich einen Anfall von Eitelkeit habe, versuche ich, ihn zu ignorieren. Ich sage mir dann immer: Das Bild, das einen beim Rasieren aus dem Spiegel ansieht, darf nicht wichtiger sein als der Mann, der sich rasiert. Das hilft. ▪ In meinem Chalet am Genfer See türmen sich auf dem Boden fast überall mannshohe Bücherstapel. Meine Frau fürchtet, dass die Räume bald unbewohnbar sein werden. Als zwölfjähriger Junge sah ich mit eigenen Augen, wie verhetzte Menschen 1933 in Berlin Bücher verbrannten. Seit diesem Tag ist es mir unmöglich, mich von einem Buch zu trennen. Ich mag auch nicht in Räumen leben, die ein Design haben. Ich habe dann immer das unbehagliche Gefühl, gleich hebt sich ein Vorhang, und ich stehe auf der Bühne, ohne meinen Text zu kennen. ▌ Man fragt mich oft, welches Buch ich auf eine menschenverlassene Insel mitnehmen würde. Ich bin so arrogant zu sagen: keins. Ich ziehe es vor, Schreibpapier mitzunehmen. ▌ Frauen verstehen – wie sollte das gehen? Man kann sich noch nicht einmal auf das Gegenteil von dem verlassen, was sie sagen. ▌ Würde ich Ihnen die Wahrheit über meine zweite Ehe sagen, würden Sie jetzt einen strindbergschen Aufschrei des Herzens hören. Aber dazu bin ich zu kontrolliert und zu wenig exhibitionistisch. Ältere Revolverblatt-Leser erinnern sich vielleicht noch, dass ich wegen dieser Scheidung eine Million Dollar Schulden hatte und deswegen in idiotischen Werbespots auftrat. ▌ Seit 1972 bin ich mit der Französin Hélène du Lau d'Allemans verheiratet. Ihre Mutter stammt aus einer alten katholischen Adelsfamilie, der ein Schloss in der Dordogne gehört mit privater Kapelle und eigenem Pfarrer. Ich musste drei Mal heiraten, um zum ersten Mal keine Komplexe mehr zu haben. Hélène hat aus mir in etwa den Mann gemacht, der ich einmal werden wollte. Sie erlaubt mir, Makel zu haben. Man bewundert Menschen wegen ihrer guten Eigenschaften, aber man liebt sie wegen ihrer Fehler – wenn diese Liebe echt ist. Hélène respektiert, dass ich zum Arbeiten Einsamkeit brauche. Es ist ein Paradox: Weil wir sehr unabhängig voneinander sind, kann uns nichts und niemand trennen. Besitzergreifend zu sein ist eine tödliche Untugend. Wenn die Menschen schon einsam sind, darf man ihnen nicht die wenigen Vorteile vorenthalten, die mit ihrer Einsamkeit verbunden sind. ▌ Ich habe viel zu spät begriffen, dass man als Vater der Knochen sein muss, an dem die Jungen ihre Zähne schärfen. Das tut weh, aber diesen Schmerz muss man ertragen. Wenn man sich in seiner Vernünftigkeit nicht beirren lässt, wird man von seinen Kindern sogar irgendwann bewundert. ▌ Sie müssen das Kind in sich hegen und pflegen, sonst verbittern Sie. Und verlernen Sie bloß nie das Staunenkönnen. Ich glaube nicht, dass man optimistisch ins Leben hineinkommt. Man beginnt die eigene Reise voller Furcht und muss sich zum Optimismus durchkämpfen. Natürlich hadere ich auch. Unsere Zweifel sind wichtiger als unsere Überzeugungen, denn der Zweifel ist die Spore des Gedankens, und Wahnsinn ist nichts anderes als die Unfähigkeit zu zweifeln. ▌ Ich habe keinen Glauben, aber ich versuche so zu leben, dass ich jeden Augenblick bereit bin, über ein Wunder zu staunen, denn wenn Christus existierte, würde er heute aussehen wie Andre Agassi. ▌ Jeder Monotheismus ist eine Diktatur. Die alten Griechen waren da viel demokratischer. Die hatten für jede Lebenslage einen Gott, mit dem man reden konnte. Vertrauenerweckend war, dass sich diese Götter auf Erden stets sehr schlecht benommen haben. ▌ Ich bin über 80. Trotzdem trete ich immer noch auf, denn nach einem Auftritt fühle ich mich lebendiger als vorher. Woher sonst soll man in meinem Alter noch Adrenalin herbekommen? ▌ Längere Strecken muss ich im Rollstuhl zurücklegen. Als Folge einer Diabetes hatte ich ein großes Loch unterm Fuß, das ich lange Zeit nicht bemerkt habe. Da ich kein Pferd bin, dachte ich nie daran, meinen Fuß mal von unten anzuschauen. Beinahe hätte ich den Fuß verloren. Der Kampf dauerte über ein Jahr. Mein Vater sagte mir schon sehr früh, er wolle nicht älter als 70 werden. Ohne krank zu sein, ist er dann vier Stunden vor seinem 70. Geburtstag gestorben. Weil ihn das Leben nicht länger interessierte, gab er einfach seinen Geist auf. ▌ Manche Leute sagen mir, es sei besser in einem Alter zu sterben, in dem man noch nicht damit rechnen muss. Mein Pass ist noch gültig bis 2008. Für mich ist es eine Frage der Ehre, nicht vorher abzulaufen.

Harald Schmidt Entertainer

»Hätte ich keine Akne gehabt, hätte ich keine Witze machen müssen«

Ein Wort wie »Fotzenhobel« in meiner Show zu verwenden war unproblematisch, weil das auch der bayerische Ausdruck für Mundharmonika ist. Meine bleibende kulturelle Leistung ist, dass ich den Begriff »Gesichtsfotze« im deutschen Fernsehen etabliert habe. Vorher hieß es »Klobrillenbart«. ▍ Eins habe ich gelernt: Solange ich so was im dunklen Anzug sage, hält sich der Aufruhr in Grenzen. ▍ In Helmut Dietls Film »Late Show« sage ich zu einem Boulevard-Journalisten: »Wenn du einen Job brauchst, kannst du jederzeit zu mir kommen. Ich hab gerade meine Putzfrau entlassen, weil sie einfach nicht in der Lage ist, mein Scheißhaus mit der Zunge so richtig sauber zu schlecken. Das kannst du bestimmt besser.« Ich habe mal gegen Abschuss-Fotos prozessiert. Das hat mich 25.000 Euro gekostet und mir null gebracht. Ich würde mich nie mehr zu einem Privatkrieg gegen Journalisten hinreißen lassen. Ich halte es lieber mit dem wunderbaren Satz von Thomas Gottschalk: »Die Tatsache, dass über meiner Villa in Malibu Hubschrauber kreisen, muss das ZDF mitbezahlen.« ▍ Natürlich kann man als Fernsehnase sein Privatleben aus den Medien raushalten. Die Anrufe laufen doch so: »Grüß dich! Du, pass auf. I würd' da gern a schöne Gschicht machen. Nix Privates. Will i auch gar net. Wos i dir vorschlagen dät, wär, du sagst uns, wann's ihr rausgeht, und wir machen, dass es ausschaat wie a Abschuss.« Wenn ich dann nein sage, wird der zweite Schachzug schon härter: »Wos sagt'n der Intendant zu der Quoten?« Wenn du dann immer noch nein sagst, rufen die irgendwann auch nicht mehr an. ▍ Die Ösis sind in den deutschen Medien so erfolgreich, weil sie diese goldige Mischung haben aus Schmäh, Servilität und Brutalität. Die Härte fällt aber nicht so auf, weil sie durch den Dialekt gemildert wird. Wenn so einer sagt »I hoab ihn ausigschmissen«, klingt das doch sehr viel menschlicher als unser: »Meyer, Sie sind gefeuert!« ▍ Der einzige Mitarbeiter, der mich ohne Zynismus kennt, ist vielleicht Sigrid Korbmacher. Sie managt mich seit mehr als 20 Jahren und kennt mich auch in Situationen, wo ich zwar noch triumphal aussehe, aber doch den Bereich des Menschlichen streife. Also bin ich erpressbar und beschäftige sie weiter. ▍ In »Late Show« reißt der Moderator Witze wie: »Willst du von hinten in die Mutter, nimm einfach deutsche Markenbutter!« Bei mir ist alles tabu, was nur im entferntesten mit dem Thema Juden in Deutschland in Verbindung gebracht werden könnte. Ich war mal der Meinung, es müsste möglich sein, einen Witz über die Krawatten von Michel Friedman zu machen, ohne dass ich als Antisemit abgestempelt werde. Heute ist mir klar, dass da überhaupt nicht dran zu denken ist. Es würde sofort heißen: »Ungeheuer: Schmidt macht Judenwitze!« ▍ Als wir »Late Show« drehten, lag Jasmin Tabatabai nackt im Bett, und ich sollte mich in Boxershorts zu ihr ans Fußende setzen. Dietl sagte, ich solle ihr jetzt mal die Zehen lutschen. Nach zwei Versuchen meinte er: »Du musst das wie ein Juwelier machen, der ganz was Wertvolles vor sich hat. Erst schaust du jede Zehe einzeln an, lutschst sie, und dann gehst du hoch an ihr, gell. Und zieh mal deine Boxershorts aus und setz die Brille ab.« Die Szene war dann gar nicht so problematisch, weil ich von da an nichts mehr sehen konnte. ▍ Ich ekele mich davor, angefasst zu werden, sogar von Freunden. Der Grund ist, dass wir bei uns zu Hause immer so eng zusammen waren. Ich lebte mit meinen Eltern, meiner Oma und meinem Bruder 20 Jahre lang in einer Drei-Zimmer-Wohnung, die 62 Quadratmeter hatte. Heute empfinde ich diese Enge als ideale Basis für eine gesunde Lebenseinstellung. Da wir keinen Fernseher hatten, saßen wir abends auf der Couch und dann wurde sich unterhalten. Bei uns wurde auch viel Radio gehört, »Glocken läuten den Sonntag ein« oder »Mit Musik geht alles besser«. Das hatte damals den Stellenwert von »Wetten, dass…?«. ▍ Meine Eltern sind 1945 aus Südmähren und dem Sudetenland geflohen. Meine Mutter war neun, als es nachts hieß: »Rucksack auf und ab zu Fuß!« Trotzdem konnte ich diese Vertreibungsgeschichten nicht mehr hören. Ich gehöre auch nicht zu denen, die ihren Vater fragten: »Was hast du im Krieg gemacht?« Ich sagte: »Bitte, ich möchte deine Geschichten nicht mehr hören!« ▍ Mit neun musste ich an den Mandeln operiert werden. Mein Vater besuchte mich immer abends im Krankenhaus. Ich wusste, dass er jedes Mal acht Kilometer zu Fuß gehen musste, da wir ja kein Auto hatten. Das ist die schönste Kindheitserinnerung an meine Eltern. ▮ Ich war sehr kränklich und hatte immer Angst, dass was Schlimmes passieren könnte. Mit sechs wollte meine Mutter mit mir eine Schifffahrt auf dem Chiemsee machen. Da habe ich als Ausrede gesagt: »Lieber nicht, sonst wird mein neuer Anorak nass.« ▮ Als Kind litt ich unter dramatischen Gesichtszuckungen. Wenn der eine Tick vorbei war, kam der nächste. Weil mein Vater meinte, das müsse untersucht werden, wurde ich in die Kinderpsychiatrie nach Tübingen gefahren. Für Nürtinger war Tübingen die Harvard-Klinik. Ich hatte schreckliche Angst, weil ich wusste, wenn über einen gesagt wird »Sofort nach Tübingen!«, war der Krebs im Endstadium. ▮ Mit Mädels hatte ich Schwierigkeiten. Ich war der Typ, der in der Ecke steht und lästert. Zu meiner großen Beruhigung habe ich gelesen, dass es bei David Letterman genauso war. Mein Problem war: Scheiße ausgesehen und einfach nichts draufgehabt, was den Mädels imponiert hätte. Die Dates hatten die Sportstars der Schule. Hätte ich bei den Bundesjugendspielen 4000 Punkte gemacht und keine Akne gehabt, hätte ich keine Witze machen müssen. Ich war 18, als ich das erste Mal mit einer Frau schlief. ▮ Eigentlich bin ich ein schwäbisches Würstchen, das vielleicht im Fernsehen netter wäre, wenn ich schon früher an die Weiber rangekommen wäre. ▮ Mein Zynismus war lange eine Schutzfunktion: Der picklige Knabe entdeckt den Witz als Waffe und verwandelt seine Schwäche in Stärke. Ich bin auch auf der Schauspielschule und später am Theater in Augsburg absolut getreten worden. Ich habe mir das nur reinziehen können, weil ich immer von dieser Vision beflügelt war: Eines Tages bist du ganz oben und dann zeig ich's allen! ▮ In der 12. Klasse blieb ich sitzen. Ich hatte Fünfen in Französisch, Mathe, Physik und Chemie. Das war aber keine Katastrophe, denn Sitzenbleiben fing damals gerade an, in zu werden. Mein Bruder blieb im selben Jahr sitzen. Es gibt ein Foto, wo wir beide zu Hause auf dem Balkon stehen und stolz unsere Fünfer-Zeugnisse hochhalten.

▮ Meine Note in Betragen war meist ein »noch befriedigend«. Ich war immer knapp vorm endgültigen Schulverweis, weil ich vorlaut war und permanent auf Sendung. Es gab keinen Satz vom Lehrer, der nicht von mir kommentiert wurde. Da ich schon wusste, dass ich Schauspieler werden wollte, war das Training. Ich habe die Schule benutzt, um meine Wirkung zu testen. ▮ Meine Eltern sind immer noch dabei, mich erziehen zu wollen. Egal, zu welcher Jahreszeit ich meine Mutter anrufe, heißt es: »Zieh dich warm an!« Wenn ich zu Besuch bin, ziehe ich die Schuhe aus, weil man bei uns im Wohnzimmer keine Schuhe trägt. Meine Mutter fragt dann: »Willst du Hausschuhe?« Ich sage: »Nein!« Sie geht raus und bringt mir Pantoffeln: »Hier, vom Papa, die passen.« ▮ Als Zivildienstleistender im katholischen Pfarramt in Nürtingen war ich richtig nett und hilfsbereit. Wenn ich beim Seniorentanz »Der Tod, das muss ein Wiener sein« auf dem Klavier spielte, schrien die einen »Schmidt, spiel schneller!« und die anderen »Schmidt, spiel leiser!«. Das ist das Material, von dem ich heute lebe. Ich musste auch Beerdigungen organisieren. Da saßen mir dann schwer verheulte Leute in Schwarz gegenüber, und ich musste Sachen sagen wie: »Möchten Sie eine Blaskapelle am Grab? Das kostet allerdings extra.« ▮ Nach dem Zivildienst bewarb ich mich an der Stuttgarter Schauspielschule. Ich sprach mit Brille und Skipulli den »Prinz von Homburg« vor. Es gab 180 Bewerber und sechs freie Plätze. Trotzdem dachte ich: »Wer von euch heult, heult zu Recht, denn ich werde genommen!« Ich hatte meinen Eltern schon mit 16 fiktive »Zeit«-Hymnen auf mich vorgetragen: »Harald Schmidt wurde zum dritten Mal Schauspieler des Jahres. Das Supertalent aus Nürtingen ist der neue Star bei Claus Peymann.« ▮ Aus Frust über die gnadenlose Scheiße, die ich am Augsburger Theater spielte, bewarb ich mich 1983 an der Henri-Nannen-Schule, um Journalist zu werden. Ich sah mich gleichzeitig den »stern« herausgeben, den »Spiegel« leiten und »Monitor« moderieren. Wo soll denn auch die Power herkommen, wenn man nicht denkt, dass Henri Nannen einem zur Begrüßung sagt: »Herr Schmidt, wieso kommen Sie erst

jetzt?« Das Thema meiner Bewerbungsreportage war »Theater kurz vor der Premiere«. Der Text war ziemlich hämisch, da ich vorwiegend Pannen und halb leere Zuschauerräume beschrieben habe. ▪ Bei der Endausscheidung sollte ich eine Reportage über das Hamburger Arbeitsamt schreiben. Da machte ich einen entscheidenden Fehler, von dem ich wahnsinnig viel gelernt habe: Ich bin mir selbst nicht treu geblieben. Auf dem Arbeitsamt war es öde und tödlich langweilig, aber ich fing an, die schreckliche soziale Kälte in Deutschland zu beschreiben, dieses unfassbare Elend eines arbeitslosen 42-jährigen Elektrikers, dem man schon wieder keinen Job als Chefarzt anbietet. Anstatt zu schreiben »What the fuck am I doing here?«, machte ich einen auf linke Sozialreportage und Betroffenheits-Jargon. Es war unfassbare Scheiße. In der mündlichen Prüfung habe ich dann Henri Nannen erlebt. Das war sensationell. Als er reinkam, machten die anwesenden Chefredakteure von Gruner+Jahr im halben Aufstehen eine Synchronverbeugung. Da habe ich zum ersten Mal gemerkt, was Macht ist. Hätte Nannen einen fahren lassen, die Herren hätten mitgeschrieben. ▪ Dass die Schule mich ablehnte, kommentierte ich mit dem Satz: »Für den Verlag Gruner+Jahr tut es mir leid. Ich hätte den ›stern‹ retten können.« Das war eine Pointe, die ich mir zurechtnagelte, um nicht so loser-mäßig dazustehen. Ich fing auch sofort an, die Schule schlecht zu machen, als mir der damalige Schulleiter Wolf Schneider in geschliffenem Deutsch mitteilte, ich sei eine komplette Niete. Mein später Triumph war dann, dass ich im Fernsehen eine andere Liga war als er mit seiner NDR-Talkshow. ▪ Sie werden nicht größenwahnsinnig, wenn Sie keine Minderwertigkeitskomplexe haben, das bedingt sich. Ich mache diesen Beruf nur, weil ich mich in der Schule von Mädchen zurückgesetzt fühlte. Die tiefe Gerechtigkeit ist, dass die Abräumer von damals heute die elterliche Tankstelle kehren. Mein Größenwahn ist, dass ich mich für den größten Entertainer der Zeitgeschichte halte. Ich finde es vollkommen berechtigt, jedes Jahr den Deutschen Fernsehpreis zu kriegen. Ich habe halt nie aufgegeben. Ich habe vor dem WDR gezeltet und den Redakteuren in der Tiefgarage aufgelauert mit meinen Sketchen in der Hand. Das macht mich auch so aggressiv gegen junge Leute in diesem Job. Bei denen erkenne ich keinen Biss mehr. Die sagen ziemlich schnell: »Ich habe Kopfweh.« ▪ Ich wüsste gar nicht, wie ich außerhalb der Kunstfigur Harald Schmidt noch groß sein sollte. Ansonsten bin ich im Bademantel daheim. Da falle ich in mich zusammen und bin langweilig. Das ist aber nur äußerlich so. Eigentlich bin ich permanent auf Aufnahme geschaltet, weil ich Pointen speichern muss. ▪ Als Vater erlebe ich schöne Szenen: »Papa, was ist das da auf dem Verkehrsschild?« – »Das ist ein Rollstuhl. Hier dürfen nur Behinderte parken.« – »Und warum stehen wir dann hier?« ▪ Wenn ich Todesanzeigen lese, könnte ich mich wegschreien vor Lachen. ▪ Über Familiäres mache ich keine Witze. Bei uns wird vieles eingeleitet mit dem Satz: »Das erzählst du aber nicht in der Sendung!« Das ist die letzte Grenze, die ich noch habe. ▪ Das Großartige ist, dass Gott und das Universum weder Witz noch Ironie brauchen – sie sind einfach da. Ich habe mal mitbekommen, wie ein Hubschrauber mit vier Japanern ins Matterhorn gerast ist. Das hat dem Matterhorn überhaupt nichts ausgemacht. ▪ Meine Frau findet es schwer erträglich, wenn ich mich morgens verabschiede mit dem Satz: »The King has left the building!« Das ist für mich einer der größten Sätze überhaupt. Wenn Elvis Presley in Las Vegas seine Show beendete, wurde in der Tiefgarage schon seine Limousine angelassen. Während die Band noch spielte, fuhr er aus dem Gebäude. In der Halle kam dann die Ansage: »Ladys and Gentlemen, The King has left the building!« Damit war klar, du brauchst nicht länger zu klatschen, der King kommt nicht mehr. ▪ Wahrscheinlich ist es ein Defizit, aber ich mache meine Probleme mit mir selbst aus. Eigentlich bin ich Single in einer Partnerschaft. Für den Satz kriege ich zu Hause natürlich massiv Ärger. ▪ Komischerweise bin ich überhaupt nicht eifersüchtig. Sollte sich herausstellen, dass meine Frau fremdgeht, wird man sehen, wie es ist. Aber mit so was beschäftige ich mich nicht vorab. ▪ Partys langweilen mich. Ich habe bei Gore Vidal gelesen, dass es nur zwei Gründe gibt, auf eine Party zu gehen: Sex und Business. Da ich beides nicht suche, bleibe ich zu Hause. ▪ Die meisten Komplimente von Frauen bekomme ich für meine Hände. Vielleicht ist das aber auch nur eine Einstiegsfloskel. ▪ Ich habe mich schon vor 35 Jahren davon verabschiedet, mit der Optik zu arbeiten. Seit ich registriert habe, dass Frauen bodymäßig auf andere Typen stehen, probiere ich es mit Gemütlichkeit. ▪ In Badehose finde ich mich bombastisch. Das ist wie der späte Marlon Brando, ohne dass man jemals der frühe Marlon Brando war. Sich mit Bierplautze filmen zu lassen ist eine wahnsinnige Form von Eitelkeit. ▪ Ich kann überhaupt nicht baggern. Das große Balzgehabe zu bringen ist mir auch zu anstrengend. Diese Baggertypen müssen sich von Frauen ohne Ende mit irgendwelchem Müll zulabern lassen. Dafür fehlt mir die Geduld. ▪ Mein gefühltes Alter liegt seit langem bei 55. Ich bin auch lieber mit älteren Leuten zusammen, weil die eine Abgeklärtheit haben. Am interessantesten finde ich Menschen um die 70, die noch fit im Kopf sind. ▪ Wenn es darum geht, Freunden etwas zu verzeihen, bin ich nicht pingelig. Ich rechne mit allem. Die Menschen sind eben so. ▪ Freunde habe ich vielleicht zwei. Den einen kenne ich aus der Schauspielschulzeit, den anderen vom Theater in Augsburg. Wir sehen uns zwei Mal im Jahr – aber nur, weil die kommen. Ich bin unfähig, Freundschaften zu pflegen. Bei mir läuft halt den ganzen Tag die Show im Kopf. Ich kann auch keine

Ansprüche stellen, ich feiere ja nicht mal meinen Geburtstag. Mit befreundeten Paaren in Urlaub fahren ist unvorstellbar. Lieber gehe ich jobben. Ich kann beim Frühstück niemand mit am Tisch sitzen haben. Oder die Situation: Man geht am Strand spazieren, da die Frauen und da die Männer, und dann wird es so vertraulich – igitt! Ich möchte auch im Krankenhaus nicht besucht werden, weil ich es wahnsinnig anstrengend finde, wenn dann gefragt wird: »Wie geht's dir denn?« Und dann kommen womöglich noch Tipps! Da ich ärztehörig bin, brauche ich keine Tipps. Ich habe auf 3sat mal ein Porträt über den krebskranken Max Frisch gesehen. Er sagte in seinem gemütlichen Schweizer Singsang: »Wer von denen, die gestorben sind, fehlt einem denn wirklich?« Das fand ich sensationell befreiend. ▪ Wenn ich schwere Durchhänger habe, warte ich einfach nur ab. Ich weiß mittlerweile, dass es nach zwei Tagen wieder besser ist. Die große Gnade ist, dass die Show meine Hormone jedes Mal wieder auf Vordermann bringt, also kann ich mir Wochenend-Melancholien leisten. Ohne das Korsett der Show würde ich ziemlich schnell anfangen zu saufen. ▪ Vor ein paar Jahren bekam ich Schweißausbrüche und Klaustrophobie, wenn im Restaurant der Nebentisch besetzt war. Ich musste rausrennen. Wenn auf dem Flughafen meine Maschine aufgerufen wurde, konnte ich nicht losgehen, weil ich Angst hatte, ich breche zusammen. Ein Arzt sagte mir: »Ihre Angst hat keinen Grund. Sie haben Angst vor der Angst. Machen Sie sich bei Panikattacken klar, dass Ihre Angst einen Anfang hat und ein Ende.« Nach drei Wochen waren die Anfälle weg. ▪ Ich habe festgestellt: Ist die Landschaft toll, braucht man keine Literatur. Das ist etwas für das regnerische, depressive Europa. Peter Handke bei 30 Grad unter Palmen auf Hawaii wirkt vollkommen lächerlich. Ich glaube auch nicht, dass sich Botho Strauß in Neuseeland verkauft. Die Leute sind da einfach so gut drauf, dass sie nicht ganz nachvollziehen können, wo da die Problematik liegt. ▪ Ganz klar, ich lese Bücher vor allem, um mich zu munitionieren. Ich existiere nur durch Nachplappern und mache deshalb überhaupt nichts mehr ohne Verwertungsblick. Das habe ich für mich auch akzeptiert. Früher hätte ich mich noch rausgeredet und gesagt, es ist sehr wichtig, Beruf und Privates zu trennen. Ist es nicht! Ich bin 365 Tage im Jahr ein 24-Stunden-Verwertungsschwamm, der leidet, wenn er nicht ausgepresst wird. ▪ Es muss mich schon sehr packen, damit ich ein Buch noch zu Ende lese. »Der Schwarm« von Frank Schätzing? Erstes Kapitel – Schluss! »Vienna« von Eva Menasse? 25 Seiten – Feierabend! Das Tolle an Büchern ist auch, dass man so wahnsinnig gnadenlos sein kann. Einen Film guckt man ja eher noch irgendwie zu Ende. Ein Roman muss losgehen, ohne dass ich das Gefühl habe, der Autor weiß, dass es gleich losgehen muss. ▪ Kafka sagt, ein Buch müsse die Axt sein für das gefrorene Meer in uns. Ich glaube nicht, dass ein Buch das schaffen kann. War vielleicht zu Kafkas Zeiten anders. Heute ist man ja von Äxten umringt, ob Fernsehen oder Zeitung. Nehmen Sie die Mutter, die sich mit ihren drei Töchtern zum Erfrieren in den Schnee gelegt hat. Neben den Leichen lagen zwei Bibeln. Ich wüsste nicht, wie das von einem Roman noch zu toppen sein soll. ▪ Lektüre stärkt, denn Selbstzweifel habe ich auch ohne Bücher. Man findet Sachen perfekt formuliert, die man bislang nur so schofeligdumpf in sich geahnt hat. Und man braucht sich nicht mit dem Gedanken weiterzuquälen, es müsste einem selber noch mal was Neues einfallen. Alles schon da gewesen, alles schon endgültig formuliert. Ich habe kürzlich Stendhals »Rot und Schwarz« gelesen, 1830 veröffentlicht. Das fand ich schon grandios in der Beobachtung und der Kühle der Formulierungen. Die guten Leute haben doch sehr viel vorausgeahnt. ▪ Heiner Müller ist ein grandioser Zitatelieferant. Will man richtig böse werden und keinen Ärger kriegen, sollte man immer auf Müller zurückgreifen. Ossi, Kommunist, verfolgt, Krebstod – der ist untouchable. Der Witz ist ja, dass man ahnen muss, wo Zitate zu finden sind. Als Nächstes nehme ich eine Elias-Canetti-Biografie in Angriff. Die lese ich nur auf Stellen hin. Die Kindheit interessiert mich natürlich überhaupt nicht. Da muss man sich nur den Begriff »sephardischer Jude« merken. Auf der Bühne gesagt, gibt das ein Aufstöhnen im Publikum, weil man es für Antisemitismus hält. Spannend soll sein, wie Canetti über andere Dichter herzieht. Das scheint mir auch unter Verwertungsgesichtspunkten interessant. Meine Erfahrung ist, dass man mit der Bemerkung »schon in ›Masse und Macht‹ sagte Canetti …« jeden Großfeuilletonisten platt macht. ▮ Meine Berufsgrundlage ist von Gottfried Benn: »Dumm sein und Arbeit haben – das ist das Glück.« Das ist ja wieder unfassbar aktuell geworden. Bei Mietwohnungen greife ich gern auf Heiner Müller zurück: »Fickzellen mit Fernwärme«. In »Das abenteuerliche Herz« von Ernst Jünger bin ich kürzlich auf ein Zitat gestoßen, das für mich wirklich desaströs ist: »Ein Gott braucht keine Ironie.« Das ist für mich im Grunde die attestierte Berufsunfähigkeit, wenn Sie überlegen, in welchen religiösen Zusammenhängen ich gesehen werde. Anke Engelke nennt mich »Gott«. Dr. Dieter Wedel hat mich schon auf »Messias« runtergestuft. Aber der gehört immerhin noch zur Dreifaltigkeit. ▮ Ich habe mir mal die »Buddenbrooks« von Thomas Mann vorgenommen – und bin über 20 Seiten nicht hinausgekommen. Es hat mich einfach nicht interessiert. Wahrscheinlich bin ich schon zu sehr auf Häppchen und Schnellverwertung geeicht, um überhaupt noch die Geduld zu haben, mich durch so was Langes durchzuquälen, wo man das Ergebnis ja schon kennt: Nobelpreis! Trotzdem könnte ich bei so einem Blubbertalk abends beim Stammitaliener über Thomas Mann ganz gut mithalten, weil ich so Versatzstücke im Kopf habe: »Bekenntnisse eines Unpolitischen«, Katia und die mangelnde Geschlechtslust. Der eigentliche Spaß ist ja, Ehrenprofessor zu werden, ohne jemals was zu Ende gelesen zu haben. ▮ Bei neuerer Literatur fass ich schon gar nicht mehr hin. Da bin ich so ein Bildungskleinbürger, der lieber den Kanon abarbeitet, um Tolstoi nicht für einen Zeitgenossen von Putin zu halten. ▮ Meine Lektüre verändert sich: weniger Romane, mehr Biografien. Ich suche Rechtfertigungen für eigene Defekte bei Leuten aus der ersten Liga, die gesellschaftlich gebongt sind. Sich morgens schon die Kante geben und 20 Jahre nicht mit den eigenen Kindern reden? Hat doch Bismarck auch gemacht! Man selber glaubt, man wäre so ein kleiner perverser Asozialer, der nicht in der Lage ist, mit seinem Partner zurechtzukommen, und möchte schon irgendwo hingehen, um sich helfen zu lassen – und dann greift man ins Bücherregal, und es stellt sich heraus: Unsere Besten waren ja noch viel schlimmer! Und das schon vor 100 Jahren! Das ist wirklich unglaublich befreiend. ▮ Es ist falsch, dass Buchhändlerinnen bei uns als Inbegriff von Unsexyness gelten. Für den Fachmann ist Buchhändlerin besser als Unterschicht mit Arschgeweih. Die Buchhändlerin mit Dutt, Brille und wollenem Faltenrock ist doch der Inbegriff des hässlichen Entleins, das zum Schwan umgebaut werden will. Die wird zum Tier, wenn sie zwischen den Regalen genommen wird. ▮ Als ich mit 17 meine erste Freundin hatte, habe ich ganze Passagen aus Heines »Buch der Lieder« abgekupfert. Später schrieb ich Expressionistisches im »Baal«-Stil, um die Angebeteten zu außergewöhnlichen Sexualpraktiken zu aktivieren. Aber sie fühlten sich vom Vokabular angeekelt. Und natürlich wussten diese Dinger auch nicht, wer Baal ist. ▮ Mit einem Buch das Herz einer Frau erobern – da wird es Nacht, da wird es ganz Nacht: Paulo Coelho. Ich habe mal »Der Alchimist« geschenkt gekriegt und dachte, vielleicht tue ich dem Mann ja Unrecht. Zwei Seiten – Feierabend! ▮ Frauen lesen gerne Bücher, in denen starke Frauen vorkommen. Sehr viele Frauen lesen irische Elends-Romanciers, also: von der Mutter geschlagen, vom Vater geschändet, mit einem Bein in Amerika fast ertrunken beim Aussteigen. Man muss sich da den Satz abschminken: »Ich tue jetzt bestimmt vielen Unrecht …« Man tut niemandem Unrecht. Was Frauen lesen, treibt einem wirklich die Tränen in die Augen. Bei Jan Philipp Reemtsma habe ich den Satz gelesen: »Es herrscht eine große Sehnsucht nach Unterkomplexität.« Als Beispiele bringt er Camping und Actionfilme gucken. Man kann hinzufügen: Frauenliteratur lesen! ▮ Wenn meine Frau Bücher liest, gucke ich weg. Sie liest sehr viel im Ratgeberbereich, Esoterik, fernöstliche Weisheiten, Yoga – also im Grunde »Brigitte« auf Romanformat. ▮ Bei mir zu Hause stehen nicht mehr als 300 Bücher. Ich habe mal alles weggeschmissen, bis nur noch ein Privatkanon blieb. Sortiert sind die

Bücher nach der Gigantenhierarchie. Links oben die Untouchables wie Goethe und Montaigne und nach rechts unten absteigend die Champions League. ▪ Eine Zeit lang hatte ich den Wahn, alle Schutzumschläge wegzuschmeißen, weil es natürlich viel literarischer aussieht. Aber wegen der Flecken auf dem Einband ist dann wieder der Kleinbürger in mir durchgerastet. Als ich mal kiloweise Schutzumschläge in den Altpapiercontainer schmiss, fuhr Elke Heidenreich an mir vorbei. Ich dachte: Was wird die jetzt bloß denken? 1933! Autodafé bei Schmidt! ▪ Was ich übrigens unbedingt mal lesen muss, ist »Moby Dick«. Das hasst Elke Heidenreich, weil es Macho-Literatur gegen Tiere sei. ▪ Viele Buchtitel sind ja so auf Verkauf hin ausgerichtet, »Blutrausch im Schwulenkloster« oder so. Wirkliche Romane heißen »Madame Bovary« oder »Anna Karenina«. Von Dauer ist ja immer das Schlichte: »Faust«, »Derrick«. ▪ Als meinen Lieblingsverlag müsste ich eigentlich Kiepenheuer & Witsch nennen, weil die meine Taschenbücher rausgeben und der Verleger dauernd bei mir anruft. Es ist aber Hanser, weil da Bücher erscheinen, die ich gerne lese. Wobei der Hanser-Verleger Michael Krüger bei mir aus der Champions League auf einen UEFA-Cup-Platz abgerutscht ist, weil er mir mal in einer Lufthansa-Maschine von hinten über die Schulter ein selbst verfasstes Buch zugesteckt hat. ▪ Reich-Ranicki sagt, er lese aus Respekt vor der Literatur nur im Anzug. Ich bin aber überzeugt, dass der in vollgekleckerten Pullis in der Küche liest. Wenn man Giganten zu Hause besucht, kriegt man ja Depressionen. Keiner hält das Bild durch, das er von sich aufgebaut hat. ▪ Literaturkritik bespricht unverständliche 1200-Seiten-Romane aus Usbekistan, und auch die Kritik hat unverständlich zu sein. Ich möchte da wirklich die Bücherkartons von Jorge Luis Borges über mich herunterbrechen sehen. Also keinesfalls Nahebringung, sondern komplette Homer-Kenntnisse als Grundvoraussetzung. ▪ Der perfekte erste Romansatz steht in »Sabbaths Theater« von Philip Roth: »Schwöre, dass du keine anderen mehr fickst.« Der Held hat dann ziemlich schnell Sex auf dem Grab der Geliebten. ▪ Dem Urteil von Reich-Ranicki traue ich, wenn es um das Kanonische und gut Abgehangene geht. Dem von Heidenreich, wenn man mal so frisch und entspannt was lesen will, was man sich nicht traut, öffentlich zuzugeben. ▪ Ich kriege viele Bücher zugeschickt mit dem Hinweis: »Der Autor hat den gleichen Humor wie Sie.« Früher habe ich noch zurückgeschrieben: »Nein. Gruß Harald Schmidt«. Man sollte da nicht mehr länger drumrumreden: Solche Bücher werden von mir eingeschweißt weggeschmissen. Einige Medizinbücher habe ich behalten, zum Beispiel »Das Einmaleins der Chirurgie«. Der häufigste Satz da drin lautet: »Sollte sich dieses Symptom zeigen, wird der Eingriff abgebrochen.« Die Chirurgie lässt sich relativ einfach zusammenfassen. Bis auf ein paar Klassiker wie Blinddarm heißt es beim großen Rest: »Es ist uns gelungen, das Leben um vier Minuten zu verlängern.« ▪ Das Tagebuchschreiben habe ich irgendwann bleiben lassen, weil ich gemerkt habe, dass ich schon die Notizen auf Wirkung hin schreibe. Was soll ich da auch festhalten? »Andrak ist erkältet. Freue mich über den Erfolg seines Wanderbuches«? Die guten Sätze sind ja schon alle weg. Als die Atombombe auf Hiroshima fiel, schrieb Thomas Mann in sein Tagebuch: »Einkauf von weißen Schuhen.« So in der Größenordnung wollen wir uns ja bewegen. ▪ Ich kenne etliche Leute, die ab dem ersten Grimme-Preis damit beschäftigt sind, die Trauerfeier für sich zu planen, damit die auch ja bedeutungsvoll genug ist. Aber auch da war schon alles da. Ich empfehle die Texte, die Heidegger auf seiner Beerdigung vorlesen ließ. Da sind feuilletonistische Atombomben dabei. ▪ Horaz' Satz »Wir verändern immer nur den Himmel über uns, nie uns selber« ist wirklich Quatsch. Reisen verändert tatsächlich, und wenn man es lange macht, führt es zu einer wirklich enormen Entspannung. Wenn man dann zurück ist, hat man überhaupt keinen Bezug mehr zu dem, was in Deutschland passiert. ▪ Natürlich kann ich nicht aufhören und halte mich für unersetzbar. Ich bin keiner, der unter Palmen sitzt, sich selber zuprostet und sagt: »Ich bin übrigens der, der den richtigen Zeitpunkt für seinen Abgang erwischt hat.« Nach einem Jahr würde mich die Langeweile töten.

Friedrich Dürrenmatt Schriftsteller
»Hass ist die Liebe der Verlierer, Hochmut die Schutzhaltung der Verletzten«

Wahrscheinlich bin ich der finsterste Komödienschreiber, den es gibt. Ich muss immer dort lachen, wo andere nicht lachen – und umgekehrt. Das Auseinanderklaffen, wie der Mensch lebt und wie er eigentlich leben könnte, wird immer komischer. Wir sind im Zeitalter der Groteske und der Karikatur. ▪ Als meine erste Frau starb, bemühten sich die beiden Männer des Beerdigungsinstituts, den Sarg das sehr enge Treppenhaus hinunterzuschaffen. Bald stand der Sarg auf dem Kopf, bald auf den Füßen. Es war eine Groteske. Man bedenkt bei Häusern nie, was wohl ist, wenn da jemand stirbt und runtertransportiert werden soll. Was geschieht heute mit Toten? Wir sind ja gar nicht mehr dafür eingerichtet. Sofort entsteht eine Verfremdung. ▪ Meine Beschäftigung mit dem Tod hängt mit meiner Zuckerkrankheit zusammen. Wenn Sie mit 25 zuckerkrank werden, kaufen Sie sich erst mal ein medizinisches Buch. Dann wissen Sie: Das ist unheilbar, das hat man ein Leben lang. Und dann kommen alle diese Dinge, von denen Sie gelesen haben: Wenn Sie pinkeln, wird der Teststreifen grün. Das ist der grüne Tod. Sie werden immer wieder daran erinnert, dass Sie etwas haben, das zum Tod führt. ▪ Die Müdigkeit des Zuckerkranken ist ein Gefühl, das ich oft versuche zu beschreiben, aber ich finde keine Worte. Man muss wahrscheinlich eins erfinden. Sie sind anders müde, wenn Sie körperlich gearbeitet haben. Ich habe das Gefühl einer Grundmüdigkeit, gegen die mir nur das Schreiben hilft. Plötzlich ist diese Müdigkeit weg. Und dann gibt es das Erschrecken, wenn sie wiederkommt. ▪ Wenn ich nicht Zucker hätte, wäre ich schon lange an meiner Gesundheit gestorben. Ich bin ein sehr vitaler Mensch, und Zucker ist natürlich eine Bremse und zwingt zu Disziplin. Schreiben ist auch eine große Disziplin. Das spukt immer in Ihrem Hinterkopf. Und wenn Sie Ihren Gegenstand mal loslassen, stürzen Sie in eine große Leere. ▪ Angst vor dem Tod habe ich nicht mehr. Es ist sehr wesentlich für den Menschen, dass er weiß, dass er sterben muss. Biologisch gesehen ist das für den Menschen eine große Erkenntnis. Die hat das Tier nicht. Die Beschäftigung mit dem Tod ist die Wurzel der Kultur. Aus Angst vor dem Tod hat man das Jenseits erfunden, hat man die Götter erfunden, hat man Gott erfunden. Die ganze Kultur ist gegen den Tod gebaut. Aber wir sollten den Tod als natürlich und notwendig begreifen, denn ohne ihn gibt es keine Evolution. Wären wir unsterblich, gäbe es auf der Erdoberfläche nur einen Brei von Einzellern. ▪ Romane langweilen mich zu Tode. Ich würde meine Romane nie lesen, wenn ich sie nicht selbst geschrieben hätte. Ich lese sehr sorgfältig, und Romane sind mir immer zu lang. Ich muss sagen, ich habe noch keinen Peter Handke gelesen, und Thomas Bernhard kenne ich nur vom Fernsehen. Ich bleibe fast in jedem Buch stecken, weil ich dann wieder in meine eigene Welt hineinsinke. Wenn ich in der Nacht bis zwei Uhr schreibe, lese ich noch bis drei oder vier, meist Naturwissenschaftliches oder Philosophisches. Heute Nacht werde ich ein Buch über ungelöste mathematische Probleme lesen. Ich habe noch nie ein Buch nicht im Bett gelesen, vielleicht mal im Zug, kurze Momente. ▪ Dass ich meine eigenen Bücher lesen sollte, sehe ich überhaupt nicht ein. Manchmal lese ich ein Drama von mir. Das geht leichter als ein Roman. ▪ Ein Kunstwerk zeigt, wessen Gefangener der Künstler ist. ▪ Es verwundert mich immer, dass sich so wenige Schriftsteller für Naturwissenschaften interessieren. Die Welt dramaturgisch in den Griff zu bekommen geht heute ohne Beschäftigung mit der Wissenschaft überhaupt nicht. Was die Welt verändert, ist doch nicht die Politik oder Kunst, sondern eben die Wissenschaft. Die zweite, die naturwissenschaftliche Kultur ist heute das Entscheidende. Die Politik hinkt nach. Sie versucht mühsam, die Entwicklung zu steuern. Ich verstehe die Schriftsteller nicht, die aus Vorsatz naturwissenschaftlich ungebildet sind. Wer sich aufs reine private Erleben zurückzieht, dem entgeht ungeheuer viel. ▪ Tagebuch führe ich nicht. Das Schreiben ist für mich eine derartige Arbeit, dass ich nicht auch noch den Tag beschreiben will. Ich schreibe auch wenig Briefe. ▪ Im Theater spiele ich keine Rolle mehr. Die Regisseure nehmen sich heute lieber einen Shakespeare und stellen ihr eigenes Weltbild aus. Das Theater ist für mich in eine Regiewelt gestürzt. ▪ Der Friede

ist das Problem, das wir zu lösen haben. Krieg entsteht aus nicht bewältigtem Frieden. Wir plündern die Dritte Welt schlimmer aus als einst die Kreuzritter das Morgenland. Die Weltbevölkerung explodiert wie das Weltall, worin wir leben. Uns droht eine Klimakatastrophe. Das zeigt doch, dass unser jetziger Friede die fatale Eigenschaft hat, den Krieg zu integrieren. Was jetzt kommt, ist der Wirtschaftskrieg, der Krieg um Rohstoffe und Absatzmärkte. Vielleicht kam das Experiment Marxismus zu früh. Die Einführung der Planwirtschaft könnte unabwendbar werden. Da werden neue unbarmherzige Gesetze eintreten. Die Weltbevölkerung geht auf die zehn Milliarden zu, und es gibt heute viel mehr Hunger als jemals zuvor. ▋ Jedes Kunstwerk muss apokalyptisch sein. Wir haben uns eine Katastrophenwelt gebaut. Ein zerstreuter Laborant führt die Explosion einer Atombombenfabrik herbei, ein schläfriger Programmierer fabriziert eine Fehlschaltung in den Pentagon-Computern, einem unachtsamen Gentechniker entwischen seine Virenkulturen – in diese Welt der apokalyptischen Pannen führt unser Weg. Deshalb muss die Literatur fragen, ob die Menschheit nicht in einer evolutionären Krise steckt und auf ihr Ende zugeht. ▋ Ein Biologe hat einmal gesagt, dass die Tragödie des Menschen darin besteht, dass er im Grunde von einem dreijährigen Kind gesteuert wird. Der Mensch ist nicht imstande, gemäß seines Wissens zu handeln. Der Intellekt greift nicht. Das nenne ich das Apokalyptische. ▋ Auf knapp sechs Millionen Schweizer kommen 650.000 Soldaten. Diabolischerweise diente der Vietnamkrieg bei uns zur Begründung, ein kleines Volk könne Widerstand leisten. Die Schweizer Armee verteidigt nichts als das Bankgeheimnis. ▋ Eine Armee, die nicht Krieg führt, ändert mit der Zeit ihren Charakter. Die Schweizer Armee ist ein Männerclub geworden, ein verlängertes Pfadfindertum. Man macht Manöver, die in Wirklichkeit kolossale Saufereien sind. Ein Freund von mir muss nach jedem Manöver wegen seiner angegriffenen Leber ins Sanatorium. ▋ Mein Sohn ist Pfarrer. Er ist vier Monate ins Gefängnis gekommen, weil er darauf bestanden hat, aus politischen Gründen den Kriegsdienst zu verweigern. Ihm wurde gesagt, seine Dienstverweigerung sei nicht im Sinne des kategorischen Imperativs von Kant. Ich ging zum Richter und fragte, was er denn unter dem kategorischen Imperativ verstehe. Seine Antwort war: »Keine Ahnung. Das so zu sagen ist ein Befehl aus Bern.« ▌ Gegner tauschen Eigenschaften aus. Nach einiger Zeit ist man dem anderen zum Verwechseln ähnlich. Das bemerken aber nur Dritte. ▌ Max Frisch und ich stellten einmal am schweizerischen Schriftstellerhimmel ein Doppelgestirn da. Heute haben wir uns auseinander gelebt. Sein Romantizismus in der Liebe und diese ungeheure Selbstquälerei sind mir ganz fremd. Private Schwierigkeiten sollte man mit sich ausmachen. Der Frisch hatte immer viele Frauengeschichten, und jedes Mal hat er geschworen, das sei seine letzte – ein hoffnungsloser Romantiker in dieser Hinsicht. Ich kannte seine erste Frau sehr gut, und so wurde unser Verhältnis immer schwieriger. Er hat auch seinen Kreis, eine Linksverbindung von Schweizer Schriftstellern. Da habe ich nicht mitgemacht, das war mir zu blöd. Ich bin ein Einzelgänger. Ich lebe in Neuchâtel, um nicht am so genannten Kulturleben teilnehmen zu müssen. Kultur mache ich selbst. ▌ Frisch ist schwerkrank. Ich habe ihm geschrieben, aber er antwortet nicht einmal. Der Frisch ist ein ungeheuer empfindlicher Mensch, sehr auf sich bezogen, auf seine Probleme. Er ist der Schriftsteller der Intellektuellen. Sie glauben, seine Eheprobleme und Identitätskrisen auch haben zu müssen. ▌ Der Frisch leidet unter der Schweiz. Er hat ein Feindverhältnis. Das nimmt bei ihm gespenstische Züge an. Vor Jahren besuchte ich ihn in seinem Haus am rechten Zürichseeufer, der so genannten Goldküste. Er deutete auf die Nachbarvillen und sagte: »Dort wohnen meine Feinde.« ▌ Ich leide nicht unter der Schweiz. Ich finde sie komisch. Es geht mir wie Karl Kraus mit Wien: Ich verlange von einer Stadt, dass sie funktioniert – gemütlich bin ich selbst. Es gibt ein berühmtes Wort: Es ist angenehm, in der Schweiz geboren zu werden, und es ist angenehm, in der Schweiz zu sterben – aber was macht man dazwischen? ▌ Die Ehe ist eine Sache der Ordnung. Und der Mensch braucht Ordnung. ▌ Wenn einer Probleme hat, soll er nicht heiraten. ▌ Ich wollte Maler werden, aber ich habe jetzt eingesehen, dass ich keiner bin. Und gegen das Prinzip Hoffnung habe ich etwas. ▌ Ich fragte mich, warum es heute keine Freskenmalerei mehr gibt. Dann habe ich die Wände und die Decke meiner Toilette bis auf den letzten Quadratzentimeter bemalt. Wir haben keine Orte, in die man sich zurückziehen kann, keine Privatkapellen. Das WC ist der einzige Ort. Und da habe ich das aus Jux gemacht. ▌ Auf dem WC habe ich sehr viele Einfälle. Es ist ja ein Entleeren. Früher hat man Blut abgezapft oder Klistiere gegeben. Die Toilette hat etwas Kontemplatives. Ich habe schon oft überlegt, ob ich nicht den Beruf des Toilettenmalers ergreifen sollte. ▌ Ich bestehe hauptsächlich aus Humor, besonders wenn ich allein bin. ▌ Humor entsteht aus Distanz – und Nachsicht. ▌ Ich kenne Schmerzen, wo ich lachen muss. Diese Schmerzen sind so schlimm, dass ich sie nur mit Humor ertragen kann. ▌ Der Humor wird im Alter stärker, weil man selbst immer lustiger wird. Mit zunehmendem Alter wird man immer mehr eine Komödie. ▌ Hass ist die Liebe der Verlierer, Zynismus die Waffe der Geschlagenen, Hochmut die Schutzhaltung der Verletzten. ▌ Mein Feind bin ich sicher nicht. Die Frage ist: Liebt man sich? Wohl nicht, denn wenn man über sich lachen muss, hat man auch Distanz zu sich selbst. ▌ Freunde habe ich sehr wenig, aber ich bin auch ein Mensch, der wenig Freunde braucht. Die, die ich habe, brauche ich. ▌ Bei meinem ersten Herzinfarkt ist mir die tiefe Gleichgültigkeit aufgefallen, die man dabei hat. Ich bin im Bett liegen geblieben und habe weitergelesen, ohne Angst. Im Nebenzimmer lag meine Mutter. Es ist mir nicht in den Sinn gekommen, rüberzugehen. Es ist einem alles egal. Man versucht nur, durch irgendwas über den Schmerz zu kommen, den man hat. Dabei ist Lesen das Beste. ▌ Eigentlich bin ich kein großer Reisender, aber indem ich in den nächsten Tagen nach Amerika und Asien aufbreche, entkomme ich den Feierlichkeiten zu meinem 70. Geburtstag. Ich mache diese Reise nur aus Furcht vor dem Geburtstag. Festreden sind entsetzlich.*

* Das Treffen mit Dürrenmatt fand im Dezember 1990 statt. Eine Woche nach dem Gespräch starb der Schriftsteller an einem Herzinfarkt.

George Tabori Regisseur
»Hermann Göring war sehr freundlich zu mir«

Jeder gute Witz ist eine Katastrophe, und jeder wirkliche Humor ist schwarz. Dass in meinen Witzen ein kleiner Holocaust steckt, hat auf der Theaterbühne Sinn: Durch die Verbindung von Scherz und Schmerz wird das Tragische nicht triefend. ▪ Ich möchte eingeäschert werden. Meine Asche soll in kleinen Urnen an sechs Leute verteilt werden, die ich in meinem Testament benenne. ▪ Als Frau wäre ich glücklicher gewesen. Sie haben es besser, sie sind perfekt konstruiert. Der Schoß der Frau ist das Kunstwerk eines Genies. Ein Mann mit diesem launischen Anhängsel, dem man nicht trauen kann und das ganz nutzlos ist, wenn es nicht eingelassen wird – das ist ein Problem. Frauen sind außerdem potenter als wir. Eine Frau kann 20 Orgasmen in 24 Stunden haben. Ein Mann höchstens sechs. ▪ Liebeserfahrungen habe ich sehr wenige gehabt in 80 Jahren. Es waren vier oder fünf. ▪ Meine letzte Heirat war die schönste. Die war beim Sepp Bierbichler in Ambach am Starnberger See. Mein Verleger Michael Krüger hat für 30 Mark eine Holzkirche gemietet und einen Pfarrer gefunden, der sehr liberal war. Der hatte nichts dagegen, einen zwei Mal geschiedenen Juden mit einer Hannoveraner Schickse zu vermählen. Dann wurden Kirchenlieder gesungen. Meine linken Freunde Heiner Müller und Hans Magnus Enzensberger haben am lautesten gesungen. ▪ Ich gucke auf die Welt wie ein Toter, der zurückgekehrt ist und sein Begräbnis beobachtet. Aber auch in dieser Situation macht man Erfahrungen. ▪ Kritiker sind professionelle Kränkungskünstler. Was sie schreiben, ist autobiografisch: Man lernt, wie der Kritiker es gemacht hätte – was einem aber nicht weiterhilft. Ich habe mich nie sehr viel um Kritiker gekümmert, denn sie haben keine wirkliche Macht. Wir sollten Geld für Kritiker sammeln, damit sie glücklicher sind. ▪ Seit ein paar Jahren ist die allgemeine Stimmung, dass das Theater tot ist. Ich kann das verstehen. Theater ist nur dann gut, wenn es uns nervös macht. An der Berliner Schaubühne habe ich erlebt, wie ein Zuschauer am Schluss der Vorstellung auf seinen Sitz stieg und gleichzeitig buhte und applaudierte. Solche Wirkungen erlebe ich im Theater nur noch selten. ▪ Ich überlege, mit dem Theater aufzuhören. Nur, was mache ich dann? Schreibe ich nur noch? Es ist furchtbar langweilig zu schreiben. Man ist so allein. Der Dürrenmatt hat sein ganzes Leben mit sich am Schreibtisch verbracht. Das könnte ich nie. ▪ Ich bin halb taub und sehe schlecht, aber wenn ich nicht probiere, fühle ich mich beschissen und werde krank. Jede Kunst ist therapeutisch. Außerdem ist es vitalisierend, die privaten Wehwehchen öffentlich in Kunst zu verwandeln. ▪ Die Schonzeit für Juden ist vorbei. Man muss nicht mehr so nett sein zu uns. Trotzdem sehe ich keine Bedrohung wie von den Nazis 1933. Einige Jugendliche benutzen Nazi-Slogans, aber ich nehme das nicht ernst. Geschichte wiederholt sich nicht. Die entscheidende Frage ist für mich: Wem wollen die Täter wehtun? Ein amerikanischer Psychiater hat mir gesagt: »Diese Aktionen scheinen politisch zu sein, aber in Wirklichkeit geht es gegen die Väter.« Das ist der böse Witz: Die Söhne der 68-Generation rächen sich an ihren Vätern, indem sie sich als Antisemiten aufführen. ▪ Mein Vater ist Ende 1944 mit dem letzten Transport nach Auschwitz gekommen. Die Deutschen hatten fast schon keine Zeit mehr, sich um seinen Tod zu kümmern. Vor kurzem war ich in Auschwitz. Es ist ein Museum. Es gibt dort nichts Lebendiges, nichts, an dem sich Gefühle entzünden könnten. Auschwitz ist sehr touristisch, viele Japaner. Ich habe in Auschwitz verzweifelt den Geist meines Vaters gesucht und nicht gefunden. ▪ Mir sind Paradejuden wie Ralph Giordano zuwider, die aus Neonazis einen Lebensinhalt machen. Wer immer wieder in den so genannten Schuldgefühlen der Deutschen rumbohrt, ist dumm. Leute, die sich schuldig fühlen, sind gefährliche Leute. Unvermeidlich fangen sie an, Schlimmes mit den Leuten zu machen, wegen denen sie Schuldgefühle haben. Das ist auch im Privatleben so. Ein Mensch verdrängt etwas nicht, weil er feige ist, sondern weil es wehtut. Das Verdrängte herauszubringen ist ein sehr schwieriger Prozess. Das wissen wir von der Psychoanalyse. Manchmal gelingt es der Kunst. Bei einer guten Theateraufführung fällt man in die eigene Biografie rein. ▪ Claus Peymann sagt über Frank Castorf: »Ich habe bei ihm mehrmals Retourkutschen gelandet, weil er mir dermaßen an die Eier gegangen ist, dass ich ihm einfach eine rübergeknallt habe.« Claus und ich haben den gleichen Frauengeschmack, ansonsten ist er das genaue Gegenteil von mir. Ich finde es viel zu anstrengend, wütend zu sein. Er aber braucht diese Kämpfe, weil sie ihn vitalisieren und verjüngen. Was da passiert, erinnert mich an die Shows von Catchern: Im Ring überbietet man sich mit simulierter Todfeindschaft, um das Publikum auf die eigene Seite zu ziehen. Beim Duschen ist man dann wieder nett zueinander. ▮ Mein Leben hat immer nach der Chaos-Theorie funktioniert, aber mit 85 habe ich zum ersten Mal das Gefühl, ein Kreis schließt sich. Mein Vater schickte mich 1932 von Budapest nach Berlin. Ich fing mit 17 als Aschenbecherputzer und Etagenkellner im Hotel Hessler an. Ich weiß noch, wie ich Hermann Göring einmal ein wunderbares Frühstück auf seinem Zimmer serviert habe. Er lag in einem lila Seidenpyjama im Bett und war sehr freundlich zu mir. Die Hälfte des Frühstücks ließ er stehen. Die habe ich dann gegessen. ▮ Zwei Drittel meiner Familie sind von den Nazis ermordet worden. Ich war politisch dumm und habe mir überhaupt keine Sorgen gemacht, obwohl im Hessler immer wieder SA-Schläger auftauchten, die für Kaffee und Kuchen nicht bezahlen wollten. Als mir der erste Deutsche »Heil Hitler!« zurief, verstand ich »Heilt Hitler!« Ich dachte, das sei ein Witz, und sagte dem Mann: »Ich gebe Ihnen die Adresse eines guten Arztes. Der kann Hitler sicher heilen.« ▮ Brecht habe ich 1947 in Los Angeles kennen gelernt. Ich fand ihn nicht sehr angenehm. Unser erstes Treffen fand bei dem Regisseur Joseph Losey statt, da wir beide Drehbücher schrieben. Es waren ungefähr 20 Gäste da, die alle auf dem Boden saßen. Das war üblich, auch wenn keiner wusste, warum. Brecht trug seinen maßgeschneiderten Drillichanzug und rauchte die berühmte Zigarre. Als ich mich vorstellte, nickte er bloß. Er war übellaunig und schimpfte unentwegt über den Schmierengeschmack der Studios. Da er Deutschland als Star verlassen hatte, fühlte er sich von den Filmbossen als Nobody missachtet. ▮ Brecht verdammte Hollywood als »ein Schauhaus des Easy Going«, in dem er sich vorkomme wie »Lenin beim Oktoberfest«. Für ihn war Hollywood ein Lügenmarkt, auf dem es nur Käufer oder Verkäufer gab. Als Drehbuchschreiber hatte er das Gefühl, einem Pissoir seinen Urin zu verkaufen. Ich sah das viel romantischer, weil ich auf den Partys dauernd mit meinen Helden reden konnte: Chaplin, Hitchcock, die Garbo, Charles Laughton, Thomas Mann. ▮ Das FBI hielt Brecht für einen sowjetischen Agenten, der bei den Filmleuten in Hollywood einen kommunistischen Zirkel aufziehen sollte. Von den 2000 deutschen Intellektuellen, die vor den Nazis in die USA geflüchtet waren, ist keiner so sorgfältig ausgeschnüffelt worden wie er. Drei Agenten teilten sich die Beschattung, sein Haus wurde verwanzt, das Telefon abgehört und die Post aufgebrochen. Am Ende hatte seine FBI-Akte 1100 Seiten. Als sie in den 80er Jahren freigegeben wurde, habe ich sie mir für einige Dollar kopieren lassen. ▮ Die Beschatter müssen ziemlich neidisch auf Brecht gewesen sein, weil er so viel guten Sex hatte. Er hatte ja neben seiner Frau ständig mindestens drei Geliebte, die ihm fast hörig waren. ▮ Die Brechts ahnten, dass in ihrem Haus Mikrofone installiert waren. Um die Lauscher zu narren, haben Helene Weigel und Marta Feuchtwanger hin und wieder aus Kochbüchern vorgelesen, die in Polnisch verfasst waren. Die Protokolle sind voll von solchen unfreiwilligen Komödien. Als die FBI-Leute in einem abgefangenen Brief von Brecht etwas über eine »KKK-Kopie« lasen, glaubten sie, endlich einer Konspiration auf der Spur zu sein. Dabei war nur das Stück »Der Kaukasische Kreidekreis« gemeint. ▮ Ich weiß gar nicht so genau, ob ich meine Memoiren wirklich fertig kriegen will, denn erfahrungsgemäß stirbt man dann sehr schnell.

Claus Peymann Intendant und Regisseur
»Dass rechts von mir der Faschismus beginnt, habe ich ganz geschickt hingekriegt«

Seit einem Vierteljahrhundert bin ich ununterbrochen Theaterdirektor. Das so genannte Privatleben reduziert sich bei mir auf das gemeinsame Frühstück. Wahrscheinlich bin ich auch weitgehend ohne Freunde. Es ist wunderbar: Ich komme aus der Illusion gar nicht mehr raus. Dieses manische Reden übers Theater ist im Grunde vollständig verblödet und total betriebsblind. Wahrscheinlich sieht man dabei auch den eigenen Untergang nicht mehr oder hält ihn auch schon wieder für eine Pointe. Ich habe das bei Kollegen beobachtet, die schon lange gescheiterte Alkoholiker waren oder überspannte Neurotiker. Während diese armen Typen die immer gleichen Klischees inszenierten, redeten sie, als würden sie gerade die Welt aus den Angeln heben. Und jetzt bin ich vielleicht im gleichen Zustand. ▌ Ich kenne am Theater niemanden, der kein Egozentriker ist. Wenn sich vier Regisseure an einen Tisch setzen, lässt keiner den anderen zu Wort kommen, weil jeder eine noch bessere Anekdote erlebt hat. Natürlich wird auf der Probe tyrannisiert und gelogen. Peter Zadek arbeitet mit Liebesentzug, was auch eine Form der Erpressung ist, und der große Tadeusz Kantor verprügelte seine Schauspieler während der Vorstellung. Als ich ihn einmal nicht vom Flughafen abholte, beschimpfte er mich als Nazi-Direktor. Warum auch nicht? Jede Verrücktheit und Qual ist zulässig, wenn am Ende ein großer Theaterabend entsteht. ▌ Wenn ich mit großen Schauspielern probe, verwandeln wir uns in merkwürdig heitere, lächerliche Menschen, die eigentlich noch ihre Strampelhöschen anhaben. ▌ Was einen probensüchtig macht, ist auch die Angst vor Einsamkeit und die Furcht, in Grübelei zu versinken. Wenn ich nicht probiere, führt das bei mir zu Depressionen und Fehlverhalten. Die Phase zwischen zwei Stücken ist tödlich. Diese Grantigkeit und schlechte Laune ist kaum zum Aushalten. Ich bin probensüchtig, weil ich es mit mir alleine nicht aushalte. ▌ Die 77. Variante vom »Sommernachtstraum« finden nur Kritiker wunderbar. Die holen sich gemeinsam einen runter, weil sie dann schreiben können: »X hat das jetzt ein bisschen schwuler gemacht als Y. Bei dem wurde zu HipHop-Musik mit Kartoffeln geworfen.« ▌ Kritiken landen nach ein paar Stunden im Papierkorb. Der Furz ist rausgelassen, es stinkt noch ein bissel, und dann ist das weg. ▌ Als Theater-Opa weiß ich, dass unsere Kritiker-Koryphäen noch nie fähig waren, Literatur zu begreifen. Diese traumlosen Dauerskeptiker haben den frühen Handke genauso verrissen wie später Thomas Bernhard. Heute sind deren Stücke grandiose Klassiker von Weltgeltung. Die Kunstvernichtungsmechanik der deutschen Theaterkritiker hat das moderne Drama nicht aufhalten können. Im Sinne einer schönen Dialektik haben gerade die Verrisse die Literatur befördert. ▌ Ich habe Handke fürs Theater entdeckt, als ich 1966 seine »Publikumsbeschimpfung« uraufführte. Die zweite Vorstellung gipfelte in einem Faustkampf zwischen Wolf Wondratschek und mir. Weil er die Vorstellung aktionistisch störte, habe ich ihn auf offener Bühne niedergeschlagen und dann in einem

Ringkampf endgültig zu Boden geworfen. In der Folge dieses Ereignisses hat sich Wondratschek später sehr fürs Boxen interessiert. Solange ich ihn als Störenfried attackierte, war das Publikum auf meiner Seite. Kaum hatte ich ihn niedergeworfen, revoltierten die Zuschauer gegen mich. Das war wie eine Chiffre für die 68er-Zeit: Wird ein Dichter verprügelt, stimmt die Straße zu. Ist der Dichter totgeschlagen, ist die Straße dagegen. ▌ Handke attackiert Journalisten als »Schattenficker« mit »Außenalster-Blick« und »Humanitätshyänen« mit »Fertigsatzpisse«. Die Medien sind zu einer demokratiegefährdenden Nebenregierung geworden. Die US-Armee synchronisiert ihre Militärschläge mit den Prime Time News von CNN. Handke geißelt diese Kungeleien und karikiert sie bis in den Aberwitz. Journalisten können das gar nicht gut finden, denn dieser Autor schaut ihnen zutiefst in ihr Herz und ihre Unterhosen hinein. ▌ Marcel Reich-Ranicki hat Handke empfohlen, »sich möglichst schnell in die Obhut eines Sanatoriums zu begeben«. Die Forderung nach Psychiatrie ist Nazi-Sprache. Das reißt diesem Herrn die Maske runter. Wenn es einen Menschen gibt, der vollständig unsensibel ist für Literatur, dann ist es Reich-Ranicki. Wir haben den absoluten Deppen zum Literaturpapst ernannt. Man muss da ein richtiges Gegenprogramm haben: Alles, was er gut findet, nicht lesen. Alles, was er verurteilt, sofort bestellen. ▌ Österreich ist seit der Schrumpfung vom Weltreich zur winzigen Alpenrepublik ein Land mit schwacher Identifikationskultur. Um sich als Österreicher wieder zu finden, gibt es nur vier Dinge: Burgtheater, Lippizaner, Staatsoper und Philharmoniker. ▌ Als ich das Burgtheater für die weniger Begüterten geöffnet habe, kauften die Großbürger gleich drei Karten: eine für sich und zwei, damit die Plätze rechts und links von ihnen frei blieben. Die wollten nicht mit diesen Parias in Jeans und T-Shirt in Berührung kommen. Das habe ich ihnen vermasselt, indem ich anordnete, dass nach dem ersten Bild alle Zuschauer von hinten nach vorne dürfen. ▌ Das Ensemble des Burgtheaters war in seiner ganzen Geschichte immer nur zerstritten und verfeindet. Die waren sich im Laufe der letzten 200 Jahre nur einmal einig: gegen mich! Man sehe sich die Herrengarderoben an. Das waren früher große Räume, in denen vier Schauspieler mit viel Luft sitzen konnten. Weil sie alle so verfeindet waren und sich in Unterhose nicht ertragen konnten, wurden die Garderoben immer wieder unterteilt. Heute kann man sich da gerade noch drehen. Das ist Architektur gewordene Antipathie. ▌ Bundeskanzler Vranitzky sagte mir mal: »Man kann gar nicht gegen Sie sein, weil man dann gleich als illiberal gilt.« Dass rechts von mir der Faschismus beginnt, habe ich ganz geschickt hingekriegt. ▌ Zadek hat vom Theaterleiten keine Ahnung. Ich habe das Bochumer Schauspielhaus von ihm übernommen. Das war eine solche Bruchbude – leer gegrast wie die deutschen Armeen nach dem Russland-Feldzug. Zadek ist ein Zyniker. Darum wirkt er intelligenter als ich. Ich bin Idealist. Das macht mich so dämlich. Aber wer sich mit Zynismus wappnet, dem passiert nichts mehr.

Luc Bondy Regisseur
»Müdigkeit ist manchmal ein Erkenntnismittel«

Mein Freund Botho Strauß sagte mal, mein größter Feind sei mein eigener Körper. In der Keimzelle scheinen viele Fehlinformationen zu sein. Es ging los mit Gelenkrheumatismus, dann hatte ich zwei Mal Krebs, jetzt bin ich zuckerkrank. ▪ Krankheiten haben mich immer ausgeliefert und gleichzeitig beschützt. Sie sind wie eine andere Identität. Krebs ist unerträglich, aber er bringt einen auch zur Besinnung. Diese Zustände von Wachheit und Intensität müsste man eigentlich immer haben. ▪ Der Krebs beeinflusst die Arbeit. Der Körper ist wie besetzt. Dann ballt sich eine geistige Kraft zusammen, die den von Metastasen okkupierten Körper durchdringen möchte. Das ist der Kampf – und der macht sehr nüchtern. Das Hirn funktioniert besonders gut, weil es die Beleidigung des Körpers nicht akzeptiert. Ich weiß noch genau, wie ich während der ersten Chemotherapie über den Gang des Spitals lief. An mir hing eine Flasche, deren Schlauch in mein Herz führte. »Ich bin an einer Kette«, dachte ich und fühlte mich das erste Mal in meinem Leben richtig erniedrigt. Das Mitleid mit mir ist dann in eine große Nüchternheit und Stärke umgeschlagen. ▪ Mein damaliger Chef Peter Stein sagte mal: »Ich habe Luc so behandelt, als würde es sich bei seiner Krebserkrankung im wesentlichen nur um einen Schnupfen handeln.« Das war schön. Hätte er mich wie jemanden mit Metastasen behandelt, hätte ich wahrscheinlich nicht überlebt. Dass er mich zur Arbeit gezwungen hat in einem Moment, wo ich hätte sterben können, werde ich ihm nie vergessen. Er hat mich im Krankenhaus besucht und saß so da, als müsste man zur Tagesordnung übergehen. Ich war grün im Gesicht und musste dauernd brechen – und er ging zur Tagesordnung über. Das war eine Therapie, die sehr erfolgreich war. ▪ Den Überfall der Krankheit habe ich als eine über mich verhängte Strafe empfunden. Als ich dachte, ich werde sterben, fragte ich mich: »Was hast du in deinem Leben falsch gemacht, dass es so gekommen ist?« Heute finde ich diese Art zu denken egozentrisch. Krankheiten sind Zufälle. Einen Tumor kann man nicht erklären. ▪ An körperliche Schmerzen kann man sich nur sehr schwer erinnern. Man behält sie als Trauma im Kopf, aber man kann sie nicht mehr nachfühlen. Man war ein anderer. ▪ Mich krank herumschleppend, freute mich jedes Rauschmittel, das mir Ärzte auf meinen Wunsch verordneten. Vielleicht waren das schon die ersten Erfahrungen mit Drogen. Kokain entdeckte ich erst, als ich einige Jahre später gesund wurde. Zuerst war es Neugierde, dann die Euphorie, das gesteigerte Selbstgefühl: Ah, ist man toll! Ah, ist man brillant! Und wie viele geniale Inszenierungen hat man schon gemacht und wird man noch machen! ▪ Illusionen sind etwas Wunderbares, und ewig möchte man in diesem gleichzeitig nüchternen und schwebenden Kokain-Zustand leben. Die Neugierde ging dann irgendwann verloren. Es wurde Sucht. Ich wurde so ein Möchtegern-Junkie, der gleichzeitig ein wenig ein Künstler war. Es folgten die Depressionen. Die musste ich natürlich wegzaubern – o Kokain! ▪ Ich habe Kokain vor allem abends nach den Proben genommen. Am Morgen danach ist man natürlich durch die Droge beeinflusst, gar nicht mal negativ, denn Müdigkeit ist ja manchmal ein Erkenntnismittel. Auf Dauer aber macht Kokain total autistisch. Es ist eine narzisstische Droge, die das Leben bloß nachahmt. ▪ Ich versuchte aufzuhören, aber man erfindet ein System von Lügen. Man sagt sich, man macht es nur heute, oder man setzt einen Punkt fest, an dem man angeblich aufhört. ▪ Ich konnte nicht mehr aufstehen. Ich habe immer am Morgen die Vorhänge zugemacht, denn das Tageslicht und das Vogelzwitschern waren wie das schlechte Gewissen. Ich habe mich auch nie im Spiegel angeguckt. Ich hatte Angst, dass ich an mir sehe, dass ich Drogen nehme. Und man hat es ja auch gesehen. Also habe ich mir die Zähne neben dem Spiegel geputzt. ▪ Inzwischen habe ich mit dem langsamen Selbstmord endgültig aufgehört. Es gab keine Rückfälle. Ich hätte ein Ekelgefühl. ▪ Die Psychoanalyse hilft mir. Man arbeitet besser, wenn einem das Ich nicht so quer im Magen liegt. Wenn man zu viele Neurosen mit sich herumschleppt und nicht gerade Kafka ist, erstickt man. ▪ Ich habe schon öfters bei wirklichen Kapazitäten eine Psychoanalyse gemacht und nach ein,

zwei Jahren wieder abgebrochen. Mein Problem ist, dass ich für die Analytiker zu intelligent bin. Ich interpretiere meine Träume so gut, dass ich die Rechnung ausstellen müsste. ▮ Als ich einmal in einer Krise war, schrieb ich meinem Freund Botho Strauß, dass ich jetzt zum Analytiker gehen würde. Er antwortete nur kurz: »Lieber Luc, pflücke doch lieber die Birnen in deinem Garten.« ▮ Durch meine Analysen habe ich meine Konfliktscheu überwunden. Seither will ich mich nicht immer gleich wieder versöhnen. Früher dachte ich, ein Regisseur müsse ein objektiver und permissiver Mensch ohne Aggressionen sein. Heute habe ich keine Hemmungen mehr, eine sehr empfindliche Schauspielerin zu verwunden, indem ich ihr sage: »Lass dir endlich mal die Haare schneiden!« ▮ Ich bin kein sehr anwesender Mensch. Ich nehme sehr viel gleichzeitig auf, verarbeite es aber erst später. Deshalb haben viele das Gefühl, ich höre ihnen nicht zu. ▮ Manchmal bin ich wie hautlos. Meine Nerven sind dann absolut offen, und ich werde ganz apathisch vor Eindrücken. ▮

Es passiert Regisseuren oft, dass die Heldin des Stücks zur Heldin im eigenen Leben wird. Bei mir dagegen war es fast immer so, dass ich mich erst in eine Schauspielerin verliebt habe und dann auch mit ihr arbeiten wollte. Das wurde dann sehr schwierig, weil mir die notwendige Distanz fehlte. Heute belasse ich es bei Träumen und Fiktionen, denn spannende Erotik entsteht eher, wenn man seine Phantasmen nicht auslebt. Es ist wie im Märchen: Berührt man das magische Bild, zerfällt es. ▮ Früher konnte ich nicht gleichzeitig ein Liebesleben führen und inszenieren. Vielleicht habe ich deshalb vor einer neuen Arbeit immer unbewusst meine Lieben zerbrochen. Ich war vor jedem neuen Stück aus Angst selbstzerstörerisch und habe um mich gehauen. Die Frauen wurden dann Opfer dieses Herumhauens. Mit jeder Inszenierung beendete ich ein Leben und begann ein neues. ▮ Heute sind das Stück und mein Leben nicht mehr eins. Wenn eine Liebe auf der Bühne zerbricht, muss meine private Liebe deswegen nicht auch zerbrechen. ▮ Für einen Künstler ist die Teilnahme am so genannten Leben völlig unerheblich. Botho Strauß geht wegen seiner Scheuheit nie auf Partys, aber er isst im Restaurant – und da fällt sein Ohr in den Teller der Leute am Nachbartisch. ▪ Ich könnte nie ein Stück inszenieren, in dem es kein Begehren gibt. Was das Leben zum Vibrieren bringt, ist doch dieser verflixte Drang, anderen gefallen zu wollen. ▪ Manchmal ist es mir heute unangenehm, Schauspielern zu sagen, sie sollen sich erotisch begehren. Ich fühle mich dann wie ein Pornoregisseur. ▪ Auch mit schönen Männern empfinde ich erotische Spannung. Jeder Künstler hat etwas Feminines in sich. ▪ Das Einzige, was an mir nicht homosexuell ist, ist meine Sexualität. ▪ Leider gibt es in Deutschland zurzeit kaum gute Männer auf der Bühne. Meist sieht man da so trottelige Typen im Trainingsanzug, die schwitzig sind. Zu den wenigen Ausnahmen gehören Robert Hunger-Bühler, Michael Maertens und Martin Wuttke. ▪ Ich finde Schauspieler anrührend, weil sie meist etwas sehr Kindliches haben und so ausgeliefert sind. Es tut mir allerdings weh, wenn ich sehe, wie meine Schauspieler mit dem gleichen Enthusiasmus mit einem anderen Regisseur arbeiten. Das ist wie Untreue in einer Ehe: Man muss sich zwanghaft vorstellen, dass die eigene Frau die besten Orgasmen und die lautesten Liebesschreie mit einem anderen hat. Ich versuche aber, diese Eifersuchtsneurose nicht auszuleben, denn Botho Strauß hat Recht, wenn er in der »Unerwarteten Heimkehr« eine Figur sagen lässt: »Man liebt in der Ehe nur eine Frau, die auch zum Ehebruch fähig ist.« Treue Schauspieler sind oft nur mittelmäßig begabte Streber. ▪ Michel Piccoli ist der ideale Schauspieler, weil sein Narzissmus noch größer ist als seine Eitelkeit. Ein Narzisst hat keine Scham. Er will alles von sich herzeigen, nicht nur die schönen Seiten. Eitle Menschen dagegen sparen an sich und wollen sich nicht preisgeben. ▪ Michel und ich lieben dumme, schweinische Witze. Es ist wunderbar, jemanden zu haben, mit dem man auch auf so niedrigem Niveau verkehren kann. ▪ Ich bin heilfroh, dass bei mir die magische Vermischung von Leben und Theater nachgelassen hat. Als ich die Hexenszene in »Macbeth« probte, wurde ich von einer Wahnsinnigen verfolgt. Sie warf tote Vögel in meinen Briefkasten und schickte mir Tonbänder mit ihren Orgasmen und wilden antisemitischen Beschimpfungen. Wenn sie zum Höhepunkt kam, schrie sie jedes Mal: »Das werden wir machen, wenn du endlich in Auschwitz gelandet bist!« Als ich eines Abends nach Hause kam, sprang sie aus dem Gebüsch hervor und bedrohte mich mit einem Revolver. Sie war als Braut verkleidet und hatte Eisenketten an den Füßen. Als sie mir auch noch die Fenster einschlug, habe ich Polizeischutz beantragt. ▪ 1969 war ich Assistent am Thalia Theater in Hamburg. Ich las Baudelaire und verbrachte meine Nächte in St. Pauli, wo mich die Huren auslachten, weil ich meist keinen Pfennig hatte. Beim Zechen lernte ich einen wunderschönen schwarzen Transvestiten namens Sugar kennen, der tolle gelbe Gewänder trug. Den habe ich dann morgens immer mit in die Theaterkantine gebracht, weil ich gerne ein bisschen originell sein wollte. Dieses vollkommen gediegene Thalia Theater langweilte mich schrecklich. Da gab es Schauspieler, die ein Taschentuch auf die Bühne legten, wenn sie vor einer Frau niederknien sollten, weil sie ihre Hose nicht schmutzig machen wollten. Ich war froh, dass ich immer unausgeschlafen ins Theater kam, denn im wachen Zustand hätte ich diese eitlen Wichtigtuer nicht ausgehalten. ▪ Als Kind hatte ich dramatisch abstehende Ohren. Das waren solche Lappen, dass da noch und noch dran gezogen wurde. Meine Mutter meint, ich sei das Opfer von zu vielen Lästerzungen. ▪ Bis zur Adoleszenz war ich fast zwergwüchsig. Ich wuchs sehr langsam und schmerzhaft. Es hat wehgetan, kein Kind mehr zu sein. ▪ Ich war ein schlechter Schüler, dem man ins Zeugnis schrieb: »Das Nachdenken, Luc, das wollen wir nun auch lernen!« Das Internat war verlogen anthroposophisch und wurde von einem sadistischen Direktor geleitet, der uns mit dem Teppichklopfer auf den Po schlug. Ich war ein hoffnungsloser Legastheniker, für den nichts anschaulich war und der sich mit seinem Körper besser ausdrücken konnte als mit Worten. Vielleicht ist das Inszenieren eine Kompensation dieses Handicaps.

Franz Xaver Kroetz Dramatiker, Regisseur und Schauspieler

»Meine Hirnwut ist mein Kapital – nur damit kann ich schreiben«

Wenn ich eine Schreibblockade habe, bin ich ein Schmetterling mit Rasierklingen. Seit 30 Jahren denke ich: »Dir fällt nichts mehr ein! Der nächste Satz kommt sowieso nicht mehr!« Mein Gott, was habe ich mich und andere mit dieser Angst gequält. ∎ Ich schreibe ausschließlich in Ekstase. Nachher mag ich meine Texte nicht noch mal durchlesen. ∎ Ich muss die Figuren des Stücks sein, dann kann ich eine Nacht lang durchschreiben. Du bist ja immer Hitler und der Jude. Du kannst nicht für einen von beiden sein. Wenn ich über Hitler schreibe, ist Hitler mein Freund, mein Liebling. Du musst den Bösewicht mit mehr Liebe verfolgen als sein Opfer. Ein Dramatiker muss schizophren sein, sonst ist es langweilig. ∎ Mehr als 14 Tage im Jahr schreibe ich sowieso nicht, aber in diesen 14 Tagen schreibe ich mindestens ein Stück. Für den Rest des Jahres gilt: Ein Künstler, auch wenn er nichts tut, tut was. ∎ Früher war ich Eisenflechter am Bau. Da habe ich an einem Wochenende ein Stück geschrieben. Montags habe ich blau gemacht, weil das Stück in drei Tagen fertig sein musste. Das waren die Stücke, die mich in den Himmel dramatischen Schaffens gehoben haben. ∎ Ich empfange 58 Fernsehkanäle. Es ist überall der gleiche mörderische Scheißdreck. Wir werden mit billigster Kost abgefüttert, Tiermehl, Menschenmehl. Wenn ich bis vier in der Frühe fernsehe, komme ich mir vor, als hätte einer meinen Kopf aufgemacht und reingeschissen. Man will das geistige Rückgrat des Volkes kaputt schlagen, damit die Leute Ruhe geben. Wir sollen konsumistische Nihilisten werden. Es müsste einen Paragrafen gegen Volksverblödung und unverfrorene Geistesvernichtung geben. Dann würden diese ganzen Schweine eingesperrt sein, die an nichts außer ihr Geld denken. Ich hasse das Fernsehen, es ist ein Feind der Menschheit. Wer nicht weiß, ob Beethoven ein Würstchenstand ist, schaut auch nicht ARTE. ∎ Ein Mensch macht gar nichts freiwillig. Etwas anderes zu behaupten ist ein Relikt der Aufklärung. Der Mensch ist ein Herdentier, ein gezwungenes, gestutztes, bestalltes, kastriertes, geschorenes, abgerichtetes Viech. Die Realität unseres Lebens ist: Der Mensch ist ein Tier und hat keine Wahl. Und unsere Volksschädlinge und Volksbetrüger wissen genau, wie man eine Herde rumkriegt. ∎ Wir armen Würstchen werden als Zuschauer geboren. Das größte Glück und die größte geistige Entwicklung ist, dass man wenigstens als Wegschauer stirbt. ∎ Natürlich übertreibe ich, ich bin Dramatiker. Würde ich nicht übertreiben, bräuchte ich nicht zu inszenieren. Wer nur die Wahrheit hat, ist künstlerisch ein Dilettant. ∎ Ab 2001 war ich fünf Jahre weg vom Fenster, aus der Mode, ausgespuckt, basta, Ende, vorbei. Das ist natürlich auch Biofaschismus. Den jungen Dramatikern wie Moritz Rinke werden die Stücke aus der Hand gerissen. Ich dagegen bin das unglückliche alte Monster aus der Zeit des politischen Theaters. ∎ Meine Frau ist gegangen. Das war ein Stoß in den Arsch, ein Tritt in die Freiheit: Marsch zurück ins Leben! ∎ Wenn ich heute allein in die vier Wände komme, habe ich diesen geistigen Tinnitus: »Um Gottes willen, was mache ich jetzt mit dem Abend?« Ich bin alleinseinsfähig, aber nicht einsamkeitsfähig. ∎ Früher dachte ich, ein Künstler darf sich nicht binden, weil es dann morgen mit seiner Kunst vorbei ist. Aber wenn ich an die schönen Jahre mit meiner Frau denke, scheiß ich auf die Stücke, die ich nicht geschrieben habe. ∎ Du sitzt am Schreibtisch und schreibst gerade ein Stück, in dem einer die halbe Welt ausrottet. Das musst du völlig nahtlos und radikal schreiben – und dann schreit dein Bub: »Papa, ich hab mir in den Finger geschnitten!« Da ist dir alles andere scheißegal. Das hast du, wenn du alleine bist, nicht. Da rottest du ungestört aus. ∎ Früher dachte ich, ich bin die Jahrhundertfigur. An meinem 40. Geburtstag stellte mir meine Assistentin einen Kaktus aufs Regiepult, weil ich mich geweigert hatte, für das Ensemble was springen zu lassen. Ich war ein zurückgezogener, geradezu bösartiger Regisseur, der mit keinem was zu tun haben wollte. ∎ Ich bin Allergiker, Asthmatiker und habe seit vier Jahren einen echten Tinnitus. Manchmal röhrt es so in meinen Ohren, dass ich die Schauspieler auf der Bühne nicht mehr richtig höre. Am Anfang habe ich mich auf den Kopf gestellt, nützt auch nichts mehr. Jetzt nehme ich halt Durchblutungsmittel. ▍ Ich bin 60. Ich brauche nicht lügen, weil ich nichts mehr werden kann. ▍ Für einen 60-Jährigen gibt es keinen Grund mehr, die Sau rauszulassen und wie Rumpelstilzchen durch die Gegend zu toben. Ich habe genug Menschen grässlich wehgetan in meinem Leben. In mein Tagebuch habe ich geschrieben: »Franz, mit Reife, Stil und Würde.« ▍ Würde ich einen Klon von mir treffen, würde ich den natürlich sofort abstechen – weil ich einmalig bin. Am Ende wäre der Klon auch noch jünger als ich. Das darf nicht sein. ▍ Ich habe überlegt, in ein Berliner Elendsquartier zu ziehen. Aber mich selbstexperimentell in Katastrophen zu stürzen, um ein gutes Stück zu schreiben, brauche ich nicht mehr. Nein, darauf scheiße ich. ▍ 2004 stand ich das letzte Mal vor einer Kamera. Gleich am ersten Tag bekam ich einen allergischen Schock und musste aufhören. Ich sollte 30.000 Euro Schadensersatz zahlen. Das ging dann bis vor das Arbeitsgericht. Da habe ich mir gesagt: »Franz, du hast vor dem Drehen inzwischen Manschetten. Lass es sein.« Ich hatte nämlich auch einen Herpes. Der kommt bei mir nur in äußersten Stresssituationen. Der wächst mir dann aus der Nase raus. ▍ Ich bin nicht so gerne Schauspieler. Das ist für mich Gesichtsvermieterei. ▍ Ich bin feige. Ich schlucke. Und das macht mich dann unberechenbar. ▍ Bei Schauspielern brauche ich das eitle Gefühl, dass ich deren Guru bin und sie nur für mich da sind. Wenn das nicht klappt, platze ich. Und Platzen heißt Gehen. An den Münchner Kammerspielen bin ich 20 Mal heimgegangen. Die Schauspieler sind vor der Tür gestanden: »Franz, wir lieben dich, bitte komm wieder!« ▍ Wenn ich platze, denke ich: »Ihr Scheißbande, ich inszeniere überhaupt nicht mehr. Dieses deutsche Theater ist ein Dreckshaufen, ein solcher Geldverschleuderungsapparat, ihr könnt mich am Arsch lecken. Das Theater ist gestorben für mich, ihr Wichser, ihr todlangweiligen Subventionsvernichter, ihr. Diesen Leichnam halte ich mit meiner Kraft nicht mehr am Leben. Aus. Ende. Basta.« ▍ Die Produktionen meiner Regie-Kollegen finde ich stinklangweilig. Ich habe in den letzten zehn Jahren mit zwei, drei Ausnahmen nur Scheiße gesehen. Mit 25 habe ich in »Konkret« geschrieben: »Reißt die Theater ein. Macht Kindergärten daraus.« Heute habe ich eine ähnliche Position. Ich bin in Wien bei Einar Schleefs »Sportstück« in der Pause gegangen, weil ich mir dachte: »Dieser präfaschistoide Scheißdreck, dieser Dilettantenschmarrn da oben, der interessiert mich nicht. Und die fünf Hansel, die da ihren Zipfel herzeigen, die interessieren mich auch nicht.« Ich kann hinschauen, wo ich will, ich sehe überall Scharlatane, die ihren Beruf nicht können. Ich sehe Faulpelze, ich sehe Beamte, ich sehe alles – nur keine Künstler. Und das ist sicher nicht wahr. Ich bin also ungerecht und werde alt. ▍ Wenn Nachwuchs-Regisseure Shakespeare inszenieren, nehme ich das Reclam-Heftchen mit. Da sehe ich dann wieder, wie ein junger Regisseur die eine Hälfte wegstreicht und mir zeigt, dass ihm zur anderen Hälfte nichts einfällt. Es gibt auch nur noch ganz wenige Fanatiker. Bei den Jungen habe ich immer das Gefühl, die betreiben Karriereplanung. Früher ist man in der Gosse gelegen. Früher hat man sich umgebracht mit 28. Niemand hat daran gedacht, dass er Intendant wird mit 30. ▍ Dramatiker sein heißt Arschloch sein. Du bist der letzte Dreck. Ein absolut machtloses Würstchen, das nur dankbar mit dem Schwanz wedeln darf. Ein Dramatiker kommt doch beim Portier nicht vorbei, wenn der Regisseur nicht will. Der wird des Theaters verwiesen. Der muss immer nur dankeschön sagen: »Ach, Sie wollen mein Stück auf der kleinen Bühne machen? Dankeschön.« – »Was, Sie wollen es auf der großen Bühne machen, aber erst um 23 Uhr? Oh, dankeschön.« Wir sind ja nur noch Vorwändler für strotzend blöde Regie-Wichte, die sich mit geradezu vandalistischer Rücksichtslosigkeit auf lebende Autoren stürzen. Wir liefern denen einen Vorwand und kriegen dafür ein Scheißgeld. Selbst der Regieassistent kriegt ja oft mehr als der Autor. ▍ Dieter Dorn hat mein Stück »Das Ende der Paarung« nach sechs Wochen mit zehn Wörtern abgelehnt: »Auch beim wiederholten Hin- und Herlesen: Es bleiben viele Fragen.« Daumen runter, erledigt. Ich war schwer vor den Kopf gestoßen. Ich bin fünf Wochen spazieren gegangen und habe mir gedacht: »Kann ich denn nicht mehr schreiben?« Ich bin

aber zu stolz, denen zu erklären, dass das ein gutes Stück ist. Entweder hält einer zu mir, oder er springt bei mir aus der Schüssel. ▪ Ich habe ein tonnenschweres Tagebuchwerk, ich habe 3000 nichtveröffentlichte Gedichte, ich habe noch drei Stücke, die ich nicht fertig geschrieben habe, ich habe 50 Kurzgeschichten, ich habe einen halben Roman. Nach 30 Jahren Schreiben ist man entweder kaputt, oder man hat eine hohe Meinung von sich. Und ich habe eine sehr hohe Meinung von mir. Gerade deswegen leiste ich es mir, das meiste wieder zu verbrennen. Bei mir ist mit dem Alter der Schließmuskel nicht schlechter geworden, sondern besser. ▪ Herbert Achternbusch sagte früher: »Ich schrei, bis ich meinen Kopf auf einer Briefmarke seh.« Popularität führt aber unvermeidlich dazu, dass man sich selbst gegenüber dümmlich wird. ▪ An guten Tagen mache ich ein, zwei Stunden Yoga. Ein Teil meines Lebens ist das Fallenlassen, das Ausschalten, das Die-Welt-von-außen-Betrachten. Wenn Sie eine halbe Stunde auf dem Kopf stehen – und ich kann das sehr schön –, schaut die Welt einfach anders aus. Eine gute Übung ist zum Beispiel, sich sein Haus vorzustellen fünf Jahre nach dem eigenen Tod: Wie sind die Kinder, die Frau, die Kollegen, das Land? ▪ Früher hatten meine Tränen bestimmt drei Promille. Ich trinke gerne viel. Weißbier macht mich euphorisch, animiert mich. Da kann ich saufen. Aber dann übersäuert sich der Magen, es rebelliert alles, und ich bin einfach krank. Ich sehe mich gerne als saufenden Rabauken, aber das ist lange her. Ich sehne mich nach meiner Jugend, wo man in der Früh aufwachte und auf die Fahndung wartete, weil man was gemacht haben könnte. ▪ Mit Weißbier kann ich besser schreiben. Der Kopf wird aggressiv, klar, stählern. Bier und Schnaps ist eine furchtbare Mischung. Da fangen Sie das Raufen an, aber literarisch gesehen ist das sehr günstig. Rotwein macht gemütlich, ruhig, versöhnlich, friedlich, rund. Man legt sich lieber hin und macht die Augen zu. ▪ Seit »Kir Royal« trage ich für viele immer noch Seidenanzüge, fahre im Porsche durch die Gegend und sage Sachen wie: »Wer im Lexikon steht, muss nicht abwaschen.« Ich war aber nie Baby Schimmerlos. Dieses öffentliche Bild ist einfach ein Scheißdreck. Ich habe mein Leben lang vollkommen zurückgezogen gelebt. Menschen, die mich überraschend besuchten, habe ich zusammengeschrien, dass der Kirchturm gewackelt hat. Ich war immer ein Einzelgänger. Ich bin in die DKP eingetreten, weil es der einsamste Weg war. Da hat die ganze Familie gesagt: »Um Gottes willen, Franzel, alles dürfte kommen, aber das ist ja furchtbar!« Als alle mich wollten, war diese DKP fast wie ein Schild, um zu sagen: »Stopp, bis hier und nicht weiter. Ihr kriegt mich nicht.« ▪ Mein politisches Schicksal: vom gloriosen jugendlichen Weltveränderungsschwung zu Frustration, Prostata, Alter, Verzweiflung. ▪ Lieber anständig sterben als unanständig leben – das ist meine Geschichte. ▪ Wenn man als Schriftsteller zu viel lebt, kann man nicht gar so viel schreiben. Man muss das Leben zur Seite räumen, um literarisch was zu schaffen. Ich lege auch auf Menschen nicht so viel Wert. Die stören mich nur. ▪ Ein zufriedenes Leben verhindert Literatur. Aber Gott sei Dank fahre ich immer noch vielen Leuten mit dem Arsch ins Gesicht. Achternbusch sagt, ich sei eine Mischung aus beredtem Gartenzwerg und schweigendem Hitler. Das Bild hat was Wahres. Ich hatte Wutanfälle, dass das Haus zitterte. Ich habe ganze Generationen von mir unangenehmen Menschen in den Orkus geschickt. Diese Hirnwut ist ja mein Kapital. Nur damit kann ich schreiben. Die Wut ist der Motor. Wer einverstanden ist, der schreibt nicht. ▪ Die Hirnwut liegt in der Familie. Mein Vater hat getobt, dass die Fetzen geflogen sind. Der war dann aber beleidigt und hat 14 Tage nicht geredet. Das hat mich an die Wand gedrückt. Er hat dann im Garten Löcher für Obstbäumchen gegraben, die so riesig waren, dass er darin verschwunden ist wie ein Maulwurf. Der musste sich ausarbeiten, weil er diesen Frust beim Finanzamt nicht ertrug. ▪ Meine Mutter sagte noch mit 80 zu mir: »Na, wie geht es dir, du alter Sack?« Und wenn die Kinder Geburtstag haben, dürfen sie den ganzen Tag »Depp« zu mir sagen. Grobheiten sind bei ununterbrochenem Beisammensein einfach nötig. Außerdem leben wir davon. Ein Großteil meiner Stücke besteht ja nur aus Schimpfworten.

Will Quadflieg Schauspieler
»Wer keine Abgründe in sich hat, sollte besser im Parkett bleiben«

Früher habe ich Weisheiten, die mir besonders einleuchteten, auf dünnes Papier geschrieben und aufgegessen. »Gaben, wer hätte sie nicht? Talente, Spielzeug für Kinder« oder »Nur der Ernst macht den Mann und der Fleiß das Genie« – so was schrieb ich mir auf und fraß das, damit ich diese Erkenntnisse für immer in mir habe. Die Dichter sagen es nun mal treffender. Bei Botho Strauß heißt es zum Beispiel: »Sie sind wohl übers Ufer getreten, Sie Rinnsal!« Wenn man mich einsperren würde, könnte ich wohl drei Tage und drei Nächte durchgehend rezitieren. Meine Frau sagt, dass ich selbst im Schlaf noch rezitiere, vor allem Romantiker. Ich bin nachts auch als Volksredner im Bundestag sehr gut. ▪ Früher ist meine Frau manchmal ausgerastet, wenn ich bei der Vorlage der Heizungsabrechnung Rilke zitiert habe: »Wer spricht von Siegen, Überstehen ist alles!« ▪ Meinen Kopf muss man sich als einen gigantischen Friedhof vorstellen, auf dem unbestattete Rollenleichen herumspuken. Nachts im Bett gehen mir Bände von Text durch den Kopf und quälen mich wie ablaufende Filme, die ich gar nicht sehen will. Beim Aufwachen spüre ich oft einen Überdruck im Hirn. Dann gehe ich ins Badezimmer und spreche zur Beruhigung einen Rollentext runter. Heute musste ich mich wieder zur Ordnung rufen, weil ich den ganzen Vormittag eine ausgesprochene Albernheit vor mich her sang: »Wer schmeißt denn da mit Lehm? Der sollte sich was schäm!« ▪ Meine Familie nannte mich »Willimännchen«. Ich war ein rachitisches, spilleriges, nickelbebrilltes Männchen mit abstehenden Ohren, dazu nervös, weltängstlich und krankhaft schüchtern. Den Ausweg aus meiner mönchischen Existenz vermutete ich im Theater. ▪ Als ich Ende der 30er auf Berliner Bühnen den schönen Heldenmotz gab, belagerten kichernde Backfischrudel den Bühnenausgang und bestreuten meinen Nachhauseweg mit roten Papierherzen. Damals beschäftigte ich ein Faktotum, das die eingesandten Quadflieg-Fotos mit einem Autogrammstempel signierte. ▪ Nach 61 Bühnenjahren bin ich durch Kritiken nicht mehr verletzbar. Früher war ich bei einer schlechten Kritik viele Tage ganz wund, aber an dieser Stelle ist eine Hornhaut gewachsen. Das kann mich gar nicht mehr betreffen. Es tut manchmal noch weh, aber dass es mich im Innern wirklich touchiert, das gibt es nicht mehr. ▪ Mein Trauma ist, ein künstlerisches Aushängeschild des Dritten Reiches gewesen zu sein. Anders als viele Kollegen von damals will ich meine Biografie nicht retuschieren. Unter den Nazis habe ich Scheuklappen getragen und die Schnauze gehalten, bloß um Karriere zu machen. Für dieses verdammte Mitläufertum schäme ich mich bis heute. ▪ 1941 hat mich Goebbels für den Durchhaltefilm »Mein Leben für Irland« abkommandiert. Der Sprengstoffspezialist der Produktion wurde mitten aus den Dreharbeiten zum Militär

geholt. Er hinterließ unvollständige Anweisungen. Als bei den Aufnahmen Hunderte Statisten zum Sturm antraten, liefen einige von ihnen auf die Sprengsätze und wurden zerrissen. Am Schneidetisch machte es aber keinen Unterschied, ob die Leute ihren Tod spielten oder wirklich starben. Die Katastrophe wurde totgeschwiegen, und die Szenen kamen in den Film. ▪ Ende der 60er hieß es: »Das alte Aufsagetheater muss weg!« Ich wurde mit abgeräumt. Die so genannten progressiven Regisseure haben mich als hohlen Schönsprecher aus dem Fenster gehalten. Umgekehrt stieß ich bei denen auf so viele dämliche Obszönitäten, dass es mir den Magen umdrehte. Ich habe was gegen Deutungen aus der Dackelperspektive und gegen die Mätzchen von genialischen Regiezwergen, die ihre Seelenblähungen wichtiger nehmen als das Anliegen von Dichterriesen. Ein nackter Schwanz auf der Bühne lenkt Frau Meier bloß vom Text ab. Theater ist für mich nun mal ein hochgespannter, festlicher Prozess. Wenn man dieses weißglühende Quadrat der Bühne betritt, kann man da eben nicht in seelischen Blue Jeans einfach so rauslatschen. ▪ Wenn ich mit einer Rolle schwanger gehe, bin ich für meine Umgebung eine Zumutung. Mein ganzes Dasein ist dann reduziert auf Zubringerdienste für die Rolle, und ich lebe in einem Identifizierungswahn mit der Figur. Außerdem habe ich immer das komische Gefühl, dass ich auch privat ein Rollenspieler bin, dass alles, was ich so mache im Leben, auch eine Art von Spiel ist. Würde mir meine Frau nicht immer wieder die Einbahnstraßen meines Wesens zeigen, wäre mir meine asoziale Egozentrik gar nicht bewusst. Alles, was in Kunst übersetzt ist, berührt mich mehr als mein privates Schicksal. Über Figuren aus Dramen und Romanen kann ich weinen, aber den eigenen Gefühlen gegenüber bin ich seltsam distanziert. Meine Frau fragt manchmal: »Warum lernst du mich nicht einmal auswendig?« ▪ Das so genannte wahre Leben erscheint dem Schauspieler als dilettantisches, stümperhaftes Theater. Echte Menschen haben für mich immer etwas Humoristisches. Dieses schlecht gespielte Menschsein möchte man wie ein Theaterkritiker dauernd verreißen. ▪ Früher stand ich mit meiner Frau Margaret auf der Bühne. Sie hat eine Neigung, das Schmerzbringende im Leben schärfer und tiefer aufzunehmen als das Positive. Von neun Kritiken waren acht Hymnen, aber sie hat sich die mäkelige wie einen Dolch ins eigene Herz gestoßen. Die Leidensfähigkeit in ihr wollte andauernd strapaziert werden. Das hält man dann eines Tages nicht mehr aus. Sie raucht wie ein Schlot, 40, 60 Zigaretten am Tag. Da ist ein Selbstzerstörungswille in ihr drin, weil sie das Leben nicht aushält. Sie kann nicht verdrängen wie ich. Wenn die Fernsehnachrichten ins Zimmer gespült werden, nimmt sie immer die ganze pralle Wucht auf. Was im entferntesten Ort der Welt für Unrecht geschieht, das quält sie und lässt sie leiden. Ich sage dann immer: »Nun hör doch auf, dich darüber zu grämen, was in Posemuckel geschieht. Du kannst es doch nicht ändern.« ▪ Manchmal leben wir Strindberg. ▪ Depressionen kenne ich. Ich bin einer, der andauernd die Türen zuklebt, damit die Depressionen nicht hineinkriechen können. Aber wer keine Abgründe in sich hat, der sollte besser im Parkett bleiben. ▪ In der Rolle des Vaters war ich wohl nicht sehr überzeugend. Es ist nicht zu ändern, die Umgebung eines Schauspielers muss eine Menge Opfer bringen. Jean Paul sagt: »Wenn eine Frau liebt, liebt sie in einem fort. Ein Mann hat dazwischen zu tun.«

Paulus Manker Schauspieler und Regisseur
»Schauspielerei ist Lebensflucht«

Alma Mahler-Werfel sagte mal: »Nichts schmeckt so gut wie das Sperma eines Genies.« Würde Alma mein Sperma meinen, wäre das ein schönes Kompliment. Aber keine Sorge: Frauen sagen das zu mir. ▪ Als Liebhaberin war Alma nicht nur eine begeisterte, sondern auch eine gute Bläserin. Das ist eine selten anzutreffende Kombination. Man sollte Kindern in der Schule beibringen, dass es ohne sexuelle Energie keine künstlerische Energie gibt. Kunst würde Schülern viel mehr Spaß machen, wenn sie wüssten, dass komponiert und gemalt wird, um Sex zu bekommen. Peter Turrini meinte mal: »Wie ich ausschaue, hätte ich nie Frauen bekommen. Also musste ich Dichter werden. Jetzt kann ich mir nach jeder Lesung unter 20 Frauen die tollsten zwei aussuchen.« ▪ Die meisten erotischen Offerten von Frauen bekam ich als Richard III., dem monströsesten Blutsäufer der Dramengeschichte. Die Frauen wollen halt auch hoch hinaus. Wer wie Richard über das Leben anderer herrscht, ist sexuell höchst attraktiv. Ich habe mal in einer Psychiatrie gedreht. Von einem Patienten hieß es, er habe vier Frauen von der Vagina bis zur Halskrause aufgeschlitzt und ihre Eingeweide gegrillt und gegessen. Von dem war das gesamte weibliche Team den ganzen Tag lang nicht mehr wegzukriegen. ▪ Bei der Durchsetzung meiner künstlerischen Ziele gehe ich über jede erdenkliche Leiche. Nur das Leben kriege ich nicht in den Griff. Ich habe einige Krücken gefunden, die mir den nächsten Tag erleichtern, aber ich bin zum Beispiel völlig beziehungsgestört. Schauspielerei ist eben Lebensflucht. Das gilt zumindest für die Kollegen, die ich bewundere. ▪ Viele Regisseure verachten Schauspieler, denn grandiose Schauspieler sind schwer auszuhalten. Sie müssen launenhafte Egomanen, komplizierte Selbstbespiegler und selbstsüchtige Exhibitionisten sein, sonst wären sie langweilig anzuschauen. Wer zwischen Bühne und Leben trennen kann, spielt auch entsprechend. ▪ Beim Vögeln wollen die Leute immer rein-raus-rein-raus. Ich dagegen will immer nur rein und dann drin bleiben. ▪ Mich für die Presse zum Enfant terrible zu stilisieren war übrigens das Simpelste auf meinem Weg.

Helmut Berger Schauspieler
»Ohne Sex werde ich hysterisch«

Es kommt vor, dass ich in Restaurants mit Stühlen schmeiße und meinen Schwanz raushole. Ich habe Komplexe und bin schrecklich schüchtern. Ich trinke, weil mir der Alkohol Sicherheit und Stärke gibt. Eigentlich will ich mich nur locker trinken, aber das geht dann immer gleich bis zum totalen Kontrollverlust. ■ Je mehr die Leute auf mich einreden, ich solle endlich zu den Anonymen Alkoholikern gehen, desto mehr trinke ich. Ich lebe meine Probleme halt voll aus. Das kann ich an der abnehmenden Zahl meiner Freunde ablesen. ■ Mein Vater hat mich verachtet. Er wünschte sich einen richtigen Kerl zum Sohn und nicht so was Weiches und Flatterhaftes wie mich. Wenn er mitbekam, wie ich die Sachen meiner Mutter anzog, nahm er einen Kleiderbügel und schlug mich windelweich. Ich habe dann zehn Jahre in katholischen Heimen zugebracht. Diese schwarz gewandeten Priester waren furchtbar. Um sieben Uhr früh mussten wir uns mit eiskaltem Wasser abhärten, dann war Beichte und Kommunion. Erotische Gedanken waren Schmutz, der in den Beichtstuhl gehörte. Es gab schon Stubenarrest, wenn man ein Mädchen angeblich begehrlich angesehen hatte. Ich brauchte Jahre, um beim Sex meine Schuldgefühle loszuwerden. Noch heute bin ich am besten im Bett, wenn ich was getrunken habe. ■ Wir Schüchternen wollen möglichst wenig von uns selbst wissen, und als Schauspieler kannst du dich wunderbar verstecken, weil man sich dauernd in jemand anderen reinsteigern muss. Ich könnte nie eine Rolle spielen, wo ich ich selbst wäre. ■ Meinen ersten Joint habe ich 1963 im Haus von David Bailey in London geraucht. Der war als Fotograf so angesagt, dass bei ihm die aufregendsten Mädchen der Welt rumsaßen. Da kamen Leute wie Cat Stevens, Mick Jagger und Bob Dylan. Jeder vögelte mit jedem, ganz entspannt. Ich saß in Pluderhosen und indischem Hemd da und war der einzige Verklemmte. Irgendwann war ich so stoned, dass ich mich zum ersten Mal von einem Mann verführen ließ. Ich weiß noch, das war ein erfahrener Bläser mit weichen Lippen und einer flinken Zunge. ■ 1971 bin ich auf Kokain umgestiegen. Damals hat der gesamte Jet-Set nicht nur Straßen gezogen, sondern ganze Stadtviertel. Ich hatte mir bei Bulgari einen Strohhalm aus Gold anfertigen lassen, den ich an einer Halskette trug. So war man damals eben drauf. Unsere Generation hatte allerdings noch das gute Kokain mit achtzigprozentiger Reinheit. Heute kotzt du nur, weil sie zerriebene Kopfschmerztabletten reinmischen. ■ Wenn Sie jetzt was hätten, würde ich es nehmen. Aber ich suche das Kokain nicht. Ich war immer nur ein Party-Sniffer. ■ 1971 hatte mich Fürst Rainier zum Rotkreuz-Ball in den Sporting Club von Monaco eingeladen. Ich hatte auf der Herrentoilette schlechtes Kokain gezogen. Als ich wieder am Tisch saß und leise pupsen wollte, rutschte mir Flüssiges raus, und meine weiße Smokinghose färbte sich braun. Es stank fürchterlich, und Caroline von Monaco wollte dringend mit mir tanzen. Ich war aber zu keiner Etikette fähig und bin einfach bis vier Uhr morgens in meiner Scheiße sitzen geblieben. Das war die Hölle. ■ Aristoteles Onassis und Maria Callas luden mich mal zur Kreuzfahrt auf die Yacht »Christina« ein. Maria war eine ziemliche Nervensäge. Wenn sie schwimmen ging, musste der Butler eine Spezialanfertigung für ihre Schoßhündchen zu Wasser lassen. Das waren so kleine Luftmatratzen mit Minisonnenschirmen drauf, die die zarte Haut ihrer Lieblinge schützen sollten. Außerdem hatte Maria Komplexe wegen ihrer fetten Schenkel. Sie hat sich dann einen Bandwurm einsetzen lassen und so fast 30 Kilo abgenommen. ■ Auf der Jungfernfahrt seiner »Atlantis« hat mich der Reeder-Milliardär Stavros Niarchos von Bord verwiesen. Eine Freundin von mir hatte im Bidet ihrer Kabine Sojabohnen angepflanzt, weil sie strenge Vegetarierin ist. Mir warf Stavros vor, dass ich beim Dinner vergessen hatte, mir untenrum was anzuziehen. Ich habe dann meine zehn Louis-Vuitton-Koffer gepackt und einen nach dem anderen über Bord geschmissen. Das versöhnte ihn wieder. ■ Heute habe ich nicht mehr die Energie, zum Dinner mit dem Helikopter von St. Tropez nach Monte Carlo zu fliegen. Ich bin eine alte Dame geworden. Außerdem kannst du diese alten Jet-Set-Knacker vergessen. Die sind furchtbar langweilig und vertrottelt. Das sind doch immer noch dieselben Arschlöcher, die ich in den

60ern kennen gelernt habe. ▌ Berühmt wurde ich mit drei Filmen, die ich mit Luchino Visconti gedreht habe: »Die Verdammten«, »Ludwig II.« und »Gewalt und Leidenschaft«. Ich stand 1964 als Zuschauer herum, als Visconti in Volterra eine Außenszene drehte. Er verguckte sich in mich und machte mir wochenlang Geschenke. Das schmeichelte natürlich meiner Eitelkeit. Ich war doch nur ein 24-jähriger Sprachstudent, der nebenher als Kellner arbeitete. Trotzdem hielt ich ihn erst mal hin, weil ich nicht bloß ein One-Night-Stand sein wollte. Ich wollte schließlich zum Film. ▌ Mit Visconti war ich zwölf Jahre zusammen. Zu Anfang war das für mich mehr ein Spiel, verliebt habe ich mich erst später. Das wurde dann sehr kompliziert. Wenn er sich zurückzog, geilte mich das auf. Buhlte er um mich, zog ich mich zurück. Es war immer eine Einbahnstraßen-Liebe. ▌ Luchino hat mich ziemlich unterdrückt. Er war der strenge Zuchtmeister, von dem die Initiative fürs Bett ausging. Ich war das sich sträubende Weib und später die zickige Diva. ▌ Visconti war 38 Jahre älter als ich. Aber ich hatte ja nie einen richtigen Vater. Deshalb suchte ich jemanden, der mich schützt und aufbaut. Seine Sicherheit wurde dann meine. Außerdem war er der erste Mann, der mich richtig besoffen gemacht hat. Luchino war sehr erfahren und liebte raffinierte Vorspiele. Unter seinen Händen erlebte man die pure Geilheit. Gestört hat mich nur, dass er nie zärtlich zu mir war, wenn sein Personal anwesend war. Eine öffentliche Zurschaustellung unserer Ehe fand er unmöglich. ▪ Ich habe Visconti mit dem Ballett-Tänzer Rudolf Nurejew betrogen. Er ging an mich ran, nicht ich an ihn. Einmal riss ich wild seinen Reißverschluss herunter und verletzte seinen Schwanz. ▪ In irgendwelchen Toiletten habe ich nie herumgespritzt. Ich brauche eine Stunde, bis ich einen Harten kriege, und dann noch eine Stunde, bis es funktioniert. Ich bin sehr romantisch, und der Nurejew hatte immer diese wunderschöne russische Musik. ▪ Visconti konnte sehr eifersüchtig sein. Einmal hörte er mit, wie ich mit Nurejew am Telefon flirtete. Er raste in mein Zimmer, ohrfeigte mich und schnitt das Telefonkabel durch. Als er auch noch mit Lampen schmiss, ließ ich von seinen Dienern meine Sachen packen und zog in ein Hotel. ▪ Nurejew taugte nicht zur Vaterfigur. Außerdem gab es bei ihm keine frische Bettwäsche. Bei ihm zu Hause kam ich mir immer vor wie in Russland. Zwei Flaschen Wodka am Tag waren sein Minimum – und er aß immer diese riesigen Mengen Knoblauch. ▪ Alain Delon schrieb Visconti dauernd Briefe, um an eine Rolle ranzukommen. Da habe ich Luchino ein Ultimatum gestellt: »Wenn du mit diesem Trottoir-Typ drehst, verlasse ich dich!« ▪ Die Tragik meines Lebens ist, dass ich mit 32 Jahren Witwe wurde. Irgendetwas in mir ist mit Luchino gestorben. Deshalb habe ich dann auch diesen Selbstmordversuch gemacht. Ich schaffe es einfach nicht, mich wieder jemandem richtig hinzugeben und eine seriöse Verbindung zu haben. ▪ An Viscontis Seite konnte ich mir drei Rolls-Royce leisten, dazu Bilder von Miro, Chagall und Picasso. Heute gehört mir fast nichts mehr. Manchmal kann ich nicht schlafen, weil ich noch nicht mal eine Krankenversicherung habe. Natürlich hat mich Luchino auch verdorben. Er hieß ja eigentlich Graf Visconti di Modrone und gehörte zu einer der reichsten Familien Italiens. Weil er kein Gefühl für Geld hatte, fand ich es irgendwann auch absolut normal, mir zehn Anzüge auf einmal machen zu lassen. Statt mir einen Maserati und ein Mercedes-Cabrio zu schenken, hätte er doch auch sagen können: »Helmut, denk an deine Zukunft. Geh zur Bank und leg einen Teil des Geldes an.« Weil er das als überzeugter Marxist nicht gemacht hat, habe ich das Geld genauso zum Fenster rausgeschmissen wie er. ▪ Viscontis Testament ist verschwunden. Deshalb habe ich nichts geerbt. Seine Familie hat nur unser riesiges Messingbett rausgerückt. Luchino würde sich im Grab umdrehen, wenn er das wüsste. Mir hat er immer gesagt: »Du erbst einmal die Villa in Castelgandolfo.« ▪ Ich liebe Männer, aber ich hasse Tunten. Ich muss einen Mann rumkriegen und spüren, wie er sich wehrt. Mit einem reinen Homo zu schlafen gibt mir keinen Kick. ▪ Mit Frauen Sex zu haben ist einfach für mich. Am schönsten ist es, wenn ich mit einer Frau und einem Mann im Bett bin. Viel mehr Menschen wären bi, wenn sie nicht so verkniffen wären. ▪ Was mir auf die Eier geht, ist dieser typische Frauenbazillus. Irgendwann fangen sie an zu klammern und nehmen dir die Luft zum Atmen. Männerbeziehungen sind ehrlicher, weil sie ohne sentimentale Liebesschwüre auskommen. Man geht miteinander aus und macht es aus reiner Lust. Ein bisschen Kuscheln, ein bisschen Spritzen – keine Probleme. Ein Mann versteht auch, wenn ein Mann müde ist. Frauen dagegen glauben immer, dass nur sie ihre Tage haben. ▪ Ich hatte rund 3000 Sexualpartner. Ich bin aber kein Fickbock. Heute will ich die Leute erst mal kennen lernen. Ganz ohne Sex werde ich allerdings hysterisch, weil mir dann das Sperma in den Kopf steigt. Aber man kann ja auch mal kalt duschen oder masturbieren. ▪ Kaufräusche sind der Sex des Alters. Wenn ich wütend bin, renne ich los und kaufe schöne Dinge. Stil beruhigt mich. ▪ Alles Schriftliche ist eine Qual für mich. Meine Memoiren sind nicht sehr tief. Ich bin tiefer. ▪ Ich selbst habe nie gemerkt, dass ich so gut aussah. Hätte ich gewusst, dass man mich für den schönsten Mann der Welt hält, hätte ich was anderes aus mir gemacht.

Karl Lagerfeld Modedesigner
»Wer heute als schön gilt, wird morgen kaum noch zum Putzen bestellt«

Tollwut und Blutrausch erlebe ich weniger und weniger. Die Gleichgültigkeit ist an mir hochgewachsen wie Efeu. Nur gewöhnliche Leute ärgern sich. ▮ Wolfgang Joop spricht zu viel von mir. Ich scheine eine Obsession für den zu sein. Dabei habe ich gar nichts gegen den Jungen. Ich habe ihn mal als »Flohzirkus-Direktor« bezeichnet. Das hatte auch seinen Grund. Den habe ich aber leider nicht mehr parat. Ich vergesse so schnell, dass ich nachher gar nicht mehr weiß, warum ich mit den Leuten verkracht bin. ▮ Eine Bekannte von mir, eine sehr mondäne Lesbierin, hatte sich kurz nach dem Krieg in die Garbo verliebt. Als sie die Garbo nach einer Begebenheit aus den 30ern fragte, erhielt sie zur Antwort: »I don't remember because I was not happy.« Ich mache es genauso. Was mir nicht hundertprozentig gefällt, kommt in den Mülleimer der unnötigen Erinnerungen und wird vergessen. Daher kann ich gar keine Memoiren schreiben. Ich will den Leuten auch nicht die Freude machen, dass sie in meinem Leben eine Rolle gespielt haben. ▮ Vergebung zählt nicht zu meinem Wortschatz. Kriemhilde verkörpert das Ideal meiner Lebensauffassung. Als in Frankreich ein Buch mit niederträchtigen Behauptungen über mich erschien, ließ ich mich von meinem Chauffeur zu Pariser Buchhandlungen fahren. Ich kaufte alle Exemplare auf und warf sie vor den Läden in die Mülltonne. Beim Rausgehen sagte ich: »Übrigens, wenn Sie diesen Schmutz nachbestellen, kaufe ich nie wieder bei Ihnen.« ▮ Ich hatte Aventüren mit Männern und Frauen. Ich habe jung angefangen mit Sex und allerlei erlebt. Da ist man distanzierter als einer, der da lange drauf warten musste. Wenn Leute meines Alters mir heute erzählen, wie toll das noch für sie ist, kann ich das nicht ertragen. Die können machen, was sie wollen – ich möchte es nur nicht wissen. Sex ist ein schönes Spielzeug für junge Leute, später bloß noch ein banaler Gebrauchsartikel. ▮ Wenn Männer über 40 noch über Sex reden, ist das indezent. Da ich über 60 bin, bitte ich um ein anderes Sujet. ▮ Für das Versandhaus Quelle gearbeitet zu haben finde ich amüsant und modern. Mailorder ist die Zukunft. Ich glaube an zwei Arten von Snobismus: ganz teuer und ganz preiswert. Nur das trostlose Mittel deprimiert mich. ▮ Weltweit gibt es weniger als 300 Couture-Kundinnen. Die Frauen, die am meisten kaufen, sieht man am wenigsten. Die bestellen per Telefon – wie bei Quelle. Anschließend lassen sie sich die Kleider mit ihren Privatflugzeugen zur Anprobe einfliegen. ▮ Das Schlussdefilee bei Schauen mag ich nicht. Ich hasse Front-Promotion. Das ist nicht mein Stil. Mein Traum wäre, dass man mich nie sehen könnte. Eigentlich möchte ich nur als aggressiver Schatten existieren. ▮ Claudia Schiffer sagt, sie hätte bei Yves Saint Laurent endlich die Eleganz entdeckt. Ich kann verstehen, dass dieser Modeschöpfer für sie interessant ist. Da weiß sie endlich, wie sie aussehen wird, wenn sie so alt ist wie ihre Mutter Gudrun. ▮ Der Model-Beruf basiert auf gewissen Ungerechtigkeiten. Wer heute als schön gilt, wird morgen kaum noch zum Putzen bestellt. Die Mädchen müssen wissen, dass Mode wie Krieg ist – mit Schlachtfeldern und Massengräbern. ▮ Ich kann ein Mädchen nur fünf Minuten vor den anderen entdecken. Als ich Nadja Auermann kennen lernte, sah die gar nicht so gut aus. Die war zu dick mit zu dünnen Beinen. Aber ich wusste: Das wird klappen! Ich bin Gott sei Dank nicht beeinflussbar und habe immer nur eine Vision. Den Chanel-Leuten sage ich dann nur noch, was sie für das Mädchen zahlen sollen. ▮ Man muss seine Idole verbrennen, um neue schaffen zu können. ▮ Früher entstanden Modetrends in Subkulturen, doch die sind derart vampirisiert worden, dass sie sich nicht mehr erneuern können. Mode ist ein Beruf für Vampire. ▮ Ich vermeide die Realität, wann immer ich kann, trotzdem weiß ich alles über sie. Die Welt kommt zu mir und erzählt, was vorgeht. Das sind meine unbezahlten Spione. Ich bin so neugierig, ich hätte Concierge werden sollen. ▮ Wenn ich doch vor die Tür muss, habe ich Bodyguards, wegen der Versicherung. Am besten, man bleibt zu Hause. ▮ Ich kann mich für Leute interessieren ohne den geringsten Wunsch dazuzugehören. Ich bin wie ein Wissenschaftler, der Maikäfer beobachtet. ▮ Der spiegelgeile Narzissmus ist durch Aids explodiert. Die Leute sind isolierter, und jeder ist sein eigenes

Idol. Durch die Werbung werden die Leute auf Erotik gedrillt, die dann gar nicht ausgelebt wird. Da ist viel Fassade und Prätention dabei. Ich sehe doch, wie die Models in Wahrheit nur sich und ihren Körper-Narzissmus im Kopf haben. Das ist ein Zeitphänomen – von dem wir Couturiers allerdings sehr komfortabel leben. ▪ Je mehr ich arbeite, desto besser sind meine Ideen. Das putscht sich hoch wie bei einer Nymphomanin, die unfähig ist, einen Orgasmus zu kriegen. ▪ Ich war mal Hochschullehrer für Mode in Wien. Da habe ich gemerkt, dass Schüler mich nicht interessieren. Die fühlten sich alle vom Kapitalismus unterdrückt. Ich dachte: »Ihr armen Kinder, ihr haltet euch schon für Opfer, dabei seid ihr nicht mal brauchbar.« ▪ Das eigentliche Mode-Drama: schrumpelige Socken und der Blick auf behaarte Männerschenkel – grauenhaft! Der letzte gut angezogene Politiker in Deutschland war Walther Rathenau. Vielleicht sind Minister aber auch nur deshalb so horribel gekleidet, weil die Wahlbürger selbst ein Schreck sind. In Deutschland trägt man doch die ganze Woche über Weekend-Kleidung. ▪ Mein Traum ist eine Glatze. Aber die bedarf aufwendiger Pflege. ▪ Am erotischsten finde ich bei Frauen die Stelle, wo der Rücken endet und der Po beginnt. ▪ Für ein Parfüm habe ich mal eine Studie in Auftrag gegeben. Da kam heraus, dass Frauen bei Männern die zwei Grübchen am Po am erotischsten finden. ▪ Von makrobiotischer Ernährung wird man grau und hässlich. Es gab mal ein bildschönes Model aus Finnland. Als sie mit Makrobiotik anfing, bekam sie Pickel, eine Kraterlandschaft, furchtbar. Wissen Sie, was sie dann machte? Putzfrau! ▪ Ich finde 80-Jährige viel amüsanter als junge Leute. Denen ist alles langweilig. Richtige Konversation können in Frankreich nur Leute zwischen 70 und 90. ▪ Im Bett trage ich lange, weiße Nachthemden. Mit meinem offenen weißen Haar sehe ich dann aus wie ein Gespenst. Im Sommer schlafe ich unter einer weißen Hermelin-Decke, im Winter unter Zobel. ▪ Ich schäme mich nicht, für das Pelzhaus Fendi zu arbeiten. Entschuldigt sich ein Schlachter für sein Tun? Panther nehmen wir ja schon lange nicht mehr, und Nerze sind doch wie bösartige Ratten. Wenn ich in Amerika bin, schreien die Leute »Karl ist ein Mörder!« und wollen mir Senf ins Gesicht schmieren. Als wären Gucci-Taschen aus Kunststoff. ▪ Krankheit fürchte ich. Ich mag nichts, was ich nicht dominieren kann. ▪ Mein Vermögen managt Herr Friedländer, ein reizender kleiner Jude. Ich vertraue nur Juden meine Geschäfte an. Bei anderen hätte ich Zweifel. ▪ Bei der Abfassung meines Testaments gibt es zwei Probleme: Viele Erben habe ich bereits überlebt, außerdem hasse ich die Erben meiner Erben. ▪ Das Beste ist, man kennt nur Leute, die mehr Geld haben als man selber. Da hat man keine Probleme. ▪ Freunde? Man soll von Leuten nicht zu viel erwarten. Ich lebe sehr gut alleine. Mein Lieblingswochenende ist: Freitagabend nach Hause kommen und bis Montagmorgen kein Wort sprechen, nur Lesen und Daydreaming. Vielleicht bin ich gewissenlos und oberflächlich, aber das macht das Leben angenehm. ▪ Mein Vater hat mit Glücksklee-Dosenmilch Millionen gemacht. Überfluss war bei uns der Normalzustand. Mein Vater meinte immer: »Kleidung ist das Allerwichtigste!« So konnte ich schon als Kind so viele Maßhemden und Maßschuhe haben, wie ich wollte. ▪ Meine Mutter weigerte sich, mich zu stillen. Sie sagte: »Ich habe doch keinen Dosenmilch-Fabrikanten geheiratet, um mir das Dekolleté mit Muttermilch zu verspritzen!« Stattdessen bekam ich eben Glücksklee. ▪ Mit Erziehung wurde ich nie belästigt. Meine Mutter sagte nur: »Wenn du mir auf die Nerven fällst, kommst du ins Internat!« Mehr an guten Ratschlägen war nicht. ▪ Hemmungen oder Komplexe sind mir unbekannt. Schon als sehr junger Mensch hatte ich das Gefühl: »Egal, was du machst, dir kann keiner widerstehen!« Ich kam mir wie ein Heiligtum vor, viel zu schade für dieses triste Nachkriegsdeutschland. Das war schon beängstigend. Wenn ich mich mit damals vergleiche, bin ich heute schüchtern und bescheiden. ▪ In der Schule habe ich mich dauernd selbst krankgeschrieben. Nahm ich doch mal am Unterricht teil, bin ich mit Schwadronieren durchgekommen. Dafür wurde ich von meinen Mitschülern gebührend gehasst. Meine Mutter sagte immer: »Karl, du musst die Zusammenhänge ken-

nen – der Rest steht im Lexikon.« ▮ Als ich mit 14 nach Paris ging, sagte meine Mutter: »Gut so, Karl, du musst hier raus. Hamburg ist das Tor zur Welt – aber nur das Tor.« Was hätte ich dort auch tun sollen? Ein Hotel führen? Entsetzlich! Das wäre ein Puff geworden. ▮ Meine Schwester lebt in Amerika und ist ein betont lieber Mensch, nicht so wie ich. Die kümmert sich nur um arme Leute und so etwas. Die hat auch nie darunter gelitten, dass meine Eltern mich so vorzogen. Wenn ich ihr was von Chanel schicke, gibt sie das gleich armen Leuten. ▮ Ende der 50er prophezeite mir eine Hellseherin: »Sie müssen wählen: entweder Familien- und Sexleben oder Karriere. Beides geht nicht.« Das war eine dicke Türkin mit den schönsten türkisfarbenen Augen. Was sie mir voraussagte, ist alles passiert. Das Todesdatum meines Vaters, alles stimmte. Ich bin dann alle zwei Jahre hingegangen und habe keine wichtige Entscheidung ohne sie getroffen. 1987 klingelte in meinem Wagen das Telefon. Madame sagte: »Ich sehe, Sie fahren gerade zu einer Vertragsunterzeichnung. Auf Seite sieben des Dokuments hat sich ein Fehler eingeschlichen, der gegen Sie spielen wird.« Sie hatte Recht. Eine Sekretärin hatte sich vertippt. ▮ Kurz bevor Madame mit über 90 starb, schrieb sie mir, sie sehe ein Licht um mich. Ich bin inzwischen mein eigenes Medium. ▮ Ich höre Stimmen – aber nur solche, die mich selbst betreffen.

Wolfgang Joop Modedesigner

»Innere Werte? Ich benutze zum Wichsen doch keine Röntgenbilder!«

Erst der Skandal macht einen prominenten Menschen menschlich. ▪ Moderedakteurinnen sehen kollektiv schlecht gevögelt aus. Schauen Sie sich doch nur deren Look an: Trauerkluft mit Sonnenbrille. Dieser Beruf erzieht zu Boshaftigkeit, Missgunst und Frustration. Wenn Königshäuser wie Chanel einladen, merken die Damen natürlich, dass sie selbst gar nicht das Geld für diesen pompösen Lifestyle haben. Diese selbst ernannten Geschmacksschiedsrichterinnen haben doch früher bloß die Kleiderkammer verwaltet. Und dann sehen sie dauernd diese hübschen Models, denen sie berufshalber auch noch Puderzucker in den Arsch blasen müssen. In Wahrheit freuen sich diese Nattern natürlich diebisch, wenn eines dieser Mädchen wieder out ist. Dann sitzen sie mit Karl Lagerfeld um die Guillotine herum und triumphieren: »Hah, die ist endlich auch weg vom Fenster!« Das ist ein Schandkarussell, das nie zum Stillstand kommen darf. Und nebenbei gesagt: So viele Heteros gibt es in diesem Metier ja nicht, und die wenigen, die es gibt, fragen sich: »Welche von diesen Modetanten soll man denn vögeln wollen? Und vor allem: warum?« ▪ Die Agenturen drehen durch, wenn ich ein Model für eine Kampagne haben will. Für so eine unbekannte Missie will man dann gleich Millionen bei mir abkassieren. Einmal sagte mir ein Model zwei Tage vorher ab, weil sie auf Entzug musste. Ich nahm dann Dada, die Tochter meines Hamburger Mercedes-Händlers. Beim Shooting in Paris versagte ihr Partner. Der sah aus, als würde er noch mal wollen, aber nicht mehr können. Die Weiber kreischten zwar alle »Der ist doch so süß!«, aber ich dachte bloß: »Je lauter die Tussen kreischen, desto mehr muss der weg!« Mein aufgedunsenes Gesicht übergab ich zur Linderung einer grünen Algenmaske. Aus einem seltsamen Grund wusch ich mir die versteinerte grüne Maske nicht ab – ich wollte ein Alien sein. Und das war es! Als Alien wusste ich auf einmal, wo es langgeht. ▪ Aus der Werbung habe ich mich dankend verabschiedet. Ich habe ohnehin das Problem, wie ein alterndes Fotomodell auszusehen. Mein Popo gehört nicht mehr ins Schaufenster. ▪ Mit dem richtigen Designteam lässt sich theoretisch jede Marke wiederbeleben. Aber Sie müssen eine Person haben, um die man eine Geschichte spinnen kann. Dann sucht der Käufer die Nähe zu dieser Person, indem er ihre Produkte kauft. Nehmen Sie Tom Ford, der selbst ein Marketing-Konzeptionist ist. Sobald man eine Gucci-Sonnenbrille in die Hand nimmt, sieht man den schönen Tom vor sich. Oder man sieht sich selbst an seiner Stelle und teilt den Blick auf Toms schicke Welt. Accessoires zeigen, zu welcher Gruppe ich gehöre, und sind das Ticket, um in den Club der Glitterati zu kommen. Diesen Mechanismus wird es immer geben. ▪ Durch meine vielen Fernsehauftritte komme ich ungebeten zu den Leuten nach Hause. Die sitzen auf dem Sofa, essen Erdnüsse, grabbeln sich im Schritt oder in dem ihres Partners und öffnen dabei eine Dose Bier. Wenn mein Gesicht dann zwischen Stechpalme und Gummibaum auftaucht, wirke ich wie ein alter Bekannter, und die Leute sagen: »Ach, guck mal, der schon wieder!« ▪ Ich muss präsent sein, weil ich meine beste Werbung bin. Das ist halt der Roy-Black-Effekt meiner Karriere. Natürlich suche ich den Auftritt auch. Ich will geliebt werden, weil ich mich lange Zeit selbst sehr wenig lieben konnte. Diese neurotischen Selbstzweifel münze ich in Verführung um. ▪ Neulich graute es mir vor meinem eigenen Image. Ich ging schon etwas schleudernd im Juhnke-Stil, weil ich gesoffen hatte. Da kam ein Herr auf mich zugeschossen und streckte mir mit strengem Gesicht seine Visitenkarte entgegen. Über seinem Namen stand groß »Hakle«. Er sagte: »Ich bin der Manager von ›Hakle feucht‹, und dich kriege ich auch noch!« Als ich fragte, was er denn bitte von mir wolle, sagte er: »Ich sehe deinen Namen in Blau, endlos gedruckt auf der feuchten Rolle.« Ich kapierte: Das war eine Lizenz-Offerte für Klopapier. ▪ Innere Werte? Zum Wichsen benutze ich doch keine Röntgenbilder! ▪ Viel Vergnügen bei der Selbstfindung. Die meisten, die sich selbst gefunden haben, merken, dass da gar nichts ist. ▪ In emotionalen Dingen bin ich oft infantil und passiv bis zur Duldungsstarre. Ich klemme dann fest zwischen dem Wunsch und der Angst, mich hinzugeben – aber das ist ja ein modernes Syndrom. ▪ Einen Roman zu schreiben ist eine sehr einsame Arbeit, bei der man seinen eigenen Gespenstern begegnet. Als ich das letzte Wort geschrieben hatte, fiel mir zu meinem bisherigen Leben nichts mehr ein. ▍ Arzt, Thrapeut, Krankenhaus, Altenheim – im Alter sind es die Pathologien, die uns mit einer neuen Liebe zusammenführen. ▍ Ich habe mich in meinem Leben nur selten verliebt. Ich sehne mich zwar nach Liebe, aber sobald Nähe da ist, habe ich Angst vor ihr und haue wieder ab, weil ich fürchte, von dieser Nähe verletzt zu werden. Die Liebe ist ein Geschenk, das in hartes Papier gewickelt ist. Man zerschneidet sich die Finger, wenn man es verkehrt auspackt. ▍ Ich behaupte nicht, dass mich jemand glücklich macht. Man muss lernen, sich selbst glücklich zu machen. ▍ Ich weiß, dass Verliebtheit mit Verblödung einhergeht, aber bevor mein Herz erfriert, soll es noch einmal gebrochen werden. ▍ Narzissten sind wir doch alle. Es gibt allerdings eine Menge Leute, die keinen Grund dazu haben. ▍ Zutiefst narzisstische Menschen wie ich sind vom wirklich schönen Gefühl des einfachen Glücks ausgeschlossen. Glück und Narzissmus sind leider kein Liebespaar, und die Beschäftigung mit Schönheit erzieht nun mal zu kleinen, verletzenden Bosheiten. ▍ Ein mittlerer Schmerz führt nicht zu einer großen Karriere. ▍ Eitlen Männern kann man die falschesten Orgasmen ins Gesicht schleudern – sie glauben alles. Sie glauben sogar, dass die Prostituierte nach ihnen verrückt ist, und vergessen den Deal. Der Narziss dagegen weiß von seiner unglücklichen Liaison mit sich selbst. Er zeigt seine Schwächen bis hin zur Entblößung, um dennoch geliebt zu werden. ▍ Meine Technik als Liebhaber habe ich von Strippern gelernt: Man stellt sich unheimlich zickig an mit der Entblätterung, bis die Zuschauer denken: »Nun mach doch endlich, sonst halte ich es nicht mehr aus!« Meine Großmutter sagte immer: »Bist du nicht schön, so tu schön.« ▍ Es kann ein Abenteuer sein, seine Schwächen zu entdecken. Erfolg lässt einen nicht viel erkennen. Sich seinen Unsicherheiten und Melancholien hinzugeben kann viel spannender sein. ▍ Die Frauen der Nachkriegszeit hatten erst mal ganz viel mit sich und dem Überleben zu tun. Ich war seltsam, isoliert und mit mir selbst beschäftigt. Da ich nicht meinesgleichen fand, führte ich Selbstgespräche in meiner Welt. ▍ Ich habe mich nach 15 Jahren von Frau und Kindern getrennt. Die Trennung hatte keine sexuellen Gründe, wie alle Leute glauben. Meine Tochter Jette war damals 15 und ist dann nach Oxford gegangen. Sie hielt diese irre hippen Eltern für Nervensägen. Der Vater, der in der schicksten Lederjacke immer beim Elternabend einpennte, und die Mutter im Kostüm mit knallrotem Mund – die sahen gar nicht aus wie andere Eltern. ▍ Meine beiden Töchter haben auch ein Nähe-Distanz-Problem, weil ich ihnen nicht so viel Nähe geben konnte, wie ich wollte. Das Trauma, das man als Kind hatte, wird leider nicht kompensiert, sondern weitergegeben. ▍ Jette und ich sind Soulsisters. Und wir teilen die gleichen Torheiten in unserem komplizierten Privatleben. Wir haben uns beide selbst erfunden, und wir haben eine ähnliche Melancholie, die wir nur überstehen, indem wir sehr viel arbeiten. Wenn es mir schlecht geht, sagt Jette mir den einzig richtigen Satz: »Ich bin immer für dich da.« Eigentlich müsste das die Tochter vom Vater erwarten, aber bei uns ist das umgekehrt. ▍ Meine Seelenqualen therapiere ich durch Arbeit. Das dauernde Rumpopeln im Ego bringt doch genauso wenig wie die Suche nach individuellem Glück. Man ist nie unglücklicher als in der Zeit, in der man das Glück sucht. Ich tröste mich, indem ich Biografien lese. Da merke ich, dass meine Probleme auch andere haben. ▍ Penisneid kenne ich nicht, eher Penisbewunderung. Man braucht ja hin und wieder was, an dem man sich festhalten kann. Am stärksten litt ich in der Zeit, als ich erotisch am aktivsten war. Da wollte ich das einzige Objekt der Begierde sein und jeden Menschen durch jede erotische Handlung für immer beeindrucken. Irgendwann merkte ich dann aber, dass es immer einen geben wird, der intelligenter ist und einen größeren Schwanz hat. ▍ Wer früh gelernt hat, so genau hinzuschauen wie ich, ist extrem verunsichert. Ich hatte eine perfektionistische Vorstellung von mir, und es war für mich oft erschütternd, dass ich meinem Idealbild nicht entsprach. Narzissmus ist keine wahre Freude. Wenn Narziss sein Spie-

gelbild auf der Wasseroberfläche küssen wollte, zerrann es. Er ist nie berührt worden und hat sich nie gefunden. ▪ Ich fand mich immer recht kubistisch. Man hätte mich noch mal zerschlagen sollen, um mich dann wieder richtig zusammenzusetzen. Dieses Mangelempfinden, dass alles nicht so harmonisch war, wie ich es gern gehabt hätte, führte sehr früh zu einer tiefen Unsicherheit. Ich hatte Verlustängste massivster Art und fühlte mich einsam und schwach. Das Einzige, was mir übrig blieb, war, die Kunst der Verführung zu üben – so wurde aus Selbstzweifeln Gefallsucht. ▪ Inzwischen ist mein Verfallsdatum überschritten. Wenn ich ein Foto von mir betrachte, bin ich jedes Mal erschrocken. Ich sehe mich ganz anders, als ich aussehe: wesentlich jünger, rassiger, stromlinienförmiger. Mit dem Alter musst du dich mit der Ästhetik des Verfalls anfreunden, und das ist ein hartes Unterfangen. Die Würde und der Triumph des Alters lägen darin, sich vom Zwang zum Vergleichen zu befreien. »Auch langsame Katastrophen gehen schnell vorbei«, sagt Gertrude Stein. ▪ Der heutige Orgasmus-Terror ist mir zuwider. Sexualität wird wie eine Verpflichtung zum Sport betrachtet: »Was, Sie haben schon wieder keine Rumpfbeugen gemacht?« Zum Sex gehören bei mir Sehnsucht und Inszenierung. Wer mir seine Sexualität wie Hundefutter hinwirft, erinnert mich an jene Hamburger, die in ihren Einkaufspassagen Chablis und Austern im Stehen zu sich nehmen. ▪ Es ist ja abenteuerlich, was über mein Sexualleben die Runde macht. Leute denken, Bisexualität sei ein doppelt bestrichenes Sandwich, das ich mir jeden Tag einführe. Solche Polemik nehme ich aber als Kompliment, denn wenn dir erotisch nichts mehr unterstellt wird, bist du aus dem Rennen. Ich glaube, über das Sexualleben von Frau Merkel macht sich höchstens Herr Merkel Gedanken – hoffentlich! ▪ Seit 20 Jahren gelingt es Edwin Lemberg und mir nicht, uns nicht zu sehen. Beziehungen scheitern oft an falscher Politik, an falschen Erwartungen. Edwin und ich wissen, dass mich niemals jemand glücklich machen wird. Meine Beziehung zu ihm ist diplomatische Arbeit, keine erotische. In meinem Bett liegt schon jemand mit behaartem Arsch: Wolfi, mein Pommerscher Zwergspitz. Ich habe drei davon. Ich weiß inzwischen auch, weshalb die aus der Mode gekommen sind. Die kläffen furchtbar, und wie kleine Männer wollen sie immer dominieren. Mir kommen sie vor wie Zwerge im Pelzmantel. ▪ Wolfi hat ein Identifikationsproblem mit mir. Er isst nur, was ich esse, egal, ob das Tomaten sind oder saure Gurken. Ich habe ihm mal ein rosa Stoffschwein gekauft. Mit dem hat er jetzt immer exzessiven Sex. Am Strand von Monte Carlo hat er mich neulich ziemlich in Verlegenheit gebracht. Da saß ein Ehepaar mit einem kleinen Jungen, dessen Teddybär auf dem Rücken lag. Wolfi rannte hin und rammelte den Teddy durch. Ich musste ihn mühsam runterzerren. ▪ Früher war ich aus Unsicherheit ein primitiver Sklave der Eifersucht. Wenn ich mich als Liebesobjekt nicht adoriert fühlte, habe ich den anderen terrorisiert. Heute bin ich eifersüchtig, wenn Edwin mich aus der Kollektion seiner Sorgen aussortiert. ▪ Der Zynismus der Mode ist: Wer in alle Modefallen tappt, indem er unsere Vorschläge eins zu eins übernimmt, hat unseren Respekt verloren, weil er sich den Tätern ausgeliefert hat. ▪ Das Lieblingsspiel der Yellow Press sind die »Top 100 der Society«. Mich interessiert bei diesen Listen eigentlich nur noch, wer in der Jury sitzt. Wenn ich gelesen habe, wer sich da mal wieder in die Presse presst, blättere ich sofort weiter. ▪ Bei »Wetten, dass …?« sage ich ab. Ich müsste stundenlang neben Herrn Jürgen von der Lippe auf dem Sofa sitzen. Und dann auch noch Böblingen! Zum Traurigsein muss ich nicht verreisen. ▪ Viele, die einmal aus der Tretmühle Mode ausgestiegen sind, kommen nie mehr zurück, weil sie merken, wie sehr sie Lifestyle mit Leben verwechselt haben. ▪ Heute will man sich mit Mode nicht mehr unterscheiden, sondern gleich machen. Unterscheiden wollen wir uns durch unseren Körper. Alle tragen Jeans – nur mein Arsch sagt, wer ich bin. ▪ Den öffentlichen Joop abzulehnen bedeutet nicht, dessen Produkte nicht zu kaufen.

Vivienne Westwood   Modedesignerin
»Die Menschen sollten sich mehr anstrengen, weniger dumm zu sein – das kleidet sie am besten«

Das empfehlenswerteste Accessoire ist ein Buch, denn sexuelle Attraktivität ohne Bildung gibt es nicht. ▪ Ich liebe es, Geschirr zu spülen und spätabends in Nachthemd und Schürze zu kochen. Meine Haare lasse ich von einem billigen Herrenfriseur bei mir um die Ecke schneiden. Ich kenne niemanden, dem so wenig an materiellen Dingen gelegen ist wie mir. Außer ein paar Kunstbüchern gehört mir so gut wie nichts. Besitz macht das Leben nur komplizierter. ▪ Das Einzige, was mich wirklich reizen könnte, wären Bilder. Aber die, die ich gern hätte, kosten gleich einige Millionen Pfund. Ich mache es lieber wie Balzac. Bei dem zu Hause hing ein Stück Pappe an der Wand, auf das er geschrieben hatte: »Hier bitte ein Rembrandt!« ▪ Der einzig wahre Luxus ist Zeit – und die lässt sich mit Geld kaufen. ▪ In meiner Heimat England werden Intellektuelle verachtet. In Frankreich dagegen bewundert man sie. Das macht dieses Land so anziehend für mich. ▪ Meine Obsession ist Shakespeare. Ihn zu lesen ist die intensivste Daseinserfahrung, die ich kenne. Wenn ich das englische Bildungssystem ändern dürfte, würde ich Schulen gründen, in denen nur Shakespeare memoriert wird. Auswendiglernen ist ohnehin eine gute Sache. Wenn ich nachts aufwache, denke ich immer über irgendeine Textstelle bei Shakespeare nach. Das zieht mich dann in den Schlaf runter wie ein Anker. ▪ Mein Guru ist der kanadische Privatgelehrte Gary Ness. Er hat mich vom Punk zur Hochkultur geführt. Er ist der belesenste Mensch, den ich kenne. Meine Mutter arbeitete in einer Baumwollmühle. Kultur war bei uns zu Hause ein Fremdwort, und Lesen galt als reine Zeitverschwendung. Gary war es, der mich inspiriert hat, jeden Tag ein Buch in die Hand zu nehmen. Da er seit 20 Jahren meine Lektüre auswählt, wäre ich ohne ihn ein ganz anderer Mensch geworden. ▪ Würde ich nur Zeitungen und Magazine lesen, wüsste ich gar nichts. Wenn es einen Lebenssinn gibt, dann den der täglichen Selbsterziehung. Die Menschen sollten sich mehr anstrengen, weniger dumm zu sein – das kleidet sie am besten. ▪ Populärkultur ist ein Widerspruch in sich. Was bei der Masse ankommt, ist selten originell oder von Rang. ▪ Wahrscheinlich war noch keine Jugend so ungebildet wie die heutige. ▪ Junge Menschen interessieren mich nicht sonderlich. Sie sehen zwar oft schön und gesund aus, aber was haben sie denn schon zu sagen? Man sollte sich eigene Ansichten erst dann leisten, wenn man Traditionen studiert hat. Ich schätze die Beschränkungen von Etikette und Protokoll, und ich liebe Disziplin und elegantes Benehmen. Da sind junge Leute mit ihrer widerwärtigen Kulturlosigkeit meist eine äußerst unerfreuliche Erfahrung. ▪ Wenn ich eine Rebellin sein sollte, dann rebelliere ich gegen die vulgären Anmaßungen der Jugend. Die fragt immer nur: »Was ist neu, und was ist modern?« Nonkonformisten stellen stattdessen die subversive Frage: »Ist es gut, und ist es schön?« ▪ Man nannte mich »The Queen of Punk«. Ich glaube nicht mehr an Politik und Revolution. Nur Kultur kann die Welt lebenswerter machen. ▪ Ich schaue nicht fern und gehe nur ganz selten ins Kino. Die meisten Filme finde ich nichtssagend, denn sie stimulieren mich nicht zum Denken. Ich lese auch prinzipiell keine Bücher moderner Autoren. Bei denen steht doch der Inhalt des zweiten Absatzes schon im Widerspruch zum ersten. ▪ Eine Ausnahme ist Thomas Bernhard. Dieser Autor gefällt mir. Er vertritt Ansichten, die mir völlig neu sind. Er behauptet zum Beispiel, dass das Landleben schrecklich sei, weil man dort viel stärker mit Kleinlichkeit und Hass konfrontiert werde als in anonymen Großstädten. Nur wenn man auf dem Land lebe, sehe man, was alles auf dieser Welt verkehrt sei. ▪ Fuck Fashion! Um elegant zu sein, muss man Ironie besitzen. Meine Kleider bringen mich manchmal selbst zum Lachen. ▪ Mir kann es durchaus passieren, dass ich mich zu einem homosexuellen Mann hingezogen fühle. ▪ Wenn mein Mann Andreas Kronthaler bisexuell sein sollte, dann geht das nur ihn etwas an. ▪ Ich kann sagen, dass ich mich noch nie von einem Mann so geliebt und beschützt gefühlt habe wie von Andreas. Diese Sicherheit ist der Hauptgrund, dass ich überhaupt nicht eifersüchtig bin, wenn er mit Männern ausgeht und nachts nicht nach Hause kommt. ▪ Vor Andreas habe ich es zehn Jahre lang genos-

sen, allein zu leben. Ich war noch nicht mal auf der Suche nach einem Mann. Das größte Kompliment an Andreas ist, dass ich das Zusammenleben mit ihm genauso genieße wie früher mein Alleinsein. ▪ Ich habe zwei Söhne in Andreas' Alter. Sie waren nicht schockiert wegen meiner Heirat. Ich bin auch nicht diese Rabenmutter gewesen, für die man mich hält. Sicher hatte ich damals diese konfusen Hippie-Ideen, was Kindererziehung anbelangt, aber meine Söhne waren immer warm angezogen und hatten zu essen. Ich habe sie von Anfang an mit Respekt behandelt und ihnen zugehört. Im Gegenzug habe ich verlangt, dass sie auch meine Bedürfnisse achten. Ich habe ihnen zum Beispiel nie erlaubt, morgens in mein Schlafzimmer zu stürmen und mich zu wecken. Sie mussten warten, bis ich von selbst wach wurde. ▪ 1992 verlieh mir die Queen im Buckingham Palace einen Orden. Nach der Zeremonie zeigte ich den Fotografen, dass ich keinen Schlüpfer anhatte. Ich weiß gar nicht, was die Aufregung damals sollte. Ich trage nie Slips.

Alexander McQueen Modedesigner
»Prinz Charles ist eine blöde Fotze!«

Mein Vater ernährte als Taxifahrer eine achtköpfige Familie. Niemand ermutigte mich, Mode zu entwerfen. Aber brauchte van Gogh jemanden, der ihm sagt, er soll Maler werden? ▮ Mit 16 wurde ich Schneiderlehrling bei Anderson & Shepherd in der Londoner Savile Row. Der Laden war stinkend langweilig und schwulenfeindlich, und mit meinem Cockney-Akzent war ich dort für alle der Feind. Zu unseren Kunden zählten Michail Gorbatschow und der Prince of Wales. Diese Pappnase von Prinz! Wenn ich ein Jackett für ihn machen musste, schrieb ich heimlich auf die Innenseite des Futters »McQueen was here« oder »Prinz Charles ist eine blöde Fotze!« ▮ In der Mode bin ich Feminist. Ich hasse es, wenn Frauen aufgrund ihrer Klamotten naiv und verletzlich aussehen. Denen pfeifen auf der Straße die Männer nach, und bei so was kriege ich einen brutalen Kotzanfall. Die Models in meinen Schauen sind fast alle harte Lesben. Ich bin eher für Frauen als für Männer. ▮ Ob ich mich zum Ritter schlagen lasse, hängt von der Größe des Pimmels ab, mit dem sie es mir machen wollen. ▮ Nur weil ich Chef von Givenchy bin, werde ich noch lange nicht Französisch lernen. Ich besorge es denen höchstens französisch. Komisch, dass mir die Damen der Pariser Gesellschaft keine Küsschen geben wollen. Die scheinen Angst zu haben, dass ich ihnen dabei ins Gesicht spucke. ▮ Givenchy verband früher jeder mit Audrey Hepburn. Am modernsten wäre es, das Skelett von Audrey Hepburn auszugraben und als Werbefigur zu präsentieren. ▮ Ein Giorgio Armani könnte heute niemals Karriere machen. Der wäre bloß ein lausiger Witz. Journalisten suchen unentwegt nach Storys, und wenn gerade nirgendwo Krieg ist, gucken sie sich halt mal in der Mode um. Im Gegensatz zu Mister Armani kann ich da sehr gut mitspielen. Wenn ich auf dem Catwalk meine Hosen runterlasse, weiß ich, dass ich auf den Titelseiten bin. Am korrumpierbarsten sind die Modemagazine. Um durch sie berühmt zu werden, musst du nur genügend Ärsche lecken. Bei einer Schau habe ich mal ein Skelett neben der Modekritikerin Suzy Menkes von der »Herald Tribune« platziert. Suzy fand die Aktion sehr schlau und hat für ein Foto sogar ihren Arm um das Skelett gelegt. Letztendlich ist Mode doch nur ein großer Spaß. Aggressionen sollte man Politikern überlassen.

Helmut Newton Fotograf
»Ich sehe Models an wie der Bauer seine Kartoffeln«

Wie bitte, ich soll ein Erotomane sein? Was ist ein Erotomane? Ein Ficker? Ich hasse das Gerede von Erotik. Reden Sie von Sex. Dann weiß ich, was gemeint ist. ▪ Meine Memoiren habe ich im Jahr 1982 enden lassen. Viele Leser hat das empört, aber wer am Ziel angekommen ist, ist nicht mehr hungrig, und satte Menschen finde ich uninteressant. Was hätte ich denn über die letzten 20 Jahre schreiben können? Ich habe eine Menge wahnsinnig langweiliger Hollywood-Bimbos kennen gelernt, ich verdiene ein bisschen mehr Geld als früher, und ich fliege nur noch erster Klasse, damit ich meine Beine ausstrecken kann. Sonst ist nichts passiert. ▪ Es wäre natürlich schon lustig, wenn Mick Jagger in seinen Memoiren schreiben würde: »Ich habe die gefickt und die gefickt und die gefickt.« Bei meiner Frau June und mir ist es aber so, dass wir ein Agreement haben, über solche Themen lieber zu schweigen. ▪ Ich war nie eifersüchtig. Ich bin Feminist. Wenn ich mit einem Job früher als angekündigt fertig war, habe ich June immer vom Flughafen aus Bescheid gesagt. Ich wollte sie nie bei irgendwas überraschen. Ich habe auch noch kein einziges Mal ihre Handtasche aufgemacht. Heute Morgen bat ich June, meine Brille zu suchen. Sie fragte: »Darf ich durch deine Taschen gehen?« Ich finde, das gehört sich so. Auch nach mehr als 50 Jahren Ehe sollte es noch Respekt geben. ▪ Meine Frau weiß, dass ich Models so ansehe wie ein Bauer seine Kartoffeln. Trotzdem war sie manchmal schon sehr eifersüchtig. ▪ Schon als Vierjähriger fand ich meine Mutter begehrenswert und bekam eine Erektion. Es erregte mich, wenn sie abends in ihrem fleischfarbenen Satin-Unterrock zu mir ans Bett kam und ich ihre nackten Arme spürte. Sie war eine glamouröse und ein bisschen versnobte Person, die wunderbar Geschichten erzählen konnte. ▪ Mit 13 hatte ich dunkelblaue Ringe unter den Augen, weil ich masturbierte wie ein Weltmeister. Meine Mutter wusste Bescheid – die Bettlaken sprachen Bände. Ich war bloß daran interessiert, Mädchen rumzukriegen, je mehr, desto besser. Einmal bin ich sogar im Freibad rausgeschmissen worden, weil ich ein Mädchen unter Wasser ausgezogen hatte. Nichts als Mädels im Kopf zu haben war schon damals sehr strapaziös. Meine Mutter reagierte fantastisch. Sie sagte nur: »Kind, wenn du eine dieser Geschlechtskrankheiten bekommst, geh zum Hausarzt. Der soll uns dann die Rechnung zuschicken. Beichten musst du uns nichts.« Ein weiterer Ratschlag lautete: »Helmut, bring uns ja keine gefüllten Tauben mit nach Hause.« Daraufhin habe ich auf dem Lehniner Platz meinen ersten Pariser gekauft, in einem Automaten natürlich. Hätte ich in eine Apotheke reingehen müssen, wäre ich vor Scham umgekommen. ▪ Meine Mutter hatte immer Angst um mich, weil ihr Helmie so kränklich war und oft ohnmächtig wurde. Wenn ich mal wieder bewusstlos neben dem Abendbrottisch lag, sagte mein Vater nur beiläufig: »Ach, unser Helmie ist mal wieder ohnmächtig geworden.« Ich wurde von einem Chauffeur in Uniform zur Schule gefahren, und wegen der Bazillen durfte ich kein Geländer anfassen und kein Geld berühren. Ich war verzogen, unausstehlich und eine schreckliche Memme. Es ist mir heute noch zuwider, mich von Fremden berühren zu lassen oder ein Geländer anzufassen. Mit über 80 stehe ich bei einer Treppe jetzt immer vor der Wahl: eklige Bazillen riskieren oder runterfallen. ▪ Mein jüdischer Vater war Besitzer der größten deutschen Knopffabrik. Als er von den Nazis verhaftet wurde, floh ich 1938 per Schiff nach Singapur. Ich vögelte mich durchs Mittelmeer. Dabei hielt ich mich an die verheirateten Frauen um die 30. Für die Juden war dieses Schiff eine Paradies-Insel, weil man ihnen endlich nichts mehr antun konnte. Jeden Abend wurde getanzt, getrunken und gefickt. Dass ich mich an ältere Frauen hielt, heißt aber nicht, dass ich eigentlich mit meiner Mutter schlafen wollte. 17-jährige Mädels fand ich immer weniger aufregend als Frauen, die glamourös und sophisticated sind und Sexappeal haben. ▪ Als ich in Singapur ankam, besaß ich gerade mal fünf Dollar. Die habe ich in der ersten Nacht im Bordell ausgegeben. Mein gesunder ökonomischer Sachverstand sagte mir, dass es keinen Unterschied macht, fünf Dollar zu besitzen oder völlig pleite zu sein. Außerdem hatte mir an Bord jemand gesagt, bei den Chinesinnen würde die Muschi quer sitzen. Das musste ich unbedingt überprüfen. Prostitution hat mich schon als siebenjähriger Knabe angezogen. Mich fasziniert der Gedanke, dass man Liebe kaufen kann, und ich finde dieses Milieu ungeheuer aufregend. Nur wenn Frauen arm sind und frierend auf der Prenzlauer Allee rumstehen, ist das nicht sehr lustig. ▪ Nach ein paar Wochen ließ ich mich in Singapur von einer lüsternen Geschäftsfrau aushalten, die mich reich beschenkte. Ich drohte in der Gosse zu verhungern und aß Abfälle. Josette hat mich gerettet. Dafür wurde ich ihr Gigolo, ein berufsmäßiger Rammler, der ein Jahr lang jeden Tag mit ihr schlief. Dann hing es mir zum Hals raus, mit 19 Jahren ständig mit einer Frau zusammen zu sein, die fast doppelt so alt war wie ich. Ich ging nach Australien und wurde Soldat. ▪ Dass ich in meinem Leben mit nur einer Jüdin geschlafen habe, ist Zufall. Ich bin kein Antisemit. Es hat mich auch nie gestört, Jude zu sein. Mein Bruder war da völlig verrückt. Wenn ein Jude sich taufen lässt, wird er Katholik. Aber er ist Protestant geworden. Als ich mal Brotkügelchen nach ihm schmiss, herrschte er mich an: »Helmut, mit Brot zu werfen ist eine schlimme Sünde!« ▪ Ich wurde mal von meiner berühmten Kollegin Annie Leibovitz fotografiert. Mitten im Shooting sagte sie plötzlich: »Mach deinen Reißverschluss auf und hol deinen Schwanz raus!« Ich war fassungslos und schrie sie an: »Bist du wahnsinnig?« Ihre Vorgehensweise war Bullshit. Ich sage nie zu Frauen: »Mach deinen Rock auf und zeig mir deine Fotze!« Mit solchen Kommandos entstehen keine Fotos, die mir gefallen. ▪ Models dürfen dumm sein. Ich kann Ihnen große deutsche Starmodels nennen, mit denen ich ganz schreckliche Abende verbracht habe. Entweder sind sie so doof, dass sie nur schweigend dasitzen wie die Ölgötzen, oder sie sind Nervensägen und hören nicht auf zu quatschen. Und dann gibt es noch die, die glauben, von höheren Dingen sprechen zu müssen. Das sind die Schlimmsten. Meiner Kamera ist das aber alles egal. Ich kann nicht erklären, warum ein Mädchen meine Kamera verführt und ein anderes nicht. ▪ In meinen Memoiren steht kein Wort über den Holocaust. Die Deutschen vermissen meine Animosität gegen die Deutschen. Ich werde nie vergessen und nie vergeben, aber ich finde, die Deutschen sind die Einzigen, die sich ernsthaft mit ihrer Vergangenheit konfrontieren. Als man mir das Große Bundesverdienstkreuz anbot, sagte June: »Das kannst du unmöglich annehmen!« Ich fragte dann Billy Wilder. Seine Antwort lautete: »You've got to take it!« Ich habe lieber auf Billy gehört. ▪ Ich bin ein hypochondrischer alter Millionärs-Kacker, der pro Tag 13 verschiedene Pillen schlucken muss – aber ich liebe immer noch Autos! In der australischen Armee galt ich als einer der besten Lastwagenfahrer. Sie reden mit einem Autonarren. Ich fuhr schon einen weißen Porsche mit roten Ledersitzen, als ich noch nicht mal meine Miete bezahlen konnte. Als Kleinverdiener leistete ich mir einen Bentley. Damals war ich crazy, denn ein Bentley ist pflegebedürftiger als ein Kleinkind. Solche Autos braucht man, wenn man jung ist und kein Geld hat. Wenn man genügend Dollars auf der Bank hat, ist man mit einem Bentley einfach nur noch ein Arschloch. ▪ June fährt einen Golf, den ich bei Volkswagen gegen ein Foto von mir eingetauscht habe. Meine wahre Begierde wäre ein Humvee. Das sind diese tollen Geländefahrzeuge, die die Amerikaner im Golfkrieg benutzt haben. Die Dinger sind allerdings nicht sehr praktisch in Monte Carlo – schwer, damit zu parken. Und noch was: Wenn ich schwarz verchromte Pickup-Trucks mit Sieben-Liter-Motoren sehe, kriege ich eine Erektion. Seit ein paar Tagen habe ich eine Corvette, die in Detroit extra für mich gemacht wurde. Sie ist mit züngelnden Flammen bemalt. A fucking great car! Leider bin ich erst einmal losgebraust, zum Lunch, anderthalb Kilometer hin und anderthalb Kilometer zurück. ▪ Der berühmte Sex-Maniac Helmut Newton macht sehr schöne Fotos von Blumen. Neulich habe ich in Zürich Blumenbeete fotografiert. Es konnten nur Schweizer Beete sein, so ordentlich waren die. Leider will niemand meine Landschaften sehen. Alle interessieren sich bloß für meine nackten Frauen. Was ist das bloß für eine Welt? ▪ In Monte Carlo kann ich es nur aushalten, weil ich vorher 26 Jahre in Paris gelebt habe. Monaco ist ein Paradies für alte Knacker wie mich. Hier passiert überhaupt gar nichts. Als ich herzog, habe ich mir sofort ein sehr teures

Fernglas gekauft, um meinen Nachbarn in die Zimmer zu gucken. Damit habe ich ganz schnell wieder aufgehört. Was sich da abspielte, war einfach sterbenslangweilig. ▪ Würde in meinen Modefotos nicht eine Menge Sexualität stecken, wären sie ziemlich langweilig. Mode basiert doch bloß auf zwei Dingen: Im Winter ist man warm angezogen, im Sommer kühl. Das ist schon seit der Steinzeit so und ergibt deshalb noch kein Foto. Frauen benutzen aber Mode, um sich für Männer oder andere Frauen attraktiv zu machen. Dieser Punkt interessiert mich. ▪ Gott sei Dank habe ich genug Fuck-you-money verdient, um nur noch aus Leidenschaft zu arbeiten. Aber was sollte ich auch sonst mit meinem Leben anfangen? Soll ich am Strand von Monte Carlo hocken und einen Schmöker nach dem anderen lesen? Wenn ich das mal versuche, fange ich nach zwei Tagen wieder an, mich nach Aufträgen zu erkundigen. ▪ Wenn sich Privatleute von mir fotografieren lassen wollen, kostet die das 35.000 Dollar plus Spesen – im Voraus natürlich. Dafür kriegt der Kunde vier Abzüge, die ich selbst aussuche. Vorher verlange ich ein Polaroid von der Person, die ich fotografieren soll. Wenn ich das gesehen habe, sage ich meistens: »Nein danke!« Wenn die Kunden sich ausziehen wollen, sollen sie sich halt ausziehen. Prüde bin ich ja nicht. ▪ Vor ein paar Jahren hat mich ein Sammler besucht, der auf Hardcore-Ware spezialisiert ist. Als er mit dem Angucken fertig war, wollte er überhaupt nichts kaufen. Er sagte, das sei ihm alles viel zu schick und nicht dreckig genug. Obwohl ich ihm vögelnde Paare gezeigt hatte, verstand ich genau, was er meinte. ▪ Für Pornografie interessiert sich doch jeder. Das gilt auch für die Frauen, die Pornografie zensieren wollen. ▪ Auf einer Party in Los Angeles sagten Leute zu mir: »Komm in unser Schlafzimmer. Wir werden dort ficken, und du fotografierst uns.« So geschah es auch. Ich merkte aber, dass es da gar nichts zu fotografieren gab. Es war boring, boring, boring. Leute, die im Bett liegen und einfach so vor sich hinvögeln, das interessiert mich nicht. ▪ Natürlich kann Vögeln auch fotogen sein. Ein paar Jahre später habe ich zwei sehr intelligente Frauen mit ihren Boyfriends fotografiert. Die hatten eine aufregende Beziehung, die sie mir auch gezeigt haben. Dabei sind höchst interessante Fotos entstanden. ▪ Natürlich finde ich einige dieser Bilder sehr sexuell, aber dass ich davon einen Steifen kriege, kann ich nicht gerade behaupten. Ich sehe hauptsächlich die Arbeit, die da drin steckt. ▪ Am meisten schmeichelt mir, wenn ein Mann beichtet, dass er zu meinen Fotos masturbiert. ▪ Never touch the models! Als ich jung war, habe ich mit ihnen geflirtet. Aber wenn man ein Verhältnis anfängt, verliert man sofort die Autorität. Außerdem spricht sich so was in 24 Stunden rum, und alles wird schrecklich kompliziert. ▪ Für die Mädchen bin ich heute mehr der Beichtvater. Die allerschönsten von ihnen sind auch gar nicht so scharf auf Sex. Früher habe ich oft mit Gunilla Bergström gearbeitet. Die war nun wirklich ein erotischer Traum. Sie selbst hatte auch einen Traum, und der ging so: »Ich möchte so gern ein Häuschen in Kopenhagen haben mit Spitzengardinen und einer Stereoanlage von Bang & Olufsen.« ▪ Ich fürchte, ich habe die gleichen sexuellen Fantasien, die auch jeder Straßenfeger hat. Mit meiner Fotografie haben die aber nichts zu tun. Ich wäre längst tot, wenn ich so aufregend leben würde wie die Leute auf meinen Fotos. Ich bin ein guter Bourgeois, der um halb elf im Bett liegt. ▪ Erotische Träume habe ich ganz selten. Meine Bilder werden nicht von einer perversen Fantasie angeregt, sondern durch die Wirklichkeit. Ich sehe meine Fotos im Fernsehen, in den Tageszeitungen, am Strand und auf den Terrassen der Cafés. Was mich ausmacht, ist eine rücksichtslose Neugierde. Ich interessiere mich zum Beispiel sehr für Polizeifotografie. Die ganze Kunstfotografie dagegen finde ich zum Kotzen langweilig. Was mich inspiriert, notiere ich dann in so kleine Hefte, wie wir sie in Berlin als Schulkinder hatten. Wenn ich das entsprechende Foto gemacht habe, schreibe ich »done« dahinter. ▪ Ich kenne ein Modell, deren Busen bei jedem unserer Treffen größer geworden ist. Grauenvoll! Fürchterlich! Ich muss allerdings gestehen, dass mich die Narben an ihren Brüsten interessieren. Sehr faszinierend, so was! ▪ Der erotischste Körperteil bei Frauen ist die Achselhöhle – very, very interesting! ▪ Mein liebstes Pin-up-Girl war Margaret Thatcher. Sie verkörpert Macht, und Macht ist für mich nun mal etwas sehr Sexuelles. Ich kenne viele schöne Frauen, die sich keinen Deut für gut aussehende Männer interessieren. Statt dessen gehen sie mit Greisen ins Bett. Was diese alten Herren sexy macht, ist ihre finanzielle oder politische Power. ▮ Ich wollte nicht wirklich mit Frau Thatcher schlafen, aber sich so etwas vorzustellen ist doch fantastisch! Ich war jahrelang verrückt auf sie. Als sie gerade als Premierministerin zurückgetreten war, durfte ich sie endlich für »Vanity Fair« in einem kalifornischen Hotel fotografieren. Ich war zittrig wie ein Sextaner. Mit einem Strauß zerknautschter Rosen in der Hand wartete ich in der Hotel-Suite, und jedes Mal, wenn ich Schritte auf dem Gang hörte, bin ich zur Tür gerannt. Ich bin beim Shooting ein alter Hase, aber sie war einfach der noch ältere Hase. Ich wollte sie draußen am Swimmingpool fotografieren, weil da ein wahnsinniger Wind wehte. Ich hoffte, der würde ihre Betonfrisur durcheinander bringen. Sie meinte aber bloß: »No, it is very nice inside this room.« Dann sagte ich: »Ach, Madam, kreuzen Sie bitte doch mal Ihre Beine.« Die waren nämlich nicht schlecht, müssen Sie wissen. Ihre Antwort war: »No, this is absolutely not necessary.« That lady is very, very clever. Sie hat nichts von sich preisgegeben. ▮ Privat bin ich von Ordnungswut besessen. Ich schrecke nachts um drei hoch, wenn ich weiß, dass mein Schreibtisch wie ein Bordell aussieht. Dann springe ich aus dem Bett, renne in mein Büro und schaffe Ordnung. Erst danach kann ich beruhigt weiterschlafen. ▮ Meine Kleidung kaufe ich bei Agnes B. in Paris und bei Gap in Los Angeles. Da rücke ich immer mit einem leeren Rollkoffer an und schmeiße Hemden, Hosen und T-Shirts rein. Mehr brauche ich nicht. Drei Krawatten habe ich ja schon. ▮ Turnschuhe liebe ich, weil ich da die Einlagen für meine Plattfüße reintun kann. Allerdings müssen sie weiß sein und strahlend sauber, sonst macht mir das keinen Spaß. Deswegen trage ich auch immer Schuhputzzeug mit mir rum. Wenn mir jemand auf den Fuß tritt, brülle ich wie ein verwundetes Tier: »Meine schönen weißen Schuhe! Guck dir bloß an, was du da angerichtet hast!« ▮ Hypochonder war ich immer schon. Beim kleinsten Zwicken renne ich zum Arzt. Ich kenne überall auf der Welt die besten Spezialisten. Ich hole mir ja auch einen Profi ins Haus, wenn es darum geht, einen Nagel in die Wand zu schlagen. Ich selbst kann nämlich leider nur fotografieren und Auto fahren. ▮ Wenn ich etwas nicht habe, dann ist es Geduld. Wenn was nicht ruck, zuck geht, kriege ich sofort Fluchtgedanken. Wollen Sie jetzt nicht schwimmen gehen?

Peter Lindbergh Fotograf

»Meine Angst ist, eines Tages eine Frau so anzuschauen, wie du einen Ascheimer anschaust«

Nach 25 Jahren Ehe lebe ich in Scheidung. Im Großen und Ganzen bin ich treu gewesen. Ich finde, man kann in Anspruch nehmen, in all den Jahren mit einer Hand voll anderer Frauen geschlafen zu haben. Ich bin jetzt 52. Da sollte man bei diesen Dingen nicht mehr lügen. Das würde ich als sehr unentwickelt empfinden. ▪ Mein Herz gehört zurzeit Lily. Sie ist eine Malerin aus Kalifornien und überhaupt nicht das, was man sich als Supermodel-Schönheit vorstellt. Wenn man diesen Typ täglich sieht, bedeutet er einem auch gar nichts mehr. Lily hat Sommersprossen, einen großen Mund und eine Zahnspange. Sie sieht aus wie ein glücklich lachendes Riesenbaby. Wenn sie baden geht, hat sie einen Bikini an wie vom Kaufhof. Dieser Label-Quatsch ist ihr vollkommen egal. Ich liebe sie dafür. Für mich ist es erfrischend, wenn sich jemand unmöglich anzieht, weil ich täglich diesem ganzen guten Geschmack ausgesetzt bin. ▪ Lily weiß natürlich, dass ich untreu bin. Ich finde, dass Offenheit und gemeinsame Entwicklung für eine Beziehung wichtiger sind als diese absoluten Treueschwüre. ▪ Wenn eine Frau feststellt, wie unantastbar meine Arbeit ist, löst das natürlich schmerzhafte Schockwellen aus. ▪ Meine Horrorvision sind Frauen im Minirock, die mit grauhaarigen Rolex-Typen ins Restaurant stöckeln. Deswegen habe ich immer eine Riesenangst davor, eine Frau nett zu finden, die jünger ist als ich. ▪ Soweit ich weiß, bin ich noch nie betrogen worden. Es würde auch keinen großen Eindruck bei mir hinterlassen. Ich würde total offen reagieren. So was wie Mannesehre habe ich nicht. Ich sehe bei anderen zu oft, zu was für idiotischen Reaktionen das führt. ▪ Ich habe es seit 20 Jahren mit Drama-Queens zu tun, die sich immer über alles aufregen müssen. Da kriegt man schon einen ziemlichen Abstand zu seinen eigenen Dramen. Wenn es Lily Spaß machen würde, mich mit Helmut Newton zu betrügen, fände ich es in Ordnung, weil ich Helmut sehr mag. ▪ Ich habe keine Erektion beim Fotografieren, aber ohne erotische Spannung ist es schwer, ein gutes Bild zu machen. Man muss sich das wie ein platonisches Liebesduell vorstellen, das in dem Moment aufhört, in dem die Scheinwerfer ausgeschaltet werden. ▪ Natürlich überlege ich, ob es irgendwann mal nicht mehr anziehend ist, täglich nackte Frauen vor sich zu haben. Meine Angst ist, eines Tages eine Frau so anzugucken, wie du einen Ascheimer anschaust. ▪ Die Big Girls haben eher wenig Sex. ▪ Supermodels geraten so häufig an die falschen Männer, weil sie hohe materielle Ansprüche an ihre Boyfriends haben. Das sind ja nicht zufällig alles erfolgreiche Schauspieler und Musiker. ▪ Wenn Naomi Campbell nach Südafrika reist, wird sie von Nelson Mandela vom Flughafen abgeholt. Wie soll sie damit klarkommen? Die Models sind daran gewöhnt, dass ständig etwas Neues passiert. Wenn sie dann bei jemandem ankern wollen, merken sie plötzlich, dass ihnen was fehlt. Das ist ein Teufelskreis, denn den Boyfriend gibt es gar nicht, der ihnen all das ersetzt. Öffentliche Beachtung ist eine Droge, und wenn ein Mädchen nicht rechtzeitig davon runterkommt, ist es verloren. ▪ Es ist oft entwürdigend, so viel Eitelkeit und Narzissmus um sich zu haben. Aber wenn man das den Leuten übel nimmt, kann man nur noch zynisch werden. Da ist es besser, du lachst darüber. ▪ Meine Eitelkeit ist, dass ich davon abhängig bin, dass die Leute mich mögen. Wahrscheinlich bin ich unbewusst bereit, auch eine Menge dafür zu tun. ▪ Onassis hat Jackie Kennedy beim Frühstück ein Millionen-Collier in ein aufgeschnittenes Brötchen gelegt. Bei so was baut man sich doch nur selbst als Held auf. Peinlich. Frauen ab einem gewissen Niveau wären gezwungen zu denken, dass der Junge einen Knall hat. ▪ Ich bevorzuge Leute, die etwas erreichen, ohne dabei ihre Stimme zu heben. ▪ Das Geheimnis, wie man eine schöne Frau erobert, ist unheimlich einfach: gar nichts machen. Toll aussehende Frauen werden dauernd angebaggert. Da ist es für sie eine Wohltat, wenn dich jemand total normal behandelt und nicht andauernd mit seinen Augen runterrutscht. Glauben Sie mir: Das ist ein echter Insider-Tipp. ▪ Mit der Verlogenheit des Mode-Milieus habe ich keine Probleme. Ich flunkere selbst relativ oft, wenn es die Dinge einfacher macht. Ich finde dieses mediterrane Durchschlängeln viel sympathischer. ▪ Helmut Newton

wird nervös, wenn er nicht jeden Tag für 50.000 Dollar Rechnungen ausstellt. ▌ Ich komme aus einer total normalen Ruhrpott-Familie. Mein Vater war Vertreter für Süßwaren. Er weiß bis heute nicht, was Chanel ist. Als ein 60-Minuten-Porträt von mir im deutschen Fernsehen lief, bin ich extra von Paris nach Rheinhausen geflogen, um das mit ihm anzugucken. Das Einzige, was er hinterher sagte, war: »Peter, möchtest du noch ein Schnittchen?« ▌ Meine Fingernägel kaue ich ab, seit ich welche habe. Als Knirps haben mir meine Tanten pro Nagel, der wächst, 50 Mark angeboten. 500 Mark für beide Hände – das wäre damals ein Vermögen gewesen. Es war aber nichts zu machen. Heute stehe ich total dazu und finde, das sieht gar nicht schlecht aus. Wenn doch mal ein Nagel wächst, weil ich ihn vergessen habe, fühlt sich das für mich so grauenvoll an, dass ich ihn ganz schnell abkaue.

Iris Berben   Schauspielerin
»Mein Badezimmer sieht aus wie eine Reparaturwerkstatt«

Schönheit hat mit dem eigenen Innenleben zu tun. Man muss sich mögen und kein anderer Mensch sein wollen. Ich sah immer Makel an mir und habe lange eine große Unsicherheit mit mir herumgeschleppt. Das hat sich erst in den letzten Jahren geändert. ▋ Die Leute machen sich ein Bild von mir, dem ich entsprechen will, weil ich es selbst mit erfunden habe. Meine Lippen werden immer rot sein, sogar am Strand. Und ich würde es nicht schaffen, nur mit einer Hautcreme im Gesicht aus dem Haus zu gehen. Das ist eine Form von Nacktheit, die ich schlimmer finde als die Nacktheit des Körpers. Ich fühle mich dann angreifbar und schutzlos. Es ist für mich schon ein Kraftakt, morgens ungeschminkt zu Dreharbeiten zu gehen, wenn ich weiß, dass dort Leute sein werden, die mir unvertraut sind. ▋ Ich hatte ein paar merkwürdige Verhältnisse mit Männern, die wirklich keinem Schönheitsideal entsprochen haben. Ich brauche Leben in einem Männerkörper. Da ist es mir völlig egal, ob der einen dicken Bauch hat. ▋ Mein Mann ist niemals eifersüchtig. Das ist schrecklich – und beneidenswert. Beim Streiten ist das ziemlich blöde. Ich schreie zwar viel lauter, aber er gewinnt trotzdem. ▋ Treue ist für mich ein Herzenswunsch. Allerdings bin ich überzeugt, dass man nicht monogam leben kann. ▋ Mein Mann und ich sehen uns meist nur an den Wochenenden. Das ist der Garant für eine lange Beziehung. Ich bin schrecklich anstrengend, wenn man mich 24 Stunden hat. ▋ Älter werden heißt, dass das Leben

immer weniger wird. Ich finde alt werden einfach scheiße. ▪ Ich probiere alles Mögliche aus, was gegen ein Doppelkinn helfen könnte, zum Beispiel flach auf dem Rücken schlafen. ▪ Mein Badezimmer sieht aus wie eine Reparaturwerkstatt. Auf jedem Tiegel steht »Repair« drauf. Ich nehme Anti-Aging-Hormone, Östrogen-Haarwasser und bin ständig unter ärztlicher Kontrolle. Andererseits: Meine Oma hat sich ihr Leben lang mit nichts als Nivea gepflegt und hatte die schönste Haut, die man sich vorstellen kann. ▪ Eine Handbreit unter meinem Bauchnabel ist ein schwarzer Kreis tätowiert. Er steht für Unendlichkeit. Ich sehne mich nach Unsterblichkeit. Ich möchte noch so viel leben! Donald Sutherland sagte mal: »Wie wäre es, wenn wir unser Leben rückwärts leben würden? Wir kommen mit dem Tod auf die Welt und sterben bei der Zeugung. Dann würdest du nicht älter, sondern jünger. Und du beendest dein Leben mit dem schärfsten Orgasmus aller Zeiten.« Das wär's. An wen könnte man sich denn da mal wenden? ▪ Ich habe derartige Prüfungsangst, dass ich 17 Jahre ohne Führerschein gefahren bin. Als ich schon meinen zweiten Porsche hatte, habe ich jemanden angezeigt – ohne zu wissen, dass man dafür seinen Führerschein vorlegen muss. So kam es raus. Das Positive war, dass mein Sohn sehr stolz auf mich war, als die Presse über die Sache berichtete. Er rief mich aus seinem Internat an und sagte: »Du, Mami, deine Filme finden hier alle scheiße. Das einzig Gute, was du je gemacht hast, ist die Nummer mit dem Führerschein.«

Veronica Ferres Schauspielerin
»Nach drei Therapien lerne ich, die junge Frau von damals zu lieben«

Als Teenager litt ich unter Bulimie und Fresssucht. Ich verstümmelte mein Haar und ritzte mir mit einem Zirkel die Unterarme auf. ▍ Ich war mal 30 Kilo schwerer als heute, und es gab eine Zeit, da habe ich nur noch 42 Kilo gewogen – und ich bin 1,83 Meter groß. ▍ Ich war voller Komplexe und Selbstzweifel und stand bis Mitte 20 mehr auf der dunkleren Seite des Lebens. Ich fühlte mich nicht liebenswert, hasste mich wegen meiner furchtbaren Nase und fürchtete immer, dummes Zeug zu reden – was ich dann auch tat. ▍ Ich zermarterte mich jahrelang, indem ich mir einredete: »Um Gottes willen, irgendwann werden alle entdecken, dass du als Schauspielerin gar nichts kannst! Wann erwischt es mich endlich?« ▍ Nach drei Therapien kann ich über die junge Frau von damals reden, ohne dass es wehtut, und ich lerne, sie zu lieben. Und ich kann sie gnadenlos für meine Rollen benutzen! ▍ 1999 überschlug sich mein Leben. Meine Mutter starb viel zu früh, und zeitweise dachte ich, dass ich meine Trennung von Helmut Dietl nicht überleben werde. Ich hatte eine Meningitis und Enzephalitis, lag zehn Tage im Koma und musste drei Monate lang in einer Reha-Klinik wieder sprechen und gehen lernen. Die Erklärung nach außen war, dass ich eine schwere Lebensmittelvergiftung hätte. Das Problem war, dass irgendjemand im Krankenhaus die »Bild«-Zeitung informiert hatte. Ich wurde dann mehrmals in Nachtaktionen mit einem Laken überm Gesicht auf andere Stationen gefahren. Meine Einweisung wurde aus dem Computer gelöscht, und ich bekam einen neuen Namen, mit dem mich auch Ärzte und Schwestern ansprachen.

Penélope Cruz Schauspielerin
»Keiner erträgt sich so, wie er ist«

Seit ich vier war, bekam ich Ballettunterricht. Wenn beim Training die anderen Mädchen längst vor Schmerzen weinten, schaffte ich immer noch ein Lächeln. Ein Regisseur in Hollywood hat mich mal als »Armeepanzer mit Seele« bezeichnet. ❚ Meine Mutter arbeitete in einem Schönheitssalon in Madrid. Dort habe ich als kleines Mädchen die Nachmittage verbracht. Ich tat so, als würde ich Hausaufgaben machen, aber in Wahrheit studierte ich die Kundinnen. Ich beobachtete, wie ein neues Make-up das Verhalten und das Selbstbewusstsein der Frauen verändern konnte. Der Salon wurde zu meiner Schauspielschule. Ich lernte, was Verstellung, Maskerade und Rollenspiel sind, und ich begriff, dass es zur menschlichen Natur gehört, unser Innerstes für nicht vorzeigbar zu halten. Keiner von uns erträgt sich so, wie er ist. Deshalb sind wir alle Schauspieler. ❚ Ein Kritiker der »Washington Post« hat mich als »sprechendes Sexualorgan« bezeichnet. Da musste ich wirklich lachen. Ich war als Mädchen unfassbar dünn, schmal wie ein kleiner Finger. Alle machten Witze über mich. Ich tat so, als wäre mir der Spott egal, aber ich wurde für mein Alter viel zu hart und pessimistisch. Erst als ich einen Jungen und ein Mädchen fand, denen ich meine Geheimnisse anvertrauen konnte, wurden mir die Hänseleien egal. Ich lernte etwas fürs Leben: Jeder braucht zwei Menschen, denen er blind vertrauen kann. ❚ Als ich mit 17 in »Jamón, Jamón« eine Lolita spielte, las ich, dass Millionen Spanier zu meinen Fotos onanieren. Der Film war der Startschuss für meine Karriere, aber wenn ich ehrlich bin, hat er mich in eine tiefe seelische Krise gestürzt. Ich, die ich mich nie besonders schön fand, galt plötzlich als sexy Ding. Ich habe mir dann erst mal die Haare sehr, sehr kurz geschnitten. ❚ In den Praxen vieler Schönheits-Chirurgen liegen Fotos von mir aus. Es ist ein unheimlicher Gedanke, die Blaupause für Tausende Frauen zu sein. Dabei bin ich gar nicht so ein Knaller. Ich sehe okay aus. An schlechten Tagen bin ich sogar so hässlich, dass Sie sich weigern würden, mit mir vor die Tür zu gehen. ❚ Der einzige Superlativ, der mir zu meinem Leben einfällt, ist, dass ich seit den Dreharbeiten zu »Sahara« auf Kamelen reiten kann.

Udo Jürgens Musiker

»Freundschaft mit Frauen wird durch den Geschlechtsverkehr außerordentlich schwierig«

Den Hengst mit dem wilden Hammer sollte keine Frau von mir erwarten. ▪ Ein Mann versteht sofort, was einen treibt, untreu zu sein. ▪ Die Sehnsucht stirbt an der Schwelle zur Erfüllung. Und ein Mensch, der keine Sehnsucht mehr hat, verliert seine Kreativität. Aus diesem Grund ist mir eine endgültige Bindung unheimlich. ▪ Meine Musik kommt aus der gleichen Quelle wie meine Untreue. Musiker brauchen nun mal eine gesteigerte Sinnlichkeit. Deshalb sind sie bedürftiger und leichter verführbar. ▪ Ich lerne nicht aus Beziehungen. Der nächste tolle Po wackelt vorbei, die nächsten Augen strahlen einen an – und schon hat man alle guten Vorsätze vergessen. Gerade bei kreativen Männern gibt es eine weibliche Signalwirkung, durch die du ewig wieder ungeschützt in die neue Breitseite läufst. ▪ Es kommt vor, dass ich mich beim Sex langweile. Das hat aber nichts mit Schuldzuweisung zu tun. Ich bin nicht so vermessen zu sagen: »Die Frau hat nichts getaugt im Bett!« Manchmal zündet man sich gegenseitig nicht an, das Feuer beginnt nicht zu lodern. Dann macht sich eine gewisse Langeweile breit. Man muss dann gegenseitig Takt wahren. ▪ Ich bin über 70, aber Viagra brauche ich nicht. Ich habe auch keine Probleme zuzugeben, wenn ich mal Schiffbruch erleide. Ich habe schon als ganz junger Mensch vor lauter Angst Aussetzer gehabt. Da ging das Leben auch weiter. ▪ Freundschaft mit Frauen wird durch den Geschlechtsverkehr außerordentlich schwierig. Es ist besser, wenn man irgendwann das Sexuelle überwunden hat. ▪ Wenn man keine Chancen bei Frauen hat, ist es leicht, moralisch zu sein. Wenn einem aber Tag und Nacht Fotos unter der Hotelzimmertür durchgeschoben werden, ist das komplizierter. ▪ Eine Zeitung hat mal ein Fotomodell bezahlt und auf mich angesetzt. Das war ein wunderschönes Mädchen aus Holland. Man weiß ja, dass die Holländer in der Modelszene fantastische Beautys laufen haben. Nach einem Konzert fragte sie, wo ich jetzt noch hingehe. Es war nahe liegend, dass wir ins Hotel gegangen sind. Es wurde eine wunderschöne Nacht. Ein paar Tage später stand eine Riesenstory in der Zeitung: »Angelique: Meine Nacht mit Udo Jürgens«. ▪ Der Mann ist das ewige Kind und sein Spieltrieb das Kreativste, was es gibt. Deshalb sind Männer kreativer als Frauen. Frauen sind vernünftig. Gäbe es auf der Welt nur sie, gäbe es keine Ferraris und keine Formel-1-Rennen. ▪ Ich bin ein Männermann, eine elende Hete, wie man heute sagt. Ich brauche das seichte Gespräch über Fußball und auch mal das Gegröle am Stammtisch, wenn man ein paar Gläser zu viel getrunken hat. Wahrscheinlich liegt es an meiner früheren Verklemmtheit bei Mädchen, dass ich mich unter meinem Geschlecht wohler fühle. Udo Jürgen Bockelmann war beim ersten Mal bereits 20. ▪ Ich streite überhaupt nicht ab, dass Frauen für mich manchmal ein Therapeutikum waren gegen drohende seelische Haltlosigkeit. ▪ Wenn ich von einer Frau betrogen werde, bin ich vollkommen ungerecht. Für einen selbst ist der Seitensprung nach dem Duschen überstanden. Aber wenn der andere es tut, reißt es einem das Herz raus. Eifersucht verletzt uns dort, wo wir am empfindlichsten sind: beim Selbstvertrauen und in unserer Sexualität. Am schlimmsten schmerzt die bildliche Vorstellung, wie es stattgefunden hat. ▪ Was sind schon alle möglichen Verwicklungen der Liebe gegen ein neues Lied? Ich habe akzeptieren müssen, dass ich Musik ernster nehme als irgendetwas anderes auf dieser Welt. Die Liebe ist eine wunderbare Verblendung, die nachlassen kann. Ein Lied hat Bestand. ▪ Ich verdiene, was ich verdiene, denn ich habe zwei Generationen mit Pfeifmelodien versorgt. Damit habe ich etwas Großes geschaffen. Die Pfeifmelodie ist ein gewaltiger kultureller Beitrag. Leider ist sie vollkommen unterbewertet. Mozarts »Kleine Nachtmusik« ist übrigens auch eine Pfeifmelodie. ▪ In den 60er Jahren gab es ein Lied von mir, das »Merci, Chérie« hieß. Dieses Lied war mit zehn Millionen verkauften Platten ein Welterfolg. Anschließend kamen in Deutschland zwei Schokoladensorten raus, »Mon Chéri« und »Merci«. Das sind die beiden erfolgreichsten Schokoladensorten, die es in Deutschland je gegeben hat. Nach meiner Tournee »Udo 70« gab es eine Zahnpasta mit dem Namen »Strahler 70«. Nach meinem Lied »Griechischer Wein« stieg der Umsatz griechischer Weine in

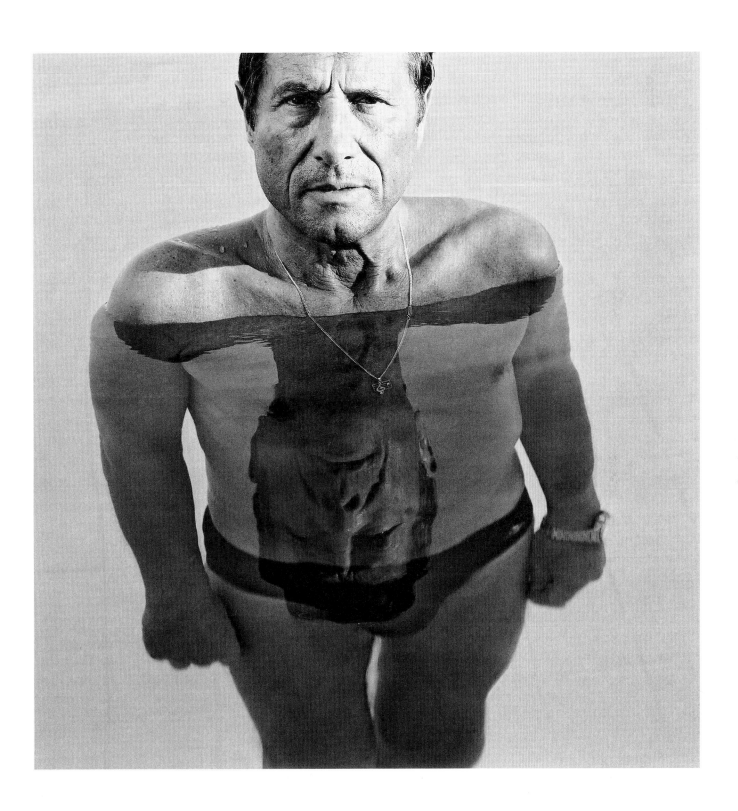

Deutschland um mehr als 30 Prozent. ▪ Ich fürchte Menschen, die sich nicht mögen. Die haben ja einen Grund dafür. ▪ Einem Politiker, der sich Sex gar nicht mehr vorstellen kann, würde ich ungern die Zukunft meines Landes anvertrauen. ▪ Von der Intelligenz und Ethik traue ich mir das Amt des österreichischen Bundespräsidenten zu. ▪ Thomas Bernhard habe ich kennen gelernt, als er am Nebentisch im Hotel Sacher in Wien saß. Ich hätte mich vor Ehrfurcht fast hingekniet. Es war mir so, als säße ich neben Goethe. Meine erste Reaktion war: Wie kann ein Mensch, dessen Prosa so voll Trauer und Schmerz ist, mit lächelndem Gesicht dasitzen und Sachertorte essen? Er kam an meinen Tisch und sagte einen Satz, den ich nie vergessen werde: »Ich höre oft Ihre Musik und habe Freude dabei.« Das aus dem Mund von Thomas Bernhard! Ich dachte, der hört höchstens Verdi, und der ist ihm schon zu schmalzig. ▪ Bei einem Konzert mit einem großen Symphonieorchester in Warschau ist mir etwas Entsetzliches passiert. Ich hatte am Mittag eine Ente gegessen, die schlecht war, und bekam eine schwere Darmkolik. Das waren solche Schmerzen, dass ich dachte, ich vergehe. Auf dem Höhepunkt der Schmerzen musste ich raus auf die Bühne. Das Konzert wurde weltweit übertragen. Beim ersten Lied ging es noch. Dann setzte ich mich ans Klavier. Um das zu ertragen, musste ich einen Pups lassen. Sonst wäre ich geplatzt. Der Pups blieb nicht ganz ohne Folgen: Ich habe mir in die Hosen geschissen. Es war entsetzlich. Ich saß mitten in der Streichergruppe des Orchesters und sang mein Lied »Was ich dir sagen will«. Und dann passiert mir so was. Das blieb natürlich nicht ohne geruchliche Folgen. Ich habe strafend um mich geblickt, um den Eindruck zu erwecken, dass jemand anders der Schuldige ist. Als ich mit dem letzten Lied fertig war, bin ich von der Bühne gerast, ohne mich zu verbeugen. In der Garderobe habe ich mich rückwärts in einen Stuhl fallen lassen. Dabei brach der Stuhl auseinander, und ich lag lang. Da habe ich einen Lachanfall gekriegt. ▪ Zufriedenheit macht einen nicht kreativ, deshalb sind für Künstler schattenlos glückliche Jahre verlorene Jahre. Der hühnerbrüstige, unbrauchbare Jürgilein mit den Segelohren wollte aller Welt zeigen, dass er doch zu was taugt. Deshalb fing ich mit zwölf an zu komponieren. Die Welt der Töne wurde mein Anker, und der Bühnenvorhang schien mir das Tor zu einer besseren Welt zu sein. Indem ich meine Gefühle in Töne fasste, wollte ich endlich von der Welt verstanden werden. ▪ Keiner vermag den Erfolg so zu genießen wie der, der einst ausgelacht wurde. ▪ Ein Mensch, der komplexfrei ist, muss größenwahnsinnig werden. Ich habe heute noch etliche Minderwertigkeitskomplexe, die mich auf den Boden runterholen und mir eine gewisse Normalität geben. In meinem Alter muss man auch dazu stehen, dass du Nächte hast, in denen beim Nicht-einschlafen-Können die grauen Vögel um deinen Kopf kreisen. Du fragst dich: »Wie viel Zeit bleibt dir noch?« ▪ Ich habe zeitlebens unter Albträumen und chronischer Schlaflosigkeit gelitten. In meinen Träumen bin ich Tausende Male zu atonaler Musik erschossen worden und habe littfassgroße Walzen gesehen, die sich immer schneller drehten. Als Kind hatte ich jede Nacht Schreikrämpfe. Erst seit ein paar Jahren kann ich ohne medizinische Hilfsmittel einschlafen. ▪ Ich habe mich nie einer Therapie unterzogen. Dieses Wegradieren von seelischen Zuständen durch Psychoanalytiker halte ich für fragwürdig. Vielleicht hat es einen Sinn, dass ich die Dinge so verarbeite. Ich will gar nicht leidensfrei sein. Ich brauche das Pendel von Euphorie und Depression, denn Vernunft ist das Ende der Kreativität. Letztlich bin ich so, wie ich bin, das geworden, was ich bin. ▪ Fast wöchentlich lese ich Todesanzeigen von Leuten, die jünger sind und mir nahe standen. Patsch! Patsch! Die Einschläge kommen näher! Der Blick in den Spiegel macht dich genauso verletzlich wie das Betrachten alter Fotos von dir. Es gibt aber nur eine einzige Möglichkeit, dem Alter zu entfliehen, und die ist, früh zu sterben. ▪ Nur wer die Gegenwart sehr bewusst lebt, wird eine Vergangenheit haben, an die es sich lohnt zurückzudenken. Man muss jeden Tag mit der Parole beginnen: Lasst uns Erinnerungen schaffen!

Hugh Hefner »Playboy«-Erfinder
»Viagra ist eine Wundermedizin, die wie für mich gemacht ist«

Erst wenn du beruflich so weit oben bist, dass du zu niemandem mehr nett sein musst, findest du heraus, wer du wirklich bist. ▌ Ich habe für mich die Grabstätte neben Marilyn Monroe gekauft. Ihr Nacktfoto auf dem Cover der ersten Ausgabe des »Playboy« hat meine Zeitschrift berühmt gemacht. Ich werde sie fragen, wer denn nun wirklich schuld ist an ihrem Tod. Marilyn wird mein letztes Date sein – und ich hoffe sehr, dass aus uns was wird. ▌ Ich habe den »Playboy« mit 6000 geliehenen Dollar gegründet. Das eigene Herzblut ist das einzige Rezept für ein neues Magazin. ▌ Ich habe lange gebraucht, um zu begreifen, dass der »Playboy« die Antwort auf mein streng methodistisches Elternhaus war. Bei uns zu Hause war Alkohol verboten, und über Sex zu reden war ebenso tabu wie Gefühle zeigen oder körperliche Berührungen. Meine Mutter erklärte mir, dass sie mich nicht küsst, weil dabei Bakterien übertragen werden. Meine Unschuld habe ich erst mit 22 verloren. Aus meinen unerfüllten Sehnsüchten entstand dann der »Playboy«. Mit ihm bin ich vom Leben meiner Eltern davongelaufen. ▌ Die Entzauberung des Sex wird zu Recht beklagt. Romantischer Sex basiert zu einem gewissen Teil auf Repression und Geheimnis. ▌ Ich wähle immer noch persönlich das Playmate des Monats aus, und ich gestehe, dass ich ein süchtiger Nascher bin, was drallbusige Babyface-Blondinen angeht. Aber diese Vorliebe teile ich mit den meisten Männern auf diesem Planeten. Wer war die sexuelle Ikone des 20. Jahrhunderts? Eine Blondine namens Marilyn Monroe. Mit wem wollen die heutigen Teenager ins Bett? Mit einer Blondine namens Pamela Anderson. Und hat Claudia Schiffer etwa schwarze Haare und winzige Brüste? ▌ Die amerikanische Gesellschaft war immer schon oversexed und underfucked. Vor allem die Männer laufen mit dem Gefühl herum, sie bekämen weniger und schlechteren Sex, als ihnen zusteht. Man muss den Leuten klarmachen, dass Magazine und Videos zum Sex stimulieren sollen. Der Voyeur im Sessel, der einsam Hand an sich legt, entspricht nicht der »Playboy«-Philosophie. ▌ Mein wertvollster Besitz ist das unschuldige Kind in mir. Ich habe nie die Verbindung verloren zu dem kleinen Jungen in mir, der unentwegt Tagträume hat. Das ist der Schlüssel zum wahren Vergnügen und der einzige Schutz gegen Zynismus, der funktioniert. ▌ Wenn man das Wort Playboy semantisch auseinander nimmt, ist da ein Junge, der spielen will. Und genau darum dreht sich mein ganzes Leben. Im Guten wie im Schlechten lebe ich die Fantasien und feuchten Träume aus, die man so um die 20 hat. Wenn unser Bunny-Logo eine Botschaft hat, dann diese: Das Leben ist kurz, feiert es! ▌ Ich bin ein Prisoner of Love, ein echter Romantiker, der große Gefühle braucht und sein Herz auf dem Revers trägt. Ich will das Staunen nicht verlernen und liebe es, wenn mein Herz zur Flipperkugel wird. ▌ Bindung ist gegen die Natur des Mannes, Alleinsein auch. Meine Spielgefährtinnen sind sieben Platin-Blondinen für die sieben Tage der Woche. Die jüngste ist 19, die Älteste 28. Die Mädchen verstehen sich prima, es gibt keine Quengeleien wegen Eifersucht. Hysterische Hennen mag ich nämlich nicht. ▌ Mädchen muss ich nicht nachsteigen. Die sind auf der Suche nach mir. Sie sind mit meinem Magazin aufgewachsen und träumen davon, am Leben in der Playboy Mansion teilzuhaben. Ich gebe jeden Sonntag eine »Fun in the Sun«-Party am Pool. Da gibt es eine lange Bewerbungsliste von Mädchen, die gern oben ohne mit mir in der Sonne liegen möchten, weil sie das Ausklappmädchen des Monats werden wollen. Es ist einfach großartig: Mit dem »Playboy« habe ich eine Maschine geschaffen, die mir die schönsten Frauen der Welt zuführt. ▌ Ich gehe auf die 80 zu und habe vier bis fünf Mal Sex in der Woche. Ich habe zwar einen Gym auf meinem Anwesen, aber da werden Sie mich nur selten antreffen. Meine Playmates sind mein Workout. Die effektivsten Übungen mache ich beim HipHop-Tanzen und beim Sex. ▌ Seit Jahren bin ich ein Heavy User von Viagra. Viagra ist eine Wundermedizin, die wie für mich gemacht ist. Die Wirkung ist vollkommen natürlich, denn anders als viele glauben führt Viagra nicht automatisch zu einer Erektion. Nur wenn man scharf ist, beeinflusst es die Blutzirkulation so, dass man auch wirklich eine stattliche Erektion hinbekommt. Auf diese Weise eliminiert Viagra jede Unsicherheit bei der sexu-

ellen Performance. Und es verstärkt die Qualität der Performance dramatisch. Ich hätte Viagra bereits gut gebrauchen können, als ich noch 30 war. ▪ Viagra wird in 50- und 100-Milligramm-Tabletten verkauft. Seltsamerweise kosten beide Tabletten das Gleiche. Der Kunde zahlt also nicht für die Menge des Wirkstoffs, sondern für die Erektion. Die Firma Pfizer kassiert pro Latte. ▪ Kondome benutze ich nie, aber ich praktiziere Safe Sex. Meine Mädchen sind alle auf Aids getestet. ▪ Ich mag Gruppensex, aber um es ganz klar zu sagen: Ich teile meine Mädchen nicht. In dieser Hinsicht bin ich sehr old-fashioned. ▪ In meinem Schlafzimmer stehen zwei große Fernseher. Ich benutze zum Sex Bilder, die härter sind als die Softpornos, die wir unter dem »Playboy«-Logo produzieren. ▪ Ich habe mit Tausenden Frauen geschlafen, aber gelangweilt habe ich mich beim Sex noch nie. Sex ist die stärkste Kraft im Leben. Sex ist Entertainment, Liebe, Entspannung, Fortpflanzung. Sex sorgt dafür, dass die Welt sich dreht. ▪ Alle Frauen, mit denen ich Sex hatte, mögen mich immer noch. ▪ Als Liebhaber habe ich eine Menge praktischer Erfahrungen gesammelt, aber weitaus wichtiger ist es, die eigene Sensitivität so zu trainieren, dass man sich halbwegs in eine Frau einfühlen kann. Mit »Wham, bam, thank you ma'am« kommen Sie heute nicht mehr weit. ▪ Früher gehörte mir ein Jet. Es war eine schwarz angestrichene DC-9, die ich »The Big Bunny« getauft habe. Es gab eine Disco an Bord, ein großes Rundbett, Duschen und Bunny-Stewardessen. Mit diesem wunderbaren Spielzeug habe ich die ganze Welt bereist. Heute verlasse ich die Mansion kaum noch. Es gibt hier das Beste von dem, was man draußen erst mühsam suchen müsste. Ich habe mir hier meinen eigenen Ferienort geschaffen: ein viktorianisches Landschloss mit 30 Zimmern, 70 Angestellten und 22.000-Quadratmeter-Park mitten in Los Angeles. Wir haben hier Affen, weiße Hasen, Pfauen, Flamingos, Enten und Fische. Das Partyherz der Mansion ist die Liebesgrotte, eine in den Pool eingelassene Höhlenlandschaft mit drei Jacuzzis, Matratzen und Duftkerzen. ▪ Ein guter Gast ist einer, der sich amüsiert, ohne dabei anderen in die Quere zu kommen. Um schlechte Gäste kümmern sich meine Security-Männer, und die sind beim Los Angeles Police Department ausgebildet worden. ▪ Tabu ist nur eins: jede Form von schlechtem Benehmen. Wer zu betrunken ist oder sich Frauen in unangemessener Weise nähert, wird vom Grundstück gekickt und nie wieder eingeladen. Für Frauen ist die Mansion der sicherste Platz in ganz Hollywood. Diese Sicherheit ermutigt sie, frei zu werden. Wir leben hier wirklich in einem Shangri-La. ▪ 1985 hatte ich einen Schlaganfall. Dieses Erlebnis bereitete mich darauf vor, das anzusteuern, was die Leute den sicheren Hafen der Ehe nennen. Heute würde ich nicht noch mal heiraten. Eher gefriert die Hölle.

Hans Moser Pornoproduzent
»Teresa Orlowski ist ein Saddam Hussein mit dicken Titten«

Früher war ich Vertreter für Heißluftöfen. Mitte der 60er fing ich an, Nacktfotos zu knipsen und Sexmagazine aus Dänemark nach Deutschland zu schmuggeln. Dann heiratete ich zwei Frauen, die ich zu den populärsten Pornostars Europas gemacht habe: Teresa Orlowski und Sarah Young. Teresa ist der Inbegriff eines Menschen, der eiskalt und total skrupellos ist. Sie ist ein Saddam Hussein mit dicken Titten. ∎ Teresa war in Polen Fleischbeschauerin. Als ich sie 1981 kennen lernte, war sie weißblond und hatte wegen der ständigen Bleicherei kaum noch Haare auf dem Kopf. Ich habe sie komplett umgestylt und nach einem Song von Jimi Hendrix »Foxy Lady« getauft. Das sollte klarmachen, dass sie die Machtposition hat. Ich wollte endlich eine Frau, die die Männer nimmt, nicht umgekehrt. Das hat auch glänzend funktioniert. Vorher war sie nur ein Dummchen, das sich ficken ließ, wenn einer was rausgetan hat. Durch mich hat sie gelernt, selbst die Oberhand zu gewinnen. Ich kann also sagen, dass ich mit der Erfindung von Teresa zum Pionier der Frauenpornografie geworden bin und den ersten Konzept-Star geschaffen haben. ∎ 1989 hat mir Teresa mein ganzes Vermögen weggenommen. Weil ich mal einen Offenbarungseid ablegen musste, war sie juristisch die Chefin der Firma und ich nur ihr kleiner Angestellter. Am Ende stand ich mit 600 Mark und einem Koffer voll schmutziger Wäsche auf der Straße. ∎ Ich lebte mit dieser Frau in einer Obsession. Als sie mich rausschmiss, war das für mich eine Hinrichtung. Ich fühlte mich wie fünf Meter unter der Erde begraben. Es hat mich sechs Jahre gekostet, um aus diesem seelischen Tief wieder rauszukommen. Ich wollte sie killen. Drei Wochen war ich auf der Suche nach einer Maschinenpistole, weil ich dachte: »So was wie die gehört einfach hingerichtet!« Ich stand drei Mal an einer Autobahnraststätte, aber die Lieferung kam nicht. Ich kapierte überhaupt nicht, warum es in Deutschland plötzlich keine Waffen mehr zu kaufen gab. Selbst in der Unterwelt war man sich wohl klar: »Der Moser ist dabei, eine Riesendummheit zu machen.« ∎ Teresa sagt über mich: »Der Mann kann nicht mit einer Frau schlafen. Der wird nur lebendig, wenn er eine Frau mit einem anderen Mann sieht. Dann kann er sich erregen bis zur Befriedigung.« Das ist gar nicht verkehrt. Es hat mir Spaß gemacht zuzuschauen, weil Teresa eben eine fantastische Schauspielerin war, die ein Riesenprogramm machte. Es gibt viele Menschen, die es genießen, wenn der Partner, den sie wirklich tief lieben, sexuell mit anderen Menschen verkehrt. Das ist eine Spielform der Sexualität, mit der natürlich nicht jeder klarkommt. Bei mir setzte das erst sehr spät ein, sozusagen als Quintessenz. Ich fing mit 22 an, Pornografie zu fotografieren, weil ich ein Sex-Maniac bin. Ich nahm jede Gelegenheit wahr, einem Mädel an die Wäsche zu gehen, und gab nie auf, bis ich es im Bett hatte. Durch Teresa wurde ich dann ein Voyeur mit Leib und Seele, dem die Kombination von Lust und Schmerz den ultimativen Kick gab. Dieses lustvolle Leiden ist sicher eine Art von Masochismus. ∎ Im Beziehungsalltag bin ich der Pascha, der sich gern bemuttern lässt. Im Sexuellen lasse ich meine weichen Seiten zu und bin gern das Opfer. Hinterher bin ich dann wieder die Sau und kehre den Macho raus. Das ist ein Wechselspiel. ∎ Als Teresa beim ersten »Foxy Lady«-Film von anderen Männern besprungen wurde, rastete ich vor Eifersucht so aus, dass ich den Darsteller fast totschlug. Auf der einen Seite wollte ich es, auf der anderen konnte ich es nicht verkraften. Um damit leben zu können, redete ich mir ein, mir würde so was Spaß machen. Irgendwann wurde es dann total faszinierend, dieses Spiel zu spielen. ∎ Als ich sie mit einem Vertreter in unserem Ehebett erwischte, habe ich das Mobiliar zertrümmert. Ich war in den acht Jahren mit ihr total monogam. Sie duldete auch keine Götter neben sich. ∎ Sarah Young hat zwar noch eine erfolgreiche Website, dreht aber nicht mehr. Sie beendet gerade an einem geheim gehaltenen Ort in den USA ihr Jurastudium. Sie hat einen neuen Namen, und wir haben das Glück, dass sie trotz ihrer Oberweite von 108 Zentimetern bis heute absolut inkognito geblieben ist. Im realen Leben ist sie ein ganz natürliches Mädchen ohne jeden Glamour. Diese zwei Gesichter an ihr waren ja gerade das Faszinierende. ∎ Sarah gehört nicht zu den Mädchen, die die Prostitution als

Anschlussgeschäft sehen, wenn sie mit dem Filmen aufhören. Sie hat Pornografie gemacht, weil sie Sex liebt. Sie ist die pure Natur, eine wirkliche Nymphomanin, die ihre Veranlagung mit Freude ausgelebt hat. Das kann man keinem Menschen vorwerfen. ▍ Ich habe an die 500 Pornofilme produziert und 50 selbst gedreht. Für mich war das wie eine Religion, nach der ich gelebt habe. Zu Anfang fühlte ich mich als Rebell, der für sexuelle Freiheiten kämpft. Als ich dann ausgegrenzt wurde und vier Mal in U-Haft saß, kam der Profitaspekt dazu. Die Gesellschaft sollte auf Heller und Pfennig zahlen für ihre Versautheit, zu der sie sich nicht bekannte. ▍ Am Set bin ich wie Dieter Wedel. Ich habe ganz klare Vorstellungen, und ich erwarte Leistung. Der Protagonist muss Glaubwürdigkeit bringen. Seine Seele muss mitspielen. Wenn da einer nicht genießt, was er tut, jage ich ihn vom Set, denn Unglaubwürdigkeit ist für mich Betrug am Konsumenten. Ich bin ja nicht im Kaspertheater tätig. ▍ Um vernünftige Schüsse machen zu können, muss ein Akteur seine Erektion etwa 20 Minuten halten. Einige können alle zwei Stunden ejakulieren, andere nur ein Mal am Tag. Wichtiger ist allerdings der kameragerechte Zeitpunkt. Was den Penis angeht, sind 20 Zentimeter Länge das Minimum, sonst hat die Kamera Schwierigkeiten, das optisch darzustellen. Demnach eigne ich mich als Darsteller überhaupt nicht. ▍ Der 1988 verstorbene Amerikaner John Holmes hatte einen 37 Zentimeter langen Penis. Als Produzent finde ich es genial, wenn ein Mann so einen Riemen hat wie ein Pferd. Ich hatte mal Sean Michaels vor der Kamera. Dessen Ding schätze ich auf 28 Zentimeter. Sarah konnte das sehr gut ab. Schlimm ist

nur, dass unsere Filme die Männer total verunsichert haben. Die sehen sich das an und denken, sie müssten auch alle solche Geräte haben. ▍ Es gibt viele Frauen, die von ihrer vaginalen Konstitution her gar nicht in der Lage sind, ein großes Genital aufzunehmen. Wer eng gebaut ist, hat mit einem kleinen Schwanz genauso viel Spaß. Wir sehen das auch an den unterschiedlich großen Dildos, die von Frauen gekauft werden. Jede sucht sich das für sie passende Pendant aus. ▮ Früher haben wir in unseren Filmen auch die Stimulierung eines Penis gezeigt, aber das ist leider out. Die Leute wollen nur noch Peng-Peng-Peng sehen. ▮ Nur ganz wenige Pornodarstellerinnen haben Orgasmen beim Drehen – wie im wahren Leben. ▮ Pornodarsteller haben auch privat noch Sex ohne Ende. Das sind in der Regel Menschen, die einen unheimlichen Sexhunger haben. Man denkt, am Ende eines Tages sind die alle fix und foxy. Nein, die vögeln die ganze Nacht rum. Man muss dafür geboren sein. ▮ In den USA sind 90 Prozent der Darsteller auf Droge. Bei den Regisseuren sind es noch mehr. Das gehört für die einfach zum Feeling. In meinen Verträgen stand immer, dass ich sofort die Polizei rufe, wenn ich jemanden mit Drogen erwische. Wegen Aids ist das eine riesige Gefahrenquelle, und als Partner von Sarah war ich ja auch gefährdet, mich anzustecken. ▮ Ich habe nie Safer Sex praktiziert. Wenn ich ein Kondom drauf habe, dann geht gar nichts mehr, Feierabend. In unseren Kreisen wusste man aber, welche Leute total clean sind, und nur die habe ich gecastet. ▮ Pornos sind ethisch schädlich für Menschen, die nicht maßvoll damit umgehen können. Die ganz große Gefahr ist, dass Pornos Ihre Fantasie korrumpieren. Es wird ja alles sehr flach und gefühllos, wenn Sie anfangen, das privat nachzumachen. ▮ Na ja, ich hatte vielleicht mit 200 oder 300 Frauen Sex. Mein Gott, ich habe ja auch noch was anderes getan. ▮ Neben welkem Fleisch mag ich nicht liegen. ▮ Was ich gelernt habe, ist, die Stärken von Frauen für mich selbst zu entdecken, also sich aufzumachen, sich total fallen zu lassen und sich in seiner Schwäche auszuliefern. In der Schwäche liegt die Stärke. ▮ Frauen haben eine viel härtere Fantasie. Da können Männer glatt einpacken. »Dumm fickt gut« ist das Blödeste und Abscheulichste, was ich je gehört habe. Man kann wirklich nur mit hochintelligenten Frauen guten Sex haben. Ich bin zum Beispiel ein Typ, der ganze Romane erzählt, während er Sex macht. Da muss die Frau ein hohes Maß an Fantasie haben, um entsprechend einsteigen zu können. Wenn da der falsche Vortrag kommt, geht bei mir gar nichts mehr. ▮ Bei einer Frau achte ich als Erstes auf die Augen. Welche Sehnsüchte drücken sie aus? Dann weiß ich in etwa, was ich da vor mir habe. Auch beim Sex sind es die Augen, die mich faszinieren. Die Geschlechtsteile beachte ich gar nicht. Da kann ich eine Decke drüber machen. Wie eine Vagina aussieht? Mein Gott, das haben wir 1000 Mal gesehen. Exzellente pornografische Filme würden nur die Gesichter der Menschen beim Geschlechtsverkehr zeigen. Nur da spiegelt sich alles, was einer fühlt. ▮ Inzwischen drehe ich keine Pornos mehr. Meine Filme waren ästhetisch und hatten Stil. Heute wird nur noch billiger Dreck produziert. Die Darsteller werden immer hässlicher. Jeder Abschaum kann da heute mitmachen. Ich bin ein fanatischer Pornograf, aber so was Widerliches gibt mir keine Erfüllung. Meine Message war: »Lasst uns den Sex genießen!« Diese Botschaft ist auf dem Markt leider nicht mehr gefragt. Heute geht es nur noch um maschinellen Sex und abartige Verrenkungen, die kein Mensch macht.

Marcel Reich-Ranicki Kritiker
»Ich gestehe, mehrmals die Ehe gebrochen zu haben«

Es ist viel leichter, sich mit Thomas Mann auseinander zu setzen als mit sich selbst. ▪ Nach meiner Kindheit in Polen kam ich 1929 nach Berlin. 1938 wurde ich als 18-Jähriger nach Warschau deportiert. Es war die erste organisierte Massendeportation. Insgesamt wurden damals rund 18.000 Juden verschleppt. Ein Polizist erschien frühmorgens in meinem Zimmer und präsentierte mir die Ausweisung aus dem Deutschen Reich. Ich durfte fünf Mark mitnehmen und eine Aktentasche. In die steckte ich ein Reservetaschentuch und einen Roman von Balzac, den ich gerade las. Eine falsche Wahl, wie ich später feststellen musste, denn es war ein schwacher Roman. In Warschau fand ich Unterkunft bei meinem Bruder, der Zahnarzt war. Ich war in Polen fremd, isoliert und arbeitslos. Aber kaum hatte die Okkupation begonnen, da war ich gar nicht mehr isoliert, denn immer wieder kümmerten sich Deutsche in Uniform um mich. ▪ Im November 1939 wurde ich von Soldaten der Wehrmacht gezwungen, mit 30 anderen Juden eine Kaserne zu putzen. Unsere Bewacher waren kaum älter als ich. Sie machten sich einen Spaß daraus, uns im Chor brüllen zu lassen: »Wir sind dreckige Juden!« Aber zum Hass war ich nicht imstande, und wenn ich ehrlich bin, fühlte ich mich auch nicht erniedrigt oder gedemütigt. Ich habe zwar vor Angst gezittert, dass diese deutschen Barbaren mich erschießen, aber innerlich habe ich gelacht, als einer von ihnen mich als »jüdischen Untermenschen« beschimpfte. Ich dachte: »Das ist ein dummer Junge, der jetzt die Macht hat, 30 Juden durch den Dreck zu treiben und sie brüllen zu lassen ›Wir sind jüdische Schweine!‹ Aber das ist lächerlich, das kann man keinen Augenblick ernst nehmen.« Derselbe junge Mann war eine halbe Stunde später glücklich, sich mit mir darüber zu unterhalten, wer der bessere Linksaußen bei Hertha BSC ist. Der sadistische Schinder von eben war plötzlich ein zivilisierter junger Mensch aus Berlin-Gesundbrunnen. ▪ In Warschau habe ich im Untergrundarchiv des Ghettos mitgearbeitet und an einer Widerstandsaktion der Jüdischen Kampforganisation teilgenommen. Ich war jung, und bei 20-Jährigen war der Wille zu überleben viel stärker als bei 50-Jährigen. Ich war nie überzeugt, dass ich zu den Überlebenden gehören werde, aber ich wusste immer: »Die Deutschen werden diesen Krieg verlieren, wie sie noch nie einen Krieg verloren haben.« Der Grund war eine gewisse Naivität, denn in der Schule in Deutschland hatte man mir beigebracht, dass letztlich die gerechte Sache siegt. Es war für mich einfach unmöglich, dass der Schwachsinn einer bestialischen Figur wie Hitler siegen könnte. ▪ Wegen der Massentransporte ins Vernichtungslager Treblinka gab es Anfang 1943 nur noch rund 35.000 Überlebende im Ghetto. Als meine Frau Teofila und ich Richtung »Umschlagplatz« getrieben wurden, gelang uns trotz SS-Posten die Flucht. Ein arbeitsloser polnischer Setzer hat uns dann anderthalb Jahre lang bei sich versteckt. Bolek, so hieß der Mann, lebte in einem jämmerlichen Häuschen mit Plumpsklo in einem Vorort von Warschau. Tagsüber verbargen wir uns im Keller oder auf dem Dachboden. Nachts fertigten wir Tausende Zigaretten an, die Bolek auf dem Schwarzmarkt verkaufte. Wenn er mehr Wodka als üblich getrunken hatte, sagte er nicht ohne Feierlichkeit: »Adolf Hitler, Europas mächtigster Mann, hat beschlossen: Diese beiden Menschen hier sollen sterben! Und ich, ein kleiner Setzer aus Warschau, habe beschlossen: Sie sollen leben! Nun wollen wir mal sehen, wer siegen wird.« ▪ Da wir nachts Zigaretten drehen mussten, waren wir am Tag wahnsinnig übermüdet und sind oft eingeschlafen. Wir haben viel über unsere Zukunft gesprochen. Einmal sagte ich zu meiner Frau: »Du wirst mir nicht glauben, aber ich halte es nicht für ausgeschlossen, dass unsere Zukunft in Deutschland sein wird.« So tief war ich überzeugt von der Niederlage Deutschlands und so tief geprägt von jenen, die mich erzogen haben, also Goethe, Schiller, Lessing, Heine und natürlich Thomas Mann. ▪ Bei Bolek gab es ein einziges Buch. Als ich es sah, hoffte ich, es sei die Bibel. Leider war es ein Gebetbuch. Ich habe in meinem Leben keinen einzigen Augenblick an Gott geglaubt. Früher hielt ich Gott für eine nicht sonderlich gelungene literarische Figur. Ich glaube, gewiss, aber an Shakespeare und Mozart. ▪ Als es abends mal wieder keinen Strom gab, kam Boleks Frau auf die Idee, mich

Geschichten erzählen zu lassen. Von da an musste ich das jeden Abend machen, monatelang. Je unterhaltsamer ich erzählte, desto besser wurden wir versorgt. Ich erzählte also um unser Leben. Was ich zum Besten gab, waren auf simple Spannung reduzierte Kurzfassungen von »Romeo und Julia«, »Wilhelm Tell«, »Effie Briest«, »Aida« oder »Rigoletto«. Ich musste die Stoffe schamlos verflachen, weil ich zu Menschen sprach, die nie im Leben Namen wie etwa Shakespeare oder Schiller gehört hatten. Die glaubten, dass ich all diese Geschichten erfunden hätte. Als ich einmal den »Prinzen von Homburg« erzählte, sagte Bolek: »Die Deutschen soll der Teufel holen, aber dieser Herr Hamburg, der gefällt mir!« ▪ Unsere Tagesration bestand manchmal aus zwei Mohrrüben oder einer halben Scheibe Brot. Wir haben anderthalb Jahre ein Gefühl nicht gekannt: satt zu sein. Nur rauchen konnten wir, soviel wir wollten, denn Tabak war genug da. Schrecklicher als der Hunger war nur die dauernde Todesangst. Wenn untergetauchte Juden aufgedeckt wurden, hat man sie häufig drei Minuten später erschossen. ▪ Als die Rote Armee uns 1944 befreite, wurde ich auf knapp 50 geschätzt. Dabei war ich erst 24. Das ist nicht verwunderlich. Wir waren ausgemergelt, verlaust und in schmutzige Lumpen gehüllt. Ich habe mich schon zur Zeit des Abiturs als erwachsener reifer Mensch empfunden. Ich hatte nichts von der Leichtigkeit, wie sie 17-Jährige so oft haben. Ich war ein Außenseiter, der nur das eine Ziel vor Augen hatte: dass man mich als Juden nicht rausschmeißt aus der Schule. Eine wirkliche Jugend hatte ich nie. Die haben mir die Nazis geraubt. ▪ Über meine Erlebnisse habe ich nur dann gesprochen, wenn ich direkt gefragt wurde. Und ich bin in Deutschland so gut wie nie gefragt worden! Ich war 30 Jahre lang mit Walter Jens befreundet. Er wollte nie etwas über die SS und den brutalen Alltag im Ghetto wissen. Stattdessen fragte er: »Wie stehst du eigentlich zu Kleist?« Die erste Deutsche, die aufrichtig und ernsthaft wünschte, etwas über meine Erlebnisse zu hören, traf ich 1964 in Hamburg. Sie war Mitarbeiterin des Norddeutschen Rundfunks und hat ein Interview mit mir geführt. Ihr Name war Ulrike Meinhof. ▪ Rings um uns sind alle ermordet worden. Meine Eltern und die Mutter meiner Frau wurden in Treblinka umgebracht, mein Bruder wurde im Lager Poniatowa ermordet, wahrscheinlich hat er im letzten Augenblick Zyankali genommen. Wer wie wir zufällig verschont wurde, kann nicht in Frieden mit sich selber leben. Heute ist die Intensität dieses, sagen wir, Sachverhalts naturgemäß nicht mehr so stark wie vor 50 Jahren, aber vergessen kann man es nicht. Trauer und Angst und das Gefühl, Gezeichnete zu sein: Das bleibt bis zu unserem Ende. ▪ Schmuddelige oder gar unrasierte Juden wurden sofort den für die Gaskammer bestimmten Kolonnen zugewiesen. Deshalb rasierte ich mich im Ghetto zweimal täglich. Das habe ich mir bis heute nicht abgewöhnen können. Wegen der gestreiften Häftlingskleidung in Auschwitz trage ich nie Hemden mit Streifen, übrigens sehr zum Leidwesen meiner Frau. Wenn wir eins der elenden Cafés im Ghetto besuchten, um ein Konzert zu hören, saß ich immer so, dass ich die Tür im Blick hatte. Auch das hat sich bei mir nie mehr geändert. ▪ 1958 kam ich in die Bundesrepublik. Henryk M. Broder sagte mal: »Juden, die nach dem Krieg nach Deutschland gekommen sind, wissen, dass es eine monströse Absurdität war, sich im Land der Mörder niederzulassen, und wenn sie mit sich selber ehrlich sind, dann wissen sie auch, dass es Verrat an den Ermordeten war.« Die These ist falsch, aber nicht so dumm. Als ich beschlossen hatte, das kommunistische Polen zu verlassen, gab es ein Land, das mich sehr gelockt hat: die Schweiz. Da wäre ich hingegangen, wenn man mich nur reingelassen hätte. So wie Thomas Mann nach Kilchberg gegangen ist, so wäre ich nach Zürich gegangen, um dort über deutsche Literatur zu schreiben. Aber es gab damals nur zwei Länder, die mich reinließen: Israel und die Bundesrepublik. Und da ich kein Wort Hebräisch kann, kam Israel nicht in Frage. Da hätte ich vielleicht in einem Reisebüro tätig werden können, und das hätte ich als Niederlage empfunden, nämlich als noch einen Triumph des Nationalsozialismus. Ende der 70er erschien von Sebastian Haffner ein Artikel, der mich sehr gefreut hat. Er schrieb, dass mein Erfolg als Kritiker in Deutschland letzt-

lich ein Triumph ist über Hitler. ▪ Von 1959 bis 1973 war ich bei der »Zeit« als Literaturkritiker angestellt. Ich las und schrieb im Hamburger Vorort Niendorf, und mein Kontakt mit der Welt ging nur selten über Telefongespräche hinaus. Ich wollte in einem Ensemble, in einem Team sein. Aber in der Redaktion war ich unerwünscht. Ich wurde ausgegrenzt. In meinen 14 Jahren bei der »Zeit« hat man mich zu keiner einzigen Konferenz eingeladen. Das war beleidigend. Eine leitende Persönlichkeit dieser Zeitung hat mal in kleiner Runde gesagt: »Juden? Sehr begabt. Man darf sie nur nicht in der Redaktion beschäftigen. Dann holen sie andere Juden hinterher, und plötzlich haben wir hier einen ganzen Schwanz von Juden.« Ist das Antisemitismus? Und noch was will ich erzählen. 1996 erhielt ich eine offizielle Festschrift der »Zeit«. Darin fand ich die Notiz über mich, dass die Feuilleton-Redakteure damals »größte Bedenken« hatten, »ob sie einen so machtbewussten, rabulistischen Mann aushalten würden«. Der Begriff »jüdische Rabulistik« kommt oft in antisemitischen Äußerungen von Richard Wagner vor. Er hat ihn, wenn nicht erfunden, so doch popularisiert. Es ist auch eine Lieblingsvokabel von Goebbels gewesen. ▪ Wahrscheinlich bin ich nicht ganz leicht erträglich. Ich habe ja nicht sehr viele Freunde im Leben gehabt. Ich habe immer schwierige Mitarbeiter gesucht, also keine Speichellecker und Zunicker, die mit allem einverstanden sind. Als ich 1973 zur »FAZ« ging, habe ich dort eingeführt, dass jede von mir geschriebene Kritik zwei Kollegen gegenlesen müssen. Wer bei mir die meisten Stellen beanstandet hat, an dem war ich am meisten interessiert. ▪ Von Martin Walsers Romanen halte ich nicht viel. Ihnen fehlt jede Anschaulichkeit. Aber er ist nun mal Deutschlands gescheiteste Plaudertasche, und das gibt seinen Essays einen originellen und temperamentvollen Ton. Dass er sich in seiner Rede in der Frankfurter Paulskirche zum Wegschauen von nationalsozialistischen Verbrechen bekannt hat, hat mich tief verletzt. Das war eine Provokation im Sinne des Mottos »Das Ende der Schonzeit«. An den deutschen Stammtischen sind seine bösartigen Anspielungen so verstanden worden: »Man muss den Juden jetzt endlich mal die Wahrheit sagen, gegen sie losschlagen.« Ich bin nicht bereit, Walser für einen Dummkopf zu halten. Er hat gewusst, was er redet, und er hat nichts getan, um den vorhersehbaren Wirkungen vorzubeugen. Er liefert Argumente für alle, die Juden nicht mögen. Die höhnische Art und Weise, wie er sich über das Holocaust-Mahnmal in Berlin geäußert hat – »fußballplatzgroße Kranzabwurfstelle« –, hat ihm den verdienten Zuspruch der extremen Rechten eingebracht. Der Ton und der Stil und die Wortwahl von Walser können nur zur Vergrößerung des Antisemitismus führen. Niemals hat es solche Entgleisungen im Œuvre von, beispielsweise, Günter Grass gegeben. ▪ Bei einer anonymen Umfrage werden schon einige Deutsche sagen: »Die Juden mögen glücklich werden – aber auf Madagaskar!« Die Angst, ich könnte als Jude in Deutschland plötzlich ins Gefängnis kommen, ist völlig absurd. Für die Rechtsextremisten sind die Juden doch nicht sonderlich interessant. Für die sind Türken und Pakistani und Afrikaner viel wichtiger. Dass so viele jüdische Gräber geschändet werden, hat nur wenig mit dem Hass gegen Juden zu tun. Es ist das Bedürfnis dieser Leute aufzufallen, Krach zu machen. Zwei jüdische Gräber geschändet? Die Weltpresse berichtet groß. Drei Türken brutal verprügelt? Keine Drei-Zeilen-Meldung. ▪ Peter Weiss hat in seinem autobiografischen Buch »Abschied von den Eltern« geschildert, wie er mit seiner Schwester im Bett lag. Dann schreibt er, wenn ich mich recht erinnere, den Satz: »Und mein Glied drang in ihre Scheide.« Solche Poesie finden Sie in meinen Memoiren nicht. Ich gestehe allerdings, mehrmals die Ehe gebrochen zu haben. Ich habe meine Frau gebeten, die Passagen meines Buches, die ins Erotische gehen, besonders genau zu lesen. Aber sie hat keine einzige Korrektur vorgeschlagen. Außerdem mache ich darauf aufmerksam, dass es sich hier um zwei Menschen handelt, die 19 Jahre alt waren, als sie sich kennen lernten. Kein strenger Pfarrer würde erwarten, dass diese Menschen in ihrer langen Ehe nie einen Blick auf andere geworfen haben. Es gab Situationen, unter denen sie viel gelitten hat, und ein paar Mal habe auch ich leiden müssen. Aber diese Liebesverhältnisse konnten unsere Ehe niemals gefährden. ▪ Meine Frau ist meinem Schreiben gegenüber eher milde eingestellt. Ihr wichtigster Einfluss besteht darin, dass sie mich öfters auffordert, meine Sichtweisen weniger boshaft zu formulieren. Besonders wenn es um Schriftsteller geht, die wir persönlich kennen und mögen, fragt sie: »Marcel, kannst du das nicht vielleicht ein bisschen delikater oder höflicher ausdrücken?« ▪ Philip Roth sagt über Kritiker: »Früher oder später kommt für jeden Schriftsteller der aus zwei- oder drei- oder fünftausend Wörtern bestehende Peitschenhieb, an dem er nicht bloß die üblichen 72 Stunden, sondern sein Leben lang zu würgen hat.« Beim Ingeborg-Bachmann-Wettbewerb habe ich erlebt, wie eine Autorin nach einem Verriss weinend aus dem Saal gerannt ist. Wenig später wurde eine andere Autorin sehr gelobt und umarmte weinend ihren Freund. Ich bin ganz sicher, dass das Glück der einen nicht möglich war ohne das Unglück der anderen. Tränen des Glücks, Tränen des Unglücks – auch das gehört zur Kritik. Deutlichkeit ist die Höflichkeit der Kritiker. Alle Rezensenten von Rang haben viel mehr getadelt als gelobt. Fontane hat unentwegt verrissen. Seine Theaterkritiken zeichnete er mit »Th. F.«. Das haben die verrissenen Schauspieler übersetzt mit »Theater-Fremdling«. So ist es auch mit unseren Autoren: Die meisten verstehen von Literatur so viel wie Vögel von Ornithologie. ▪ Eine Berufskrankheit ist, dass ich manchmal einfach keine Lust mehr habe, Romane zu lesen, und mich lieber bei Musik erhole. Man sagt ja, dass Marlene Dietrich, wenn sie wirklich Spaß an der Sexualität haben wollte, mit Frauen ins Bett ging. Ich habe eine Ehe mit der Literatur und eine Liebesgeschichte mit der Musik. Eine andere Entstellung, die mit meiner Profession zusammenhängt, ist der Blick für das Exemplarische. Wenn ich etwas beobachte, denke ich oft: »Gutes literarisches Motiv. Gehört in einen Roman.« ▪ Meine Frau zu rezensieren wäre falsch. Der Kritiker Alfred Kerr hat sich mal boshaft über eine, wie er sagte, Romanze von Karl Kraus mit einer Schauspielerin geäußert. Da hat Kraus verärgert geschrieben: »Meine Romanze, Herr Kerr, lag Ihnen nicht als Rezensionsexemplar vor.« ▪ Ich habe noch nie einen Schriftsteller kennen gelernt, der nicht eitel und nicht egozentrisch gewesen wäre – es sei denn, es war ein besonders schlechter Autor. Natürlich bin auch ich egozentrischer als ein Metzgermeister. Die Literatur- und Theaterkritiker sind besonders eitel, weil sie Urteile fällen, ohne über einen Kodex zu verfügen. Sie urteilen vor allem mit ihrem Gefühl, also müssen sie sich selber äußerst wichtig nehmen. Dieses Sich-wichtig-Nehmen nennt man eitel. Der eitelste deutsche Autor des 20. Jahrhunderts heißt Thomas Mann. Er war ichbezogen wie ein Kind, empfindlich wie eine Primadonna und eitel wie ein Tenor. Und er hatte keine Bedenken zu behaupten, dass alle Kunst menschlichem Sich-wichtig-Nehmen entspringt. ▪ Einen Nachfolger von mir sehe ich nicht. Die gewaltige Mordaktion der Nazis hat offenbar Lücken hinterlassen, die sich nicht so bald ausgleichen lassen. Die großen Kritiker der Weimarer Republik waren fast alle Juden. Es ist vielleicht nicht ganz ausgeschlossen, dass ich ein Letzter von dieser Spezies bin – sozusagen der letzte Mohikaner.

Martin Walser Schriftsteller
»Man kann ein Buch nur lesen, wenn man darin vorkommt«

Spielen ist lebenswichtig. Ich bin nie ein reifer Mensch geworden, der ohne Spiel auskommt. Als wir in Friedrichshafen gewohnt haben, bin ich abends entweder nach links aus dem Haus gegangen und nach Lindau ins Roulette gefahren oder nach rechts ins Casino von Konstanz. Ich hatte Jahreskarten im Roulette und habe gedacht, ich könnte uns davon vielleicht auch ernähren. Wenn ich einen Winter lang in Lindau in der Spielbank war, jeden Abend so ab neun, waren da höchstens noch sechs, sieben andere: ein bankrotter Kaufmann aus Kempten, ein verzweifelter Beamter aus St. Gallen, ein Hochstapler aus Bregenz und ein Schriftsteller aus Friedrichshafen und noch zwei Undurchschaubare. Der Croupier musste dableiben bis um drei Uhr nachts. Man war da verzweifelt. Jeder hätte den anderen umbringen können, wenn der was gewonnen hat. ▌ Wenn ich an dem einen Abend was gewonnen hatte, dann bin ich heim und habe zu meiner Frau gesagt: »Du, wir können uns jetzt eine Waschmaschine bestellen.« Am nächsten Abend habe ich verloren, aber die Waschmaschine war schon bestellt. Das war der Fortschritt. So sind wir tatsächlich zu einer Waschmaschine gekommen. ▌ Ich bin dann jeden Abend früher hineingegangen, und wenn du das jeden Abend bis zwei Uhr nachts machst, haben die Zahlen eine sinnliche Gewalt über dich. Wenn ich am Morgen dann wieder geschrieben habe, und wenn ein A in meiner Handschrift vorkam, habe ich gedacht: »Mein Gott, gestern hätte ich das Finale 8/11 länger spielen müssen.« Bei N habe ich vielleicht an 9 gedacht oder bei S an 7, also an das Spiel 7/9. Ich war besetzt den ganzen Tag über von den Zahlen. Da musste ich das Roulette aufgeben. ▌ Heute spiele ich Schach. Gewinnen muss man wollen, sonst muss man nicht spielen. Das ist schon nicht das Paradies. Da kann man Bloch zitieren: »Auch das Paradies bleibt nicht ohne den Schatten, den der Eintretende noch wirft.« ▌ Böll hat mal gesagt, eine schlimme Kritik, da bleibt er tagelang im Bett. Als ich das Anfang der 70er las, dachte ich: »Das muss man sich leisten können, finanziell.« Das konnte ich mir mit meinen Schulden nicht leisten. Ich musste immer gleich wieder unter die Leute. Peinlich. ▌ Es gibt Leute, die leben davon, dass etwas nicht ausgesprochen wird. Zu denen hat meine katholische Mutter gehört. Sie war wirklich durch und durch katholisch, damals schon anachronistisch, in mittelalterlich gefügtem Ausmaß. Wahrscheinlich wird eine katholische Frau noch mundtoter gemacht als ein katholischer Mann. Der hat ja immer noch den Stammtisch, den Verein oder das Militär oder sonst eine Scheußlichkeit, wo er eine Art Gesprächsoffenheit versuchen darf. ▌ Aus der Kirche austreten kann ich nicht wegen meiner Kindheit. Ich habe zwei Kapläne gehabt, die mir Bücher gegeben haben, der eine Karl May und der andere Peter Rosegger. Ich bezahle sozusagen mit der Kirchensteuer die Bibliothekskosten nach. ▌ Ich durfte gegen keinen der Menschen etwas haben, die in die Gastwirtschaft meiner Eltern kamen, denn es waren unsere Gäste, und wir haben von denen gelebt. Davon kann es kommen, dass man sich nachher schwer tut in der Verurteilung der Welt. Man liebt sie lieber. ▌ Vielleicht verführt manche Intellektuelle ihr Erfahrungsmangel dazu, möglichst strenge und möglichst universalistische Standpunkte zu beziehen. Wir sind Fachleute für das Allgemeine. Wir lassen es die Verhältnisse büßen, dass wir ihnen nicht angehören. ▌ Dass die Intellektuellen ihre Kommentarhoheit verloren haben, ist eine Einübung in Realismus. Ein Satz, den ich gerne geschrieben habe, lautet: Was man nicht praktizieren kann, davon soll man schweigen. ▌ Ich beherberge seit mindestens 20 Jahren die Illusion, dass ich, wenn ich erzählen könnte, warum meine Mutter in die NS-Partei eingetreten ist, erzählt hätte, warum Deutschland dieser Partei verfiel. Meine Mutter war eine wahrhaft religiöse Frau. Mein Vater ist nicht eingetreten. Er hat von Anfang an gesagt: »Hitler bedeutet Krieg!« Er ist dann mit 47 gestorben. Meine Mutter musste uns retten und konnte sich solchen Einsichten rein wirtschaftlich nicht hingeben. Sie musste mit dem Teufel paktieren, hätte man zu Thomas Manns Zeiten gesagt. Auf solche allzu gerahmten Bildlichkeiten möchte ich mich allerdings nicht zurückziehen. Heute nennt man es Sachzwänge. Damals hat man die Demokratie gelähmt, weil man

sechs Millionen Arbeitslose hatte. Unsere Millionen nehmen wir in Kauf, weil es die Konkurrenzfähigkeit unserer Wirtschaft verlangt. Konkurrenzfähigkeit ist also ein Wert, dem alle anderen Werte untergeordnet sind. Das sieht aus wie Vernunft und wirkt sich doch aus wie Gewalt. ▌ Wie Unrecht weh tut, kenne ich von innen her. In meiner Kindheit und Jugend bin ich empfindlich gemacht worden, Objekt von Machtausübung zu sein. Das ist meine Hauptlebenserfahrung: Ich kann Machtausübung nicht ertragen. Die Realität funktioniert aber nirgendwo, ohne dass einer mehr zu sagen hat als ein anderer. Und je mehr einer zu sagen hat, desto weniger muss er sich rechtfertigen. ▌ Ein Roman ist die Antwort auf die andauernde Erfahrung des Mangels. ▌ Schriftsteller lernen bevorzugt Menschen kennen, die durch eine Leidenssituation intensiviert sind. ▌ Beim Romanschreiben kann ich nicht an einen wirklichen Menschen denken. ▌ Alle Romanfiguren, die man zur Selbstständigkeit und zu einem Eigenleben bringen will, sind Puppen in der Hand des Autors. Mit deren Hilfe kann er deutlicher reden, als er sich als bürgerliche Person zu reden getraute. In einer Abendunterhaltung würde ich nie Genauigkeiten formulieren können wie mit Hilfe einer Figur. Eine solche Liebe und Intimität hat in der Wirklichkeit nirgends eine Statt, nur zwischen zwei Buchdeckeln. Ich versuche immer, auf einen trostlosen Verlauf mit einer Komödie zu antworten. So entsteht ein Gelächter, das die Wirklichkeit nie gestattet. Die Figur kriegt dann eine Genugtuung, die sie auf der Welt nie bekommen könnte. Das ist wieder dieses Wunder zwischen zwei Buchdeckeln. Warum habe ich denn Karl May gelesen, jahrelang? Weil ich mir rettbar vorkommen wollte, ob im Balkan oder in den Händen von Indianern. Auch bei Dostojewski oder Kafka passiert von Kapitel zu Kapitel eine furchtbare Misere, aber diese Misere wird in Tanzschritte aufgelöst. Im Buch wirft die Misere einen weißen Schatten, während die Wirklichkeit nur einen schwarzen Schatten erlaubt. Der Dichtung mute ich etwas zu, was man früher der Religion zugetraut hat. Sie schlägt Funken aus Steinen, denen man das nicht angesehen hat. Dadurch wird es augenblicksweise heller, als es wirklich ist. ▪ Literatur stammt von der Religion ab wie der Mensch vom Affen. In Wirklichkeit gehen die Menschen unter, elend, zeugenlos, sinnlos. Und ebendieses Elend, diese Einsamkeit und Sinnlosigkeit des Untergehens lässt sich der Roman nicht gefallen. ▪ Wenn ich eine Weile nicht schreibe, werde ich so sauer, dass ich mir bösartig vorkomme. Schreibend kann man fast alles ertragen. Ich habe da meine Notizbücher, ich bin jetzt beim Band 42. Ich halte mich dadurch am Leben, dass ich reagiere. Nicht reagieren können heißt ersticken. ▪ Sieger machen eine Faust und schieben das Unterkinn vor. Aber wie viel drückt das Gesicht dessen aus, der fürchten muss zu verlieren! Gewinnen ist was für Passfotografie, aber nicht für wirkliche Bilder. ▪ Ich habe immer ein schlechtes Gewissen, wenn ich irgendetwas durch Auftreten oder Unterschreiben unterstütze. Es ist nichts, tut aber so, als sei es etwas. Es ist die Pseudopraxis schlechthin. ▪ Manchmal mache ich mich lächerlich Jüngeren gegenüber, wenn ich nicht empört genug bin. Wenn zum Beispiel im Osten Skinheads mit den Symbolen der Nazis herumlaufen, glaube ich in meiner Verharmlosungstendenz, die greifen nach den verhasstesten Symbolen in einer Gesellschaft, die sie zum antifaschistischen Lippengebet erzogen hat. Ich kann mir nicht vorstellen, dass subkutan unter der deutschen Geschichtshaut sich eine faschistische Ader am Leben erhält und bei der erstbesten Gelegenheit aufbricht, um ein neues Geschwür zu produzieren. Das ist mir zu metaphysisch, zu wenig geschichtsmaterialistisch. Natürlich kann die Gesellschaft diesen Kostüm-Faschismus solider machen, als er von seiner Substanz her ist. Lieber sollte man jedem dieser Skinheads ein Zwölf-Monats-Stipendium in irgendeinem Ausland gewähren. Jeder käme durchlüftet und erleuchtet, also geheilt zurück. Die haben einfach noch zu wenig Palmen gesehen. ▪ Wenn Skinheads nach ihren Motiven gefragt werden, sagen sie dieses heruntergekommene Rechts-Zeug auf. Zwanghaft sagen sie das, was uns am meisten wehtut. Für die Kinder der 68er ist doch klar, dass sie ihren Vätern durch nichts mehr wehtun können, als wenn sie sich nationalistisch aufführen. ▪ Das ist exemplarisch für unsere Medien: Eine Nachricht kannst du nicht mehr verkaufen, du musst eine Stimmung draus machen. ▪ Wenn Rostock durch die Medien anders behandelt worden wäre, wäre Mölln vielleicht gar nicht dazugekommen. Dieses Anzünden von Leuten liegt nicht in der Natur, sondern ist vorgemacht – und das ist ansteckend. Für mich ist das eine Infektion, die durch die Medienbehandlung begünstigt wird, natürlich ungewollt. Die Anwesenheit von Kameras erschafft das Bedürfnis oder den Reiz, sich aufzuspielen. Ich stelle mir vor, dass die Rechtsextremisten ihre Fernsehauftritte auf Videokassette haben und noch und noch davorhocken und Bier trinken. Durch Hakenkreuze wird man zum Fernsehstar. ▪ Der Rechtsextreme füttert seinen so genannten Stolz mit Ressentiments. Er fühlt sich als der Zukurzgekommene schlechthin. Das kompensiert er dann mit Gewalt. Aber solange die Wirtschaftskrise diese Stimmungen begünstigt, helfen nur Bürgerinitiativen. In jeder Schule, in jeder Gewerkschaft, in jeder Kirche muss eine nicht auf Ausgrenzung bedachte Initiative beginnen. Wer lädt denn schon einen Skinhead ein zu seiner Veranstaltung? Wir bleiben mit unserem guten Gewissen lieber unter uns. Man rettet zukünftige Opfer auch dadurch, dass man Leute davon abbringt, zukünftige Täter zu sein. ▪ Ich hoffe nicht, dass wir Tabus haben. Wir sind ja kein Negerstaat des 19. Jahrhunderts. ▪ Das Wichtigste an Leserreaktionen ist, dass man erfährt, ob man allein ist in seiner Empfindungsart oder nicht. Wenn ich immer sage, der Roman ist Geschichtsschreibung des Alltags, kann man nicht alleine entscheiden, ob das gelungen ist. Wenn da alle dagegen sind, war es eine Geschichtsschreibung meines eigenen Zustands. ▪ Die Leserbriefe, die ich bekomme, sind in der Mehrzahl von Frauen. Das hat mich dazu gebracht zu glauben, dass Frauen mehr lesen. Leute, die sich im Sattel glauben, lesen nicht. Frauen sind problemanfälliger. Sie sind durch ihre Erfahrungen problematisierter, weil sie weniger an der Machtausübung teilhaben. Nichts hindert das Lesen so sehr, als zu glauben, an der Macht zu sein. Zum Glück macht Machtausübung hässlich, innen und außen. Zum Glück für die durch Machtausübung Hässlichen gibt es genug Männer und Frauen, die diese Hässlichkeit reizvoll finden, diese Blickstarre, Kinnhaltung, kehlig karg knirschende Syntax und etwas weniger Fantasie als ein VW-Motor. Ich finde Leidende schöner als Täter. Von einem Leidenden hat man einfach mehr. ▮ In »Finks Krieg« wollte ich dem Wort Arschloch eine gewisse Legitimität verschaffen und dieser die Reinlichkeit verklärenden Welt ihr Gegenteil zuspielen. Es ist ja schon komisch, dass man nichts diesen analen Lippen Vergleichbares hat. Sie sind das Sensibelste und das Schmutzigste. ▮ Da der Gegner das Gute, Schöne, Reine besetzt hält, bleibt meinem Romanhelden Fink nur der Dreck, in den er getreten wurde. Den studiert er dann – und macht Entdeckungen. Er merkt, dass es groß ist, klein zu sein. Er spürt die Anerkennung, die darin liegt, verachtet zu werden, dass es eine ungeheure Befreiung ist, gehasst zu sein, nicht eingeladen zu werden. Das sind alles Freiheitszuwächse. Jeder Stoß tut zwar weh, aber nachher bist du freier. ▮ Die Verkrampfung beim Schreiben, diese auf die Spitze des Kugelschreibers ausgerichtete Existenz ist kreislaufungünstig. Dein ganzes Strömen, Zielen, Trachten geht auf diesen eilenden Punkt. Wenn das nicht passiert, passiert das Schreiben nicht. Das Schreiben entfernt einen auch aus dem Körper, benutzt ihn, malträtiert ihn total und vergisst ihn dabei, nimmt keine Rücksicht auf das, was die Füße oder die Herzkranzgefäße wollen. Bei der Yoga-nahen Gymnastik, die ich praktiziere, ist das Tolle die Nähe, in die man zu allen Gelenken, Knochen, Gliedern, Zellen kommt. Es ist interessant, meinem linken Fußgelenk oder dem rechten Schulterblatt wieder zu begegnen. ▮ Als ich über Rudolf Augstein die Überschrift las »Der alte Mann und sein Erbe«, dachte ich: »Eigentlich müsstest du dich mit diesem Adjektiv an einen Tisch setzen und mit ihm reden: Passe ich zu dir? Passt du zu mir?« Natürlich fühle ich mich hinfälligst. Ich möchte hinzufügen: immer schon. Aber wie ich mich fühle, hängt für mich von dem ab, was gerade am Schreibtisch passiert. Ich lerne mich eben nur schreibend kennen. ▮ In Wirklichkeit ist kein Mensch so, wie er vor einem Mikrofon ist. In der Physik heißt es: Wenn der Schwerpunkt über die Unterstützungsfläche hinausgeht, dann kippt es. So gekippt komme ich mir da öfter vor. ▮ Susan Sontag hat in Sarajevo Beckett inszeniert. Vielleicht fehlt mir da die letzte Rot-Kreuz-Begabung. Ich habe mich auch geweigert, Lesungen in Erdteilen zu machen, wo die Menschen hungern, terrorisiert sind. Das kann Beschränktheit sein, aber südlich von Malaga möchte ich etwas anderes mitbringen als einen Roman. Ich glaube, dass ein Autor keine Verkündigungspotenz hat. Mir ist nichts so fremd wie alles Apostolische, und sei es in der schlichtesten politischen Verpackung. Je blank politischer ein Autor auftritt, umso überanstrengter kommt er mir vor. Am meisten ich selbst. ▮ Jeder Autor steuert einen Fingerhut Seele bei, disparat, antagonistisch, unkommandierbar, in keinen Dienst zu nehmen. So kann er vielleicht sogar ansteckend wirken. Vor allem, wenn er das nicht beabsichtigt. Aber die Korrektheitsanweisungen des jeweiligen Zeitgeistes ätzen möchte er vielleicht doch. Und schon nimmt er sich zu viel vor. Besser, er gibt zu, eines der vielen Flämmchen zu sein, die nichts beweisen, als dass es dunkel ist. ▮ Bei den besten unserer Intellektuellen kann man jede Art von Intoleranz voraussetzen. Früher hat man so was mit Passau verbunden. Heute treten die scharfen Intoleranten in den Kulissen der Frankfurter Schule auf. Da ist Deutschland einfach das Land des Dreißigjährigen Krieges. Diese Religionskriegsgesonnenheit hat nie aufgehört. Die Intellektuellen sind jetzt die Priester der Gesellschaft, und Priester sind scharf darauf, Sünder zu kreieren. ▮ Von Buddha gibt es den Satz: »Ihr sollt nicht Eure Laster verbergen, sondern Eure Tugenden.« ▮ Man tut besser daran, überhaupt nicht mehr in einem Sprachfeld aufzutreten, wo man als Meinungssoldat gefangen genommen und einem weltanschaulichen Camp zugewiesen werden kann. Anstatt etwas verständlich gemacht zu haben, wecke ich jedes Mal die lautstärkere, medienmächtigere Gegenmeinung. Ich bin also nur dazu da, Gegenmeinungen zu Triumphmärschen zu animieren. Das sollte ich lieber lassen. ▮ Es ist wunderbar, wenn die Lage so ist, dass Schriftsteller sich nicht mehr provoziert fühlen müssen. Allerdings muss ich sagen, dass Millionen Arbeitslose für eine Dauerprovokation sorgen. Da möchte man sich gern durch gelegentliche Meinungsabfuhr die Gewissensillusion verschaffen, man sei nicht unberührt geblieben. ▮ Da ist ein ratloser, aber produktionstüchtiger Kapitalismus. Man kann vom Kapitalismus nicht verlangen, dass er sich selbst begreift. Es ist sicher eine zumutbare intellektuelle Arbeit, dem Kapitalismus, dem sein Feind gestorben ist, einen Feind zu liefern, ihm etwas entgegenzusetzen. Dafür gibt es keine Partei, keine bestehende Kirche. Dass der Kapitalismus sich als das begreift, was er ist – eine heillose Armee, die nichts als sich zu Tode siegen kann – dieses Bild muss man ihm liefern. Dazu ist man da. ▮ Adenauer war auch nicht einer, der einen mit Sätzen geblendet hätte. Für mich bleibt Kohl der Kanzler, der am Steilhang im Kaukasus Gorbatschow die Hand reicht. Der Enkel Adenauers, für den die Sowjets die Untermenschen waren, war mit einem Chefkommunist sofort in einem besten Verhältnis. Das nenne ich historische Erlebnisfähigkeit. ▮ Kohl hat mal Schriftsteller eingeladen. Da war man zu elft. Wir haben abendgegessen und dann geredet. Einer dieser Schriftsteller hat das Verhältnis Kohls zur deutschen Sprache kritisiert. Ich habe mich da so geniert, dass ich sofort anfing, von seiner Sprache zu schwärmen. Unser aller Schiedsrichter habe dann, hieß es, kolportiert, das Furchtbarste an diesem Abend sei gewesen, wie ich mich bei Kohl angebiedert hätte. Dabei war ich nur durch diese scheußliche Taktlosigkeit provoziert, dass ein Intellektueller seinen belletristisch-feuilletonistischen Sprachgebrauchsmaßstab nimmt und ihn einem Politiker strafend vorhält. ▮ Beim Kontakt mit einem Schriftsteller kann man sich von dessen Reflexionszwang anstecken lassen. Sich durch Nachdenken schwächen ist ja überall günstig. ▮ Langeweile birgt die Gefahr der Selbstbegegnung. ▮ Was aus einem Schriftsteller herauskommt, muss in ihn hineingekommen sein – allerdings kommt nie das heraus, was hineinkam. ▮ Man kann ein Buch nur lesen, wenn man darin vorkommt. Ich komme bei Dostojewski auch vor. ▮ Ich kenne keinen Schriftsteller, der nicht lieber Lyriker wäre. ▮ Man schreibt Clo mit K? Das ist doch reine Duden-Herrschaft. Clo habe ich immer mit C geschrieben. Es heißt doch auch WC. Wenn mir der Korrektor sagen würde »Du musst das Clo mit K schreiben«, bin ich mit K, L und O ja fast bei »Kartoffeln«. Und das passt nicht. ▮ Im »Literarischen Quartett« wurde ein russischer Roman erwähnt, der sehr personenreich sei. Da hat Reich-Ranicki mit allen Anzeichen des Entsetzens gesagt: »Ach, das ist doch gar nichts gegen den neuen Walser! Da kommen 936 Personen vor!« Ich dachte: »Nein, das kann doch nicht sein.« Und wissen Sie, was ich getan habe? Ich habe nachgezählt. Ich glaube, es kommen 186 Personen vor. Ich bin damals gerade nach Frankfurt gekommen, ins Kultur-Gehege. Da war auch der Reich-Ranicki. Ich konnte nicht an mich halten und habe gesagt: »Entschuldigen Sie, Sie können nicht zählen.« Vielleicht habe ich in der Erregung des schon wieder von der Vernichtung bedrohten Autors sogar gesagt: »nicht einmal zählen«. Da hat er mich nur angeschaut. Ich möchte gern sagen, er habe mich fassungslos angeschaut. Aber dann hätte ich das Gefühl, das sei mir vom Klischee diktiert worden. Und »fassungslos« würde auch gar nicht zu Reich-Ranicki passen. ▮ Man redet immer nur über die schlechten Kritiken. Dabei sind die guten Kritiken viel besser geschrieben. Je lauter eine Tonart, desto weher tut's dem Stil. Ich schreibe immer am schlechtesten, wenn ich polemisch werde. Man hat den Schaum ja nicht vorm Mund, sondern vorm Hirn. Ich habe die Erfahrung gemacht, dass jeder Leser sein Buch liest und nicht mein Buch. Jeder Leser schreibt sein Buch beim Lesen. Das macht das Lesen überhaupt erst möglich. Der Kritiker meint, er lese das Buch des Autors, aber er liest auch nur sein Buch. Und das ist schön. Wenn jeder das gleiche Buch läse, müsste nur eine einzige Kritik geschrieben werden. Das wäre schade, traurig und langweilig zugleich. ▍ Gegen Polemik wird man nicht abgebrüht, ich wenigstens nicht. Wenn ich merke, dass mich jemand verletzen will, dann hat er mich schon verletzt. ▍ Ich reagiere auf Polemiken mit Vierzeilern. Das sind nicht gerade Racheverse, aber polemisch sind sie auch. Wenn ich 99 davon zusammenhabe, werde ich ein Büchlein daraus machen. Das wird »Ross und Reiter« heißen. Da bin ich der Gerittene, möchte aber gerne der Reiter werden. ▍ Reich-Ranicki ist unser aller unerschöpflichstes Thema. Sobald man übers Wetter gesprochen hat, fängt man von Reich-Ranicki an. ▍ 1976 schrieb Reich-Ranicki über meinen Roman »Jenseits der Liebe«: »Es lohnt sich nicht, auch nur eine einzige Seite dieses Buches zu lesen.« Ich habe damals seine Rezension im Zug gelesen. Ich weiß noch das Wetter, und ich weiß, dass ich nicht auf festem Grund war, sondern in der Eisenbahn, also mit großer Geschwindigkeit transportiert wurde. Wenn ich heute bei Plochingen zum Zugfenster hinausschaue, kann mir dieser flotte Verhinderungsversuch, den ich vor dieser Rollkulisse zur Kenntnis genommen habe, wieder einfallen. Das war damals schmerzlicher, als ich es Ihnen hier zu Protokoll gebe. ▍ Mir hat ein kulturbetriebserfahrener Mensch mal eine Verständnisweise angeboten: »Mit dieser Kritik hat sich Reich-Ranicki in der ›FAZ‹ nobilitiert.« Auf Deutsch vielleicht: auf das Schönste möglich gemacht. ▍ Dieses Buch hat inzwischen die Hunderttausend überschritten. Vielleicht sollte Reich-Ranicki wieder öfter mal etwas sagen gegen »Jenseits der Liebe«, sonst kaufen immer noch mehr Leute ein Buch, von dem es sich nicht lohnt, »auch nur eine einzige Seite zu lesen«. Damals gab es einen Buchhändler-Satz, der für mich in der akuten Misere wichtig war: »Herr Walser, wir haben noch nie so viele Protestkäufe gehabt wie nach dieser Rezension.« Daraus melkt man fabelhaften Trost: Reich-Ranicki kann sagen, was er will – er ist immer hilfreich. Verreißt er ein Buch, kaufen's die Leute erst recht. Lobt er's, kaufen sie's trotzdem. So sind wir zum Glück eine blühende Symbiose. ▍ Kritiken werden nicht für den Autor geschrieben, man kann daraus nichts lernen. Es ist absurd, wenn man glaubt, durch solche Züchtigungen würde jemand weiterkommen. Das entspricht auch keiner pädagogischen Erfahrung. In »Ohne einander« sagt der Schriftsteller: »Seit du erlebt hast, dass Leute, die du für deine Verfolger hieltest, sich als deine Förderer empfanden, kannst du Menschen eher entbehren.« ▍ Reich-Ranicki sagt: »Je berühmter ein Schriftsteller, desto größer seine Gier nach Ruhm.« Wenn die Formel stimmt, müsste Reich-Ranicki der Gierigste sein, denn er ist ohne jeden Zweifel zurzeit der Berühmteste überhaupt. Ja, die Formel stimmt. Ich bin längst nicht so berühmt wie Reich-Ranicki, also hält sich meine Gier nach noch mehr Ruhm in leicht beherrschbaren Grenzen. Das liegt schon in der Rollendifferenz. Der Romanschriftsteller zeigt sich auf dem Markt nur, damit er sein neues Buch vorzeigen kann. Da ist der wilde, wüste Markt mit seinen auf Einschaltquoten und Auflagenzahlen getrimmten Medien, und da ist dieses höchst einzelne, geradezu verschwindend winzige und atemraubend lautlose Buch. Und nur um dieses bedrohliche Missverhältnis um ein Unmerkliches zu lindern und um sich einzureden, er habe ja wieder einmal das Menschenunmögliche versucht, gibt der Romanschriftsteller Interviews. Nicht ahnend, dass es dabei gar nicht um sein Buch geht, sondern um die Ruhmvermehrung Reich-Ranickis. ▍ Beim Schreiben habe ich gemerkt: Von innen fühlt sich eine Frau nicht anders an als ein Mann. Ich habe mich allerdings nie für einen besonders deutlichen Mann gehalten. Ich kann auf Männer hereinfallen. Besonders wenn ich sie attraktiv finde. ▍ Was jemand politisch sagt, hat bei mir noch nie die Anziehungskraft eines Menschen beeinträchtigt. Bei mir überwiegt das Körperliche – Haare, Hände, Augen, Sprache, Gestus, Klang – das Politische so sehr, dass ich mich da nie soldatisch richtig und meinungsstreng verhalten könnte. ▍ Wenn man sich vorstellt, dass jeder, der eine Meinung formuliert, immer sehr viel von sich streicht – denn sonst wird es keine CDU- oder SPD-Meinung –, dann ist unsere gehätschelte öffentliche Meinung doch nichts anderes als ein Gespenster-Tanzplatz, wo jeder mit einem ganz bestimmten Kostüm tanzt, das er zu Hause gar nicht trägt.

Kein Mensch kann Tag und Nacht der CDU oder der SPD angehören. Ich jedenfalls würde ersticken. Ich habe in mir für mehr als eine Meinung Platz. Auch das Gegenteil kann ich in mir beherbergen. Ja, ich brauche es sogar. ❚ Ich fühle mich nur zu solchen Geschichtszielen hingezogen, an deren Erreichung ich mitarbeiten kann. Meine Vorstellung von täglicher Gerechtigkeit habe ich immer noch, und meine Empfindlichkeit gegen Machtausübung ist wach. Was ich nicht mehr schaffe, ist Bekenntnis, Zugehörigkeit. Ich fühle mich allen Bekenntnissen gegenüber als Laie, als Zuschauer, als Heide. Ich favorisiere eben den Satz: Nichts ist ohne sein Gegenteil wahr. ❚ Ich war 1974 auf einem Kulturkongress der DKP in München. An dem Tag spielte eine Fußballmannschaft aus Moskau, ich glaube, gegen Bayern München. Ich habe dann gesagt: »Die größte Enttäuschung dieses Tages ist für mich, dass die meisten Kongressteilnehmer für die Mannschaft aus Moskau gehalten haben. Eine solche Partei wird hier nie auf den Boden kommen.« Das war mein Verhältnis zur DKP. ❚ Die Erörterung einer Gewissensregung darf nicht für andere stattfinden. Es gibt keine Zuwendung, die so fruchtlos und vielleicht so schädlich ist wie das Ins-Gewissen-Reden. In dem Moment, wo du das tust, macht der andere zu und verteidigt sich bloß noch. Du unterbindest seine Gewissenszirkulation. Das weiß ich aus dem Beichtstuhl. Da wurde so formalisiert, dass du es heruntersagen konntest, und du warst eigentlich gar nicht da. Du hast dem Pfarrer so ein Formaltonband ans Gitter gehalten, und das hat er absolvierend zur Kenntnis genommen. ❚ Was jemand von der übrigen Menschheit haben kann, das holt er sich ja schon durch die Poren, durch die Augen. Man ist von Anfang an ununterbrochen in einer Gewissensschule, und was da in einem ausbildbar ist, das wird ausgebildet. Ich habe 1960 einen Roman veröffentlicht, in dem steht: »Jeder ist ein Stimmenparlament. Es lebe das Dividuum.« Du bist ein vielstimmiges Ding, und wenn eine Stimme in dir die Oberhand kriegt, muss man Angst haben, es wird ein Hitler draus. ❚ Wer hat denn schon das Gefühl, einem Entwurf nachzuleben, den er selbst rechtfertigen könnte? Das lässt sich gar nicht formulieren, an was man schon alles vorbeigelebt hat. Das kann man gar keinem Zweiten mehr mitteilen, auch wenn du noch so eng mit jemandem zusammenlebst. Es gibt Sachverhalte, Problemlagen, da wird die eigene Silhouette so verrutscht und verschoben, da kommst du nicht mehr nach, da könnte ich schreien vor Verfehlensschmerz. Verglichen damit ist alles, wo wir von außen gemessen werden können, so grob ungenau, dass es sich kaum lohnt, darüber zu sprechen.

Peter Handke Schriftsteller
»Meine Beziehung zu Katja Flint? Gehen Sie sich doch ficken!«

Als Internatsschüler schrieb ich meiner Mutter: »Mach dir keine Sorgen um mich. Ich werde sicher weltberühmt.« Das war kein Größenwahn, eher eine Hoffnungslosigkeitsmelodie in dem Sinn: »Ich bin eh verloren.« ■ Meine verstorbene Halbschwester Monika soll gesagt haben: »Ich erinnere mich mit Schrecken an Peters krampfartige Schreibperioden daheim, da er herrisch die Familie zwang, seine Selbstzweifel und Arbeitsqual mitzuleiden. Es konnte vorkommen, dass ihm plötzlich Schreibverödung alle Selbstsicherheit raubte und sich ein Wort, um das er stundenlang schmerzhaft rang, erst beim Trinken unversehens, oft mitten in der Nacht, einstellte.« Sie hat einen Schallplattenladen gehabt und später eine Segelschule auf den Malediven. Sie hat nie so gesprochen, aber wenn man die Sprache abzieht, ist was Wahres dran. Eine Zeit lang habe ich zu Hause alle tyrannisiert. Ich war 17 und wollte durchs Schreiben vor allem meine Familie retten, weil wir wirklich grauenerregend und hoffnungslos arm waren. Das war mein erster Antrieb. ■ Mein Stiefvater war ein prügelnder Trinker, meine Mutter hat sich 1971 umgebracht. Mein Vorbild mit 17 war Françoise Sagan, weil die in dem Alter mit »Bonjour Tristesse« einen gewaltigen Bestseller und ein feines Buch gemacht hat. Ich habe dann nachgelesen, wie Schriftsteller anfangen. Es hieß, man muss sehr früh aufstehen, um einen ganz klaren Kopf zu haben. Ich bin dann immer um vier Uhr früh aufgestanden – und war total müde. Mein Kopf war schwer und gedankenlos, es ging überhaupt nichts. So habe ich an die 25 Fehlstarts gemacht. ■ Im Juni 1963 – ich war 21, und der damalige Papst Johannes XXIII. lag im Sterben – habe ich beim Schreiben zum ersten Mal gedacht: »Jetzt bist du heraus aus diesem expressiven Strudel. Das ist ein ruhiger Satz, der zugleich zittert.« ■ Sechs Jahre später war ich der berühmte Beat-Autor, der bei Lesungen Kreuzworträtsel an die Wand projizierte. Ich habe da sicher irgendjemanden nachgeahmt. Es gab ja jede Menge Deppen, die solche Happenings machten. Wahrscheinlich war es mir peinlich aufzutreten. Wenn ich öffentlich war, habe ich fast nie meine Identität gefunden. Ich war immer in Gefahr, vor das von mir Gemachte zu treten und es zu verzerren. Deswegen habe ich mich später für die totale Zurückgezogenheit entschieden – auch wenn ich die nicht immer durchhalte. Meine Sache ist es, gelesen zu werden. ■ Beim Schreiben stelle ich mir mich als Leser vor. Wenn ich früher ratlos war, war das anders. Als ich 1978 »Langsame Heimkehr« schrieb, war ich im totalen Mahlstrom zwischen Sprache und Sprachlosigkeit. In Alaska dachte ich: »Scheiße, ich muss doch mal nachschauen, wie der Kafka die Sätze gemacht hat. Der könnte ein Nothelfer sein.« Ich habe dann in den Buchhandlungen immer in »Das Schloss« hineingeschnüffelt. Aber das half mir überhaupt nicht weiter. Jetzt sitze ich halt da und wurschtle vor mich hin, bis ich nicht mehr kann. Am schönsten ist, total am Rand der Erschöpfung zu sein und dann noch ein bisschen weiterzutun. Dann erscheint die eigentliche Luft des Epischen. ■ Gegen Mitternacht schlafe ich sofort ein. Drei, vier Stunden später wache ich leider auf. Zuerst bin ich sauer, aber in den Zeiten des Schreibens finde ich die Schlaflosigkeit fast eine Gnade. Ich liege fröhlich wach, und dann geht das Projizieren los. Nach zwei, drei Stunden habe ich die Episode des nächsten Tages schon ziemlich in mir. Das ist die fruchtbarste Zeit, ohne dass ich da was aufschreibe. ■ Das Trödeln und Herumdrücken weitet sich aus, je älter ich werde. Beim »Bildverlust« habe ich erst am frühen Nachmittag angefangen zu schreiben, weil das immer meine trübsinnigste Zeit im Leben war. Ich dachte: »Gehe an die Arbeit, wenn die Farben in dir sich am meisten eintrüben. Die Bewegung, wieder ans frische Leben zu kommen, soll in der Bewegung der Sätze spürbar werden.« ■ In den Zeiten des Schreibens lese ich am Vormittag eine halbe Stunde lang fremdsprachige Autoren. Dieses wortweise Lesen mit Wörterbuch ist gut für das Arbeiten. Das schließt mich auf und lässt mich innerlich spielen. Aus dem Spielen entsteht das Denken, das zugleich ein Schauen ist. Es macht einen beweglich im Sinne von Goethe, der als Alter gesagt hat: »Ich habe mich bildsam erhalten.« Das ist mein Hauptantrieb beim Lesen. ■ Im Moment ist nichts los mit mir. Das Schreiben fehlt mir aber überhaupt nicht. Es wäre mir zurzeit sogar körperlich ekelhaft. Man soll auch immer wieder die Finger davon lassen. Es ist unanständig, jeden Tag zu schreiben. ▮ Romane schreibe ich seit 1989 mit Bleistift. Ich hatte damals drei Jahre lang keinen festen Wohnsitz, weil ich in der Welt herumgereist bin. In Andalusien dachte ich plötzlich, ich möchte etwas Geschriebenes von meinem Herumziehen mitbringen. Da gab es aber nur Schreibmaschinen mit spanischer Tastatur. Da sind die Buchstaben ganz woanders, und mitten in der schönsten Inspiration haut man dauernd daneben. Ich dachte: »Scheiß drauf, versuch doch mal, mit der Hand zu schreiben.« Mit dem ersten Satz wusste ich, es ist gut so. Es war so heimelig, so warm, so intensiv. Über das Geräusch eines Bleistifts könnte ich fast eine Ballade schreiben. Es ist auch schön und richtig zu radieren. Man spürt, dass man beim Tun ist. Nur meine Theaterstücke schreibe ich auf der Maschine. Wenn Dialoge kommen, muss ich den Krach hören. ▮ Die Bleistiftstummel hebe ich nach Romanen getrennt auf. Ich sammele die nicht, die sammeln sich halt an. Ich werde sie doch nicht extra wegschmeißen. Wenn ich kein Geld mehr habe, versuche ich, die an ein Literaturmuseum zu verscherbeln. ▮ Bei Schreibblockaden gehe ich herum, spitze Bleistifte, sammle Brombeeren oder gehe meinetwegen pinkeln, auch wenn ich gar nicht muss. Dann wird das Problem sichtbar, und ich gehe mitten hinein. ▮ Kein Schriftsteller kann wirklich Gefolge haben. Goethe hatte nie ein Gefolge. Der war zu einschüchternd und zugleich selbst zu schüchtern. Jeder, der in dieser schönen Weise einschüchternd ist, ist selbst schüchtern. ▮ Für den Gesellschaftsroman bin ich nicht geschaffen. Ich kann nur von mir erzählen. Aber je mehr man über sich nachdenkt, desto romanhafter wird es doch. Je weiter einer sein Ich ausweitet, desto mehr wird es zur Welt. Wie kann ich denn wissen, wer Sie sind? ▮ Das Wort Bestseller zieht mir schon die Schuhe aus. Das Lesen ist einer der herzerwärmendsten und augenöffnendsten Vorgänge, die es im Menschenleben gibt. Aber was man da so an Dubidubidu-Büchern vorgesetzt bekommt, ist ja überhaupt nichts Lesbares. Das sind unleserliche Bücher. ▮ Mir geht es zunehmend so, dass ich ein Buch nicht lesen kann, wo die Sätze kurz sind. Da ist einfach nichts zum Lesen da. ▮ Michel Houellebecq würde ich ganz gerne lesen, aber ich warte noch ein bisschen, weil es so ein Muss ist, und das hält mich physikalisch ab. Ich habe einmal eine Seite gelesen. Der Rhythmus der Sätze war gut. Ich kann ihn nur nicht ausstehen, wie er da im Fernsehen sitzt und seine Zigaretten raucht. Das ist eine totale Literaturhure – aber es gibt ja auch tolle und äußerst begabte Huren. ▮ Zu Ihrem, aber nicht zu meinem Leidwesen kann ich sagen, dass ich von Christian Kracht und Benjamin von Stuckrad-Barre nichts gelesen habe. Meine ältere Tochter hat mir immer von Max Goldt geschwärmt. Ich fand ein, zwei kleine Geschichten sehr lustig, aber so ein ganzes Buch, da dachte ich, mein Kopf wird zum Stickluftballon. ▮ Es gibt intelligente Menschen, bei denen man das Gefühl der Blödheit hat, weil sie dauernd so intelligent sind. ▮ Kranke und Sterbende lesen sehr gut. Als mein Freund Nicolas Born mit ungeheuren Schmerzen im Sterben lag, wollte er unbedingt die Fahnen von »Langsame Heimkehr« lesen. Er hat mir dann um Atem ringend wunderbar schön davon erzählt, wie es ihm mit dem Lesen erging. ▮ Vor 20 Jahren lag ich mit einem Fast-Herzinfarkt im Krankenhaus, überall an Schläuche angehängt. Ich kann mich an die ungeheure Freude erinnern, wie ich da Goethes »Wahlverwandtschaften« gelesen habe. Zugleich habe ich vor dem Klinikfenster die Grabsteine gesehen. Das hat mir überhaupt nichts ausgemacht. ▮ Im »Bildverlust« tritt Joschka Fischer als »siegreicher Unterfeldherr« auf, der »morgendliche Trainingsläufe absolviert« und einen Jogging-Ratgeber veröffentlicht hat. Das sind so kleine Tritte im Vorbeigehen. Diese ungehörigen Sachen machen mir Spaß. Das ist auch ein Vorteil des Alters, dass man nicht mehr so puristisch ist. In 100 Jahren wird da eine Fußnote stehen müssen, wer gemeint ist. ▮ Es ist keine Zumutung, in meinen Büchern vorzukommen. Ich versuche, in jedem das Helle herauszufächern. Ich bin, das ist mein Instinkt, ein Menschen-Erweiterer. ▮ Reich-Ranicki sagt, dass in »Mein Jahr in der Niemandsbucht« die gegen ihn

gerichteten Passagen besonders schlecht geschrieben seien. Es ist aber nicht so, wie er das in seiner Affenpsychologie darstellt. Ich finde es sehr fein und elegant geschrieben, wie er vorkommt. Da kann er drauf stolz sein, dass er so verewigt ist. Er hat einen Riecher für alles, aber da die große Literatur fast keinen Duft hat, hat er keine Witterung für sie. Er lebt nur für diese Fernsehwortspektakel für Leute, die gar nicht lesen, sondern Worte nur zum Angaffen finden. Er verwechselt in seiner Literaturkritik-Tätigkeit seine Plattheit mit Klarheit. Und da er ein ungeheures Maulwerk hat, finden zu meinem immerwährenden Erstaunen die Leute daran ihre Belustigung. ▪ In der »FAZ« wurde ein Jahrzehnt lang jedes einzelne meiner Bücher zerfleddert wie von Strauchdieben – und Reich-Ranicki war der Oberstrauchdieb. Er ist so beschränkt. Sowie die Erkenntnis der Beschränktheit da wäre, wäre das schon eine Erweiterung. Aber er ist so stolz auf seine Beschränktheit. Das ist der Skandal. ▪ Als »Das Gewicht der Welt« erschien, schrieb er – ich kann bei ihm das Wort schreiben nur in Anführungszeichen setzen: »Damit hat sich Peter Handke aus der Literatur herausgeschrieben.« Da er gar keinen Verstand für subtile, sucherische Bücher hat, hätte er nie etwas darüber griffeln dürfen. Ich nehme das den »FAZ«-Leuten fast noch übler als ihm, weil man dem nichts übel nehmen kann, weil er selber ein Grundübel ist. Als er nicht mehr schrieb, haben sich »FAZ«-Leute dazu hergegeben, in seinen Diensten meine Bücher anzufaulen. Nie werde ich ihm auch nur das Kleinste verzeihen können. ▪ »Spiegel«-Redakteure haben doch ihren Whisky, und ihre Frauen sind viel jünger, geiler und exotischer als meine. Die haben alle rassige Reitpferde, und bei mir läuft höchstens ein kleiner Igel ums Haus herum. Die kriegen ein Heidengeld bezahlt, sitzen glücklich wie Onkel Dagobert auf ihren Geldhaufen und sagen, wo die Welt langgeht. Warum sind die total sauer auf mich? ▪ Es gibt heutzutage eine neue Art von Lesern. Das merkt man schon, wie sie ein Buch aufschlagen. Da hat man das Gefühl, sie tun dem Buch eine Gunst an, dass sie es überhaupt in die Hand nehmen. Diese Arsch-Haltung gibt es in den Verlagen zuhauf. ▪ Es wird wieder ein neues Lesen geben. Es kann nicht anders sein, denn Lesen ist das Schönste auf der Welt. Wenn ich in eine Videothek gehe –

ich gehe ja der Kinder wegen oft in diese Geschäfte –, habe ich das Gefühl, das sind Leser, die noch nicht mit dem Lesen begonnen haben. Die haben eine Distanz und Freundlichkeit, wie ich es von Lesern kenne. ▪ Die Kinder und den Kampf mit einer Frau würde ich nicht mehr aufgeben wollen. Nur schreiben und herumstudieren, wie Thomas Bernhard es gemacht hat, könnte ich nicht. Ich bin gern auch in einer anderen Pflicht. ▪ Sobald ich sesshaft bin, habe ich Heimweh nach der Freiluft der Einsamkeit. Ich bin eine Säge, die man im Holz hin- und herzieht, die einmal dort sein will und einmal da. Sobald man einen Platz hat, wird es einem sofort unheimlich. ▪ Mein Nachbar ist ein Irrer. Dieser Mensch stellt Lautsprecher und Verstärker in seinen Garten und rülpst dann stundenlang in ein Mikrofon. In solchen Momenten überkommen mich epileptische Hassanfälle. ▪ In Gesellschaft fühle ich mich wie in einen gläsernen Berg eingeschlossen. Man findet es schrecklich lächerlich und widerwärtig, was geredet wird, aber man ist völlig handlungs- und sprechunfähig und kann nicht losbrüllen. Die anderen merken das gar nicht und reden umso routinierter und dümmer weiter. ▪ Es gibt keinen, den ich nicht in zehn Minuten bis an sein Lebensende gedemütigt hätte. ▪ Samuel Beckett habe ich dreimal getroffen. Es war abschreckend, wie er umgeben war von Universitätsleuten und wie willig er auf diese doch servile Gesellschaft eingegangen ist. Da waren so richtige Bücklingsmenschen um ihn herum aus aller Herren oder Frauen Länder, und ich dachte: »Um Gottes willen, nur nicht so enden, dass mit 70 jeden Tag drei Universitätsassistenten mich umlungern!« Das erste Gespräch fand morgens in der Closerie des Lilas in Paris statt. Beckett hat ein Bier getrunken. Das hat mich angeheimelt und ermutigt zu fragen, was bei ihm außer Bier noch so im Alltag vorkommt. Er sagte: »Rugby im Fernsehen.« ▪ Einem Interviewer der »Zeit« habe ich mal vorgelogen, dass ich Jeanne Moreau meine Liebesbriefe an sie gestohlen hätte, damit nach meinem Tod nichts Persönliches von mir kursiert. Meine so genannte Biografie besteht aus falschen Spuren, die ich selbst lege, damit zum Erfinden möglichst wenig übrig bleibt. Wenn Legenden schon sein müssen, dann spiele ich halt ein bisschen mit. Ich habe einfach kein so ereignisreiches Leben. Es wird erst dadurch interessant, dass ich ein paar Spuren lege. Ich lese über mein Leben und bin ganz entzückt. Man erfindet etwas, damit man selbst etwas zu lesen hat. ▪ Als unsere Beziehung noch nicht publik war, stiegen Jeanne Moreau und ich vor dem Hotel Vier Jahreszeiten in München in ein Taxi. Da hat ein Fotograf seine Blitzlichtkamera ins Auto hineingehalten. So angewidert hat mich selten was. Mademoiselle Moreau hat es ganz gelassen hingenommen. Ich habe damals gemerkt, dass diese Blitzlichter in meine Gefühle eingreifen. Das merke ich inzwischen nicht mehr. Insofern habe ich mich doch verändert, was mein so genanntes Gefühlsleben – wenn ich überhaupt eins habe – angeht. Sind Sie jetzt zufrieden mit meinen Herzensergüssen? ▪ Meine Beziehung zu Frau Katja Flint? Was soll denn das jetzt? Gehen Sie sich doch ficken! Was wollen Sie wissen? Sexpartys? Oh Himmel! Wollen Sie noch bis in die Dämmerung mit der Erörterung dieser weltbewegenden Dinge fortfahren? Können Sie mir erklären, warum das die so genannte Welt interessiert? ▪ Ich habe doch selber keine Ahnung, was es ist mit der genannten Frau und mir. Ich könnte es nicht definieren. Ich folge einfach dem, was ist, und bin gespannt. Mein Motto ist: Ahnung und Gegenwart. ▪ Hatten Sie auch den Spruch in der Schule: »Mein letzter Wille, eine Frau mit Brille«? Mein eingefleischter letzter Wille war: keine Schauspielerin. Und jetzt? Eine Schauspielerin! Noch dazu eine Deutsche. Und noch dazu eine Norddeutsche. Ich hätte nie so was gedacht. Aber der Mensch denkt, und irgendwas lenkt. In den Abgrund. Oder in den Himmel. Wenn Sie mir eine Million Euro bieten, schreibe ich Ihnen über Frau Katja Flint und mich eine Supergeschichte – wenn Sie wollen, sogar auf Computer. ▪ Van Morrison, einer meiner liebsten Sänger, hat die Schönheitskönigin von Irland geheiratet. Der ist noch bescheuerter als ich. Da muss man etwas weggetreten sein, um mit einer Schönheitskönigin zusammenzuleben. ▪ Libgart Schwarz, Jeanne Moreau, Marie Colbin, Sophie Semin, Katja Flint – ich bin seit 40 Jahren immer mit Schauspielerinnen zusammen. Als ich Sophie Semin vor zwölf Jahren kennen lernte, arbeitete sie als Pressechefin für den Modedesigner Yoshi Yamamoto, und ich dachte: »Endlich eine Frau, die keine Schauspielerin ist!« Diese Frau war die Geschichte meines Lebens, etwas ganz Großes – vielleicht auch dadurch, dass sie total unbeleckt war. Und dann kam die Posse, frei nach dem Titel des Films von Bertolucci »Tragödie eines lächerlichen Mannes«: Nach drei Monaten, die wir uns kannten, hat sie gekündigt und wollte Schauspielerin werden! ▍ Früher habe ich mal gesagt: »Schauspielerinnen sind die einzigen interessanten Frauen. Sie verlieren durch ihren Beruf, was an den Frauen so störend ist: das Körperliche. Bei Schauspielerinnen ist das weniger lästig.« Was ich meine: Schauspielerinnen haben das Spiel in sich. Damit meine ich nicht die Lüge. Sie sind leichter und verstehen zugleich mehr, weil sie sehr gut beobachten können, ohne dass man es merkt. Die anderen Leben, Körper und Gesten gehen über auf sie. Sie erzeugen die Täuschung, dass das Leben und die Körper nicht so schwer sind. Aber bei Marilyn Monroe und Arthur Miller hat man gesehen, dass es total ins Verderben führen kann. Mit Marie Colbin zum Beispiel war diese Leichtigkeit nicht vorhanden. Das war, wie man so sagt, ein guter Mensch, der nicht aus sich herauskam. Deshalb ist es bei ihr ausgeartet in Hysterie. ▍ Ich muss immer wieder schauspielern, um als der zu erscheinen, der ich bin. Auf dem Umweg über das Spiel finde ich zurück zu dem, der ich bin. Sogar mit meinen eigenen Kindern muss ich mein Vorhandensein spielen, um wirklich vorhanden zu sein. Und dann wird es besonders schön und leicht und rührend und lebendig. Wenn ich aber nur vorhanden bin, stehe ich dem Kind eher im Weg herum. ▍ Ich soll stets mit schönen Frauen liiert sein? Ich finde eher die Frauen intelligent und mich schön. ▍ Es gibt diese Illustriertenschönheiten, aber wirkliche Schönheit ist ganz was Seltenes. Ich kann nicht anders, als nach Schönheit Ausschau zu halten. Sie rührt mich, macht mich projizieren, lässt mich träumen, bringt mich auf den Sprung. Das heißt um Gottes willen nicht, dass ich diese Schönheit erobern will. Andererseits bin ich überhaupt kein so genannter Softie. ▍ Alle wirklich schönen Frauen sind ungeschickt. Sie kratzt mir die Augen aus, wenn ich von ihr rede, aber ich sehe das bei Sophie. Ihr Ungeschick ist manchmal einfach unglaublich. Auch das belebt mich und gibt mir Vertrauen. Ungeschickte Schönheit – da denke ich, da ist noch ein Kind verborgen. Auch wenn die noch und noch mit Männern gewesen wäre, zeigt mir das Unschuld. ▍ Meine 32-jährige Tochter Amina sagt: »Mein Vater hat mir noch nicht einmal erzählt, dass es aus ist zwischen ihm und seiner Frau Sophie. Dass er mir eine neue Frau in seinem Leben verschweigt, ist nichts Ungewöhnliches. Es gibt da so ein Spielchen zwischen uns: Wenn wir irgendwo zusammen eingeladen sind und er eine Neue dabeihat, soll ich immer selbst herausfinden, ob da was läuft.« Warum soll ich ihr auch was erzählen? Es geht sie ja nichts an. Die ist doch schon alt. ▍ Meine Tochter Leocadie ist neun. Ich gehe sie fast jeden Tag von der Schule abholen. Dann machen wir Hausaufgaben. Jeder löst seine Mathematikaufgabe, und dann vergleichen wir, ob wir identische Ergebnisse haben. Inzwischen macht sie das eher mir zuliebe. ▍ Wir haben den »Herrn der Ringe« gesehen. Ich mochte den Film nicht, weil ein Monstrum auf das andere folgte. Leocadie sah ihn schon zum zweiten Mal und war total cool. Sie hat sich gesorgt um mich, weil ich dauernd zusammenschreckte, wenn wieder ein Zoom auf eines dieser Monster losging. Wenn ein Horror kam, wollte sie mich immer beruhigen und sagte: »Papa, du musst jetzt mal die Augen zumachen, aber keine Sorge, die Szene geht ganz schnell vorbei.« ▍ Früher habe ich ohne Uhr gelebt und war oft zu früh. Jetzt habe ich so ein Handy. Wenn ich die Uhrzeit wissen will, schalte ich es ein und dann gleich wieder aus.

Helmut Krausser Schriftsteller und Dramatiker
»Gäbe es mich nicht, würde ich zum Kulturpessimisten werden«

Früher habe ich keinen Kalauer ausgelassen wie »Mutterschaft macht eine Möse zum Möseum«. ▋ Ich war mal spielsüchtig, und ausgerechnet bei diesen billigen Münzautomaten. Manchmal habe ich die Miete in Fünfmarkstücken bezahlt. ▋ Ich habe gelernt, dass die Bekämpfung der Dummheit schon ein Symptom derselben ist. Ein Autor ändert etwas mit seinen Büchern oder gar nicht. ▋ Talent überlebt nur, wo es eine Elefantenhaut trägt gegen die Urinstrahlen der öffentlichen Reaktion. Viele Kritiker sind Arschlöcher aus Analphabethlehem. ▋ Dass Theaterkritiker überhaupt nichts verstehen, liegt vielleicht daran, dass sie in Theatern rumhocken, wenn anständige Leute fernsehen. ▋ Zuletzt habe ich Shakespeare meinen Tribut gezollt und seinen »Julius Caesar« neu übersetzt. Und ein wenig gestrafft. Jetzt ist die alte Haut wieder glatt. ▋ »Wenn es mich nicht gäbe, würde ich zum Kulturpessimisten«, steht in meinem Tagebuch. Gefälschte Bescheidenheit mag ich nicht. Beim großen Maul beginnt der Kopf doch erst. ▋ Früher hatte ich schon morgens Hassfantasien und Mordgedanken, die ich nur beim Schreiben loswurde. Ich war öfter mal kurz vor dem Amoklauf. Aber Hass als Produktivkraft ist ja nur eine von vielen Stimulanzien. Die anderen heißen Schmerz oder Weltverbesserungsfuror oder Angst. Oder, nicht das schlechteste: Liebe. Ich gehöre fast schon zu den guten Jungs. Das Dunkle klingt ab. Das ist eine Frage der Sublimierung und des persönlichen Glücks. Sobald man Liebe erfährt, mildert das auch den Hass in einem. Man wird bereiter zu verzeihen. Das klingt jetzt sehr christlich, ist aber eher pragmatisch – wie es in »Thanatos« heißt: »Man kann ja nicht alle töten.« ▋ Die Freiheit, nach Lesungen Reizfleisch und erotisches Treibgut aufzulesen, nutze ich äußerst sparsam. Gerade bei Frauen, die ich stark begehre, sitze ich meist wie ein gelähmter Ölgötze da, dem absolut nichts einfällt. Das sind Momente, wo ich mich gar nicht mag. ▋ Schizophrenie ist eins meiner Lieblingsthemen. Ein Schriftsteller muss versuchen, alle Figuren seiner Bücher zu sein, um sie mit Leben zu erfüllen, jenseits von Gut und Böse. Wenn er das zu sehr verinnerlicht, wird er zwangsweise zu einer Art virtuellen multiplen Persönlichkeit. Manchmal komm ich mir vor wie eine Gruppe aus zwölf Schriftstellern, die in meinem Kopf zusammengesperrt sind. Aber die meisten von uns sind recht nett. ▋ Ich habe nie eine größere Ekstase erlebt als beim Hören großer Musik. Und wenn Musik und Wein und vielleicht noch ein Durchbruch im Text, an dem man gerade schreibt, zusammenkommen, ist das eine heilige Trinität, die durch gar nichts zu schlagen ist. Da sieht man tief in den Kosmos. Sieht Gott. Und der sieht ungefähr aus wie ich – nur älter.

Walter Kempowski Schriftsteller
»Drei Tage lang musste ich nackt in kaltem Wasser sitzen«

Als Zuchthäusler in Bautzen habe ich jahrelang mit 400 Häftlingen in einem Saal gelebt, ohne Arbeit und meist auch ohne Bücher, von Papier und Bleistift ganz zu schweigen. Was machen Menschen in einer solchen Lage? Sie erzählen von ihrem früheren Leben. Ich hatte den Tick, von Koje zu Koje zu gehen und mir das anzuhören. Als ich einmal abends über den Anstaltshof geführt wurde, fragte ich den Wachtmeister, woher dieses seltsame Gemurmel komme, das in der Luft lag. Er antwortete: »Das sind Ihre 8000 Kameraden. Die erzählen sich was.« Dieser Moment war der Beginn vom »Echolot«. ▮ Erst durfte ich in Bautzen als Politischer nicht arbeiten, dann wollte ich nicht. Ich habe einen vierzigköpfigen Kirchenchor geleitet. Dafür sitze ich ja nun nicht, dass ich Akkordarbeit in der Schneiderei mache oder Patronentaschen für die ungarische Armee herstelle! ▮ Vielleicht ist meine Sammelei von Schicksalen mit dem Verwalten eines Zuchthauses zu vergleichen. Ich habe seit 1980 in meinem Archiv 6300 unveröffentlichte Tagebücher und 300.000 Privatfotos gesammelt. Für mich ist es von eigenartigem Reiz, mich in die Lebensumstände von Menschen hineinzuversetzen, die meist längst tot sind. Ich habe das Gefühl, ich müsste diesen Menschen nachträglich Gerechtigkeit widerfahren lassen. ▮ Ich weiß auch nicht, wie ich es seit mehr als 20 Jahren durchhalte, mich tagein, tagaus mit Kriegsgräueln und Judenmord zu beschäftigen. Schlaflosigkeit, Überreiztheiten – meine Umgebung kann ein Lied davon singen. Aber man kann sich das nicht aussuchen. Als ich einen Schlaganfall hatte, sackte ich mit den Worten zusammen: »Gott sei Dank, jetzt darf ich endlich aufhören!« Das war ein seliges Glücksgefühl, das ich Ihnen nicht beschreiben kann. ▮ Meine Arbeit ist Sühne, denn zum allgemeinen Unrecht, das geschah, quält mich meine sehr persönliche Schuld, dass ich durch meine Unvorsichtigkeit meine Mutter und meinen Bruder auch ins Zuchthaus gebracht habe. Das kann ich mir nie verzeihen. ▮ Ich wurde wegen »antisowjetischer Spionage« zu 25 Jahren Zuchthaus verurteilt und nach acht Jahren vorzeitig entlassen. Die Schiffsmaklerei meines Vaters war an der Verschiffung von Demontage-Gütern beteiligt. Als 18-Jähriger machte ich Kopien von Frachtbriefen, die belegten, dass Sachen auch illegal demontiert und nach Russland geschafft wurden. Heute würde das unter Journalismus fallen. Meine Mutter bekam sechs Jahre wegen Mitwisserschaft. Sechs Jahre Zuchthaus, nur weil ich den Mund nicht gehalten habe. Ein einziges Mal ja gesagt statt nein. Einmal! Wie kommt man dazu? ▮ Als ich bei den Verhören durch die Russen keine Mitwisser nennen wollte, musste ich drei Tage lang nackt im kalten Wasser sitzen. Das war natürlich Wasser, wo andere Leute schon reingeschissen hatten, eine so genannte Brühe war das. Es gab weder Rechtsanwalt noch Arzt, und man war immer von fremdsprachigen Menschen umgeben, die einem nie eine Auskunft gaben. Irgendwann war ich dann so weit, meine Mutter zu belasten. ▮ Als mir in der Einzelhaft klar wurde, was ich meiner Mutter angetan hatte, habe ich natürlich versucht, mich zu beseitigen. Ich band mir ein Taschentuch um den Hals, steckte einen Löffel hinein und drehte es fest. Durch die Strangulation war das Bewusstsein sofort weg. Ich fand mich auf dem Fußboden wieder, zitternd. Es hatte nicht funktioniert. Das war der Tiefpunkt, auf den sich alles bezieht, was ich tue. ▮ Unser Wiedersehen 1956 in Hamburg war sehr schön und verlief ganz und gar ohne Vorwürfe. Sie erzählte mir, dass sie von einem Nachbarn denunziert worden sei! Das war für mich ein Schock, denn mit dem Kerl hatte ich auf einer Zelle gesessen. Wozu die Russen dann überhaupt noch meine Aussage brauchten, ist mir ein Rätsel. Meine Schuld wurde dadurch zu einer metaphysischen Schuld. Mein Gewissen ist dadurch aber nicht entlastet. ▮ 1958 habe ich es einmal versucht, mit meiner Mutter über mein Schuldgefühl zu sprechen. Aber sie wollte das gar nicht. So was ist ja auch peinlich. Ich konnte ihr noch nicht mal finanziell helfen, weil ich als Student selbst keinen Pfennig hatte. Für meine Verwandtschaft war ich natürlich der große Verräter, der die arme Gretel ins Unglück gestürzt hat. Zu Recht, nicht? ▮ Als meine Mut-

ter 1969 im Sterben lag, lag mein erster Roman auf ihrem Nachtschrank. Der Arzt sagte: »Oh, Sie haben einen Sohn, der Schriftsteller ist!« Zu mir meinte sie: »Der soll sich mit meiner Krankheit befassen und nicht mit deinem Buch!« Sie war oft sehr direkt. Hätte sie mir als Kind wenigstens den Gefallen getan, garstig zu sein. Dann könnte ich jetzt das Gefühl haben: Na ja, sie hat ihr Fett weggekriegt, weil sie mir damals das Apfelmus nicht gegeben hat. Aber so war das eben nicht. Sie war sehr liebevoll. ■ Ich rase wie angestochen durchs Leben, weil dieses Gefühl immer schlimmer wird, vor Toresschluss noch ein Pensum abarbeiten zu müssen. Nachts sehe ich die Arbeit, die mich bedrängt, und morgens würde ich am liebsten gleichzeitig pinkeln, Zähneputzen und Haare kämmen. ■ Ich bin getrieben von der Vorstellung, ich müsse irgendwas wiedergutmachen. Und da ich es nicht an meiner Mutter gutmachen kann, setze ich mich für ungerecht behandelte Menschen ein. Ich weiß, es klingt großspurig, aber meine Arbeit ist mir aufgetragen. ■ In meinem Tagebuch steht: »Je älter man wird, desto fremdartiger kommen einem Frauen vor. Solange man liebt, hat man keine Ahnung von Frauen. Sonst liebte man wohl auch nicht.« Klingt ganz gut. Aber ohne Frauen ist es eben auch nicht auszuhalten. Solange man Frauen noch liebt, übersieht man ihren Egoismus oder hält ihn für neckisch. Man denkt: Ist doch lustig, dass die sich immer die größere Wurst greifen. Wenn man sich dann der Scheidung nähert, ist das nicht mehr so lustig. ■ Meine Familie nennt mich wegen meiner Wutausbrüche »Iwan der Schreckliche«. Ich genieße den Rausch, der mit meinen Kragenplatzereien verbunden ist. Ich weiß, dass ich mir damit schade, aber trotzdem: Der Ärger muss raus! So ein Wutkoller hat den gleichen befreienden Effekt wie eine Ejakulation oder wenn man schön niest. ■ Ich habe mal geträumt, dass Günter Grass in meinem Haus von Bild zu Bild geht und mir sagt, was ich hängen lassen soll und was abnehmen. Wenn ich mit großer Welt zusammentreffe, habe ich immer noch den Ranzen auf dem Rücken. Ich bedaure, dass es kein Gespräch zwischen Grass und mir gibt, aber was wollen Sie auch mit der Sonne sprechen? Da kann man nur wie ein Hund heulen – und man heult ja gewöhnlich den Mond an. ■ Als ich mal mit seiner Frau redete, sagte Grass zu ihr: »Sieh dich vor, der Kempowski verkauft dir unechten Schmuck!« So was einem ehemaligen Zuchthaushäftling zu sagen ist auch nicht sehr fein. ■ Der Roman »Herzlich willkommen« wäre um ein Haar mein Tod gewesen. Ein Jahr lang konnte ich keine Zeile zu Papier bringen. Ich hatte Weinkrämpfe und stand kurz vorm Selbstmord. Der Knast war nichts dagegen. Mir sind fixe Lyriker wie Erich Fried suspekt, die eben mal ein Gedicht auf ihre Manschette oder den Fahrschein schreiben. ■ Der Autor muss immer unter der Glocke seines Themas leben. Künstlerehen sind deshalb selten glücklich. ■ Frühling ist für Künstler etwas Schreckliches. ■ Ein Schriftsteller muss sein Trauma kultivieren und als Kraftquelle nutzen. Ich hatte mein Schlüsselerlebnis als Fünfjähriger, als ich meiner Mutter beim Heißmangeln half. Nachdem ich zum dritten Mal das Bettlaken losgelassen hatte, schimpfte meine Mutter: »Deinem Bruder Robert ist das nie passiert!« That makes me tick. ■ Wenn ich mir was Gutes tun will, stöbere ich den ganzen Tag in einem Fachgeschäft für Bürobedarf. Diese Auswahl an farbigen Kartenreitern, Bleistifte in 26 Stärken, und in welch wunderbaren Farben und Formen Tesafilm angeboten wird: Das ist Kultur! ■ Legen Sie einem Autor niemals die Taschenbuchausgaben seiner Werke zum Signieren vor. Pro Taschenbuch verdient der Schriftsteller nur 20 Pfennig. Sie gehen ja auch nicht zu einem Maler und lassen sich ein Kalenderblatt signieren. ■ Von vielen werde ich noch immer geradezu boykottiert. Glauben Sie, ich hätte in 30 Jahren von einem Kultusminister von Niedersachsen auch nur einmal eine Postkarte bekommen? ■ Kein Goethe-Institut lädt mich ein, und die großen Literaturpreise habe ich alle nicht. Da sitzen immer noch die 68er in den Gremien, die nicht verzeihen können, dass ich mich gegen den Sozialismus vergangen habe. Das Schlimmste, was einem Autor passieren kann, ist, Recht zu behalten. Dafür hasst man ihn lebenslänglich. Aber lassen Sie dieses Thema. Es beunruhigt mich. Das grenzt bei mir schon an Verfolgungswahn.

Bernhard Minetti Schauspieler
»Selbstsucht ist die Existenzgrundlage jedes Künstlers«

Natürlich weiß ich, dass wegen meiner Rolle in der NS-Zeit einige ältere Zuschauer demonstrativ die Arme verschränken, wenn ich zum Schlussapplaus auf die Bühne komme. Diese Vorbehalte habe ich immer gespürt. Es muss aber zwischen Mimikry und tatsächlicher Verstrickung unterschieden werden. Eine Theaterzeitschrift hat ein Bild veröffentlicht, das mich bei einer berühmten Goebbels-Rede zeigt. Mit keinem Wort wurde erklärt, wie man als Schauspieler dahin kam. Im Theater in Berlin hatte ein Brief für mich gelegen. Ich sollte aus dringenden Gründen ins Büro der NSDAP kommen. Der Ton des Briefes lag zwischen Aufforderung und Befehl. Vor dem Parteibüro traf ich Herbert von Karajan. Er hatte einen ähnlichen Brief bekommen. Drinnen bekamen wir dann die Karte für Goebbels' berüchtigte Durchhalterede im Berliner Sportpalast. ▮ Ich war ein unpolitischer Mitläufer, der in einem Dutzend NS-Filmen mitgespielt hat. Ich konnte kein Held sein. Das war meine Entscheidung. ▮ Ich bin kein Täter, eher ein Hamlet. Ich sehe die Dinge wohl, aber ich kann nicht handeln. Vielleicht war mein Verhalten feige. ▮ Ich muss schauspielen, um mich lebendig zu fühlen. Das Theater rettet mich vor Einsamkeit, Depression und Verzweiflung. Ich habe vor nichts so große Angst wie vor künstlerischer Impotenz. ▮ Für meine Arbeit muss ich mich von der Wirklichkeit abschotten. Wenn ich mir im Fernsehen Bilder von Kriegen bei vollem Bewusstsein anschauen würde, könnte ich nicht Theater spielen. ▮ Künstler, die ihre Erlebnisse in der Welt suchen statt im Arbeitszimmer, sind Dilettanten. ▮ Selbstsucht ist die Existenzgrundlage jedes Künstlers. ▮ Nur wer die eigene Isolation aushält, bleibt produktiv.

Einar Schleef Regisseur und Schriftsteller
»Was die Welt verändert, kommt immer aus der Verzweiflung«

Mit 16 bin ich in der Nähe meines Heimatortes Sangerhausen aus einem fahrenden Zug gestürzt. Das war an einem Freitag, dem 13. Der Zug sollte ausrangiert werden. Deshalb hatte man bereits die Türschlösser entfernt. In einer Kurve ist dann die Tür aufgegangen, gegen die ich lehnte, und ich fiel in einen Stapel Betonschwellen. Ich lag dann ein Jahr lang im Acht-Bett-Zimmer eines Krankenhauses. Unser Zimmer hieß »Himmelfahrtskommando«. Überlebt habe nur ich. Ich hatte Gips an Arm und Bein und war die ersten Wochen blind. Kot lief aus dem Körper und glitschte mir am Leib runter. Ich war nur Schmerz. ▪ In unserem Absterbezimmer gab es einen jungen Agronom, der beim Studieneinsatz von seiner Frauenbrigade am Unterleib angegangen wurde. Da krachten Lehrstoff und Realität zusammen. Der hatte sich mit diesen Frauen vertan, und die haben den angefallen und unten alles weggebissen. Die Damen hätten auch ein scharfes Messer nehmen können, aber solche Dinge gestaltete man in der DDR eben lustvoller. Der junge Mann hat sich dann im Patientengarten aufgehängt. ▪ Im Krankenhaus habe ich den ganzen Tag gedöst. Das mache ich heute auch noch den halben Tag. Ich bin eigentlich total passiv und träge. Ich kann mich nicht beschäftigen. Privat sind mir andere Menschen weit, weit voraus. Die können sich was vornehmen, dahin und dorthin gehen, einfach fantastisch. Das halte ich nicht drei Tage durch. Das ist ein schweres Manko im Umgang mit mir. Das hat etwas Igel- und Schneckenmäßiges. ▪ In den ersten Wochen im Krankenhaus brachte ich kein einziges Wort heraus. Dann musste ich Sprache völlig neu lernen. Seither stottere ich heillos. Im Kopf ist ein Bruch passiert. Die Sprache hat sich in mir verbarrikadiert. Sie tobt und schlägt gegen die Schläfen. Manchmal halte ich mir den Mund zu oder beiße auf die Lippen, um die Leute nicht zu erschrecken. ▪ Die NVA hat auch Stotterer eingezogen. Bei uns im Dorf gab es viele, die einen Dachschaden hatten. Die haben sie auch alle genommen. Um nicht Soldat zu werden, musste ich meine Musterung irgendwie mit »ungenügend« schaffen. Als man sich ausziehen musste, bin ich durchgedreht. Bei der Verabschiedung durch den vorsitzführenden Offizier war dessen Uniformjacke nass und blutig, da ich mich an seiner Brust weinend an seinen Orden verletzt hatte. Ich bin dann richtig zusammengeklappt. Das habe ich ja oft, dass ich die Kraft nicht mehr halten kann und zu Boden gehe. ▪ 1996 habe ich am Berliner Ensemble Brechts »Herr Puntila und sein Knecht Matti« geprobt. Als der Puntila-Darsteller einen Unfall hatte, wollte ich meinen Kündigungsbrief abgeben, aber meine Freundin sagte: »Jetzt halte endlich die Fresse! Du musst da für Heiner Müller durch!« Ich habe den Puntila dann selbst gespielt – ohne zu stottern. Es muss, doof gesagt, eine Verwandlung stattfinden. Mit dem Anlegen des Kostüms gebe ich mich auf. Als angenommene Figur habe ich dann Sprache zur Verfügung. Die Person, die ich dann bin, hat eben keinen Sprachfehler. ▪ Mein Stottern hat mich verbogen, das ist ganz klar. Aber was die Welt verändert, kommt immer aus der Verzweiflung. Man wird zum Außenseiter und bleibt das. Unter diesem schiefen Blick sieht man die Zusammenhänge anders. Das hat sich in meinem Privatleben genauso niedergeschlagen wie in meiner Arbeit. Ohne diesen Bruch würde ich über die anderen Menschen herfallen und sie kaputtmachen. Oder ich würde sie zu sehr berühren. In diesem Zustand kann man kein Familienleben haben, das war von Anfang an klar. ▪ Ich habe vier Kinder von vier Frauen. In der DDR herrschten eben andere Verhältnisse. Da konnte einer wie ich doch nur vom Kindergeld existieren. Mit Wohnraum war das ähnlich. Als ledige Mutter mit Kind bekam man eineinhalb Zimmer, als Ehepaar mit Kind hatte man nur ein Zimmer. Das waren die fatalen Zustände der DDR, die diesen enormen Bevölkerungszuwachs förderten. ▪ Meine Kinder sind zwischen Mitte 20 und Mitte 30. Unser einziges Thema ist heute das Geld. Wenn ich das sage, tun immer alle vollkommen entsetzt. Natürlich geht es auch um seelische Belange, aber was soll ich denn meinen Kindern raten, wenn sie intime Probleme haben? Wenn ich dann auspacke, wie ich das so sehe, laufen die ja schreiend raus. Ich hatte mal ein Gespräch mit einem meiner Söhne über seine Freundin. Darauf hat er ewig lange nicht mehr mit mir gesprochen. Und ich dachte, ein Thema aufzunehmen, was er wünschte. ▌ Meine Kinder verfolgen, was ich mache. Und was kommt dabei raus? »Der bringt nur Scheiße raus!« Tiefer Frust. ▌ Meine Tochter drückt sich oft im Theater rum und ist offenbar befreundet mit diesen Leuten. Aber das ist mir eher ein Dorn im Auge. Zu nah darf es nun auch nicht sein. ▌ Es wird gesagt, mein Krankenhausaufenthalt sei die Geburtsstunde des Künstlers Schleef. Aber gemalt und getippt habe ich schon vorher. Es war eher wie Erwachsenwerden. In der Zeit habe ich mich auch körperlich vollkommen verändert. Ich war vorher mager und dünn. Ich hatte ja Tbc. Im Krankenhaus fing ich an, dick zu werden. Das ist dann immer so geblieben: moppelig, verquält und gedunsen. Ich muss in einer bestimmten Situation nur was angucken, und schon davon nehme ich ein Kilo zu. Bei meiner letzten Inszenierung habe ich acht Kilo zugenommen. Wie man in acht Wochen acht Kilo zunehmen kann, das ist mein Hass. Dabei habe ich wenig gegessen. Das ist nur die Arbeit und mein Frust. Das geht vielen anderen Künstlern ähnlich. Es ist einfach Anspannung, und die muss sich scheinbar in bestimmten Körpern so äußern. Viele, mit denen man das diskutiert, bringen ja noch schrägere Artikulationen über solche Themen. Die können ja kein Glas Wasser trinken, ohne zu platzen. ▌ Ich habe eine Arbeitsbiografie veröffentlicht, die in der Rohfassung 4000 Seiten lang war. Bevor ich eine große Arbeit anfange, esse ich drei oder vier Wochen überhaupt nichts, weil ich mich sonst nicht konzentrieren kann. Ich muss nicht um Inspiration kämpfen wie andere Kollegen, ich muss darum kämpfen, dass die Fettrolle am Bauch dünner wird, damit ich jeden Tag sitzen kann, ohne dass sich rote Striemen bilden, die sich dann im Heißen entzünden. Das ist der Kampf. ▌ Mein Vater ist mit Angina pectoris aus dem Krieg zurückgekommen, um dann 26 Jahre lang zu sterben. Es gab jeden Tag Dresche. Das war damals normal. Auch als ich 20 war, hat er noch ganz schön zugedroschen. ▌ Nach meinem Auszug hat er mich nur noch einmal besucht, 1965. Er wollte, dass ich zurück nach Hause komme, damit ich ihm beim Sterben zusehe. Er kam in meine Ostberliner Wohnung und kippte sofort um. Ich hatte dieses Aldi-Verhalten auch im Osten schon drauf. Ich schlief auf drei Lagen »Neues Deutschland«. Mein Vater sah das und ging richtig zu Boden. ▌ »Schwanzwut« ist eine antike Formulierung für männliche Wut. Mich selbst überkommt Schwanzwut bedauerlicherweise überhaupt nicht. Es gibt halt in meinem Kopf richtige Männer und dann eben diese Ausschussprodukte, zu denen ich gehöre. Mein Aussehen war auch nie so, dass ich viel ausrichten konnte. Ich war eigentlich immer der letzte Dreck. ▌ Das Drama von mir ist: Ich kann nicht arbeiten, wenn jemand in der Wohnung ist. Bei längeren Arbeiten habe ich meine Freundin immer weit weggeschickt. Wir reden hier immer über Kunst, aber man muss 4000 Seiten ja auch mal tippen. Mit Kunst ist da wenig. Das ist ein viehischer Akt zwischen einem Paar in Lohnverhältnissen. ▌ Mal fehlt der Körper neben einem, mal die Seele, mal der Gedanke. Dieses Vegetieren ist schon heavy. ▌ In vielen Kritiken über mich schlägt immer noch der Baseballschläger zu. Da steht dann, dass ich ein Naziverbrecher bin, der reif ist für die Irrenanstalt. Kein Regisseur wird so gehasst wie ich. Die »Süddeutsche« schrieb über mich: »Aufmärsche, Abmärsche, Ärsche«. Aber die Meinungen von Rezensenten können mich weder verletzten noch erheben. Diese Vernichtungsversuche gab es ja schon in der DDR. ▌ Das deutsche Sprechtheater ist abschussreif und soll krepieren. Die Finanzmisere verdeckt doch bloß, dass auf den Bühnen nur Geschmack passiert. Seit der Wiedervereinigung sind viele Jahre vergangen. Trotzdem findet keine Auseinandersetzung mit dieser wichtigsten Veränderung seit dem Krieg statt. Einige Theater versuchen, das Fernsehen zu imitieren, andere Theater den Film. Dadurch verliert die Sprache jede Bedeutung. Indem die Tragödie überhaupt nicht mehr zu Potte kommt, ist auch die tragische Weltsicht genommen auf das, was draußen passiert. Alles wird weich gekocht und harmonisiert. Der Zusammenbruch droht, aber die tun immer mehr Konfetti drauf. Nehmen Sie das Hamburger Schauspielhaus. Gegenüber liegt der Hauptbahnhof. Da passieren die Tragödien. Das Theater aber spielt gegen den Bahnhof an und versucht, ihn gesellschaftlich zu ignorieren. Das ist doch Horror. Man kann doch nicht sagen, dass Menschen so leben müssen. Das kann es doch nicht sein, dass man da eine Kloake von Dreck und Elend hat und dann meint, in diesem Tempel könne man herrliches Theater spielen. Mal doof gesagt: Auch Theater haben ja Botschaften. Der Ansatz ist doch schon, die menschlichen Verhältnisse zu bewegen. Das ist jetzt vielleicht zu christlich gedacht, aber es kann doch nicht sein, dass da so ein weißer Prachtbau steht und davor so eine Elendsfolklore abgeht. ▪ Schauspieler sind nörgelnde und meuternde Peiniger. Wenn ich denen sage »Jetzt tanzen wir mal nach jeder Probe, damit diese Verkrampfungen weggehen«, fangen die an, über Musikstile zu diskutieren. Das ist absurd. Ich will tanzen, aber vor dem Tanzen steht eine langatmige Diskussion. Es kommt dann natürlich zu keiner Lösung und vor allem nicht zum Tanzen. Bei meiner letzten Inszenierung gab es eine Diskussion um die Premierenfeier. Und was blieb übrig? Dass ich irgendeinen DJ bezahlen musste. Ich, nicht das Theater! Ich verbrachte dann die Nacht auf dem Bahnhof und musste hinterher auch noch die Zahlungsanweisung ausfüllen. ▪ Ich und soldatischer Drill? Das ist doch abenteuerlich! Die Proben bei mir sind die ödesten und flauesten, die im Sprechtheater stattfinden. Ich kann mir keinen Regisseur vorstellen, der diesen desolaten Haufen zulässt. ▪ Ich kenne nur Schauspieler, die ununterbrochen essen und Kaffee trinken. Da ist zwischen Arbeit und Kantine überhaupt kein Unterschied. Heute ist die Vermatschung zwischen Bühne und Kantine einfach da. Jeder macht und tut doch, wie er will. Die ganze Probe ist für die ein ewiges Kaffeetrinken. Schauspieler haben offenbar den Freibrief für absolute Faulheit. Natürlich kommt hinzu, dass bei anderen Regisseuren offenbar noch weniger gearbeitet wird. Da scheinen sie nur Kaffee zu trinken. Wenn es heißt, bei mir müsste man arbeiten, wirft das ja ein fatales Licht auf

meine Kollegen. Ich kann noch nicht mal in Ruhe auf Klo gehen. Ich lebe von Apfelsaft und trockenen Brötchen, die ich mir morgens in die Manteltasche stecke. ▪ Es tritt leider nie ein, mal die Terrorfunktion als Regisseur auszuüben. Das ist ja ein Traum, dass man als Tyrann mal richtig loslegen kann, aber praktisch wäre das blöder Selbstmord von mir, die Leute niederzumachen. Ich muss ja mit denen zu einem Erfolg kommen. ▪ Mein Satz »Man lasse einen guten Darsteller erklären, was er in seiner Rolle macht, und es sträuben sich einem die Haare«, gilt für alle Künstler. Die Interpretation der eigenen Arbeiten ist ja so schaurig, weil man selbst überhaupt nicht erkennt, was man da macht. Es gibt ganz wenige, die über ihr Ding denken können. Das bewundere ich außerordentlich. Da fühlte ich mich schon immer als Niete, weil mir das einfach nicht gegeben ist. Der größte Frust mit meiner Freundin ist immer, dass sie mir erklären muss, was ich da getippt habe. Ich muss diesen einen Interpreten haben, weil ich zu dumm bin für die gedankliche Durchdringung des von mir Getippten. ▪ Marianne Hoppe ist eine der wenigen Schauspieler, die begreift, was sie auf der Bühne tut. Bei ihr hat man das Gefühl, sie setzt einen Autobausatz zusammen. Sie kann genau erklären, warum sie welche Teile ihrer Figur wie zusammensetzt. Ich sitze dann dabei und denke:

»Wow, ja klar!« ▪ Ich rate Schauspielern, eigene sexuelle Probleme durch die Figur anzugehen: »Zeige dich deinem Partner wund. Nur das entspannt, nicht die Kantine. Ficke ihn, wenn du musst. Der Zuschauer ist genau für diesen Exhibitionismus anwesend. Deshalb sitzt er im Dunkeln.« Im Osten wurde Sexualität zwar wie wild praktiziert, aber jedes psychologische Eindringen in den anderen war tabu. Das hat man freiwillig dem Staatsapparat überlassen. Hier im Westen dagegen wird einem doch sofort aufgetischt, welche sexuellen Eigenheiten man wie praktiziert. Bei den hiesigen Künstlern spielen ja die privaten Verhältnisse eine große Rolle. Meine Erfahrung ist, dass das Privatleben überhaupt nicht stimmen kann, wenn man wirklich arbeitet. Deshalb sollte man die Arbeit zur eigenen Befreiung nutzen, auch wenn das nicht gleich heißen muss: Gruppensex für alle. ▪ Nacktheit auf der Bühne kann ein Kunstmittel sein. Der Ton und die Präzision wird vollkommen anders, weil die Schauspieler anders ausgesetzt sind. Wenn ein Schauspieler nackt ist, geht die Verstellung von ihm weg. Die scheint mit der Klamotte verbunden zu sein. ▪ Theater macht mich kaputt. Mit 53 begreift man, was eine Berufskrankheit ist: Ödnis im Kopf, Ödnis zu Hause und Ödnis in der Arbeit. Mit 45 denkt man doch immer noch: »Na ja, das bewegt sich so oder so.« Ab 50 kapiert man dann: »Es geht nur noch abwärts!« Man verroht auch verbal. Man denkt ja immer, dass mit diesem edlen Material auch edles Denken kommt, dass man durch die Themen feiner wird, besser wird, mehr versteht. Es ist aber genau das Gegenteil. Bei den meisten Kollegen ist eine geistige Verrohung scheinbar das Trittbrett zum Erfolg. Die haben nur noch einen Trümmerhaufen um sich. ▪ Wenn ich saufe bis zum Umfallen, ist das Frust. Alkohol ist die einzige Chance, den Konflikt zwischen meinen Absichten und meiner tatsächlichen Leistung zu beheben. Alkohol zu trinken hat man ja im Osten trainiert. Wir aßen zu Hause Rumtopf in ungeheuren Mengen. Das lief bei uns unter Kompott. Für uns Kinder gab es halt einen Schlag Grießbrei dazu. ▪ Trinken macht mir nur alleine Spaß. Mit anderen muss man sich Zügel anlegen, und Trinken ist bei mir ja Auftakt zu anderen Dingen. Man kann mit anderen ja nicht ausrasten, sondern nur in so eine Kumpelei ausbrechen. ▪ Diese Herren Regisseure bewegen sich in Gehaltsklassen, wo sie die Realität überhaupt nicht mehr sehen. Das sind alles Millionäre, und das ist doch wirklich heavy. Wie ich im Theater auftrete, bin ich ja schon eine makabre Provokation. Ich esse Aldi und meine Klamotten sind Bilka. Kaum einer kapiert ja, dass ich so leben muss, um diese Beschüsse menschlich zu überstehen. Wenn mir mal wieder gekündigt wird, heißt das ja: ein Jahr kein Geld. Sie müssen den Lebensstandard ziemlich runterfahren, damit Sie locker mit so einem Ding umgehen können. Wenn dann noch große finanzielle Probleme ausbrechen würden, kann man sich ja gleich erhängen. Das ist natürlich auch eine tiefe Diskussion mit den Schauspielern: Ziehe ich eine Verzichtshaltung durch, oder mache ich auch Mist? Das Argument für Mist ist doch Geldverdienen. Keiner würde doch je behaupten, er macht Mist, weil sein Charakter scheiße ist. ▪ Luxus ist für mich Bewegung und Raum, also Platz, Quadratmeter. Aldi-Essen ist okay, aber Hundehütte nicht. ▪ Fußmärsche sind das einzige Vergnügen. Früher bin ich endlos gelaufen, aber man hält eben keine acht Stunden zu Fuß mehr durch. Heute fahre ich mit dem Rad. Herrenräder habe ich immer gehasst. Beim Damenrad ist die Hantierung in schwierigen Momenten halt einfacher. Ich habe schon Wolfgang Joop, Wim Wenders und Richard von Weizsäcker umgenietet. Und da gab es noch den Unfall mit Gorbatschows Limousine. Die fuhr Richtung Berliner Ensemble falsch rum durch eine Einbahnstraße. ▪ Ich fahre grundsätzlich bei Rot über Kreuzungen. Da weiß man einfach: Wenn es knallt, dann ist man halt selber schuld. Bei Grün kann man ja nur hoffen, dass die anderen die Verkehrsregeln kennen.

Günter Lamprecht   Schauspieler
»Ihr feigen Schweine! Schießt doch zurück!«

Meine Freundin Claudia Amm und ich waren auf dem Heimweg. Wegen Schmerzen im Meniskus hatte ich um zwölf Uhr noch einen kurzen Termin im Krankenhaus von Bad Reichenhall vereinbart. Als der Fahrer den Wagen vor der Klinik parkte, stieg ich als Erster aus. Kaum stand ich auf den Beinen, bekam ich den ersten Schuss ab. Er durchschlug meine Schulter und zertrümmerte den Oberarmknochen. Ich fühlte einen wahnsinnigen Schmerz, drehte mich einmal um die eigene Achse und sackte zu Boden. Um Claudia und den Fahrer zu warnen, schrie ich: »Die Schweine schießen hier auf uns!« ▪ Claudia riss die hintere Wagentür auf, um mir zu Hilfe zu kommen. Damit kam sie genau in die Schusslinie. Sie wurde von hinten durch die Schulter getroffen und stürzte aufs Pflaster. Ich warf mich auf sie und zog sie hinter das Heck, um sie vor weiteren Kugeln zu schützen. Unser Fahrer bekam einen Schuss ins Handgelenk, als er noch hinterm Steuer saß. Er hat sich dann aus dem Auto rausfallen lassen, um Deckung zu haben. ▪ Erst später haben wir erfahren, dass der Schütze ein 16-jähriger Schüler namens Martin Peyerl war. Er beschoss uns aus 15 Meter Entfernung mit einem halbautomatischen Gewehr mit Zielfernrohr und Hochgeschwindigkeitsmunition. Als wir uns hinter dem Mercedes verkrochen hatten, feuerte der Junge noch eine Serie von ungefähr 20 Schüssen auf uns ab. Claudia wurde noch mal am Arm und ins Becken getroffen, der Fahrer bekam eine Kugel in den Fuß, ich wurde noch dreimal in den linken Arm getroffen. Ich habe dann um unser Leben gebrüllt. Das hätte man noch in München hören müssen. Claudia blutete wie verrückt. Eine Fontäne Blut kam aus ihrem Bauch. Und ich konnte ihr nicht helfen, ich konnte mich selbst kaum noch bewegen. Endlos lange lagen wir da so rum, bestimmt 20 Minuten – ohne dass uns jemand half. Einige Polizisten gingen dann nur wenige Meter von uns in Deckung. Die schrie ich immer wieder an: »Wieso hilft uns denn hier kein Aas? Ihr feigen Schweine! Schießt doch zurück!« ▪ Einer der Polizisten sagte: »Sie müssen den doch kennen. Warum schießt der denn sonst auf Sie?« Ich konnte gerade noch antworten: »Spinnen Sie, oder was? Ich kenne hier kein Aas.« ▪ Ich dachte, das ist vielleicht ein bezahlter Killer, der wegen einer Verwechslung auf die falschen Leute schießt, oder so was. Auf einen Amokschützen bin ich überhaupt nicht gekommen. ▪ Claudia war die ganze Zeit bei Bewusstsein. Einmal haben wir beide in den Himmel geguckt und gesagt: »Also so ist das mit dem Sterben.« ▪ Mein Leben verdanke ich dem Sanitäter Rudi Lorenz, der seinen Rettungswagen in die Schusslinie schob. Das ist ein toller Mensch. Als der Claudia versorgte, ging sein Walkie-Talkie los: »Hier Einsatzleitung. Lorenz, kommen Sie sofort zurück! Sie befinden sich in Lebensgefahr!« Der antwortete: »Hier liegt eine Frau, die ist in Lebensgefahr! Ich bleibe hier! Am Arsch könnt's mi lecka!« ▪ Claudia wurde im Krankenhaus von Bad Reichenhall sechs Stunden lang operiert und anschließend in ein künstliches Koma versetzt. Ich wurde nach Salzburg gebracht, da alle OP-Plätze belegt waren. Vom ersten Schuss auf mich bis zum Beginn der Operation vergingen zweieinhalb Stunden. Als ich aus der Narkose erwachte, stand neben meinem Bett eine blonde Reporterin Marke Privatfernsehen, die ein Exklusivinterview mit mir führen wollte. ▪ Ich habe immer noch höllische Schmerzen. Mir wurde ein 22 Zentimeter langer Titan-Nagel in Schulter und Arm reinoperiert. Wahrscheinlich muss der ganze Quatsch noch mal geöffnet werden. ▪ Wenn ich im Krankenhaus nachts nicht schlafen konnte, habe ich die Fernsehprogramme durchgebeamt, um die Zeit rumzukriegen und mich abzulenken. Ich habe festgestellt, dass pro Nacht ungefähr 45 Leute abgemurkst werden. Es war zum Kotzen. Seit den Schüssen auf uns kann ich so was nicht mehr sehen. ▪ Ich versuche, ohne psychologische Behandlung klarzukommen. Für Claudia war es wichtig, von Trauma-Spezialisten betreut zu werden. Ich bin beinahe erschossen worden, aber ich habe da nichts groß aufzuarbeiten. Ich kann jede Sekunde abrufen und exakt beschreiben, was ich gefühlt habe. ▪ Ein Albtraum von mir war, dass ich unter dem Mercedes liege, und der Bursche kommt mit seinem Gewehr immer näher auf mich zu. Ich will wegrennen, bleibe aber wegen meines dicken Bauches unter dem

Auto stecken. Ich habe dann im Schlaf um mich geschlagen wie ein Verrückter und bin schreiend aus dem Bett gefallen. ▌ Es klingt seltsam, aber ich hatte im ersten Moment Mitleid mit dem Amokschützen, als ich hörte, dass er sich den Lauf einer Schrotflinte in den Mund gesteckt und abgedrückt hat. Ich dachte: »Was muss das im Grunde für ein armer Bengel gewesen sein.« Dann habe ich mich an die Stirn gefasst: »Das ist ein Mörder, der vier Menschen getötet hat! Und auf dich hat er gezielt geschossen! Wieso solltest du mit so einem Mitgefühl haben?« Heute habe ich immer noch eine Menge Wut auf den, besonders wenn ich diese Schmerzen habe und Claudia im Krankenhaus in diesem Zustand sehe. ▌ Die Eltern des Jungen haben nie versucht, sich mit uns zu einem Gespräch zu treffen. Die haben bloß ein paar Zeilen geschrieben, dass wir doch verzeihen sollten. Es täte ihnen wahnsinnig leid, was der Junge da angestellt hätte. ▌ Ich habe die Eltern wegen Beihilfe zum Totschlag angezeigt. Mein Anwalt schrieb dazu: »Die Bluttat war vorhersehbar. Vater Peyerl ist ein Waffenfanatiker, der seinen Sohn zum Schießen trainierte. Die Mutter hat schwere Schuld auf sich geladen, denn es gab im Zimmer des Jungen ein Hitlerbild, Hakenkreuze, CDs mit rechtsradikalen Liedern sowie Gewaltvideos.« Inzwischen hat sich herausgestellt, dass der Junge vor einiger Zeit mit einem Luftgewehr auf Bauarbeiter geschossen hat. Die Eltern wussten also, dass sich bei ihrem Sohn etwas zusammenbraut. Da hätten sie aufwachen und einschreiten müssen. Dieses Wegsehen der Eltern gehört als warnendes Beispiel an die ganz große Glocke gehängt. Neulich habe ich miterlebt, wie drei Skinheads einen geistig behinderten Jungen mit Kopfstößen aufmischen wollten. Obwohl die Straße belebt war, hat sich kein Mensch darum gekümmert. Ich habe dann mit meinem finstersten Berliner Dialekt losgebrüllt: »Was soll das denn da, ihr Arschlöcher?« Das hat die so erschreckt, dass sie sofort aufhörten. Man muss sich eben manchmal einmischen. ▪ In meinen Film- und Theaterrollen habe ich meist Verlierer gespielt. Das ist auch eine Trotzhaltung gewesen. Die da unten will nämlich keiner sehen im Fernsehen. Die heile Welt ist angesagt und verkauft sich besser. Ich wollte immer Menschen aus der Schicht darstellen, aus der ich komme. ▪ Meine Mutter stammt aus Masuren und war Putzfrau, mein Vater fuhr in den 20er Jahren Taxi. Bei den Nazis ist er aufgestiegen und hat verschiedene Bonzen kutschiert. Der Umgang mit diesen Herrenmenschen färbte ab und schlug mit Gewalt in unser Familienleben ein. Seither reagiere ich allergisch auf Gewalt und Unterdrückung. ▪ Für mich ist Sozialkritik nichts Altmodisches. Ich kann einfach nicht anders: Wenn ich Ungerechtigkeiten erlebe, sträubt sich bei mir alles, und ich verbrenne mir immer wieder die Schnauze. ▪ 1945 begann ich eine Dachdecker-Lehre und arbeitete als Orthopädie-Mechaniker. Ich bin dann ziemlich schnell der KPD beigetreten. Für mich gab's keine Alternative nach diesem schrecklichen Krieg. Später habe ich mit Klaus Kinski barfuß auf dem Ku'damm gegen die Wiederbewaffnung demonstriert. Wir hielten jeder ein selbst gemachtes Pappschild hoch, auf dem stand: »Nie wieder Krieg!« ▪ Mein Alkoholiker-Film »Rückfälle« wird heute in fast allen deutschen Entzugskliniken gezeigt. Ich selbst war mal Problemtrinker. Ich trank, wenn ich ein akutes Problem hatte – und davon hatte ich viele. Als ich am Schauspielhaus Bochum anfing, lief da ein widerlicher Kommandoton ab, wie ich ihn noch vom Kasernenhof her kannte. Die Schauspieler ließen sich das auch noch gefallen. Weil ich es nicht aushielt, wie man da zur Sau gemacht wurde, fing ich an zu saufen. Und bei 300 Mark Gage im Monat reichte irgendwann das Geld nicht mehr. So wurden die Probleme immer größer. ▪ Der Deutsche Bühnenverein erteilte mir wegen einer Schlägerei ein Jahr Auftrittsverbot. Auf einer Premierenfeier am Staatstheater Wiesbaden hatte mich der Schauspieldirektor provoziert. Er wollte mir eine langen – nur: Ich war ein bisschen schneller! ▪ Als Peter Zadek mich nach Bochum holte, lernte ich dort Rainer Werner Fassbinder kennen, mit dem ich später »Berlin Alexanderplatz« drehte. Als Fassbinder mich für sich entdeckte, begannen die beiden einen ziemlichen Krieg, in dem ich zum Spielball wurde. Fassbinder kaufte einen Boxerhund und nannte ihn »Zadek«. Er lief den ganzen Tag durchs Theater und brüllte: »Zadek, Platz!« Wenn ich in die Kantine kam, guckte mich Zadek an und machte »Brrrr!«. Solche Spielchen waren damals an der Tagesordnung. ▪ Jede Rolle lerne ich erst mal im Berliner Dialekt. Wenn man sich einer Figur in der eigenen Mundart nähert, kriegt man sie durch diese Erdung viel authentischer hin. Bei der Aufnahmeprüfung zur Max-Reinhardt-Schule habe ich die Klassiker im Berliner Dialekt vorgesprochen. Die Prüfer lagen unterm Tisch vor Lachen. Dann hieß es: »Sagen Sie mal, Herr Lamprecht, Sie haben doch als Orthopädie-Mechaniker einen ordentlichen Beruf erlernt. Warum wollen Sie eigentlich Schauspieler werden?« Ich antwortete: »Ick will ma verbessern.«

Paulo Coelho Bestsellerautor
»Ich habe keinen meiner Folterer jemals zu Gesicht bekommen«

Meine Eltern haben mich dreimal in eine Irrenanstalt sperren lassen. Die Gründe in meiner Krankenakte sind banal. Es hieß, ich sei isoliert, feindselig und miserabel in der Schule. Ich war nicht verrückt, sondern bloß ein 17-Jähriger, der unbedingt Schriftsteller werden wollte. Weil das niemand verstand, wurde ich monatelang eingesperrt und mit Tranquilizern gefüttert. Die Therapie bestand darin, mir Elektroschocks zu geben. Sie sollten die oberste Schicht meines Gedächtnisses löschen, damit mein Kopf zur Ruhe kommt. ▪ Nach meiner Flucht aus der Anstalt begann ich Drogen zu nehmen. Ich wurde ein neugieriger Hippie, der auf den Spuren von Carlos Castaneda reiste und mit schwarzer Magie und satanischen Riten experimentierte. Weil ich einen extremen Charakter hatte, landete ich mit 23 für zwei Jahre bei der gefährlichsten Geheimgesellschaft, die es gibt. Die Lehren ihres Mentors waren für mich damals eine stärkere Droge als Kokain. Ich verwende in Interviews immer erfundene Bezeichnungen wie »Gesellschaft zur Eröffnung der Apokalypse«, denn auch wenn ich sage, dass diese Organisation ein grauenhafter Alptraum ist, kann dies für einige trotzdem eine ernsthafte Versuchung sein, sich näher mit dieser Sekte zu beschäftigen.* ▪ Wir opferten keine Babys wie in den einschlägigen Filmen, aber wir praktizierten schwarze Magie ohne jede Ethik und arbeiteten mit Kräften, die ich Ihnen nicht beschreiben werde. Ich fühlte mich beinahe allmächtig, und das führte mich an den Abgrund. Emotional und spirituell war ich so gut wie tot. Ich habe sieben Jahre gebraucht, um mich von diesen Erlebnissen zu erholen. ▪ Ich habe viele Wunder erlebt. Vor einiger Zeit war ich Zeuge, als ein brasilianischer Medizinmann ohne Betäubung einer Frau den Oberkörper vom Hals bis zum Bauchnabel aufschnitt und einen Tumor entfernte. Ich habe mit meinen Fingern ihre inneren Organe berührt. Wenig später war die Frau wieder auf den Beinen. Ich habe mir solche Operationen mehrere Male angesehen. Glauben Sie nicht, ich sei naiv. Ich kenne die magischen Techniken. Es ist schwer, mich zu täuschen. ▪ Mit Mitte 20 war ich einer der berühmtesten Songtexter Brasiliens und schwamm im Geld. Dann wurde ich von einer paramilitärischen Gruppe entführt und gefoltert. Diese Irren wurden aus meinen Rocktexten nicht schlau, und was sie nicht verstanden, hielten sie automatisch für gefährlich. Mal hieß es, ich sei ein Guerillero, der gegen die Militärjunta Krieg führt. Dann wieder, ich sei ein kommunistischer Agitator, der sich als Rock-Poet tarnt. Dabei war ich nur ein idealistischer Träumer, der Songs über Sex und Drogen schrieb. ▪ Ich habe keinen meiner Folterer je zu Gesicht bekommen. Bevor man mich aus meiner Zelle holte, wurde mir jedes Mal eine schwarze Kapuze über den Kopf gezogen. Im Verhörraum musste ich mich dann nackt ausziehen. Ich bekam Schläge, und man gab mir Elektroschocks in die Genitalien. Die Qualen waren grauenhaft, aber schlimmer war die Erniedrigung und die Erfahrung reiner Grausamkeit. ▪ Ich griff zu einer List und simulierte den Irren. Ich ritzte mir vor den Augen meiner Folterer die Haut auf und schwor blutend, dass ich als Geisteskranker schon dreimal in der Psychiatrie war. Als meine Entführer das überprüft hatten, ließen sie mich laufen. ▪ Vor ein paar Tagen aß ich abends in einer Brasserie. Als ich auf der Toilette war, fiel der Strom aus. Alles war plötzlich schwarz. Da hatte ich einen Flashback, denn das Schlimmste an der Folter war für mich nicht der Schmerz – es waren die Tage in der Dunkelzelle. Sie war zwei mal zwei Meter groß. Ich war allein im Dunkeln, und ab und zu wurde eine Sirene über meinem Kopf angeschaltet. Ich wusste nie, wann sie angeht und wann sie wieder ausgeht. Ich öffnete und schloss meine Augen und sah dasselbe: Schwärze. Man verliert das Gefühl für Raum und Zeit. Deshalb kann ich bis heute nicht sagen, wie viele Tage die Folter dauerte. ▪ Meine damalige Frau wurde mit mir entführt und ebenfalls gefoltert. Als ich zur

* Der antireligiöse »Ordo Templi Orientis« wurde vom 1947 gestorbenen Engländer Aleister Crowley gegründet, einem drogensüchtigen Okkultisten, der mit Hostien aus Exkrementen, Blut von Kleintieren und ritualisierten Sexorgien das Christentum überwinden wollte.

Toilette geführt wurde, rief sie: »Paulo, bist du das?« Ich habe ihr aus Angst nicht geantwortet, weil wir Sprechverbot hatten. Ich bin nie wieder so feige gewesen wie in diesen Sekunden. Sie war viel tapferer als ich, so wie alle Frauen tapferer sind als Männer. Als man mir befahl, mich nackt auszuziehen, habe ich sofort gehorcht. Als man ihr sagte »Zieh dich aus«, antwortete sie: »Kommt her und macht das selber! Ich werde euch das nicht abnehmen!« Natürlich haben sie es gemacht, aber immerhin hat sie sie herausgefordert. ❚ Durch mein feiges Schweigen habe ich ihren Respekt verloren. Als wir uns bei der Entlassung gegenüberstanden, war von ihren Gefühlen für mich nichts mehr übrig. Sie hatte nur eine Bitte an mich: »Sage nie wieder meinen Namen!« Wenn ich von ihr spreche, sage ich immer nur »meine Frau ohne Namen«. ❚ Sie hat mir nicht verziehen. Sie entschied, sich an mir zu rächen, und ließ mich leiden. Dadurch war sie verloren, denn wer Rache übt, verletzt sich dabei auch selbst. Als wir uns nach zehn Jahren wiedersahen, merkte ich: Sie ist immer noch im Gefängnis, ich nicht. ❚ Meine Seele ist unter der Folter nicht gebrochen. Ich habe unter der Folter meine Selbstachtung verloren, aber ich habe sie wiedergewonnen. Wir sollten nicht immer unserer Vergangenheit die Schuld geben. Irgendwann musst du über deine Erlebnisse hinwegkommen, denn sonst bist du genau das, was die Folterer wollten: Gemüse, etwas rein Vegetatives. Drei Jahre hatte ich Paranoia. Ich fühlte mich ständig verfolgt und bildete mir ein, mein Telefon wird abgehört. Ich zog nach Europa, aus Angst wieder verhaftet zu werden. Aber ich bin zurückgekommen, denn Flucht ist keine Lösung. Man muss sich seiner Angst stellen. ❚ Ein Wendepunkt meines Lebens war der Besuch im Konzentrationslager Dachau. Dort hatte ich eine Offenbarung, und ich fand mit 34 zum katholischen Glauben zurück. Ich bin dann von den Pyrenäen aus den 700 Kilometer langen Jakobsweg nach Santiago de Compostela gegangen. Darüber habe ich mein erstes Buch geschrieben. Der Traum des angeblich geisteskranken 17-jährigen Jungen hatte sich erfüllt: Ich war ein Schriftsteller! ❚ Meine Romanfiguren sind Pilger auf der Suche nach spirituellen Abenteuern. Darin erkennen sich offenbar Millionen Menschen wieder – nur keine Literaturkritiker. ❚ Meine Botschaften sind einfach und direkt: Wir müssen auf das Kind hören, das es immer noch in uns gibt. Wir können zwar sein Weinen ersticken, doch seine Stimme können wir nicht zum Schweigen bringen. Wenn wir nicht wieder mit der Begeisterung von Kinderaugen in die Welt schauen, besteht unser Leben nur aus Älterwerden und Sterben. ❚ Männer

geben oft nicht zu, dass sie meine Bücher lesen. ▪ Nach meinen Recherchen bleiben die Kunden im Schnitt 45 Minuten bei einer Prostituierten. Auf den eigentlichen Sex entfallen elf Minuten. So kam ich auf den Romantitel »Elf Minuten«. ▪ Ich kenne Zeiten, wo meine Libido gleich null ist. Weil Sex als Wert an sich gilt, hatte ich lange ein schlechtes Gewissen, mich nicht für Sex zu interessieren. Ich glaube, die Menschen hatten noch nie so wenig Sex wie heute. Im Internet wird kein Suchbegriff so häufig eingegeben wie »Sex«, und überall sehen wir Bilder, die uns geil machen sollen, aber die Geilheit, die sie erzeugen, geht ins Leere. ▪ Der gefährlichste Mythos über Sexualität ist, dass eine Frau durch Penetration zum Orgasmus kommen muss. ▪ Sex ist wie eine Fremdsprache: Wer nichts ausprobiert, der lernt auch nichts. ▪ Wir müssen begreifen, unser eigenes Begehren als die wahre sexuelle Lust zu empfinden. ▪ Prostituierte unterscheiden drei Typen von Kunden. »Der Terminator« will ohne Drinks und Konversation direkt aufs Zimmer. Der »Pretty Woman«-Typ ist anfangs höflich und elegant, aber beim Sex wesentlich fordernder als der Terminator. »Der Pate« ist immun gegen Komplimente, für die er bezahlen muss. Er behandelt den Körper einer Frau wie eine Ware, deren Wert er sehr genau taxieren kann. ▪ Nach meinen Erfahrungen gehen 20 Prozent der Freier zum Reden ins Bordell. Als junger Mann bin ich mit dem Bus acht Stunden von Rio de Janeiro nach Buenos Aires gefahren, um mein Idol Jorge Luis Borges zu sehen. Mein Sitznachbar legte mir eine komplette Lebensbeichte ab, weil er wusste, wir werden uns nie wiedersehen. Diesen Mechanismus gibt es bei Priestern, Psychoanalytikern und Prostituierten. ▪ Ein Rätsel konnte ich nicht lösen: Warum ist für eine Prostituierte ein Kuss intimer als Sex und heiliger als alles andere? Versuchen Sie mal, eine Hure zu küssen. Sie wird Ihnen sagen: »Stopp! Du kannst mich ficken, aber versuch nicht noch mal, mich zu küssen!« ▪ Die Wahrheit zu sagen macht frei, deshalb gebe ich zu, schon mal als Freier bei einer Prostituierten gewesen zu sein. Ich erinnere mich, dass ich unsicher und ängstlich war. Die Frauen haben mir das bestätigt: Die meisten Männer haben Angst vor ihnen und sind verletzlich. ▪ Ich bin seit 1981 in vierter Ehe mit der brasilianischen Malerin Cristina Oiticica verheiratet. Als Schriftsteller habe ich nie daran gedacht, Kinder zu haben. Meine erste Frau wollte keine Kinder. Meine zweite und dritte Frau haben inzwischen Kinder. Ich habe Christina gefragt, ob sie darunter leidet, keine Mutter zu sein. Sie sagte: »Nein. Ich vermisse nichts, was ich nicht habe, und ich habe alles, weil ich nichts habe.«

Siegfried Unseld Verleger
»Es ist natürlich äußerst unklug, die eigene Frau zu verlegen«

Kennen Sie die Eintragung von Andy Warhol über mich in seinem Tagebuch? Da heißt es: »6.11.1980. Traf Dr. Siegfried Unseld. Er ist der Verleger von Hermann Hesse und Goethe. Er sieht wirklich gut aus.« ▪ Man kann mit Autoren über – fast – alles sprechen. Max Frisch gab mir mal ein Manuskript mit dem Titel »Lila oder Ich bin blind«. Ich sagte: »Max, also bitte.« Dann wurde daraus »Mein Name sei Gantenbein«. ▪ Thomas Bernhard notierte mal: »In Teheran schaute ich an Unselds Seite vom 13. Stock des Sheraton-Hotels in das Schwimmbecken, in welchem kein Wasser, aber der Hotelmüll gelagert war. Nie, weder vorher noch nachher, habe ich einen so traurigen Unseld gesehen.« Bernhard wusste, dass ich jeden Morgen 700 Meter schwimme. Das ist für mich ein Ritual, etwas Religiöses. Ich war 1944 als Marinefunker auf der Krim. Die heranrückenden Russen haben keine Gefangenen gemacht. Vor unserer Stellung stand ein Lastwagen mit einem Galgen, an dem ein deutscher Marinesoldat baumelte. Als Funker wussten wir, dass draußen auf See deutsche Boote lagen. Um neun Uhr abends sind wir dann zu dritt rausgeschwommen. Schon nach wenigen Minuten wurde der eine von einem Artilleriegeschoss getötet. Der andere hat bis in die Morgenstunden ausgehalten – dann ist er vor meinen Augen ertrunken. Nach neun Stunden wurde ich aufgefischt. ▪ Der Dichter Friedrich Hebbel klagte, es sei leichter, mit Christus über die Wogen zu wandeln, als mit einem Verleger durchs Leben. Eine Erklärung dafür hat Alfred Döblin gegeben: »Der Verleger schielt mit einem Auge nach dem Schriftsteller, mit dem andern nach dem Publikum. Aber das dritte Auge, das Auge der Weisheit, blickt unbeirrt ins Portemonnaie.« ▪ Seit unserer gemeinsamen Studienzeit hatten Martin Walser und ich die schönste denkbare Männerfreundschaft. Doch in der komplizierten Beziehung zwischen Autor und Verleger ist die Intensität auf Dauer schwer zu halten. Walser hat dafür die Formel gefunden: »Der Autor hat in der Regel einen Verleger, der Verleger aber einen Harem von Autoren.« ▪ Walser liebt das Schachspiel, noch mehr aber das Siegen. Er spielt grundsätzlich nur Weiß, weil er gleich in den Angriff gehen will. ▪ Jürgen Habermas meint, Schriftsteller seien eine Horde von egozentrisch rangelnden Daueradoleszenten. Aber es gilt das Wort des Verlagsgründers Peter Suhrkamp, dass sie turmhoch über uns stehen, die wir ihre Bücher machen. ▪ Seit 25 Jahren führe ich eine intime Chronik des Verlags, die erst zehn Jahre nach meinem Tod veröffentlicht werden darf. Das sind bis jetzt 25 Leitz-Ordner. Eheprobleme tauchen darin nicht auf, aber ich habe natürlich die Kontroverse mit meinem Sohn beschrieben, der 1991 meinte, dass einer von uns beiden den Verlag verlassen sollte. In seiner Tischrede zu meinem 65. Geburtstag sagte er: »Wir brauchen uns also heute Abend nicht an jene Zeiten erinnern zu lassen, in denen vor Jahrtausenden auf einer kleinen griechischen Insel das Gesetz vorsah, dass Greise nach Vollendung des 65. Lebensjahres sich das Leben zu nehmen hatten, da sie dem Staat nicht mehr zu Diensten sein würden. Diese Radikallösung wurde in unserer modernen Zeit zur Pensionierung abgemildert.« Was dahinter steht, kann man in jedem Lehrbuch der Psychoanalyse nachlesen: Ödipus! Meine Überraschung war, dass die literarische Kenntnis von Vater-Sohn-Konflikten in der Praxis wertlos ist. Obwohl ich Hunderte von Büchern über dieses Thema kenne, war ich der Meinung, uns passiert das nicht. Wir hatten sogar ein Round-Table-Gespräch mit Experten. Auch das blieb ohne Ergebnis. ▪ Samuel Beckett und Hermann Hesse waren die liebenswürdigsten und einfühlsamsten Autoren, denen ich je begegnet bin. Wenn ich mit Beckett in Paris zum Essen ausging, hat selbstverständlich er mich eingeladen. Sonst ist es ja eine gängige Figur, dass der Verleger zahlt. Bei Hesse wurde sowieso nie über Geld gesprochen. Wenn es um sein Werk ging, wurde es allerdings ernst. Wir haben geradezu gestritten, als ich ihn bat, seine Werke in Antiqua und nicht länger in Fraktur setzen zu dürfen. Meinen Hinweis, die jüngere Generation könne in Fraktur gesetzte Texte nicht mehr lesen, beantwortete er eher schroff: »Dann sollen sie eben das Lesen lassen!« Ich staune heute noch, dass er – den Verfall der Sitten in Deutschland beklagend – letztlich nachgegeben hat. ▪ Der Verlagsgründer Peter Suhrkamp hat »Die

Blechtrommel« von Grass abgelehnt und zu spät ja zu Böll gesagt. Ich habe Uwe Johnsons »Ingrid Babendererde« nicht erkannt und Ingeborg Bachmann jahrelang zugeredet, bei Piper zu bleiben. ▌ Die zwei Dutzend Spitzenkritiker, mit denen wir es zu tun haben, sind sauber – obwohl es da wahrscheinlich auch Gefälligkeitsdinge und Absprachen gibt. ▌ Ich mache jedes Jahr zur Buchmesse einen Kritikerempfang mit 200 Leuten. Es hat noch nie Ausladungen gegeben, weil einer schlecht über unsere Bücher geschrieben hat. Es gibt sogar Leute, die immer wieder kommen, ohne eingeladen zu sein. Fritz J. Raddatz zum Beispiel ist inzwischen schon dadurch eingeladen, dass er immer da ist. ▌ Peter Suhrkamp riet mir, nie eine Autorin zu heiraten. Trotzdem habe ich 1990 die Suhrkamp-Autorin Ulla Berkewicz geehelicht. Es ist natürlich äußerst unklug, die eigene Frau zu verlegen. Bevor wir heirateten, hat sie vier Bücher im Verlag veröffentlicht und Literaturpreise erhalten. Seither keine – und wohl nicht, weil ihre Arbeiten nicht mehr preiswürdig sind. ▌ Es war pure Absicht, dass wir an Goethes Geburtstag geheiratet haben. Wir haben uns sogar »mit dem Glockenschlag zwölf« trauen lassen. Wie Sie wissen, beginnt mit diesen Worten Goethes »Dichtung und Wahrheit«. Jeder hat so seinen Tick. Das Angenehme ist, dass ich auf diese Weise nie meinen Hochzeitstag vergesse.

Thomas Brasch Schriftsteller
»Dieser aufgeblasene Siegfried Ungeld vom Zensurkamp-Verlag«

Bei meinem Roman »Mädchenmörder Brunke« führte ich Krieg mit meinem Talent. Nach sieben Jahren Schreiben hatte mein Manuskript 13.600 Seiten, inklusive 640 Gedichte. Der Suhrkamp-Verlag machte in der Buchfassung daraus nicht einmal 100 luftig bedruckte Seiten. Dieser aufgeblasene Siegfried Ungeld vom Zensurkamp-Verlag hätte mein Buch am liebsten ganz verhindert. Bei diesem Herrn kommt das Wort Verleger von Verlegenheit. Der hätte mein Buch am liebsten so verlegt, dass es keiner mehr findet. ∎ Auch Paranoiker haben Feinde. ∎ Natürlich weiß ich, daß Unseld mich zu etwas Richtigem gezwungen hat. Ohne seine Intervention hätte ich weitergeschrieben bis zu meinem Tod. Die Suhrkamp-Leute hatten das Gefühl, ich sei nicht mehr ganz dicht. Allein mit dem Lektor habe ich fünf Jahre lang um das Manuskript gekämpft – auch schon mal körperlich. Bei seinen Kollegen im Verlag ist der Mann auf diese Weise zur lächerlichen Figur geworden. Sobald mein Buch in der Vorschau angekündigt wurde, habe ich gesagt: »Ich muß noch viel mehr schreiben!« Ich hatte mich wie Hänsel und Gretel im Wald verlaufen. Die Erbsen, mit denen ich hätte zurückfinden können, waren mir abhanden gekommen. Um mich vor dieser Erkenntnis zu schützen, habe ich mich immer stärker in meinen Romanhelden hineinfantasiert. In ihm konnte ich mich verstecken. ∎ Ich habe 218 Testleser eingesetzt und deren Reaktionen protokolliert. Hinzu kamen Probe-Lesungen in einem Berliner Bordell, wo ich um die Aufmerksamkeit der Freier kämpfte, und Erhebungen unter Passanten. In einer lauen Sommernacht ging ich in Berlin die Knesebeckstraße auf und ab und stellte etwa 100 Flaneuren dieselbe Frage: »Angenommen, Sie haben eine Tötung frei, für die Sie juristisch nicht belangt werden: Wüssten Sie, wen Sie umbringen würden?« Nur 20 Prozent der Männer fiel spontan ein Opfer ein. Bei den Frauen dagegen waren es 80 Prozent. Seither weiß ich, daß Männer weniger hassen. ∎ Ich versuche, den Krebs in mir zu bekämpfen, indem ich ihn zulasse.

Heiner Müller Dramatiker
»Zitate kann ich mir besser merken als Menschen«

Tränen reinigen den Blick. ▪ Erfahrung und Zynismus sind so ziemlich dasselbe. ▪ Der Retter liebt den Geretteten, nicht umgekehrt. ▪ Alte Männer sind gefährlich, denn die Zukunft ist ihnen völlig egal. ▪ Es gibt einen Moment im Alter, wo Willkür Genie wird. ▪ Der Wunsch nach Größe produziert oft kleine Menschen. ▪ Im Politischen sind Künstler Idioten. ▪ Mehr als zwei, drei kreative Stunden am Tag gibt es nicht. Früh um sechs geht es bei mir am besten. ▪ Morgens ein Whisky ist ganz gut, aber beim Schreiben selbst dann möglichst nicht trinken. Bei Theaterproben ist das was anderes. Da kann man trinken. Theater ist wie Gammeln. ▪ Zigarre rauchen gibt eine ruhige Haltung beim Schreiben. ▪ Theaterdialoge kann ich nur im Gehen schreiben, mit den Füßen. Man braucht ein Gefühl für die Bewegungen der Figuren auf der Bühne. Das erfordert die Eigenbewegung. ▪ Wenn man angefangen hat, gibt es immer wieder eine Stelle, wo man stecken bleibt, die Skier verkanten sich. Praktischer ist es, dann aufzuhören. Wenn es schwer wird, dann stimmt was nicht. Kunst kann nur ohne Anstrengung entstehen. Schreiben muss wie das Gleiten in eine warme Badewanne sein. ▪ Einmal kam ich bei einem Text absolut nicht weiter. Ich trank mindestens eine halbe Flasche Whisky und tippte irgendwas blind in die Maschine, um weiterzukommen, nachts, ohne Kontrolle. Ich wusste wirklich kaum, was ich da hinschreibe. Am nächsten Morgen stimmte es bis auf ein paar Details. Blindheit gehört also manchmal dazu. ▪ Das Schreckliche ist das Chaos, das immer durchs Schreiben entsteht. Ich kann nicht in Hefte schreiben, nur auf Zettel. Dadurch entsteht immer wieder Chaos und auch die Unauffindbarkeit von Entwürfen und Notizen. Wenn ich eine Sache fertig habe, liegt da ein Trümmerfeld. Ich löse das Problem so, dass ich dann ein Brett drüberlege, und darauf entsteht das nächste Trümmerfeld. ▪ Den Text, an dem ich jeweils arbeite, benutze ich als Schlafmittel. Man weiß ihn ja auswendig, und wenn ich mir dann 20 Zeilen vorsage, schlafe ich ein. Das klappt nie mit älteren Texten. Die machen mich eher unruhig. Deshalb muss ich ab und zu was Neues schreiben. ▪ Man arbeitet auch im Schlaf. Wenn ein Text nicht fertig ist, und man nimmt den mit in den Schlaf, weiß man am nächsten Morgen mehr darüber. ▪ Zitate kann ich mir besser merken als Menschen.

Thorsten Becker Schriftsteller
»Wer mit dem Meißel schreibt, hat keine Handschrift«

Als Heiner Müller am Berliner Ensemble »Arturo Ui« probte, war ich Zaungast. Ich bin dem Heiner schon mit Anfang 20 hinterhergelaufen. Er war eine Vaterfigur für mich. Ich fand den einfach supercool. Außerdem gab es zwischen uns die Drogengemeinschaft Alkohol. Als Heiner nach seiner Krebsoperation zur Kur in Kalifornien war, habe ich ihn besucht. Bei ihm waren ja immer Leute. Das lief so im Brecht-Stil. Als ich eines Morgens wieder abreisen wollte, fragte er mich, ob ich noch eine Zigarre mit ihm rauche. Es gab kaum noch Whisky im Haus. Wir merkten, dass das kein richtiges Gespräch werden würde. Seine Frau Brigitte ist dann losgefahren und hat uns eine Zwei-Liter-Flasche J&B besorgt. Am Ende konnte ich dann nicht mehr losfahren, weil ich zu besoffen war. Es war das einzige Mal, dass ich Heiner richtig betrunken erlebt habe. Er legte seinen Arm um mich und sagte: »Entschuldige, dass ich elementar werde.« Als er ins Bett gehen wollte, vergaß er, dass er den einen Fuß schon in der Luft hatte, und hat den anderen auch noch hochgehoben. Da lag er dann, bis ihn Brigitte fand. Später wurde mir vorgeworfen, ich hätte den Tod vom Heiner beschleunigt. Aber er hatte von seinem Arzt die Parole: »Saufen! Der Krebs ist eh nicht aufzuhalten.« ▌ Heiner saß in seinen letzten Monaten fast nur noch mit seiner vierjährigen Tochter Anna zusammen. Die guckten sich an, und er versuchte, ihr seine Matrix zu übertragen. Es war sein Wunsch, dass sich Annas Brainbox über seinen Tod hinaus füllt. Sie sollte nicht in dieser Lebensidiotie aufwachsen: allein unter Frauen. Wenn alle Freunde vom Heiner bei dem Kind ein bisschen was an Bildung niederlegen, kommt doch einiges zusammen. Heiner wollte in Anna weiterleben, mehr als in seinem Werk. ▌ Heute bin ich lieber bei der Anna als an Heiners Grab. Ich könnte der Brigitte ein paar scheuern, dass es immer noch keinen Grabstein gibt. Ich werde mich nächstens drum kümmern, dass da ein Monolith hinkommt, auf dem steht: »Wer mit dem Meißel schreibt, hat keine Handschrift.« ▌ Meerblick ist für mich eine Bedingung für gutes Schreiben. Bevor ich morgens anfange, gehe ich schwimmen. Sonst sieht man ja nach drei Wochen aus wie Stefan Heym. ▌ Gelingt mir noch mal ein Bestseller, lasse ich mir Telefon in die Wohnung legen. Bislang ging knetemäßig nur eins: saufen oder telefonieren. Danach fahre ich entweder mit dem Fahrrad von Pankow nach Peking, oder ich kaufe mir wie der Kollege Hermann Burger einen Ferrari und rase gegen einen Baum.

Armin Mueller-Stahl Schauspieler

»Was geht in den Seelen von Leuten vor, die Verrat als Leistung ansehen?«

Mein Leben ist durch Hitler bestimmt worden, deshalb haben viele meiner Rollen mit dem Nationalsozialismus zu tun. Mein Vater zum Beispiel wurde am 1. Mai 1945 von seinen eigenen Landsleuten erschossen, weil er auf dem Weg zu seiner Familie war, die er liebte. 20 Kilometer vor dem Verabredungspunkt wurde er in Schönberg als Deserteur erschossen – da, wo heute die riesige Müllhalde ist. ■ Mein Vater hat fremdes Geld gezählt. Er musste sich früh als Bank-Kassierer verdingen, weil wir fünf Kinder waren. In seiner Seele muss es trostlos ausgesehen haben, denn er hatte eine künstlerische Begabung. Er fühlte sich, wie ich mich in meinen letzten DDR-Jahren gefühlt habe: unterbesetzt. Ich bin Schauspieler geworden, weil mein Vater es nicht konnte. ■ In der DDR habe ich 20 Jahre Theater gespielt. Heute schreckt mich die Vorstellung ab, hundertmal dieselbe Rolle zu spielen. Ich gehe hin und wieder in die großen Theater, aber ich bleibe unberührt. Was ich da sehe, kommt mir stumpf und abgenutzt vor. Das Kino hat uns für die ewige Totale des Theaters verdorben. ■ 1993 habe ich meine Stasi-Akte gelesen. Ich war so leichtsinnig zu glauben, ich würde nur lachen. Das war eine absolute Unterschätzung dieser perfiden Dummheiten. Als ich zu lesen begann, dachte ich: »Klapp diese Akten sofort wieder zu!« Bis zum heutigen Tag habe ich nicht die ganzen fünf Bände lesen können. Das Schlimmste ist, sich dauernd verraten zu finden, und das Bild, das die Verräter von mir bei der Stasi abgeliefert haben. Das ist, als würde man in den Spiegel gucken und denken: »Ich sehe einen fremden Menschen!« Einer hat mich zweimal im Leben getroffen und schreibt 20 Seiten gemeinen Schmutz über mich. Da frage ich mich: Was geht in den Seelen von Leuten vor, die Verrat als Leistung ansehen? ■ Kurz vor seinem Tod habe ich Heiner Müller in Kalifornien getroffen. Ich kannte ihn von früher sehr gut und hatte Hemmungen, zum Treffen hinzugehen, weil ich weiß, wie das ist mit Leuten, die berühmt geworden sind. Sie glauben, sie müssen diese Muskelspiele zeigen: »Ich bin besser, ich bin berühmter als du!« Ich begegnete dann einem völlig anderen Heiner Müller. Jede Eitelkeit war weg. Das brachte mich auf den Gedanken, dass er möglicherweise sehr krank ist und dass die Weisheit des am eigenen Grab Stehenden ihn so konkurrenzlos aussehen ließ, so freundlich, so liebenswert. Er hielt sich wirklich wie ein Kind an mich, und ich fragte ihn: »Heiner, warum hast du dich mit der Stasi eingelassen?« Seine Antwort war: »Armin, du weißt doch: Die Revolution der Deutschen ist die Denunziation.« ■ Die Eitelkeiten von Hollywood-Stars sind unglaublich bescheuert. Die Verträge, die mein Agent für mich aushandelt, sind 300 Seiten dicke Bücher. Da wird zum Beispiel alles aufgezählt, was mein Trailer haben muss: Bett, Dusche, Küche, Video – alles Sachen, die ich überhaupt nicht brauche. Da denke ich dann an meine DDR-Zeit zurück. Da war der Trailer ein Stuhl – und selbst den gab es nicht immer. ■ Der Unterschied zwischen großem Hollywood-Kino und Dreharbeiten in Deutschland ist das Geld, nichts anderes. Statt einer Kamera stehen fünf herum. Sie spielen aber genauso, ob Sie vor fünf Kameras stehen oder vor einer. Die Zeitbudgets sind natürlich auch anders. Bei »The Peacemaker« von Steven Spielberg wurde 20 Mal eine Szene wiederholt, in der ich Nicole Kidman auf offener Straße Geheimnisse erzähle. Als ich nach dem Grund fragte, merkte ich, dass Nicole Kidman eine Szene gerne 20 Mal dreht. Sie hat dann das Gefühl, wirklich alles abgeliefert zu haben. Ich sagte, ich fände es richtiger, meine Geheimnisse jemandem in einem Café preiszugeben statt auf offener Straße. Vier Wochen später hieß es: »Wir drehen die Szene noch einmal – und zwar in einem Café.« Das ist dann eben ein Luxus, den man sich nur in Hollywood leistet. ■ Kritisch wird es, wenn Stars tatsächlich meinen, sie verdienen ihre Millionen zu Recht. Wenn einer nicht begreift, dass so was ein glücklicher Umstand des Lebens ist, ist das ein Mangel an Fantasie und Klugheit. ■ Man kann Hollywood für die kostspieligste und dümmste Einrichtung der Welt halten. Diese Stadt ist ein weltfremdes Paradies, das einer Schöpfung aus dem Disney-Reich gleicht. Man leistet sich eine Streuselkuchenwelt, und wir Schauspieler sind der Streusel auf dem Kuchen der Menschheit. ■ Ich bin sehr altmodisch und

denke immer noch, zu einem guten Film gehört eine gute Geschichte, und zu der gehören drei Dinge: Entertainment, Information und Erziehung. Dass diese drei Dinge zusammenkommen, ist nicht oft der Fall. Um die breite Masse zu kriegen, muss man offenbar auf Verdummung setzen. ▌ In Los Angeles möchte fast jeder ein Star sein. Sie können den Leuten auf der Straße ansehen, welche Rolle sie gerade imitieren. Ohne Kameras spielt jeder seinen eigenen Film. ▌ Man lebt hier in einer Scheinwelt, in der beinahe jeder so tut, als wäre er der größte Bewunderer des anderen. Andauernd heißt es: »I'm a big fan of yours!« Ich ertappe mich dabei, dass ich von jedem erwarte, dass er das gleich sagen wird. Also sage ich es als Erster, damit ich nicht auf das Lob des anderen reagieren muss. Die Gefahr ist, dass man dieses unentwegte Gelobe schön findet. Wenn ich in Deutschland einen schlechten Film gemacht hatte, kriegte ich besonders viele lobende Anrufe. Wenn ein Film aber gut war, gab es meist nur Schweigen. ▌ Schauspieler sind erst dann Stars, wenn ihretwegen die Massen ins Kino strömen. Ich will kein Star sein, weil ich dann gezwungen wäre, nur noch darüber nachzudenken, welche Rolle mir das größte Publikum bringt.

Jurek Becker Schriftsteller und Drehbuchautor
»57 Aufpasser waren auf mich angesetzt«

Manfred Krug traf ich mit 19 in einer DDR-Einrichtung mit dem schönen Namen »Club junger Künstler«. Eines Abends trat eine mobile Eingreiftruppe auf, eine Art GSG 9 der FDJ, warf die Leute raus und machte den Laden dicht. Der Anführer war übrigens Hans Modrow, der spätere DDR-Ministerpräsident. Nach dem Rausschmiss zogen Krug und ich in eine Ladenwohnung im Bezirk Prenzlauer Berg. Ich will nicht verschweigen, dass wir zwar gleichberechtigt zusammenwohnten, dass ich mir aber immer wie Krugs Untermieter vorkam. Von einem gewissen Zeitpunkt an war auf dem Küchenfußboden zwischen uns eine Demarkationslinie angezeichnet, die keiner überschreiten durfte – vor allem ich nicht. Wir haben die Mauer erfunden, bevor es sie gab. ▪ Krug hat mir eine Seite aus seiner Stasi-Akte gezeigt, die belegt, dass wir observiert wurden. Wir hatten uns wieder mal gestritten, und ein »IM Riese« schrieb in seinem Bericht: »K. und Becker sind nunmehr regelrechte Feinde. Nach Meinung des IM ist dieser Bruch nur zu begrüßen, damit der Krug aus dem zionistischen Einfluss des B. herauskommt.« ▪ Meine Stasi-Akte ist sieben Bände dick, und jeder hat gut 300 Seiten. Ich bin zuversichtlich, dass meine Bücher aufregender sind. ▪ 57 Aufpasser waren auf mich angesetzt – wenn ich mich nicht verzählt habe. Welch ein Aufwand für einen so geringfügigen Dissidenten wie mich. Man erfährt aus dieser Akte mehr über die Berichterstatter als über mich. ▪ Meine Affären wurden nicht nur beobachtet, sondern auch in Gang gesetzt. Ich hatte, wie ich leider erfahren musste, Freundinnen, die nicht meinem Charme erlegen sind, wie ich Dummkopf gehofft hatte, sondern die mir auftragsgemäß erlagen. ▪ Seltsamerweise überkamen mich beim Durchlesen meiner Akte nie Rachegefühle. Die Erklärung ist wohl, dass mir in der DDR nie etwas Ernsthaftes zugestoßen ist. Als junger Mann war ich ein ziemlich angepasster Autor. Ich schrieb Drehbücher und versuchte, möglichst ohne Ärger durch die Tage zu kommen. Dann erschien mein erster Roman »Jakob der Lügner«, und ich wurde im Westen bekannt. Das schützte mich. Auch wenn es unsympathisch klingt: Ich wurde umso mutiger, je mehr ich es mir leisten konnte. ▪ Die DDR war schon eine ziemlich gereizte Gegend in Europa. In den 60ern gab es einen Witz: Ein Reporter vom Mars besucht die DDR und meldet nach Hause: »Ein sportliebender, übellauniger Agrarstaat.« ▪ Ost- und Westdeutsche waren sich auf fatale Weise unbekannt. Man kann vielleicht sogar sagen, dass die Vorurteile, die sie gegeneinander empfanden, etwas mit Fremdenfeindlichkeit zu tun hatten. ▪ Bücher werden zu oft für Schiffchen gehalten, die dazu da sind, die politischen Ansichten ihrer Autoren über den Fluss zum Leser zu schippern. Dabei werden sie mit Meinungen überladen und saufen meist in der Mitte des Flusses ab. ▪ Der Zensor wird nie begreifen, dass die Verbotenen ihren Ruhm ihm verdanken. ▪ Zensur politisiert die Literatur zu ihrem Nachteil. ▪ Ich kann einen furchtbaren Streit mit meiner Frau haben und mich drei Minuten später hinsetzen und schreiben, als wäre nichts gewesen. Es gelingt mir aber nicht, mir diese Hornhaut gegen Geräusche wachsen zu lassen. Wenn draußen ein Hund bellt, macht mich das krank. Dann habe ich Lust, das Fenster aufzureißen und wie ein Blöder zu brüllen. Ich weiß natürlich, dass man Störungen als Erklärung für Misslingen missbraucht. ▪ Wenn mir nichts einfällt, gucke ich Videotext. Da ist alle paar Minuten eine neue letzte Nachricht. Sonst habe ich ziemlich wenig Vermeidungsverhalten. Wenn ich auf die öde Leere in meinem Kopf starre, denke ich: »Gerade jetzt musst du dich zusammennehmen!« Ich begegne Einfallslosigkeit mit Zeitaufwand. ▪ Die Verachtung für private Bedürfnisse, wie ich sie als junger Mann einmal empfunden habe, hat bei mir tatsächlich abgenommen. Ich habe einen Sohn, der 32 ist, und ich habe einen, der vier ist. Es schmerzt zu erkennen, dass mir der 32-Jährige als Kind nie so wichtig gewesen ist wie der Vierjährige heute. Ich würde das für mein Leben gern nachträglich korrigieren. Als der Ältere vier Jahre alt war, war die Familie sozusagen eine Privatangelegenheit, neben der es die viel bedeutenderen Staatsangelegenheiten gab. Heute ist mein vierjähriger Sohn meine Staatsangelegenheit.

John Updike Schriftsteller
»Ruhm ist eine Maske, die sich ins Gesicht frisst«

Meine Großmutter und meine Mutter hatten Psoriasis. Bei mir ging die Schuppenflechte mit sechs los, und mich traf es in unserer Familie am schlimmsten. Diese Krankheit fügt einem weder Schmerz noch Schwäche zu – nur das lauernde Gefühl grenzenloser Peinlichkeit und Selbstverachtung. Deine vom Ausschlag blühende Haut sondert dich ab und ist eine nie versiegende Quelle von Scham und demütigender Schande. So wie ich meine jämmerliche Haut zu verstecken versuchte, versteckte ich meine Seelennot. Ich wurde ein Experte für Geheimhaltungsstrategien, für Tarnungen, Verhüllungen, Masken und Verstellungen. Diese Camouflage-Techniken helfen, aus dir einen guten Romanautor zu machen. Auch meine Selbstbesessenheit und mein Beobachtungszwang haben sicher damit zu tun, dass ich jahrzehntelang im Krieg mit meiner Haut war. Psoriasis treibt dich zwanghaft vor den Spiegel. ■ Als junger Mann sagten mir die Ärzte, das Gen für Psoriasis werde nur von Frauen vererbt. Also heiratete ich eine Frau mit gesunder Haut, mit der ich früh Kinder hatte. Ich wollte von Menschen umgeben sein, die keine Psoriasis hatten. Aber die Ärzte lagen falsch. Meine jüngere Tochter hat einen milderen Fall. Gott sei Dank ist die Krankheit erst über sie gekommen, als sie schon über 30 war, und sie geht sehr gut damit um. Wäre sie schon als Kind erkrankt, hätte ich ihr gesagt: »Psoriasis ist keine selbst verschuldete Schande, und du darfst nicht denken, ein von Grund auf defekter Mensch zu sein. Es gibt Männer, die ihre Glatze jämmerlich und abstoßend finden und sich deshalb Haar implantieren lassen. Gleichzeitig gibt es Männer, die sich eine Glatze rasieren lassen, um attraktiver auszusehen. Das Problem ist also deine eigene Wahrnehmung und nicht die der anderen. Was mich zur Verzweiflung brachte, war in den Augen anderer weniger wichtig, als ich mir vorstellen konnte. Auch Frauen fühlten sich durch meine schadhafte Haut nicht abgestoßen. Deshalb darfst du nie das Gefühl haben, aussätzig zu sein.« ■ Wegen des Medikaments, das ich gegen Psoriasis nehme, darf ich keinen Alkohol trinken. Ich kann es niemandem wirklich empfehlen, immer nüchtern zu sein. Es ist das Gefühl: Du wachst jeden Morgen auf und bist immer noch im öden Kansas. Es gibt keine Achterbahnfahrten mehr, nicht mehr die Euphorie des zweiten oder dritten Drinks, wenn deine Ängste dahinschmelzen und du glaubst, jeden zu lieben und für alle liebenswert zu sein. Glücklicherweise trinkt meine Frau aus moralischen Gründen keinen Alkohol. Das ist für mich einfacher, als an der Seite einer harten Trinkerin zu leben, die schon am späten Nachmittag die Vorzüge eines steifen Drinks anpreist. Europäer wissen besser als Amerikaner, dass Alkohol ein Lebensverstärker ist. Wer zu trinken aufhört, hackt ein kleines Stück seiner Menschlichkeit ab. ■ Ich schreibe von Montag bis Samstag, ohne Blockaden, und das seit mehr als 50 Jahren. Wenn ich nicht zum Schreiben komme, ändert sich meine chemische Zusammensetzung, und ich werde nervös und ängstlich. Ich komme gerade aus New York zurück, wo eines meiner Kinder Geburtstag gefeiert hat. Nachts lag ich wach in meinem Hotelbett, weil ich mir Vorwürfe machte: »Johnny, statt Partys zu feiern, solltest du zu Hause an deinem Roman weiter arbeiten!« Meine Mutter hatte deutsche Vorfahren, und ich bin in Shillington unter lauter Pennsylvania-Deutschen aufgewachsen. Vielleicht habe ich deshalb diese grunddeutschen Wesenszüge wie Gewissenhaftigkeit, Fleiß und Pünktlichkeit. ■ Was den Literaturnobelpreis angeht, lebe ich heute in der Post-Hoffnungs-Periode. Ich kenne mich ein wenig in den Hirnen von Juroren aus. Wird ein Autor Jahr für Jahr wieder genannt, löst sein Name bloß noch Gähnen aus. Auch Juroren sind eitel. Sie möchten einen Gewinner küren, der frisch und heiß ist. Die Leute draußen sollen verblüfft sagen: »Elfriede Jelinek? Was für eine verdammt brillante Idee! Die ist ja so interessant wütend. Und dazu noch so überaus schüchtern und medienscheu.« ■ Dumpfe und begriffsstutzige Attacken gegen meine Bücher machen mich böse, aber am schlimmsten auszuhalten sind smarte Verrisse. Die sind wirklich zum Verrücktwerden. Negative Kritiken einfach zu ignorieren hat leider etwas Künstliches. Das ist, als würde man im Umkleideraum weghören, wenn andere über einen reden. Meine Erfahrung ist, dass Verrisse ihren vergiftenden Stachel verlieren, wenn ich sie ausschneide und säuberlich in einem Aktenordner abhefte. ▪ Ich fühle, wie die Stupidität in mir wächst. Als ich letzte Nacht wach lag, fiel mir peinlicherweise der Nachname der berühmtesten amerikanischen Filmschauspielerin nicht ein. Irgendwann einigte ich mich darauf, dass sie wohl Julia Moore heißt. Heute morgen fiel mir endlich ein, dass sie natürlich Roberts heißt. Altern ist purer Blues. Der animalische Lebenswille erlischt, und stattdessen spürt man den organischen Imperativ, sterben zu sollen: Du hast deinen Spaß gehabt, du hast vier Kinder gezeugt, du hast zig Bücher geschrieben – jetzt ist dein Abgang fällig, verschwinde endlich! Ich finde es auch zunehmend schwieriger, vor mir selbst zu verbergen, dass die Welt ein sehr trauriger Ort ist. Fast täglich lese ich von sexuell missbrauchten Kindern und Schießereien zwischen Jugendlichen. Dazu kommt der Krieg im Irak, der für Amerika zu einem schmerzvollen Desaster geworden ist. Ich habe das Gefühl, dieses Land und seine Menschen bewegen sich rückwärts statt vorwärts. Der Treibstoff Optimismus droht mir auszugehen. Es ist für mich eine Anstrengung geworden, zuversichtlich zu sein. ▪ Bedauerlicherweise wird mir niemand im richtigen Moment eine goldene Uhr in die Hand drücken, um mir zu signalisieren, dass es nun an der Zeit ist, mit dem Schreiben aufzuhören. All meine Freunde haben sich aus ihren Berufen zurückgezogen und trinken heute ihren Bourbon in Florida oder Arizona. Nur ich sitze immer noch an meinem Schreibtisch und versuche den gleichen Zeitplan einzuhalten wie vor 50 Jahren. Ich hatte immer die unschuldige Zuversicht, dass das, was mich interessiert, auch einige andere interessieren wird. Aber jetzt frage ich mich immer öfter, ob ich wirklich noch einen Roman in mir habe oder den Buchhandlungen bloß Platz stehle. Meine Angst zu versagen nimmt seltsamerweise mit jedem weiteren Lebensjahr zu. Jeder Roman könnte mein letzter sein, also sollte er ein finales Statement sein, eine Zusammenfassung meiner Botschaft. Aber was war meine Botschaft? Hatte ich mehrere? Habe ich sie vielleicht längst beschrieben? Oder hatte ich gar keine? Ich bin nicht der Typ, der lässig sagt: »He Leute, dieses neue Buch ist von John Updike, also wird es schon seine Meriten haben. Und wenn nicht, was soll's. Jeder Baum bringt auch mal missratene Äpfel hervor.« Ich halte diesen Druck nicht gut aus, denn John Updike weiß am besten, wie tief John Updike fallen kann. ▪ Mein Kollege David Foster Wallace fragte mal angesichts meiner mehr als 50 Bücher, ob ich je einen Gedanken hatte, den ich nicht publiziert habe. Meine Antwort: Das ist vorgekommen – aber ich habe ja noch ein wenig Zeit, es nachzuholen. Hätte ich weniger veröffentlicht, wäre ich sicherlich beliebter. Aber ich glaube, meinen Koffer noch nicht ganz ausgepackt zu haben. Und dieses Jucken ist immer noch da, sich Menschen auszudenken und durch deren Augen zu leben. Man schreibt doch, um nicht andauernd man selbst sein zu müssen. Deshalb möchte ich so lange Romane schreiben, wie ich meine Sinne zusammenhabe. ▪ Ich brauche eine Prise Religion. Es wäre doch trostlos, wenn der Mensch nur ein dummer Zufall der Fauna wäre, der irgendwann durch einen Schluckauf der Sonne oder durch ein kosmisches Niesen ausgelöscht wird. Wenn ich einige Sonntage nicht in der Kirche war, fehlt mir etwas. Das ist wie Nichtschreiben. Als junger Mensch mischte sich bei mir eine diffuse Seelenangst mit dem erdrückenden Gefühl, mein Tod sei bereits in Arbeit. Ich habe dann genug Kierkegaard und Karl Barth gelesen, um zu begreifen, dass es meine kosmische Pflicht ist, nicht ständig über meinen Tod zu grübeln, sondern mein Talent so gut wie möglich zu nutzen. Heute verfolgt mich der Gedanke, dass der religiöse Optimismus, der uns in diesem Jammertal aufheitern soll, in Wahrheit nur Wunschdenken ist und ein Gewebe aus Lügen. Wofür waren all meine Anstrengungen gut? Wenn ich auf meine Bücher zurückschaue, erscheinen mir einige ganz schön dumm. Sie sind im Irrglauben geschrieben, dass, wenn man die Welt mit Genauigkeit und Liebe beschreibt, sie zu einem besseren und fröhlicheren Ort wird. ▪ Ich wohne seit Jahren zurückgezogen in einem Haus mit Blick über die Massachussetts Bay 40 Autominuten außerhalb von Boston. Mit dem Rücken zur Welt zu leben ist für mich richtig. Ich bin Bürger eines Landes, das verrückt nach Celebrities ist, ohne dass gefragt wird, warum jemand ein Celebrity ist. Und wenn man wie ich die Sehnsucht hat zu gefallen und durch Schmeicheleien verführbar ist, sollte man Abstand wahren zum Prominentenzirkus. Ich habe New York 1957 verlassen, weil es für meine Wesensart besser ist, unter Menschen zu leben, die keine Romane lesen. Es ist für mich eine Gnade, hier nicht der Schriftsteller zu sein, den alle kennen, denn Berühmtheit ist eine Maske, die sich ins Gesicht frisst. Ein Celebrity zu sein ist ein schrecklicher Energieaufwand, denn man muss sich dauernd Mühe geben, für andere glücklich auszusehen. Sehen Sie sich an, was aus Truman Capote geworden ist. Er ist als Schriftsteller zerstört worden durch sein Interesse an der Seifenblase Ruhm. Ich glaube, es verdirbt das Schreiben, wenn man eine Person von öffentlicher Bedeutung sein will. Man kann sehen oder gesehen werden, und Ruhm kann die Augen fett machen. ▌ Mein Haus ist sehr schwer zu finden. Trotzdem stand neulich plötzlich eine Frau aus Spanien in unserer Auffahrt. Als meine Frau das Gegenteil von »Willkommen!« ausdrückte, fing die Frau an zu weinen. Am Ende habe ich sie gegen meine Frau verteidigt. ▌ Obwohl ich die Demokraten wähle, waren nur republikanische Präsidenten nett zu mir. George Bush der Erste hat mir die National Medal of Arts verliehen. Meine Frau und ich mussten unser Innerstes nach außen stülpen, um im Weißen Haus durch die Security zu kommen, aber dann gab uns ein junger Marinesoldat Geleit, und wir spürten ein Fluidum von nationaler Kraft. Beim Dinner musste ich neben Bush sitzen. Er war sehr neuenglandmäßig, und es gelang ihm, dass wir über gemeinsame Bekannte sprachen. Seinen Sohn fand ich hochinteressant. Er hatte so eine verdrückte und knödelige Art zu sprechen, als würde er gleich anfangen zu singen. Es ist schon ein wenig grotesk, dass ein Land mit 290 Millionen Einwohnern zwei Präsidenten gewählt hat, die geistig ihre klaren Grenzen haben. Intelligenz scheint in diesen Zeiten leider ein Handicap zu sein. ▌ In Europa und Lateinamerika gibt es Schriftsteller, die Fernsehberühmtheiten sind und zu allem und jedem Stellung nehmen. In meinem Land würde sich niemand um ihre Meinungen scheren. Ich tauge auch nicht zum Wortführer, denn ich werde sofort zum heillosen Stotterer, wenn ich mich fehl am Platz fühle. Dieser Umstand hat verhindert, dass ich mich in Talkshows korrumpiere. ▌ Je mehr Schriftsteller über Politik reden, desto idiotischer wirken sie. Ich habe mich bei Konferenzen oft über die deutschen Teilnehmer gewundert. Da saß ein Häuflein subventionierter Autoren, deprimiert wegen ihres Schreibens und deprimiert wegen der Zustände in Deutschland. Es brach einem das Herz. ▌ Ich finde es beinah körperlich erregend, aus der Perspektive einer Frau zu schreiben und sich selbst in einem weiblichen Körper vorzustellen. Frauen sind nun mal das ganz Andere, und die Anstrengung eines Romanautors ist es, den Abgrund zwischen dir und dem anderen zu überspringen. ▌ Zu meinen ersten Erinnerungen gehört, wie glücklich ich es getroffen habe, kein Mädchen zu sein. Vielleicht zeigt dieser Gedanke ein gewisses Interesse daran, ein Mädchen zu sein. ▌ Frauen sind viel aufmerksamer für die Details, die ein Schriftsteller zum Schreiben benötigt. Wenn ich nach einem Abendessen bei Freunden versuche, mich an Kleider und Möbel zu erinnern, muss ich jedes Mal meine Frau fragen. ▌ Je näher ich dem Grab komme, desto weniger Abenteuer erlebe ich. Zu den vereinzelten Erfahrungen, die ich noch mache, gehören Arztbesuche und Interviews. Der Interviewte nimmt sich jedes Mal wieder vor, möglichst zurückhaltend zu antworten – und erzählt am Ende weit mehr, als der Frager hören wollte. Der Vernehmer wird zum Ersatztherapeuten, in dessen wehrlose Ohren man sich entleert. ▌ Der Journalist hat den Auftrag, den wahren Updike zu enttarnen, der sich hinter seinen Romanfiguren versteckt. Wie eine wärmesuchende Rakete ist er hinter meinen intimsten Geheimnissen her. Er stellt klare, direkte Fragen und erwartet, dass ich mich auf Kommando nach außen stülpe. Dabei versuche ich in meinen Romanen die Dinge in jener unbestimmten poetischen Schwebe zu halten, die Literatur erst atmen lässt. Man sollte Schriftstellern also die Zunge herausschneiden, denn sie können bei Interviews nur verlieren.

Elfriede Jelinek Literaturnobelpreisträgerin
»Ich mag Männer wirklich nicht – aber ich mag auch sonst nichts«

Mit dem Schreiben beginne ich sehr früh, im Sommer schon um halb sieben. Wenn ich mich an den Schreibtisch setze, muss ich ein vollkommen leeres Gehirn haben. Ich darf auch vorher nicht sprechen. Deswegen muss ich alleine leben. Ich kann nicht mehr als zwei, drei Stunden intensiv arbeiten. Dann bin ich erschossen. Ich habe so einen schlechten Kreislauf, dass ich am Nachmittag auch gar nicht mehr hochkäme. ▪ Um halb neun vormittags unterbreche ich das Schreiben und gehe mit dem Hund spazieren. Das Gehen ist gut für mich. Ich war schon in der Kinder-Psychiatrie, weil ich als Mädchen stundenlang wie ein Tier im Käfig hin- und hergelaufen bin. Ich weiß nicht, ob die Gedanken die Motorik stimulieren oder die Motorik nötig ist, die Gedanken herauszubringen. Ich brauche jedenfalls das Motorische, um denken zu können. Das ist wahrscheinlich eine Entkrampfung, etwas wie eine Massage. ▪ Leider bin ich ein extremer Gewohnheitsmensch. Die ausgedruckten Manuskriptseiten müssen immer links vom Computer liegen. Dadurch bin ich schon zum Krüppel geworden, habe mein Genick schon zerstört durch diesen ständigen starren Blick nach links. Ich muss mich wie Frankensteins Tochter immer ganz umdrehen, wenn ich sehen möchte, was hinter mir ist. ▪ Beim Schreiben muss ich ganz abgeschlossen sein. Sogar ein offenes Fenster irritiert mich. Eigentlich ist mein Arbeitszimmer eine Nonnenzelle, genau wie mein Schlafzimmer, das dahinter liegt. Ich lebe auch ziemlich nonnenhaft. Ich kann nicht genießen. Ich habe es nie gelernt. Auch das Schreiben ist kein Genuss. Es ist das Quälende. Etwas, was man tut wie Kotzen: Man muss es tun, obwohl man es eigentlich nicht will. ▪ Wenn ich meine eigenen Sachen lese, wird mir körperlich unwohl. Ich habe neulich meinen Lektor getroffen. Der hatte ein Manuskript von mir dabei. Während wir gegessen haben, habe ich darin gelesen. Es ist mir übel geworden. Ich habe einen intensiven Selbsthass empfunden und wollte nichts damit zu tun haben. Ich wollte sofort, dass das vom Erdboden verschwindet. ▪ Auf meinen Schreibtisch darf nichts, was nicht mit der Arbeit zu tun hat, nicht mal ein Glas Wasser oder ein Apfel. Es ist eine abstrakte Reinheit, wie ein Chirurg, der, bevor er operiert, ins Dampfbad geht, damit er porentief gereinigt ist. Der Hackethal macht das ja. Der geht wirklich in die Sauna, bevor er operiert. ▪ Zutritt zu meinem Arbeitszimmer hat nur Wuzel, meine 14 Jahre alte Mischlingshündin. ▪ Ich habe einmal ein Jahr nicht auf die Straße gehen können. Das waren einfach so Beklemmungen, dass man das Haus nicht verlassen konnte. Da habe ich viel geschrieben und gemerkt, dass es angenehm ist, einen Beruf zu haben, für den man nicht aus dem Haus gehen muss. Aber dieses Nichthinausmüssen, das ist Lebensvermeidung. ▪ Das größte Missverständnis ist, dass ich eine Männerhasserin bin. Ich mag Männer wirklich nicht – aber ich mag auch sonst nichts.

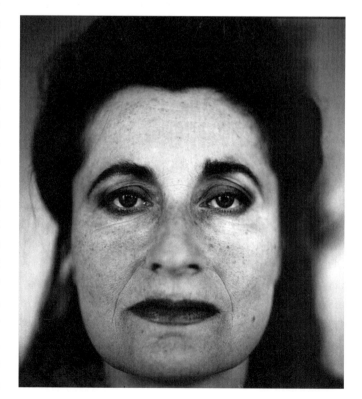

Hans Werner Henze Opernkomponist
»Mein Vater meinte, dass ich ins Konzentrationslager gehöre«

Fausto und ich können nicht ohne einander. Wir sehen uns seit 32 Jahren tagein, tagaus. Er ist von beispielloser Begabung für sinnliche Raffinements und macht mir damit das Leben so festlich, wie ich es liebe. Er hat heute Morgen auch meine Fliege gebunden. Ich könnte das gar nicht selbst. Auf Reisen transportiert er das auf unserem italienischen Landgut gezogene Frischgemüse in Louis-Vuitton-Koffern. Wenn man aus der ostwestfälischen Provinz kommt und die Peinlichkeit von Armut kennen gelernt hat, ist so was ganz amüsant. Bei uns zu Hause wurde nur am Samstag gebadet, alle fünf Geschwister im selben Wasser. Ich als Ältester musste immer ritterlich zuletzt in die Wanne steigen. ■ Fausto verzeiht Leuten, mit denen wir Ärger haben, nach einer Viertelstunde. Ich dagegen reagiere auf die leiseste Kränkung mit blindem Jähzorn und verweigere noch nach 30 Jahren den versöhnlichen Handshake. Fausto hat einen mildernden Einfluss auf mich. Nebenbei bemerkt ist er seit drei Jahren mein Adoptivsohn. ■ Wenn ich allein ein Restaurant betrete, kriege ich Beklemmungen. Am schrecklichsten ist es, wenn ein Lokal halb leer ist. Dann guckt jeder, und mich peinigt das Gefühl, die schauen alle her, weil ich so dick bin oder so kahlköpfig. Ich fürchte mich vor Stottern und Verstummen, vor Hohn und Spott. Gehe ich in einen Laden, habe ich immer das Gefühl, die Leute denken, ich will was stehlen oder die Pistole ziehen. Ich versuche dann, gestisch und verbal klarzumachen, dass ich harmlos bin. ■ Als Kind hatte ich O-Beine, Schielaugen und das linke Bein war kürzer als das rechte. Deshalb mein zwanghaftes Mühen um künstlerische Makellosigkeit. Das Gelingen der Komposition ist meine Rache an den alten körperlichen Defekten. ■ In meinem Elternhaus hat man nicht miteinander gesprochen, vielleicht, weil die Ehe meiner Eltern nicht mehr funktionierte. Bei Tisch löffelte sich jeder stumm die Sachen rein. Ich wurde sozusagen per Liebesentzug erzogen. Mozart am Volksempfänger zu hören war das Einzige, was ich damals hatte. Mozart, das war mein Wegweiser ins Freie. ■ Mein Vater war Dorfschullehrer und ein strammer Nazi, der mich in die Hitlerjugend gezwungen hat. Er wollte mich sogar auf die Musikschule der Waffen-SS schicken. Als er merkte, was mit mir los war, meinte er, dass ich ins Konzentrationslager gehöre, dahin, wo man die Schwulen endlich vergasen würde. Ich kann mich heute noch an die Verachtung erinnern, mit der er mir den rosa Winkel an die Jacke wünschte. Er ist dann bei Kriegsende in Russland verschollen. Heute träume ich manchmal, dass er zurückkehrt und ich ihm verzeihen kann. Er hat nie an meine Begabung geglaubt, was ich unverschämt fand. Er dachte, ich werde bestenfalls im Café Jahnplatz in Bielefeld zum Five o'clock tea die Geige spielen. ■ Wenn früher in den Medien ein Henze-Porträt angekündigt wurde, bekam ich Panik, weil ich fürchtete, meine Mutter könnte von meiner Homosexualität erfahren. Es ging einfach nicht, mit ihr darüber zu sprechen. Schwulsein war ein absolutes Tabu. Wohnen Sie mal in Bad Salzuflen! Mit diesen Nachbarn! Und dann meine Geschwister, die hätten sich doch unheimlich geschämt. Wahrscheinlich schämen sie sich heute noch für mich. ■ Am besten komponiere ich, wenn ich unglücklich bin. Deswegen musste ich mich pausenlos unglücklich machen. Vielleicht ist da auch noch ein Rest Kleinbürgermoral in mir, die sagt: »Als Homosexueller hast du gar nicht das Recht, glücklich zu sein.« ■ Meine erotischen Fantasien liefen schon in diese Richtung, als ich drei Jahre alt war. Ich hatte dann auch Angst vor Frauen. Sobald der Groschen mit 15 gefallen war, konnte mich nichts mehr halten. ■ Es gab eine frivole Zeit, da wollte ich am liebsten im ewigen Karneval leben. Also bummerte ich rum wie nix Gutes. ■ Zu meinen Freunden zählte Pier Paolo Pasolini, der von einem Strichjungen erschlagen wurde. Pier Paolo musste pro Abend mindestens zehn Herren gehabt haben, bevor er schlafen gehen konnte. Bei seinen abendlichen Exkursionen kam er zwischendurch des Öfteren bei mir vorbei, ruhte ein wenig aus und machte sich dann wieder in seinem Alfa Romeo auf die Suche nach Erlösung in den Vorstädten. ■ Nachdem ein Attentäter Rudi Dutschke in den Kopf geschossen hatte, ließ er sich in meinem Haus gesundpflegen. Rudi kam mit einem Arzt und zwei Schwestern, die ihm in monatelangen

Übungen wieder das Sprechen beibrachten. Das Grundstück war Tag und Nacht von Polizei umstellt, die Telefone wurden abgehört, und über uns kreisten Helikopter. ▪ Dann und wann sucht mich das so genannte Böse heim. Ich werde dann krank und verschlossen und aggressiv. Das ist bei mir wie ein Bakterienherd, der unversehens explodiert. Eine riesige Rolle spielt, dass ich ein ganz eifersüchtiger Mensch bin, der beim anderen immer Beweise für Lieblosigkeiten finden will. In meinen Freundschaften gibt es immer diese Gier, jemanden vollkommen und bedingungslos zu meinem Eigentum zu machen, ihn mir einzuverleiben. Die Bitternis der Eifersucht geht bei mir bis zum Todeswunsch. Nur ich durfte promisk sein, niemand sonst. Unsäglich. ▪ Wenn die Liebe am schönsten war, habe ich sie kaputt gemacht. Vom Trennungsschmerz konnte ich nie genug kriegen. Der Kummer über zerfetzte Gefühle produziert ja sehr brauchbare Noten. ▪ Früher gab es Tumulte in meinem Kopf, die in Gewalttätigkeit übergehen konnten. Weil ich mich vor mir selbst fürchtete, habe ich dann eine langjährige Psychoanalyse gemacht. Seitdem bin ich etwas besser in Schuss. ▪ Früher konnte mich eine schlechte Kritik ins Bett werfen. Seit einiger Zeit ahme ich die unerschütterliche Arroganz der Reichen nach. Heute beleidigt mich niemand mehr ohne meine Erlaubnis. ▪ Ich habe jahrelang Kompositionskurse für Arbeitslose und Landarbeiter gegeben. Sich sozial nützlich zu machen ist meine Strategie gegen Einsamkeit und Tod. Das ist ein bisschen wie Söhne haben wollen. ▪ Mit Ingeborg Bachmann habe ich jahrelang zusammengelebt. Die Bachmann hätte es sehr gern gehabt, wenn ich sie geheiratet und Kinder mit ihr gezeugt hätte. Aber ich fühlte mich von solcher Art Glück ausgeschlossen. An diesem tragischen Umstand habe ich dann immer komödiantisch rumgepult. ▪ Ich hatte nie den Wunsch, weitere Personen meiner Art in die Welt zu setzen. Stellen Sie sich nur mal vor, hier würden uns jetzt junge Leute Gesellschaft leisten, halb kärntnerisch wie die Bachmann, halb ostwestfälisch. Die wären alle saublöd, weil ja die Kinder von überkandidelten Eltern selten gedeihen. ▪ Die Bachmann war dann mit Max Frisch zusammen. Ich fand, dass dieser Schweizer kaum den richtigen Partner abgab für eine so elegante, elfenhafte Erscheinung wie Frau Dr. Bachmann. Für den Frisch war doch die miese Snackbar im Café de Paris in der Via Veneto schon der Gipfel des Mondänen. Ich erlebte ihn als einen rechten Widerling, der sich dann auch noch erlaubt hat, meine geliebte Freundin mit einer Jüngeren zu hintergehen. Immerfort musste er der Welt beweisen, dass er der Don Juan Nummer eins ist – ein Beweis, der einfach nicht gelingen wollte. ▪ Wenn die Bachmann im Nachtzug von Rom nach Wien einen Mann kennen lernte, hat sie sich oft eine falsche Identität ausgedacht. Mal war sie eine züchtige Krankenschwester, dann wieder eine Lebedame, bei der es nicht ausgeschlossen wirkte, einen schnellen One-Night-Stand zu haben. ▪ Der Bachmann gefielen richtige Kerle, Leute aus dem Volk. Ein großer Bewunderer von ihr war Henry Kissinger. Man lernte sich bei einer Tagung der Gruppe 47 in Harvard kennen. Als sie 1973 in Rom mit Brandverletzungen dritten Grades im Sterben lag, hat Kissinger jeden Tag aus Washington beim Chefarzt angerufen, um sich nach ihrem Zustand zu erkundigen. ▪ Eine Nachtschwester ließ Fausto und mich heimlich zu der Bachmann in den Isolierraum. Es war ein Anblick der Vernichtung, von unvergesslichem Grauen. Ich bin laut schreiend hinausgestürzt. ▪ Theodor W. Adorno hat mir mal selbst komponierte Lieder am Klavier vorgesungen. Hatte er Talent? Hach ja. Theoretisch verstand der natürlich viel von Musik und konnte deshalb ein Lied von Anton Webern einfach nachmachen. Aber erfinden konnte der nichts. Alles hörte sich an wie intelligente Fälschungen. Das Privatkonzert fand in seiner von Häkeldeckchen verzierten Wohnung in Frankfurt statt. Adorno war ein grauenvoller Kerl. Seine Eitelkeit war geradezu unerträglich. Bei einem Empfang in Rom hat er die Präsidentin der Philharmonischen Akademie vor allen Gästen angeflirtet. Alle guckten weg und taten so, als wenn nichts wäre. Ihr Gatte ist derweil draußen auf und ab gegangen, weil er diesen deutschen Philosophen so sehr bewunderte. Er hätte ihn lieber auf Pistolen fordern sollen. Als der berühmte Otto Klemperer Kapellmeis-

ter der Hamburger Staatsoper war, hat er sich mal die Gattin eines Senators angelacht. Als der dahinter kam, hat er die ganze erste Parkettreihe gemietet. Er saß da im Smoking und mit einer Reitpeitsche. Als Klemperer zu dirigieren anfangen wollte, ist der Senator aufgestanden und hat ihm rumms, rumms ein paar übergezogen. Klemperer – drahtig, wie er damals noch war – sprang auf die Brüstung und sagte zum ausverkauften Hause: »Meine Damen und Herren, dieser Mann züchtigt mich, weil ich seine Frau liebe.« Der Senator rief: »Ich fordere Sie auf Pistolen!« Klemperer erwiderte: »Ich bin doch kein Förster.« ▪ Vor ein paar Jahren wurde ich bei Fürst von Thurn und Taxis vorstellig, um Geld für meine Münchner Biennale zu erbitten. Ich bin bei Regen und Sturm zu dieser Trutzburg gefahren, um am Ende von Seiner Herablassenden Hoheit keinen Pfennig zu bekommen. Bei Tisch gab es zwar das Spanische Hofzeremoniell, aber die so genannte Dienerschaft bestand aus Holzfällern, die man als Lakaien verkleidet hatte, und im Kamin brannte nicht mal Feuer. Dieser geschminkten und gefärbten Durchlaucht verdankte ich nichts als einen unangenehmen grippalen Infekt. Ist es schon zwölf? Ah, dann ist jetzt Aperitif-Time! Ab morgens warte ich, dass es zwölf wird. Vorher rühre ich kein Glas an. Das sind aber auch die allerletzten Überbleibsel meiner bürgerlichen Selbstdisziplin.

Thomas Quasthoff Baritonsänger

»Die Lehrer konnten sich nicht vorstellen, wie man ohne Arme Diktate schreibt«

Natürlich gibt es Leute, die geschockt sind, wenn ich auf die Bühne komme. Ich bin 1,20 Meter groß und habe keine Arme. Aber wer Probleme mit meinem Aussehen hat, soll halt das nächste Mal mit seinem Hintern zu Hause bleiben. ▪ Meine Mutter hatte während der Schwangerschaft Schlafstörungen. Der Arzt hat ihr daraufhin Contergan verschrieben. Meine inneren Organe sind Gott sei Dank okay, aber ich habe keine Kniegelenke, und meine Füße standen bei der Geburt nach hinten. Um das zu richten, musste ich die ersten anderthalb Jahre in einem Streckverband liegen. Ich weiß nur noch, dass ich in einem Gitterbett lag und einen gelben Teddy hatte, der mir eines Tages weggenommen wurde. ▪ Als ich zwei, drei Jahre alt war, sagte eine Krankenschwester zu meiner Mutter: »Also Mensch, Ihr Sohn ist aber musikalisch!« Meine Mutter war völlig perplex und fragte: »Wie kommen Sie denn darauf? Der Junge kann doch kaum reden.« Ich habe damals Schlager nachgesungen wie »Liebeskummer lohnt sich nicht«, natürlich ohne zu wissen, was die Wörter bedeuten. ▪ Mit sechs kam ich in eine Sonderschule. Meine Mitschüler waren Spastiker. Weil die durch ihre Sprachbehinderung erheblich langsamer in ihrer Entwicklung waren, fing ich irgendwann an, mich total zu langweilen. Nach zwei Jahren haben meine Eltern dann bei zehn Grundschulen angefragt, ob sie bereit wären, mich aufzunehmen. Neun dieser Schulen haben sich geweigert. Die Begründung lautete, dass die Belastung für den Klassenlehrer zu groß sei. Wahrscheinlich konnten die sich nicht vorstellen, wie man ohne Arme Diktate schreibt. ▪ Als Kind sollten mir Armprothesen angepasst werden, die vorne eine Zange hatten. Die Dinger quietschten furchtbar, und ich kam mir vor wie Frankenstein. Da habe ich die Ärzte angeschnauzt: »Sagt mal, seid ihr alle krank? Was soll ich damit? Nehmt diese Dinger weg!« Ich hatte dann überhaupt keine Probleme, das Schreiben zu lernen. Auch mein Tempo war gut. Ich habe mein Abitur so gemacht wie jeder andere auch, ohne Extrazeiten oder andere Vergünstigungen. ▪ Kinder können ganz schön grausam sein, aber ich hatte schon damals eine relativ große Klappe, die mich immer ein bisschen geschützt hat. Als es bei den anderen in der Pubertät losging mit Freundinnen, habe ich mir angewöhnt, auf Klassenkasper zu machen, um so meine Probleme zu überspielen. ▪ Natürlich gab es Momente der Verzweiflung, wo ich dachte: »Warum gerade du?« Es ist aber ein großer Unterschied, ob Sie aus dem vollen Leben heraus durch einen Unfall in die Querschnittslähmung geschmissen werden oder ob Sie von Geburt an eine Behinderung haben. Ich kannte es nicht anders. Meine Eltern haben mir klargemacht, dass Blinde oder Taubstumme viel schlimmer dran sind als ich. Sie haben mich auch nie versteckt und sind mit mir in die Badeanstalt gegangen. Natürlich gab es Tausende von Blicken. Aber dadurch war ich auch schnell an Gaffer gewöhnt. Einmal hatte mich meine Mutter im Kinderwagen vorm Fleischerladen geparkt. Als eine neugierige Frau mein Cape hochhob, um drunterzugucken, habe ich sie angespuckt. Als sie sich beschwerte, sagte meine Mutter zu mir: »Komm, spuck noch mal!« ▪ Es gibt Contergan-Kollegen, die sich in dieses Thema unglaublich involviert haben. Ich bin eher dem Instinkt gefolgt: »Akzeptiere dein Schicksal. Du hättest auch als stupider und depressiver Vollidiot auf die Welt kommen können.« ▪ Meine Mutter leidet mehr unter meiner Behinderung als ich. Sie macht sich bis heute Vorwürfe. Sie musste sich auch so idiotische Äußerungen anhören wie: »Ihr Sohn wurde wohl im Suff gezeugt!« ▪ Die Entschädigungen für Contergan-Opfer sind ein Hohn. Die Pharmafirma Grünenthal hat uns mit 24.000 Mark abgespeist. Grünenthal verdient noch immer Millionen, aber was würde es bringen, wenn ich deshalb dauernd ungeheuer wütend wäre? Ob ich »Skandal!« rufe oder in Afrika fällt eine Banane vom Baum – das ändert letztlich nichts. Ich käme nur in eine schlechte Stimmung, und die kann ich in meinem Beruf nicht brauchen. Mir ist meine seelische Balance wichtiger als ein heroischer Kampf, den ich ohnehin nicht gewinnen kann. ▪ Entdeckt hat meine Begabung mein Vater. Er hat Gesang studiert, bevor er Justizbeamter wurde. Als ich zehn Jahre alt war, hat er beim Norddeutschen Rundfunk angerufen. Die

dachten wahrscheinlich, mein Vater wollte aus seinem behinderten Jungen einen zweiten Heintje machen, und sagten: »Na gut, dann kommen Sie in Gottes Namen vorbei – aber höchstens zehn Minuten!« Aus diesen zehn Minuten wurden dann zwei Stunden. Ich habe gejodelt und mit meiner Kinderstimme Adenauer parodiert. Am Ende hieß es: »Mit dieser Stimme müssen Sie irgendwas machen!« ▪ An der Musikhochschule Hannover wurde ich abgewiesen. Die Begründung lautete: »Ohne Arme können Sie ja leider nicht Klavier spielen.« Genauso wenig wie Basketball. Man scheute sich wohl, einen Präzedenzfall zu schaffen. Ich war natürlich total frustriert, denn ich wusste inzwischen, dass ich diese Begabung habe. Im Rückblick kommt mir das aber wie ein Glücksfall vor. Mein Privatstudium war wesentlich effizienter und intensiver. Auf den Musikhochschulen lernt man als Sänger viel Mist, den man später niemals mehr braucht. ▪ Die Position des Dirigenten verleitet dazu, eine allzu intensive Beziehung zur Macht zu entwickeln. Was manche da an Selbstvergötterung betreiben, kann ich nur als irrsinnig bezeichnen. ▪ Bei gut bezahlten deutschen Orchestern hocken viele mit übereinander geschlagenen Beinen auf ihren Stühlen und denken insgeheim: »Na ja, Kinder, noch eine halbe Stunde, dann ist Gott sei Dank Mittagspause.« ▪ Bei einigen deutschen Fernseh-Sendungen haben mir die Redakteure knallhart gesagt, dass sie mich nicht einladen können, weil die Zuschauer angeblich keine Behinderten sehen wollen. In Nürnberg stand mal in der Zeitung: »Der behinderte Zwerg Quasthoff hinkt auf die Bühne.« Das hat mich so böse gemacht, dass ich das erste und einzige Mal bei einer Zeitung angerufen habe. ▪ Was da im Augenblick so an Pseudo-Klassik geboten wird, finde ich zum Haarerausziehen. Vanessa Mae wird durch ein nasses T-Shirt nicht zu einer besseren Geigerin. Und wenn sich dann noch ein Pavarotti hinstellt und sagt »Bocelli ist mein Nachfolger«, muss ich wirklich fragen, ob Pavarotti nicht vielleicht zu viele hohe Töne gesungen hat. ▪ Es stimmt nicht, dass ich ausgebildeter Rettungsschwimmer bin. Ich war zwar Mitglied der DLRG und schwimme wirklich sehr gut, aber ich möchte niemandem zumuten, sich von mir retten zu lassen.

Kirk Douglas Schauspieler
»Gott hat eine Mission für mich, die ich erfüllen muss«

Am 13. Februar 1991 wollte ich von Fillmore nach Los Angeles fliegen. Kurz nach dem Start kollidierte unser Helikopter mit einem landenden Sportflugzeug. Wir gerieten ins Trudeln und stürzten aus 15 Meter Höhe auf das Rollfeld. Zwei Menschen sind im brennenden Kerosin umgekommen. Einer davon war erst 18 Jahre alt. Seit diesem Tag fühle ich mich schuldig, noch am Leben zu sein. Ich war bei zwei Psychiatern, aber die konnten mir auch nicht helfen, meinem Leben einen neuen Sinn zu geben. Auf einmal wollte ich mehr, als nur die Leute mit Filmen zu unterhalten. Heute weiß ich, dass Gott eine Mission für mich hat, die ich erfüllen muss. ▪ Unglück und Schmerz sind Gottes Megafon, um taube Menschen aufzuwecken. Bis zum Absturz des Helikopters habe ich meine jüdische Identität unterdrückt, weil ich nicht genügend Selbstbewusstsein hatte. Ich bin in einer kleinen Industriestadt im Staat New York aufgewachsen. Da durfte ich als jüdischer Junge noch nicht mal Zeitungen austragen. Auf dem Weg zur Sonntagsschule wurde ich von Straßengangs verprügelt und mit Steinen beworfen. Man schrie mir »Kike« und »Yid« hinterher. Ich fing an, mich als Halbjude auszugeben, um mein Stigma zu halbieren. Nach dem College ließ ich meinen Namen Issur Danielovitch in Kirk Douglas ändern. Ich hatte einfach genug von diesen Diskriminierungen. ▪ Marlon Brando musste sich mal für seine antijüdischen Ausfälle öffentlich entschuldigen. Es ist noch nicht lange her, da waren in Los Angeles bestimmte Golf- und Tennisclubs für Juden absolut tabu. Auch das ist Antisemitismus! Ich hatte allerdings das Glück, eher wie ein Norweger auszusehen. Einmal habe ich mich bei einem jüdischen Theater beworben, da hieß es: »Mr. Douglas, wenn wir mal einen Nazi besetzen müssen, sind Sie der Erste, den wir anrufen werden.« ▪ Es ist eine perverse Logik, aber der Antisemitismus hat uns Juden geholfen zu überleben. In guten Zeiten neigen wir leider dazu, uns durch Anpassung selbst zum Verschwinden zu bringen. Was die Pogrome nicht geschafft haben, schafft die Assimilation. ▪ Meine mehrere Millionen Dollar teure Kunstsammlung habe ich verkauft, um eine Alzheimer-Klinik zu stiften, ein Frauenhaus und fünf Kinderspielplätze in Jerusalem. Natürlich denken viele, dass das die Angst eines 81-Jährigen vor dem Tod ist. Ich weiß aber, dass man sich mit Wohltätigkeit kein Freiticket in den Himmel erkaufen kann. Der Talmud verpflichtet jeden Juden, an jene etwas abzugeben, die weniger haben als er. Dass ich die »Douglas Playgrounds« in Jerusalem geschaffen habe, hat etwas mit meinen Jugenderfahrungen zu tun. Kinder lernen Hass und Rassismus am Abendbrottisch ihrer Eltern. Wenn aber jüdische, christliche und moslemische Kinder in Harmonie miteinander spielen, verlernen sie diese Gefühle vielleicht wieder. ▪ Ich lese jeden Tag drei Stunden in der Thora. Das ist für mich hilfreicher als jede Psychoanalyse. Außerdem ist die Thora das beste Drehbuch, das mir jemals untergekommen ist. Abenteuer, Betrug, Mord, Ehebruch, Inzest: alles da! Kein Wunder, dass dieses Buch der größte Bestseller aller Zeiten ist. ▪ 1996 hatte ich einen Schlaganfall. Mein guter Freund Burt Lancaster ist nach einem Schlaganfall jahrelang dahinvegetiert. Ich wusste also, was mich da erwischt hatte. Anfangs hatte ich Depressionen und Selbstmordgedanken, und ich versank in grenzenlosem Selbstmitleid: »Gott, wieso ausgerechnet ich? Und warum jetzt, wo ich doch gerade die Thora studiere? Zähl doch mal, was ich getan habe, den Juden zu helfen!« Als ich hörte, dass es lange dauern könnte, bis ich wieder einigermaßen sprechen kann, bekam ich fürchterliche Wutanfälle. Ein Schauspieler, der sabbert und brabbelt wie ein Baby – was für eine Witzfigur! Heute weiß ich, dass meine Frau viel mehr gelitten hat. Wenn sie mir helfen wollte, habe ich sie zum Blitzableiter meines Zorns gemacht. Auf fremde Hilfe angewiesen zu sein ist die reine Demütigung. Wenn ich mal im Krankenhaus lag, war ich immer stolz auf meine blitzblanke Bettpfanne. Es war ein Fehler von mir, mich mit den harten Hunden zu identifizieren, die ich vor der Kamera gemimt habe. Ich hätte mehr darauf achten sollen, dass ich in meinen 82 Filmen mehr als 20 Mal gestorben bin. ▪ Ich bin aufbrausend und unbeherrscht, und wenn man dann wegen eines Schlaganfalls nur ganz langsam sprechen kann, fühlt man

sich wie ein Idiot. Ich muss dreimal die Woche mit meiner Sprechtherapeutin Übungen machen wie: »All I want is a proper cup of coffee made in a proper copper coffeepot.« Bei so was Dämlichem wäre ich ohne Humor längst tot. Ich habe mühsam gelernt, über mich lachen zu können und auch mal den Clown zu spielen. Wenn mich heute einer nicht versteht, sage ich möglichst laut: »Don'… you… spik… Englees?« ▌ Mein berühmter Sohn Michael sagte neulich: »Dad, übe weiter mit der Sprechtherapeutin, dann machen wir endlich unseren ersten gemeinsamen Film.« Ich erwiderte: »Michael, warum gehst du nicht zu meiner Therapeutin und lernst so zu sprechen wie ich? Dann wird kein Zuschauer einen Unterschied zwischen uns feststellen.« ▌ Michael und ich waren uns 40 Jahre lang fremd. Wahrscheinlich hat er mir die Scheidung von seiner Mutter nicht verziehen. Auch als er Schauspieler werden wollte, hat er mich nie um Hilfe gebeten. Er hatte immer diese Attitüde: »Dad, ich brauche weder deinen Namen noch dein Geld.« Das hat mich als Vater tief verletzt. ▌ Ich habe Michael öffentlich aufgefordert, in die Politik zu gehen. Er hat zwei Oscars, und er bekommt 20 Millionen Dollar pro Film. Da wäre es an der Zeit, dass er jetzt auch mal was für sein Land tut. Er hat mich aber bloß ausgelacht: »Die Medien würden mir jeden Joint vorhalten, den ich mal geraucht habe. Und sie würden sich mit Wonne auf meine Frauenaffären stürzen. Vergiss es.« ▌ Es ist ein Alptraum, wie unsere Medien vom Krebsgeschwür des Sexklatsches befallen sind. Selbst unsere seriösen Zeitungen sind inzwischen infiziert vom Unterhosenjournalismus der Boulevardpresse. Die Affären von John F. Kennedy waren allgemein bekannt. Trotzdem ist das nie in die Medien gelangt. Ich hoffe, auch Ihr Kanzler hat ein aktives Sexleben, weil das zeigen würde, dass er Energie hat. Bei uns ist es leider so weit gekommen, dass ein Eunuch die besten Chancen hätte, zum Präsidenten gewählt zu werden. Wer heute in die Politik geht, ist entweder ein kompletter Idiot oder sehr, sehr mutig. ▌ Ich habe mal eine Journalistin am Telefon als »dumme Fotze« beschimpft, aber Sie wissen eben nicht, was ich so alles mit Medienleuten erlebt habe. Man hat mir schon meinen Hausmüll gestohlen und im Fernsehen vorgezeigt. Und für ein Foto, das mich blutüberströmt im Wrack des abgestürzten Helikopters zeigt, wurde den Polizisten 50.000 Dollar Schmiergeld geboten. ▌ Meine ehebrecherischen Beziehungen mit Marlene Dietrich und Joan Crawford habe ich in meinen Memoiren nicht verschwiegen. Diese Frauengeschichten gehören nun mal zu meinem Leben. Sie wegzulassen, nur weil ich verheiratet bin, wäre so, als wollte man von einem Ölbild ein Schwarzweißfoto machen. Meine Frau wusste ohnehin immer alles. Ich kann einfach kein Pokerface machen. Anne sagt immer: »Kirk, du bist der miserabelste Schauspieler, den ich kenne!« ▌ Jeder meiner vier Söhne war schon mal wegen psychischer Probleme oder wegen Alkohol- und Drogensucht in Therapie. Hollywood ist der unbarmherzigste Ort, den ich kenne. Die Todesrate unter den Studio-Chefs ist ähnlich hoch wie bei Second Lieutenants im Vietnamkrieg. Auch die Kinder von Celebrities leben hier wie in einem Aquarium, in das jeder hineinschauen kann. Diesem Druck sind viele nicht gewachsen. Der Sohn von Gregory Peck hat sich mit Anfang 30 erschossen. Paul Newmans Sohn starb an einer Überdosis Drogen. Der Sohn von Marlon Brando erschoss den Liebhaber seiner Schwester. Die landete dann in einer Nervenheilanstalt und hat sich ein paar Jahre später umgebracht. Manchmal denke ich, mein Sohn Eric hätte keine Drogenprobleme, wenn er nicht mit dem Sohn von Ronald Reagan zur Schule gegangen wäre und bei uns zu Hause nicht Idole wie Frank Sinatra und Burt Lancaster erlebt hätte. ▪ Die beste Lektion habe ich meinen Jungs nicht mitgeben können: Mein größter Vorteil war, in Armut aufzuwachsen. Mein Vater ist 1908 aus Russland nach Amerika geflohen, weil er nicht gegen die Japaner in den Krieg ziehen wollte. Er war bis zu seinem Tod ein Lumpensammler, der weder lesen noch schreiben konnte. Und er war ein großer Trinker. Für mich und meine sechs Schwestern gab es also nur den Weg nach oben. Im verschwenderischen Reichtum von Beverly Hills aufzuwachsen und trotzdem die Energie aufzubringen, selbst etwas zu erreichen, ist die viel größere Leistung. ▪ In den vergangenen Jahren habe ich drei Romane und ein Kinderbuch über den Holocaust geschrieben. Ich verstehe mich aber nicht als Schriftsteller und wollte nie einen Preis gewinnen für die schönste Beschreibung eines Sonnenuntergangs. Wenn man drei Filme im Jahr dreht, denkt man mehr über die Rollen nach als über sich selbst. Ich kannte Spartakus und van Gogh besser als mich. Das Schwierigste für einen Schauspieler ist, er selbst zu sein. Ohne Drehbuch kommt man sich fürchterlich nackt vor. Das Schreiben ist für mich ein Selbstgespräch, bei dem man die Masken ablegen muss. Ich habe herausgefunden, dass ich ein ziemlich interessanter Typ bin. Deshalb unterhalte ich mich gern mit mir. ▪ Meine Söhne sind alle im Filmgeschäft. Ich habe ihnen mit auf den Weg gegeben, dass Schauspieler verloren sind, wenn sie nicht mehr zwischen Rolle und Realität unterscheiden können. Mein Kumpel John Wayne hielt sich irgendwann wirklich für einen dieser harten Western-Typen aus seinen Filmen. Nach der Vorführung von »Vincent van Gogh – Ein Leben in Leidenschaft« raunzte er mich an: »Mein Gott, Kirk, wie konntest du bloß so eine Rolle annehmen. Wir müssen starke Charaktere spielen und nicht solch einen kranken Spinner, der sich erst ein Ohr abschneidet und dann auch noch Selbstmord begeht.« Ich sagte: »John, wir sind bloß Schauspieler. Glaub doch nicht, dass uns das Pentagon anruft, wenn irgendwo ein Krieg ausbricht.« ▪ Ich weiß natürlich nicht, ob er im Himmel gelandet ist, aber ich würde mich im Jenseits gern mal mit Adolf Hitler unterhalten. Ein Mann, den ein ganzes Volk wie einen Gott angebetet hat, das muss ein interessanter Typ für ein Gespräch sein. Ich lese manchmal »Mein Kampf«, und ich muss sagen, dass Adolf eine Menge von uns Juden verstanden hat. Die Thora hat uns zum Gewissen der Welt gemacht – deshalb war er so scharf darauf, uns alle tot zu sehen. ▪ Am Ende unserer Unterhaltung werde ich diesen Herren fragen: »Adolf, haben Sie meine Bücher gelesen? Nein? Warum nicht? Ich habe ›Mein Kampf‹ studiert. Also lesen Sie jetzt gefälligst auch mal meine Bücher!«

Robert De Niro Schauspieler
»Jesus ist schon zu oft gespielt worden«

Glück ist, mit den eigenen Fehlern Frieden zu schließen und sich selbst ein Freund zu sein. Warum schlüpfe ich in meinen Filmen bloß immer wieder in die Haut von Leuten, die raus wollen aus ihrer Haut? ▌ Wenn ich einen Film sehe, gibt es für mich nichts Ekligeres als einen Schauspieler, dessen Ego mitspielt. ▌ Wer unter Beobachtung steht, verhält sich automatisch künstlich. Aber Schauspieler posieren auch dann noch, wenn sie allein an der Pinkelrinne stehen. ▌ Ich mag keine Leute, die alles besser wissen, aber nichts besser machen. ▌ Die berühmte Zeile »You talkin' to me?« stand nicht im Drehbuch von »Taxi Driver«. Sie wurde am Set improvisiert. Filmemachen ist der Zusammenprall eines Kollektivs mit dem Zufall. ▌ Interpretationen sagen vor allem etwas über den Interpreten. ▌ Ein Astronom würde sagen, ein Star ist jemand, der so weit nach oben gekommen ist, dass man ihn von überall auf der Welt sieht. ▌ Hollywood-Stars machen sich den ganzen Tag Gedanken darüber, was andere über sie denken sollen. ▌ Das Gefährlichste am Ruhm ist, dass alle nett zu dir sind und deine Meinungen vollkommen richtig finden. Suche deshalb die Nähe von Menschen, die dir Dinge sagen, die du nicht hören willst. ▌ Ich arbeite sehr oft mit italo-amerikanischen Regisseuren wie Martin Scorsese, Brian De Palma, Francis Ford Coppola oder Michael Cimino. Einen Film zu machen ist wie das Durchschwimmen des Ärmelkanals: Einmal gestartet, ist man für lange Zeit im Wasser – und es ist klug zu wissen, wer neben einem schwimmt. Mit einem Freund geht es leichter als mit Leuten, die exzentrisch sind und einen mit ihrer negativen Energie runterziehen. Scorseses Frau hat eine andere Erklärung. Sie sagt, ihr Mann sei der Einzige, mit dem ich mich eine Viertelstunde lang über die Art und Weise unterhalten könne, wie ich mir vor der Kamera eine Krawatte knote. Scorsese und ich sind eben ein großes Glück füreinander. ▌ Jeder, der wie ich in Little Italy in New York aufgewachsen ist, kannte Leute von der Mafia. Gangster haben die gleichen Probleme wie andere Leute, nur dass sie eben einbrechen, mit Drogen handeln oder auf Leute schießen. Polizisten sind für sie natürliche Feinde. Daran ist nichts verkehrt, denn viele Cops sind korrupt. Polizei und Unterwelt sind zwei Seiten einer Medaille. ▌ Filme mit Liebesszenen meide ich. Der Mythos der Liebe ist ein reiner Verkaufstrick. Es gibt eine Menge Leute, die ohne Liebe leben. ▌ Hollywood nimmt bei jedem Drehbuchproblem Zuflucht zu einer Liebesgeschichte. Man lässt ein schönes Mädchen in die Handlung einbauen, und das war's. Das ist ein erprobtes Rezept, das leider funktioniert. ▌ Ich habe schon Liebesszenen gespielt, sogar nackt. Alles der Kunst zuliebe. ▌ Eine durch und durch positive Figur reizt mich nicht – Jesus ist schon zu oft gespielt worden. ▌ Das Böse im Menschen kann man erklären. Aber wie erklärt man das Gute? ▌ Gott sei Dank sind die Menschen zu kompliziert, um sich mit einer Filmfigur völlig zu identifizieren. ▌ Die Idee des Helden gefällt mir, aber ich ziehe die stillen Helden vor, von denen man nie etwas hört, weil sie nicht mit ihrer Tat prahlen. Sie haben vielleicht ein Le-ben gerettet, aber alles, was sie davon haben, ist eine Medaille von der Stadt. ▌ Coppola meint, ich schlüpfe so gern in die Haut anderer Leute, weil ich mich selbst nicht besonders mag. Dabei finde ich mich nicht unsympathischer als andere.

Michael Caine Schauspieler

»Ein Gentleman ist jemand, der Akkordeon spielen kann, es aber nicht tut«

Alle Welt glaubt, ich hätte schon immer einen Schlag bei Frauen gehabt. Dabei war ich am Strand immer der Letzte, der sich auszog. Ich war klapperdürr und kurzsichtig und hatte Segelohren, die meine Mutter abends mit Klebeband an meinem Kopf befestigte. ▍ Ich komme aus einer lupenreinen Proletarierfamilie, habe aber keine Probleme, den vornehmen Sir Michael Caine zu geben – ich bin eben ein passabler Schauspieler. Schauen Sie sich meine eleganten und weltläufigen Freunde Sean Connery und Roger Moore an. Mit Sean habe ich früher Geld von der Sozialhilfe abgeholt, und Rogers Vater war ein kleiner Polizist. Heute sind wir Gentlemen, denn wir sind nie unabsichtlich unhöflich. ▍ Ein Gentleman ist jemand, der Akkordeon spielen kann, es aber nicht tut. ▍ Ich empfinde England als Klassengesellschaft und lebe in einem Anwesen in Surrey mit sechs Schlafzimmern und privatem Kino. Ist das ein Widerspruch? Nein. Ich will ein Land ohne Klassenunterschiede, aber ich will kein Land ohne Klasse. ▍ 2000 wurde ich zum Ritter geschlagen. Vor der Zeremonie dachte ich: »Wird es schwer für dich sein, vor der Königin auf die Knie zu fallen?« Man muss aber nur mit einem Knie zu Boden gehen. Das war mir die Sache wert. ▍ Die Ritterschaft hat mein Leben verändert. Ich werde jetzt in die königliche Loge in Wimbledon eingeladen und habe keine lausigen Drehbücher mehr in der Post. Die Jungs in den Studios scheinen zu denken: »Oh, aufgepasst, diesem Caine können wir nicht mehr jeden Scheiß schicken. Der ist ja jetzt ein Sir.« ▍ Ich habe mich zeitlebens als Außenseiter und Opfer britischen Hochmuts gefühlt. Mein Cockney-Akzent ist in meiner Heimat das, was schwarze Haut in den USA ist. Bis ich meinen ersten Erfolg als Schauspieler hatte, war ich knapp 30. Die englischen Filmkritiker kommen fast alle aus der oberen Mittelschicht. Deshalb haben die mich 40 Jahre lang verrissen. Die können nicht vergessen, dass ich eigentlich Maurice Micklewhite heiße und aus dem Londoner East End komme. Mein Vater schleppte Kisten auf dem Fischmarkt. Als ich ihm sagte, ich will Schauspieler werden, war das für ihn so, als hätte ich gesagt, ich bin schwul. Als er an Leberkrebs starb, hinterließ er uns drei Schillinge und acht Pence. Heute bin ich der Alptraum der britischen Bourgeoisie: ein Cockney-Proll, der es zum mehrfachen Millionär gebracht hat und weiß, dass Amuse-gueules etwas sind, das man essen kann. ▍ Sobald ich Dünkel bei jemandem spüre, kann ich nicht länger freundlich tun. Lieber lecke ich Bürgersteige ab. ▍ Man wirft mir vor, bei der Wahl eines Weines kritischer zu sein als bei der Wahl meiner Rollen. Für einen schlechten Film kriege ich aber nun mal genauso viel bezahlt wie für einen guten. Und Sie müssen wissen, dass der Kaufpreis meines Hauses aussieht wie eine Telefonnummer mit ausländischer Vorwahl. Wer viel macht, macht eben auch viel Mist. Nehmen Sie Clark Gable, einen der besten Schauspieler: Er hat unzählige Filme gedreht, aber ich kenne niemanden, dem mehr als sieben davon einfallen. ▍ Aus England bin ich geflüchtet, weil ich 82 Prozent Einkommensteuer zahlen musste. Aus Los Angeles bin ich nach acht Jahren geflohen, als ich Zeuge wurde, wie Klaus Kinski sich in einer Eisenwarenhandlung am Beverly Drive eine Axt kaufte. Er sah aus, als würde er uns alle abschlachten. ▍ Der beste

Satz über das Filmgeschäft stammt von Charles Bluhdorn: »Ich dachte, Hollywood wäre glamourös. Aber jeder, den ich hier treffe, ist kleiner als 1,50 Meter.« ▮ Ich bin seit 1973 mit Shakira Baksh verheiratet, einem Ex-Model indischer Herkunft, das mir in einem Reklamespot für Instantkaffee auffiel. Wer im Film dauernd mit schönen Frauen schläft, sollte zu Hause eine Frau haben, die noch schöner ist. Würde da ein Drachen auf mich warten, würde ich Sie jetzt nach der Nummer von einem Begleitservice fragen. Shakira hat auch meine Leber gerettet, denn ich war bei drei Flaschen Wodka am Tag angelangt. ▮ 1951 war ich als Soldat in Iserlohn stationiert. Bei meinen Vorgesetzten galt ich als schwer erträglicher Querulant. Meine Einheit wurde von arroganten Upper-Class-Idioten geführt, die uns wie Kulis behandelten. Das hat mich zu einem Spezialisten für Militärrecht gemacht. Ich konnte diese Arschlöcher bis aufs Blut reizen, weil ich jeden Paragrafen kannte. ▮ Mit 19 schickte man mich in den Koreakrieg. Ich habe Menschen getötet. Die Kämpfe fanden nachts statt, und die Chinesen stürmten in riesigen Mengen auf uns los. In diese dunkle Masse hat man dann so viele Kugeln wie möglich gefeuert und gehofft, dass sie das stoppen würde. ▮ Einmal besuchte Marilyn Monroe unsere Truppe. Sie trat vor 50.000 Soldaten auf, und da ich bloß Gefreiter war, musste ich ganz hinten sitzen – es hätte also auch ein Orang-Utan auf der Bühne stehen können. ▮ Mir ist klar, dass man für Filme wie »Austin Powers« keinen Oscar bekommt, aber ich habe ja schon zwei. Die Dreharbeiten waren für mich eine wunderbare Zeitreise in die 60er Jahre. Damals trank ich Wodka zum Frühstück und kaufte meinen ersten Rolls-Royce. Meine Erinnerungen sind bis Ende der 50er schwarzweiß. Erst danach wird es in meinem Kopf farbig. ▮ Mir gehörten mal sieben Gourmet-Restaurants in London und Miami. Ich habe sie wieder verkauft. Während eines Flugs stürmte eine Frau auf mich zu und sagte mit ohrenschmerzender Stimme: »Hey, sind Sie nicht dieser Michael Caine, dem die South Beach Brasserie in Miami gehört? Ich habe da gestern ein Steak bestellt, medium gebraten. Und was bringt der Kellner? Ein durchgebratenes Steak! Was sagen Sie dazu?« Als das Flugzeug gelandet war, rief ich sofort meinen Business-Manager an: »Verkaufe heute noch alle meine Restaurants. Ich will nie wieder wegen eines Steaks angesprochen werden.« ▮ Es ist seltsam, heute nennen mich junge Hipster »The King of Cool«. Dabei bin ich ein alter Herr, der Antiquitäten sammelt und am liebsten den ganzen Tag in seinem Park rumpusselt. In den USA gibt es sogar einen Verein, dessen Mitglieder sich einmal im Jahr treffen, um mich zu imitieren. Da laufen dann 400 Michael Caines rum. Aber wahrscheinlich sinkt mein Coolheitsgrad in diesem Moment gerade, weil es total uncool ist, sich darüber Gedanken zu machen, wie cool man ist. ▮ Ich habe ein Alter erreicht, in dem sich ein Gentleman nur noch der Gartenarbeit widmen sollte. Das Problem ist nur, dass ich Angebote bekomme, die ich unmöglich ablehnen kann. Das ist wie bei der Mafia: Man kommt einfach nicht raus aus dem Business. Panisch macht mich nur der Gedanke, irgendwann mal eine Liebesszene spielen zu müssen mit einer Frau, die aussieht wie Miss Marple.

Joe Eszterhas Drehbuchschreiber
»Aus ihrer Pussy hing eine rote Seidenkordel«

Nach »Basic Instinct« war ich der teuerste Drehbuchschreiber der Welt. Meine Filme spielten mehr als eine Milliarde Dollar ein. Erfolg in Hollywood macht dich zu einem Monster. Erst zerstört dich diese Stadt, indem sie dir deinen Sinn für die Realität raubt, dann frisst sie dich genüsslich auf. Ich war ein Alkoholiker, der zum Frühstück Bier und Wodka trank, und meine Ehe hatte ich durch Hunderte Groupies und viele Kilo Kokain ruiniert. Ich wusste weder, wie ein Geldautomat funktioniert, noch hatte ich eine Kreditkarte. Wenn ich Geld brauchte, rief ich meine Bank an, und die schickten mir einen Boten mit einer Plastiktüte voll Dollarscheinen. ▮ Erfolg in Hollywood schenkt dir natürlich auch süße Momente. 1992 saß ich in einem Hotelzimmer und wartete. Ich hatte das Drehbuch zu »Sliver« beendet und wie verabredet an den Produzenten Robert Evans geschickt. Das Skript war ein Knüller, aber zwei Tage lang kam weder ein Anruf von Evans noch ein Fax. Ich dachte: »Verdammt, Evans, ich bin nicht irgendwer! Den erfolgreichsten Drehbuchautor der Welt lässt man nicht 48 Stunden lang warten.« Nach drei Tagen klopfte es an der Tür meiner Suite. Evans? Nein, ein junges Ding, bildhübsch – und sie trug einen Nerzmantel. Als ich die Tür schloss, öffnete sie ihren Nerzmantel. Darunter trug sie nichts. Aus ihrer Pussy hing eine kleine rote Seidenkordel. Sie zog daran, und es erschien ein Blatt Papier. Darauf stand: »Best script I've ever read – Bob Evans«. Das Papier roch köstlich. In solchen Augenblicken kann dir Hollywood wie das Paradies vorkommen. ▮ Wer wirklich wissen will, was Hollywood mit Menschen anrichtet, sollte Evans besuchen. Wenn Hollywood die Hölle ist, dann ist er der Teufel. Seine Villa am Woodland Drive war einst die Schaltstelle des jungen Hollywood-Kinos, dann ein Mekka für Sexpartys und Kokain. Am Ende roch es dort bloß noch nach Moder, Sperma und billigen Duftkerzen.

Robert Evans Filmproduzent
»Geheimnisse verlängern die Karriere«

Zu den Filmen, die ich produziert habe, zählen Klassiker wie »Rosemary's Baby«, »Catch 22«, »Love Story«, »Harold and Maude«, »Der Pate«, »Chinatown«, »Marathon Man« und »The Cotton Club«. Seither weiß ich: Wer sich in Hollywood an die Regeln hält, endet mit Glück als Buchhalter. ∎ Ich wurde als Robert J. Shapera geboren. Als Jude in Hollywood bist du unfähig, dich jemals als richtiger Gewinner zu fühlen. Du wirst nie dieses Gefühl los, dass hinter deinem Rücken getuschelt wird: »Na ja, ganz nett, dass dieser Typ jetzt so viel Geld hat, aber ein Jude bleibt er trotzdem …« ∎ Zurückweisung führt zu Besessenheit. Je lauter über mich gelacht wurde, desto verbissener verfolgte ich meine Ziele. ∎ Ich wurde als Radiosprecher zum Kinderstar. Noch ehe ich anfing, mich zu rasieren, hatte ich mehr Geld, als ich ausgeben konnte. Dazu kam ein untrüglicher Instinkt für Frauen – man hat nicht zufällig eine Trefferquote von 90 Prozent. Mit 15 schlief ich mit Frauen, die 22 waren. Mit 17 fuhr ich in Limousinen mit Chauffeur durch New York und hing in Harlem in Bars rum, in denen die Kellnerinnen das Trinkgeld mit ihren Mösen vom Tisch nahmen. ∎ Anders als 90 Prozent der Männer mag ich Frauen wirklich. Die meisten Männer wollen es nur so schnell wie möglich ins Höschen einer Lady schaffen. Ich dagegen will in ihren Kopf rein. Sobald ich drin bin, zieht sie ihren Slip ganz von selbst aus. ∎ Was den meisten Frauen fehlt, ist nicht Sex, sondern Bestätigung. ∎ Mein englischer Butler war angewiesen, die Namen der Frauen, die über Nacht blieben, auf einem Zettel zu notieren und mir unauffällig unter einem Teller auf dem Frühstückstablett zu servieren. So konnte ich das Mädchen, das morgens neben mir lag, mit ihrem Namen ansprechen. ∎ Von meinen sieben Ehen war die dritte die wichtigste. Ali MacGraw und ich haben 1969 geheiratet. Damals war Ali wegen »Love Story« der größte Filmstar der Welt. Als ich 1972 beim »Paten« Ärger mit dem Regisseur Francis Ford Coppola hatte, schickte ich sie zu Dreharbeiten in die Wüste. Ihr Partner bei »Getaway« war Steve McQueen. Ali war ein verträumtes Hippiemädchen, das viel Aufmerksamkeit brauchte. Und verdammt, ich hatte einfach keine Zeit! Ein Jahr später heirateten die beiden. Ich war ein Vollidiot. Du lässt deine Lady nicht drei Monate lang allein mit dem attraktivsten Mann der Welt, ohne sie wenigstens mal am Wochenende zu besuchen. Schuld war mein gottverfluchtes Ego. Ich dachte: »Dieses Hippiemädchen ist niemals imstande, einen Robert Evans zu verlassen.« Und dann war sie plötzlich weg! Es ist seltsam, ich habe Ali nie wirklich vermisst, bis sie mich wegen eines beschissenen Filmstars fallen ließ. Eigentlich habe ich Frauen immer erst vermisst, wenn sie mich verließen. Dann wäre ich in ein Becken voller Haie gesprungen, um sie wiederzukriegen. ∎ 1998 heiratete ich Catherine Oxenberg, die durch »Denver Clan« zum Star geworden war. Mich hatten damals mehrere Schlaganfälle erwischt, und ich hoffte, mit Catherine in meinem Leben zehnmal schneller wieder auf die Beine zu kommen. Bei der Hochzeit faselte sie dann etwas von »Wiedergeburt« und überreichte mir eine silberne Schüssel mit den Worten: »Hierin befindet sich das Fleisch Gottes.« In Wahrheit waren in der Schüssel halluzinogene Pilze und Peyote-Keimlinge. Mein Hirn muss noch geschwollen gewesen sein von den Schlaganfällen. Schon beim Honeymoon wusste ich, dass die ganze Sache reine Idiotie war. Ich war ein 68 Jahre alter Invalide, sie war 38 und wunderschön. Es war alles unglaublich peinlich. Nach gut einer Woche wurde meine fünfte Ehe wieder annulliert. ∎ Wenn man mir wegen meines Anzugs Komplimente macht, verschenke ich ihn am nächsten Tag an meinen englischen Butler. Der Anzug soll mich zur Geltung bringen, nicht umgekehrt. ∎ Jeden Samstag kam Henry Miller in meine Villa in Beverly Hills, um Tischtennis gegen mich zu spielen. Er war damals schon über 80, aber immer noch ein Topspieler. Einmal bot er mir eine Wette an: »Wenn ich die nächsten zwei Sätze gewinne, verfilmst du meinen Roman ›Im Wendekreis des Krebses‹.« Ich zögerte, denn wegen pornografischer Szenen durften Millers Bücher in den USA erst seit kurzem veröffentlicht werden. Wie sollte da ein Film durch die Zensur kommen? Als Miller mein Zögern bemerkte, machte er mir ein Angebot: »Wenn ich verliere, kriegst du von mir zwölf handgeschriebene

Briefe an zwölf Frauen deiner Wahl. Und ich verspreche dir, jede dieser zwölf Frauen wird sich danach nach dir verzehren.« Ich nahm an – und verlor natürlich. Dass ich den Film produzierte, kostete mich fast den Job, aber immerhin, »Im Wendekreis des Krebses« kam ins Kino – wenn auch nur in ein einziges. So ist es, keine Grenzen zu haben. Ich konnte Millionen Dollar zum Fenster rauswerfen wegen eines verlorenen Pingpong-Spiels. ▍ In den 70ern wurde in Hollywood Kokain so selbstverständlich angeboten wie Kaffee. Am schlimmsten waren, wie immer, die Agenten. Sie handelten Deals aus, die zum Teil mit Kokain bezahlt wurden. Koks war damals die zweite Währung. ▍ Mit 40 hatte ich noch nicht mal einen Joint geraucht. Mein Freund Roman Polanski spottete immer: »Wenn man Robert Evans ganz schnell loswerden will, braucht man nur einen Joint anzuzünden.« 1974 bekam ich höllische Ischias-Schmerzen. Ich konnte mir weder die Schuhe zubinden noch Sex haben. Die Mädchen fingen an, mich zu fragen: »Bob, bist du vielleicht homosexuell?« Eines Nachts riet mir ein Playmate, das Problem mit Kokain zu lösen. Aber das weiße Pulver half weder meinem Rücken noch meinem Schwanz. Bei Frauen ist Koks ein Leg-opener, bei Männern ruiniert es das Sexualleben. Kokain ist eine Kälte-Droge. Es friert die Nerven ein, die für deine Erektion zuständig sind. ▍ Kokain löst die Zunge und weicht am Ende jeden Schwanz auf. Irgendwann vergisst du, dass du überhaupt einen hast. ▍ 1980 wurde ich verurteilt, weil ich versucht hatte, Kokain im Wert von 19.000 Dollar zu kaufen. Kokain macht aus normalen Menschen

Exzentriker. Aus Exzentrikern macht es Wahnsinnige. Wegen Depressionen und Verfolgungswahn habe ich mich 1989 selbst in eine psychiatrische Klinik einweisen lassen. Nach zwei Tagen bin ich wieder geflüchtet. ▌ 1979 lagen auf meinem Bankkonto elf Millionen Dollar in bar. Zehn Jahre später hatte ich noch 37 Dollar. Ich wurde von einer Legende zum Aussätzigen. ▌ Kokain hat nicht nur meine Karriere ruiniert – es hat mein Leben zerstört! Ich habe Jahre in fötaler Position im Bett verbracht. Ich war unfähig aufzustehen. Mein Sohn Joshua sah mich vor seinen Augen verwelken. ▌ Am 6. Mai 1998 hatte ich den Horrorfilm-Regisseur Wes Craven bei mir zu Gast. Als ich ihm Dom Pérignon einschenkte, traf mich plötzlich etwas wie ein Blitzschlag. Ich stürzte zu Boden und sah weißes Licht. Als die Rettungssanitäter einen Schlaganfall feststellten und mich aus dem Haus trugen, sagte ich noch: »Wes, habe ich dir zu viel versprochen, als ich sagte, dass es bei mir nie langweilig ist?« Immerhin hatte ich dem König des Horrorfilms einen unglaublichen Schrecken eingejagt. ▌ Du vergisst nie das exakte Datum deines Schlaganfalls. ▌ Öffentlicher Seelen-Striptease ist für Schauspieler der Anfang vom Ende. Geheimnisse verlängern die Karriere, denn auf der Leinwand musst du für jeden alles sein können. ▌ In dem Film »Basic Instinct« hat Sharon Stone auf eigenen Wunsch ihre Vagina hergezeigt. Seither wissen alle, dass ihre Pussy auch nicht schauspielern kann. ▌ Als ich 1966 Produktionschef von Paramount wurde, gehörten sechs Leute zu meinem Stab und wir machten 25 Filme im Jahr. Heute machen dort 300 Leute zehn Filme im Jahr. Das ist das Peter-Prinzip. Beim Film ist Manpower nie die Antwort. Die Antwort ist: Talent. ▌ Früher war das Drehbuch der Star. Heute ist der wahre Star das Franchising. ▌ Bei zu viel Respekt vor dem Drehbuch wandert der Film unweigerlich ins Klo. Auch »Casablanca« ist 17 Mal umgeschrieben worden. ▌ Ein Produzent muss in jeder Sekunde der Boss sein, der für alle der Feind ist. Wenn ein Regisseur einen Produzenten anheuert, steckt die Produktion garantiert nach ein paar Wochen tief in der Scheiße. ▌ Am besten verpflichtet man einen Regisseur, wenn er gerade einen großen Flop gelandet hat. Dann ist er Argumenten zugänglich. ▌ Jeder meiner Flops hatte den gleichen Grund: Ich sagte ja, als ich nein meinte. ▌ Der Schlüssel ist: Man lernt aus Erfolgen, nicht aus Fehlern. ▌ Gut zu leben ist die beste Rache. ▌ Oben ist gut genug, denn ganz oben ist es langweilig. ▌ Ich gehöre zu den Menschen, die lieber untergehen als Luft aus ihrem Ego zu lassen. Wenn Leute auf mich losgehen, die viel mächtiger sind als ich, scheiße ich mir in die Hosen – aber ich nehme den Kampf an. Du wirst eben mit großen oder kleinen Eiern geboren. ▌ Früher konnte ich auf übelste Beleidigungen und schlimmste Nachrichten mit einem Lächeln reagieren. Wenn ich es nicht wollte, konnte kein Mensch erkennen, was ich wirklich fühlte. Dieses Lächeln gelingt mir heute nur noch fünf Sekunden lang. Ich habe mein Schutzschild verloren. Aus Robert Evans ist ein Fünf-Sekunden-Mann geworden.

Roman Polanski Regisseur
»Meine Befreiung hielt ich für den Moment meines Todes«

Meine Frau Sharon Tate wurde 1969 von Mitgliedern der Charles-Manson-Bande mit 28 Messerstichen getötet. Sie war damals im achten Monat schwanger. Niemand kann sich meine Gefühle vorstellen, wenn ich heute an Punks vorbeilaufe, die an ihren Lederjacken Buttons tragen mit dem Slogan »Charles Manson for President«. ▪ 1977 soll ich im Haus meines Freundes Jack Nicholson ein 13-jähriges Mädchen unter Drogen gesetzt und sexuell missbraucht haben. Mich würden bis zu 50 Jahre Gefängnis erwarten, wenn ich wieder amerikanischen Boden betrete. Was der Einstellung des Verfahrens im Wege steht, ist die stockpuritanische Stimmung in der amerikanischen Öffentlichkeit. In den Zeitungen nennen sie mich immer noch »Roman den Schrecklichen«. ▪ Ich fühle mich wie ein Amputierter, dem man schulterklopfend versichert, bald würden seine Beine wieder wachsen. Es ist an der Zeit, mir zu vergeben. Ich habe genug gelitten und gesühnt. ▪ Natürlich gibt es immer wieder Momente, in denen ich mich frage, wie meine Karriere verlaufen wäre, wenn ich in Hollywood Filme drehen dürfte. Für Regisseure gilt in Hollywood seit Jahren eine simple Regel: Je infantiler dein Projekt, desto leichter bekommst du Geld dafür. In dieser Stadt haben die dümmsten Filmemacher die geringsten Probleme. Ich schließe aber nicht aus, dass auch aus mir ein hirnloser Kommerz-Regisseur geworden wäre. Die Versuchung ist schon überwältigend, einen Blockbuster zu landen. Ich weiß noch, wie sehr es mich erregt hat, die langen Schlangen vor den Kinos zu sehen, als 1968 »Rosemary's Baby« anlief. ▪ Wäre ich an schlüssigen Auflösungen und eindeutigen Antworten interessiert, würde ich Filme drehen wie »Lethal Weapon«. ▪ 2003 habe ich meinen beiden Kindern mein Holocaust-Drama »Der Pianist« gezeigt. Mein Sohn Elvis war damals fünf. Nach der Vorführung sagte er: »Du Papa, ›Spiderman‹ gefällt mir aber besser!« ▪ Mit 71 habe ich mit »Oliver Twist« meinen ersten Familienfilm gedreht. Ich wollte meinen Kindern demonstrieren, dass wahres Kino mehr ist als Videospiele plus obszön teure Spezialeffekte. ▪ Oliver Twist wächst als bitterarmes Waisenkind auf. Ich flüchtete mit neun aus dem Ghetto von Krakau und versteckte mich zwei Jahre lang, ohne Kontakt zu meinen Eltern zu haben. Viele Momente des Romans verstehe ich sehr gut, weil ich Vergleichbares erlebt habe – und das macht das Regieführen leicht. Ich weiß, wie sich blutende Füße anfühlen, weil du keine Socken besitzt. Und ich weiß, wie es ist, wenn du nur noch aus Hunger bestehst, weil du gestern die letzte vertrocknete Brotrinde verschlungen hast, die eigentlich für das Kaninchen bestimmt war. Der wahre Schmerz aber war die Abwesenheit meiner Eltern und die ständige Sehnsucht, sie wieder zu sehen. Ich wusste ja nicht, dass meine Mutter wenige Tage nach ihrer Verhaftung in Auschwitz ermordet worden war. Auch dass sie im vierten Monat schwanger war, habe ich erst nach Ende des Krieges von meiner Schwester erfahren – sie hatte Auschwitz überlebt. Hätten Sie mich damals gefragt, ob ich ein unglückliches Kind sei, hätte ich mit Ihrer Frage nichts anfangen können. Mir fehlte ja der Vergleich. Nur eins hätte ich Ihnen hundertprozentig gesagt: »Mehr als alles andere vermisse ich meine Eltern!« ▪ Man versteckte mich in einer Kate. Mein Schlafplatz war der Kuhstall. Die Behausung gehörte einem erbärmlich armen, katholischen Bauern, der nicht wusste, dass ich Jude bin. Bevor mein Vater verhaftet wurde, hatte er Bekannten unsere Ersparnisse und den Familienschmuck gegeben. Damit sollten sie den Bauern jeden Monat bezahlen. Aber sie waren gute Polen und vertranken alles. Ich wurde nur deshalb nicht rausgeworfen, weil die Frau des Bauern ihren zu klein geratenen Schützling irgendwie mochte. Mein Glück war, dass ich nicht jüdisch aussah. Sonst hätten mich die beiden sofort bei den Deutschen denunziert. ▪ Alle Polen waren Antisemiten. Nach tausend Jahren Vatikan-Propaganda war das Teil ihrer Kultur. Jeder Bauer, dem Sie erzählt hätten, Jesus war Jude, hätte Sie sofort mit der Axt erschlagen. Unvorstellbar, was er mit Ihnen gemacht hätte, wenn Sie dazu noch gesagt hätten, die Jungfrau Maria sei jüdisch. Ich weiß noch, was ein Hausmeister aus unserer Straße sagte, als die Deutschen abzogen: »Man kann über die Deutschen sagen, was man will – unsere Juden haben sie uns jedenfalls vom Hals geschafft!« ■ An meinem Kino-Zwang ist meine filmverrückte Schwester Annette schuld. Als Knirps hat sie mich immer mit in die leeren Nachmittagsvorstellungen genommen, um Hollywood-Filme anzuschauen. Meine erste Erinnerung ist ein Musical, in dem Jeanette MacDonald zu »Sweethearts« eine Treppe hinabstolziert. Und ich erinnere mich, dass ich ganz dringend pinkeln musste und meine Schwester schimpfte: »Ich habe keine Lust, deshalb diese Szene zu verpassen. Pinkel gefälligst unter den Vordersitz.« Später schwärmte ich für eine märchenhafte Blondine, die ich als Mann einmal heiraten wollte. Ihr Name war Marika Rökk. Dank der Filme lebte ich oft in einer erträumten Welt, die mich aus Traurigkeit und Verzweiflung rettete. Im Ghetto gab es dann keine Kinos mehr, aber außerhalb der Mauern projizierten die Deutschen Wochenschauen und Propagandaspielfilme an die Hauswände, um die nichtjüdischen Bewohner aufzuhetzen. Ich guckte durch den Stacheldraht zu. Ich könnte heute noch aufmalen, wie ein deutscher Tiger-Panzer aussieht. Zwischen den Filmen wurden Schlagzeilen eingeblendet wie »Juden = Läuse = Typhus«. ■ Meine Befreiung hielt ich für den Moment meines Todes. Plötzlich trommelten Fäuste gegen die Tür und jemand brüllte: »Sofort rauskommen! Es ist aus!« Ich dachte, deutsche Soldaten stünden vor der Tür, um mich zu erschießen. Es waren aber Nachbarn, die mir sagen wollten, die Besatzer seien abgezogen. ■ Das letzte Bild, das ich von meiner Mutter im Kopf habe, ist seltsamerweise ein Foto, das sie aufgenommen hat. Es zeigt den Garten meiner kleinen Schule im Ghetto. Später

wurden dort alle Kinder des Ghettos erschossen. ▌ Ich versuche nicht, meinen Kindern zu beschreiben, was ich im Ghetto erlebt habe. Man möchte das mental nicht noch mal durchleben. Deshalb ist man nicht freudig geneigt, davon zu erzählen. Selbst meinem Vater habe ich nie erzählt, was ich wirklich während seiner Abwesenheit erlebt habe. Wenn meine kleine Tochter mir eine Frage stellt, bekommt sie eine Antwort. Aber ich bringe dieses Thema nie auf. Ich möchte meine Kinder nicht langweilen. Kinder wollen nicht wissen, wie ihre Eltern als Kinder waren. ▌ Mein Vater war im Konzentrationslager Mauthausen. Von sich aus hat er nur sehr selten über diese Zeit gesprochen. Also fing ich an, ihm Fragen zu stellen. Ich bekam auch Antworten, aber die waren eher allgemein. Später habe ich erlebt, wie er sich mit anderen Häftlingen aus Mauthausen traf. Da gab es jedes Mal den Punkt, wo sie sich mit ihren Erinnerungen überboten: »Weißt du noch, der Aufseher, der dich immer mit einem gezackten Metallrohr verprügelt hat?« Je drastischer die Details wurden, desto mehr entspannten sie sich und lachten. Ich bin dann oft dazwischengefahren: »Könnt ihr nicht endlich damit aufhören und mal über was anderes reden?« Erst vor ein paar Jahren habe ich begriffen, dass das ihre Form der Vergangenheitsbewältigung war. Die menschliche Neugier folgt einer Kreisbewegung: Je älter du wirst, desto mehr interessiert dich deine Kindheit und Jugend. ▌ Ich habe bei meinem Vater nie körperliche Zeichen von Zuneigung erlebt. Eine Ausnahme waren die Tage, als er aus Mauthausen zurückkam. Da hat er mich auf seinen Knien sitzen lassen. Ich denke aber nicht, dass er mich nicht geliebt hat. Als er ins KZ kam, war er 36 und ich neun. Als er wieder rauskam, wusste er wahrscheinlich gar nicht mehr, wie man mit einem Kind umgeht. Und er hatte die für mich entscheidenden Jahre verpasst. ▌ Ernest Hemingway meinte, das wichtigste Kapital für einen Künstler sei eine unglückliche Kindheit. Auf dieses Kapital würde ich liebend gern verzichten. Ich ziehe es vor, meinen Kindern eine glückliche Kindheit zu geben, statt sie zu Hemingways zu machen. Außerdem hatten Leute wie Hemingway und van Gogh sehr wohl eine glückliche Kindheit. Erst was danach kam, war katastrophal. ▌ Haben Sie nicht auch das Gefühl, von einem Fremden zu erzählen, wenn Sie Ihre Jugend beschreiben? ▌ Du kannst schon mal verlieren, wenn du dich für einen Gewinner hältst – aber du wirst nie gewinnen, wenn du dich für einen Verlierer hältst. ▌ Steven Spielberg hat mir angeboten, bei »Schindlers Liste« Regie zu führen. Ich antwortete ihm: »Der Film spielt im Ghetto von Krakau. Das ist zu nah an meiner Kindheit.« Wie ernst ein Film auch gemeint sein mag, er bleibt Showbiz und Unterhaltung. Es würde mir obszön vorkommen, mein eigenes Leben auszubeuten, um Kinokarten zu verkaufen. ▌ Wer sein eigenes Leben verfilmt, lernt etwas über die Kraft und Macht des Kinos. Er wird die Erfahrung machen, dass sich die Bilder des Films über die Bilder des eigenen Gedächtnisses schieben und sie allmählich auslöschen. Am Ende hat man nur noch eine künstliche Vergangenheit. ▌ Journalisten halten meine Lebensgeschichte für interessanter als die Geschichten, die ich in meinen Filmen erzähle. Deshalb mag ich diese Leute nicht.

Arnold Schwarzenegger Schauspieler und Politiker
»Ohne Willenskraft bist du bloß eine Pflanze«

Der kleine Arnold war ein schüchterner dünner Junge mit dicker Brille und Segelohren, der sehr oft krank war. Wenn mein Vater bei der Gendarmerie Nachtdienst hatte, musste mich die Mutter um drei Uhr in der Früh zwei Stunden lang im Rucksack über den Berg nach Graz tragen, weil es bei uns im Dorf keinen Doktor und kein Telefon gab. Mit 15 bekam ich ein amerikanisches Magazin in die Hand. Auf dem Titel war Reg Park, ein Bodybuilder, der es in Hollywood zum Filmstar gebracht hatte und in Südafrika ein Fitness-Imperium besaß. Er wurde mein Vorbild. Sein Leben wollte ich haben. Das war mein Traum. Und etwas sagte mir, ich werde es schaffen. Ich ernährte mich wie er, kopierte seine Workouts und hängte sein Foto über mein Bett. Die Vision, Reg Park zu werden, hat mich angetrieben, sechs Mal in der Woche drei bis vier Stunden zu trainieren. ■ Mit 15 wog ich 75 Kilo. Dann begann ich, 40 Tonnen am Tag zu stemmen. Ein paar Jahre später wog ich 125 Kilo und schaffte beim Bankdrücken 238 Kilo. Der Umfang meines Bizeps maß 55 Zentimeter. Ich wollte anders sein und aus der Masse herausstechen. Ich hasse es, wenn ich wie alle anderen bin. Deshalb hatte ich den Drive, der beste Bodybuilder der Welt zu werden. Ich programmierte mich, ein Superstar zu werden, und entwickelte einen Tunnelblick: Ziele setzen und sie verwirklichen! Meine Willensstärke war grenzenlos. Die Eltern waren verzweifelt und schimpften über meine Besessenheit: »Andere Jungs hängen sich nackte Mädchen an die Wand. Warum musst du nackte Männer aufhängen?« ■ Ich habe oft erzählt, dass mein Bruder der Golden Boy unserer Familie war, und ich meinem Vater beweisen wollte, dass auch ich etwas wert bin. Aber wenn ich ehrlich bin, habe ich keine Ahnung, was der Motor für meine Zielstrebigkeit ist. ■ Ohne Willenskraft bist du bloß eine Pflanze. Nur ein großes Ego gibt dir den Drive, große Dinge zu tun. Aber vor echtem Größenwahn schützt mich bis heute das Training. Da sind 50 Kilo auch für Arnold Schwarzenegger 50 Kilo. ■ Nietzsche sagt: »Was uns nicht umbringt, macht uns stärker.« Bei den Marines heißt es: »Schmerz ist, wenn Schwäche den Körper verlässt.« Erst musst du lernen, Qualen hinzunehmen. Dann bist du irgendwann so weit, den Schmerz zu vergessen, denn deine Muskeln wachsen nur, wenn du sie folterst. Die Fähigkeit, die eigene Schmerzgrenze zu überwinden, bringt dir mentale Stärke und eine stabile Seele. Dein Ego wird hart wie Stahl. ■ Als ich Österreich verließ, sagte mein Vater: »Heirate nie eine Frau, die Hosen oder Lippenstift trägt. Das ist das Ende von allem.« ■ In den 60ern hatte Bodybuilding ein ähnlich mieses Image wie Liliputaner-Catchen. Man sah uns als Freakshow, und Muskelstärke war gleichbedeutend mit Geistesschwäche. Als ich 1968 nach Amerika kam, habe ich Bodybuilding durch eine Imagekampagne salonfähig gemacht. Die Wettbewerbe fanden auf einmal in der Oper von Sydney statt, und im Publikum saßen Jackie Kennedy, Tom Wolfe und Jack Nicholson. Plötzlich malte mich sogar Andy Warhol. ■ Damals sagte ich über Bodybuilding Sachen wie: »Es ist so befriedigend wie ein Orgasmus. Im Studio habe ich unentwegt das Gefühl zu kommen. Zu Hause habe ich unentwegt das Gefühl zu kommen. Und wenn ich vor 5000 Leuten posiere – dasselbe Gefühl. Ich komme Tag und Nacht.« Das waren Reklame-Statements, um den Sport hip zu machen. Bodybuilder sagten zu der Zeit Zeugs wie: »Wir essen jeden Tag zwei Pfund rohe Leber und 30 Eier und dürfen an Sex noch nicht mal denken.« Wer zum Teufel sollte sich für so einen Sport interessieren? ■ Ich habe Journalisten auch schon erzählt, dass meine Muskeln daher kommen, dass ich kiloweise Stierhoden esse. ■ In der Schlusseinstellung der Bodybuilder-Dokumentation »Pumping Iron« sieht man mich einen Joint rauchen. Der Film wurde Mitte der 70er gedreht. Joints waren damals eben ein gutes Verkaufsargument. ■ Dem Bodybuilding habe ich wirklich alles zu verdanken, sogar meine Frau. Nur weil ich Mr. Universum war, wurde ich 1977 zu einem Prominenten-Tennisturnier bei den Kennedys in Hyannis Port eingeladen. Dort lernte ich Maria kennen, die damals 21 war. Der gesellschaftliche Kontrast zwischen uns war haarsträubend. Maria, eine Nichte John F. Kennedys, kam aus diesem glamourösen Clan und hatte eine vornehme Klosterschule besucht. Ich dagegen war damals bloß ein Bodybuilder aus der österreichischen Provinz, der mit der englischen Sprache kämpfte und dachte, er könnte ein Filmstar werden. ▍ Als ich Marias Mutter vorgestellt wurde, sagte ich: »Ihre Tochter hat wirklich einen großartigen Hintern!« Statt den Sicherheitsdienst zu rufen, hat sie sich weggelacht. Die Kennedys sind elitär, aber sie haben keinen Standesdünkel. Sie bewundern ehrgeizige Selfmade-Menschen, weil sie selbst mal welche waren. Ich war als Bodybuilder meine eigene Erfindung, und sie sahen, dass da jemand auf dem Weg nach oben war. Ich war der Immigrant auf dem Sprungbrett. Ich war willkommen. ▍ Maria und ich sind sehr verschieden und haben manchmal riesige Kräche, aber eine Trennung käme für uns nie in Frage. Vor der Hochzeit sagte ich ihr: »Erwarte nicht von mir, dass ich dich glücklich mache. Erst musst du mit dir selbst und deinem eigenen Leben glücklich sein. Ich bin der Sahnekringel, aber nicht der Kuchen.« ▍ Bei der Erziehung unserer vier Kinder haben wir eine klare Aufgabentrennung. Ich bin für die Disziplin zuständig. Ich fürchte aber, die Kinder werden nicht meine Willensstärke haben. Dazu müssten sie ohne Limousinen und Privatflugzeuge aufwachsen. ▍ Ich bin katholisch erzogen, aber Maria ist viel religiöser als ich. Ich beichte nicht. Ich bitte beim Beten auch um nichts. Es ist eher so, dass ich mich bedanke. ▍ Ich war in meinem Leben genau vier Mal betrunken. Beim Poolbillard habe ich früher schon mal 15 Stamperl Schnaps gekippt, aber danach habe ich mich immer noch gut gefühlt. ▍ In meinem Bücherregal stehen unzählige Fotoalben, aber ich schaue sie nie an. Was war, kenne ich schon. Ich schmiede lieber Pläne als zurückzuschauen. Ich bin auch kein Typ für Selbstanalysen. Wenn man in sich rumgräbt, verliert man seinen Instinkt. Ich habe eine gesunde Natur und kann wie ein Irrsinniger arbeiten, aber dann lege ich einen Schalter um und gehe spielen. Auf meinem Grabstein soll einmal in großen Buchstaben stehen: »Joy«. ▍ Früher war ich ein Macho-Bursche, der den Mädchen alle möglichen Lügen erzählte, um sie ins Bett zu bekommen. Sex war wie die Fortsetzung des Trainings, denn für Gefühle und Romantik hatte ich keine Zeit – ich musste wieder zu meinen Gewichten. Diese Phase hat bis Mitte 20 gedauert. ▍ Die einen Frauen waren entzückt, wenn sie meinen Körper sahen, die anderen abgestoßen. Dazwischen gab es nichts. ▍ Drei Filme, die ich machen wollte, sind wegen des Gerüchts gecancelt worden, mein Herz sei trotz Operation eine tickende Zeitbombe. Ein kranker Actionstar ist auf dem Markt nur noch die Hälfte wert. Da habe ich meinen Anwälten den Marschbefehl erteilt. Sie verklagten die Zeitung auf 50 Millionen Dollar Schadenersatz. ▍ Mein Vater trat 1938 der NSDAP bei, aber ich habe durch Simon Wiesenthal herausfinden lassen, dass er keine Verbrechen begangen hat. Von meinem ersten Film an habe ich einen Teil meiner Gagen dem Simon-Wiesenthal-Center gespendet, später auch dem Museum of Tolerance in Los Angeles. Als ich 1968 nach Amerika kam, hatte ich selbst Vorurteile gegen Minderheiten. Museen für Toleranz sollte es in aller Welt so viele geben wie Fitness-Studios. ▍ In der Politik ist heute Leadership gefragt – und da kenne ich das ABC. Ich bin ein Mann der Tat, der durch Wände geht und volksnah ist. Ich kann führen und für Ordnung sorgen, und ich habe die Charakterstärke, den Leuten die Wahrheit ins Gesicht zu sagen. Ich bin Politiker aus Überzeugung und Leidenschaft – nicht einer dieser Opportunisten, die diesen Job nur machen, weil sie woanders nie einen kriegen würden. ▍ Es ist eine nationale Tragödie, dass zwei Millionen amerikanische Schüler im Unterricht Waffen tragen. Ich bin dafür, den Waffenverkauf radikal einzuschränken. Welcher vernünftige Mensch braucht eine Pumpgun? ▍ Ich fühle keine Mitschuld an Waffenkult und Glorifizierung von Gewalt. Gab es vor der Erfindung des Kinos etwa keine Gewalt? Und versuchen Sie doch mal, die Bibel zu verfilmen, ohne Grausamkeiten zu zeigen. Actionfilme machen keinen zum Killer, mit dem nicht schon vorher etwas nicht stimmte. Außerdem wird in meinen Filmen Gewalt immer nur eingesetzt, um das Böse zu zerstören. Millionen Jugendliche blicken wegen meiner Filme zu mir auf. Diesen Einfluss verwende ich, damit sie lernen, Probleme friedlich zu lösen. ▍ Mein Bankkonto sagt: Der Mann ist in der Krise. Der Boom der Actionfilme

begann in den 70ern, als die Frauen die Emanzipation ausriefen. Die Frauenbewegung hat mich zum Superstar gemacht. ▌ Ich bin keiner dieser komplizierten Schauspieler, die mit einer Nervenkrise in ihrem Trailer sitzen und sich weigern, rauszukommen. Ich bin auch nicht in diesem Geschäft, um von der »New York Times« gelobt zu werden. Ich denke eher wie ein Produzent: Ich will Tickets verkaufen! ▌ Nach mehr als 30 Jahren beim Film habe ich eine eiserne Regel: Stell dich erst dann vor eine Kamera, wenn du ein smartes Skript in der Hand hast. Wenn das Drehbuch ein Schmarrn ist, kannst du dich als Hauptdarsteller noch so abstrampeln, du versinkst im Treibsand – und der Film mit dir. ▌ Filmfreaks haben ausgerechnet, dass ich in meinen Filmen knapp 500 Menschen gekillt habe. In »Terminator 3« töte ich an die 100 Mal. Genau kann ich das nicht sagen, denn ich weiß ja nicht, ob die jetzt wirklich tot sind oder nur sehr schwer verwundet. ▌ In »Terminator« sage ich 50 Wörter, im zweiten Teil 700, im dritten Teil 600. Actionhelden sollten einsilbig und unkompliziert sein. ▌ James Cameron, der Erfinder der »Terminator«-Saga, sagt: »Wenn ich einen Film abgedreht habe, glauben 50 Prozent meiner Crew, dass ich ein komplettes Arschloch bin. Die anderen 50 Prozent wissen, dass ich ein Arschloch bin.« Weicheier sollten sich einen anderen Regisseur suchen, denn Jim ist ein unerbittlicher General, der leicht rasend wird. Er ist aber auch ein Genie, und mit solchen Leuten ist immer schwer auszukommen. Jim hofft, bald den ersten Film im Weltraum drehen zu können. ▌ Bei einem Stunt für »Terminator 3« habe ich mir die linke Schulter kaputt gemacht. Mein Arzt sagte: »Sie werden nach der Operation Schmerzen haben, die viel schlimmer sind als die nach Ihrer Herzklappenoperation.« Er hatte Recht. Ich schaffte noch nicht mal Sit-ups. Es war eine völlig neue Erfahrung, sich wie ein kraftloser Krüppel zu fühlen. Beim Armdrücken gewannen meine Kinder. ▌ Noch brauche ich für meinen Hintern kein Double. ▌ Für einen Irren wäre es natürlich der ultimative Kick, den Terminator abzuknallen. Aber ich bin nicht paranoid. Mein Haus wird zwar von Personenschützern bewacht, aber die sollen nur meine Frau, die Kinder und meine Hunde schützen. Ich bin Arnold Schwarzenegger, und glauben Sie mir: Der kann immer noch selbst auf sich aufpassen!

Wolfgang Petersen Regisseur
»Das Saufen habe ich am Theater gelernt«

Als ich »Air Force One« drehte, lud mich Bill Clinton in die echte Air Force One ein. Für mich war das ideal, denn es ist fast unmöglich, Informationen über dieses Flugzeug zu kriegen. Drinnen spürt man kaum was von Flugzeug, weil es keine Sitzreihen gibt. Ich dachte, ich bin in einer Mischung aus feiner Hotellobby und sehr luxuriösem Bürotrakt. Es können nur maximal 68 Leute mitfliegen, obwohl das eine Boeing 747 ist. Ich fragte den Chefpiloten, ob es wie in meinem Film eine Notkapsel gebe. Er antwortete mit bemühtem Lächeln: »Um Gottes willen, nein. Das ist bloß eine dieser abgedrehten Hollywood-Fantasien.« Inzwischen weiß ich aus verlässlicher Quelle beim Secret Service, dass die Air Force One tatsächlich eine Fluchtkapsel mit zwei Plätzen hat. Im Notfall wird sie herauskatapultiert und schwebt an drei Fallschirmen zu Boden. Mir wurde auch erzählt, dass die Präsidentenmaschine langsamer fliegt als eine normale 747, weil die Kabine schwer gepanzert ist. Man kann darin hin und her ballern wie verrückt, da passiert gar nichts. Sie hat außerdem ein so genanntes Counter Missiles Program, das Metallwolken ausstößt, die angreifenden Raketen ein falsches Ziel vorgaukeln. Das habe ich natürlich sofort ins Drehbuch einbauen lassen. ▌ Von den Hollywoodstars, mit denen ich gearbeitet habe, ist Dustin Hoffman am leichtesten auszurechnen, weil er einem seine zerquälte Seele sofort auf den Tisch legt. Er ist sehr unsicher und überraschend anlehnungsbedürftig, ein wunderbarer Vollneurotiker. Bei Clint Eastwood wusste ich nie, woran ich bin. Er ist scheu und still und ständig hinter dieser eigenartig schönen Eastwood-Maske versteckt. Er kommt, erledigt seine Arbeit und geht wieder. ▌ Harrison Ford fühlt sich als Moviestar nicht wirklich wohl. Er mag seine Millionengagen, aber davon abgesehen sagt ihm diese Glamourwelt nicht viel. Er ist derjenige, der auf seiner Ranch in Wyoming mit den Hunden rumläuft oder an der Brücke über seinen privaten See bastelt. Er ist ein begeisterter Pilot. Wenn er völlig allein über den Wolken fliegt, ist er am glücklichsten. Er ist ein verschlossener Mensch, der nur sehr schwer Freundschaften bilden kann. Er war früher Tischler und hat mit großem Ehrgeiz nur wirklich hervorragende Stücke gebaut. Ironischerweise hat er meistens für Moviestars gearbeitet, die ihre Hollywoodvillen veredeln wollten. ▌ In Hollywood laufen eine Menge Regisseure rum, die Angst vor ihren Stars haben. Diese Regisseure kommen vom Werbefilm oder Musikvideo und wissen von Schauspielerei sehr wenig. Als ehemaliger Theaterregisseur bin ich es gewohnt, mit dem Schauspieler seine Rolle zu entwickeln. Diese Hilfestellung wird mir auch von den großen Stars sehr honoriert. ▌ Harrison Ford bekam für »Air Force One« 20 Millionen Dollar Gage, ich nur sechs. Trotzdem fühle ich mich eher überbezahlt, weil ich immer noch die deutschen Verhältnisse in den Knochen habe. Für meinen ersten Film »Blechschaden« bekam ich 15.000 Mark Gage. Der Gipfel war »Das Boot«, wo ich für drei Jahre Arbeit einige hunderttausend Mark kriegte. Wenn man sich vor Augen hält, dass der US-Präsident 300.000 Dollar im Jahr verdient, sind Hollywood-Gagen der schiere Wahnwitz. ▌ Im Geldausgeben bin ich nicht gut. Es klingt blöd, aber ich bin noch nicht mal bereit, meinen zehn Jahre alten Wagen zu wechseln. Meine

Kollegen setzen ihre Gagen sofort in sichtbare Dinge um. Harrison Ford hat vier Häuser, zwölf Motorräder, vier Flugzeuge und Autos, die man gar nicht mehr zählen kann. Ich finde das immer noch absurd, dass man die Nummer macht: »Seht her, wie reich ich jetzt bin!« Außerdem stellen viele ihren Reichtum genau dann zur Schau, wenn es mit ihrer Karriere Probleme gibt. Da setzt eine Panikreaktion ein. Man zeigt nach außen, wie erfolgreich man angeblich immer noch ist. ❚ Die Macht in Hollywood haben eindeutig die Stars. Wenn Tom Cruise sagt, er will das Telefonbuch von San Diego verfilmen, wird das Studio das finanzieren – das ist kein Scherz, so weit ist es wirklich. Unschlagbar ist die Kombination Star und Regisseur. Das ist die eigentliche Machtachse in Hollywood. Ein Regisseur kann beim Studio jedes Projekt durchsetzen, wenn er mit einem Star einig geworden ist. ❚ Jede Woche bekomme ich bis zu 30 Scripts zugeschickt. Drehbücher sind in Hollywood die Hauptwährung, und diese Währung ist in der Regel schwach. 95 Prozent ist wirklich Mist. ❚ Ich lasse lesen. Erst wenn meine Mitarbeiter das Gefühl haben, auf ein für mich interessantes Drehbuch gestoßen zu sein, bekomme ich es auf den Tisch. ❚ Ein Verriss wirft mich immer noch um. Ich möchte, dass mich alle lieben. Inzwischen habe ich allerdings gelernt, böswillige Kritiken gar nicht erst zu lesen. An den Totalverriss des »stern« über »Das Boot« erinnere ich mich, als wäre er gestern erschienen. Ich stand mit meiner Frau im Schlafzimmer am Fenster, starrte in die Nacht und sagte: »Wenn jetzt die Leute nicht in den Film reingehen, können wir eigentlich nur noch den Strick nehmen.« ❚ Die Todsünde eines Schauspielers ist, nicht im Vollbesitz seines Gehirns zu sein. Es macht mich krank zu sehen, wenn Schauspieler die Nächte durchsaufen. Wie viele von denen habe ich schon morgens aus dem Taxi rausgetragen. ❚ Zwischen 20 und 30 war ich ein Choleriker, der ganze Wohnungseinrichtungen zertrümmerte. Wenn ich außer Kontrolle geriet, war immer Alkohol im Spiel. Ich habe das Saufen am Hamburger Ernst-Deutsch-Theater gelernt, und ich muss sagen, das war eine gute Schule. Meine schlimmsten Tobsuchtsanfälle hatte ich ausgerechnet im Urlaub. Am Strand sitzen, sich eincremen, braun werden und nur die »Bild«-Zeitung als geistigen Genuss haben – das hasse ich. ❚ Auf bayerischen Sets beginnt der Tag mit einer Pulle Bier. Als Norddeutscher hatte ich nie Verständnis dafür, wenn sich die Beleuchter morgens bei der Brotzeit eine Flasche Bier an den Hals hängen und behaupten, das sei Nahrung und kein Alkohol. Nachmittags um vier schwankten sie dann durch die Gegend, und die Special-Effects-Leute konnten ihre Windmaschinen nicht mehr halten. Bei »Geliebter Feind« ist mir die revolutionäre Tat gelungen, in einem bayerischen Studio das Bier zu verbieten. ❚ Für die eigene Kreativität wäre es sehr gut, mal einen kleineren Film zu machen. Komischerweise sagen das alle Regisseure in Hollywood, aber fast niemand tut es. Da ist eine irrationale Hemmschwelle, als ob man einen Schritt zurückgeht – und damit hätte ich ein Ego-Problem. Dieses relaxte Stadium, wo man über Zahlen erhaben ist, habe ich leider noch nicht erreicht. ❚ Die Öffentlichkeit interessiert sich nicht sehr für Regisseure. Deshalb brauche ich Gott sei Dank keinen Glamour.

Til Schweiger Schauspieler und Produzent

»Es ist schon eine ziemliche Maloche, in Deutschland ein Star zu sein«

Als Steven Spielberg mich unbedingt für »Saving Private Ryan« haben wollte, dachte ich: »Jackpot, gerade drei Wochen in Hollywood und schon gehört dir die Welt!« Dann wurde meine Rolle immer mehr geändert. Am Ende sollte ich die fiese dumme Sau sein, die kurz auftaucht, den amerikanischen Nationalhelden Tom Hanks erschießt und dann selbst weggeballert wird. Es wäre sinnlos gewesen, gegen die Änderung der Rolle zu intervenieren, denn Spielberg ist bekannt dafür, noch beim Drehen das Skript immer wieder umzuschreiben. Hätte ich neben Tom Hanks und Ed Burns im Schützengraben liegend sagen sollen: »Hey Steven, können wir bitte mal kurz über meine Rolle reden?« ▍ Mein Termin mit Spielberg war morgens um zehn in seinem Büro. Er tauchte aber nicht gleich auf. Ich war tierisch nervös. Um locker zu werden, habe ich mir vorgestellt, wie Spielberg aussieht, wenn er auf dem Klo sitzt. Er hat mir dann seine Theorie des Mainstream-Kinos dargelegt: »Erzähl deine Geschichte von A nach B so schnell es irgend geht. Egal wie schön eine Szene ist, bleib immer bei deinem Helden und schmeiß alles über Bord, was du nicht wirklich brauchst.« Das ist ziemlich schlicht – aber aus seinem Munde hörte sich das an wie eine göttliche Offenbarung. ▍ Nehmen Sie Franz Beckenbauer und Berti Vogts. Beide sind als Spieler Weltmeister geworden, beide waren Bundestrainer. Trotzdem kann man sie nicht vergleichen. Beckenbauer war der genialische Dirigent, Vogts der hechelnde Terrier, der durch seine Grätschen fast jedem den Schneid abgekauft hat. Vogts ist Weltmeister geworden, weil er Beckenbauer nicht kopiert hat, sondern das Maximum aus seinen Gaben rausgeholt hat. Ich bin als Schauspieler eher der Berti Vogts. ▍ Richtig langweilen tut mich die Schauspielerei nicht. Das würde nach so einem dekadenten Sonnenkönig des 17. Jahrhunderts klingen, der sagt: »Scheiße, ey, ich habe noch nicht mal mehr Lust, mich zu waschen.« Ich denke aber immer öfter, wie blöd das ist, sich vor einer Kamera aufzubauen und irgendeinen Text aufzusagen. ▍ Ich kenne ganz viele Schauspieler, die sich stundenlang in ihre Rolle einfühlen – und es wird trotzdem Scheiße. Es gibt diese schöne Anekdote über Laurence Olivier und Dustin Hoffman. Als der Regisseur »Go!« ruft, sagt Hoffman: »Stop! Ich muss mich erst mal einfühlen.« Da sagt Olivier zu Hoffman: »Why don't you try it with acting?« ▍ Früher habe ich Sachen gesagt wie: »Im Grunde dreht sich die ganze Weltgeschichte ums Ficken«. Als »Der bewegte Mann« dermaßen abgebrettert ist, kamen die Journalisten auf einmal in Scharen an. Da denkst du: »Hoi, hoi, die fragen dich alle nach deiner Meinung, also muss die ja ganz wichtig sein.« Und dann verzapfst du unheimlich viel Scheißdreck. Meine Eltern haben mich immer fertig gemacht für meine Interviews: »Til, denk doch mal nach, bevor du was sagst!« ▍ Eigentlich sollte sich ein Star total zurückziehen, um einen Rest an Geheimnis zu haben. Der große US-Star fliegt per Privatjet von seiner Ranch in Idaho nach New York, steigt im teuersten Hotel ab und gibt dann zwei Exklusivinterviews. Das ist natürlich viel glamouröser, als im Zug quer durch Deutschland zu fahren und 500 Medienkontakte zu absolvieren. Es ist schon eine ziemliche Maloche, in Deutschland ein Star zu sein. Aber wenn ich der »Lausitzer Rundschau« kein Interview gebe, heißt es sofort: »Was für ein arroganter Pisser dieser Schweiger doch ist!« ▍ Einmal habe ich mich breitschlagen lassen, eine Homestory mitzumachen. Das »Goldene Blatt« hatte die Idee, dass es doch süß wäre, mich mit Hund zu fotografieren. Die haben den Hund von meinem Nachbarn ausgeliehen – und der hat mich dann auch noch gebissen. Nach der Tetanusspritze habe ich entschieden: Das war deine letzte Homestory. ▍ Ein Mann ohne Bauch ist wie ein Haus ohne Balkon. Ich liebe Vanilleeis, und dann auch noch dieses Zeug von Häagen Dazs. Davon fresse ich gleich ein Kilo. Das sind dann so ungefähr 4000 Kalorien, aber jeder Löffel ist ein Genuss. Und beim letzten denkst du: »Was habe ich da bloß wieder gemacht?« Es gibt zwei Arten von Menschen, die ich beneide: Leute, die keine Angst vor dem Fliegen haben, und Leute, die fressen können, was sie wollen, ohne fett zu werden. ▍ Ich denke schon, dass ich ziemlich lässig bin – wobei ich jetzt gerade bei einem Chiropraktiker war, der mir sagte, dass ich furchtbar verspannt bin.

Hanna Schygulla Schauspielerin

»Hörigkeit war die einzige Form von Liebe, die Fassbinder kannte«

Wie alle Einzelkinder komme ich gut allein zurecht. Es ist mir wichtig, auf niemanden angewiesen zu sein. Vielleicht hängt das mit meiner Geburt zusammen. Ich wurde 1943 im oberschlesischen Kattowitz in der Nähe von Auschwitz geboren, und zwar einen Tag zu spät, am 25. Dezember statt am 24. Um ungestört Heiligabend zu feiern, hatte ein gewisser Doktor Glaubert meiner Mutter eine Spritze gegeben, damit sich die Geburt verzögert. Später habe ich erfahren, dass dieser Glaubert in Auschwitz noch ganz andere Spritzen gegeben hat. Jedenfalls hat es wahnsinnig lange gedauert, bis ich auf die Welt gekommen bin, und ich glaube gern, dass ich deshalb immer am Ausgang neben der Tür sitze. Nur nicht stecken bleiben! ▮ Brecht und Fassbinder verbindet einiges. Beide waren Provokateure und umgaben sich mit Ersatzfamilien. Brecht beutete seine Frauen aus, aber sie werden schon was davon gehabt haben. Wir wurden von Rainer benutzt, aber wir wurden auch entdeckt. Durch ihn wurden wir schöpferisch. Irm Hermann saß in einem Büro, heute spielt sie immer noch. Ich selbst wäre ohne Rainer nie beim Film gelandet. Schönes und Schreckliches wurde aus uns rausgereizt nach dem Motto: »Zeig mir, was du alles mit dir machen lässt, und ich zeige dir, wer du bist.« Rainer war so, wie sein Gegenüber es gebraucht hat. ▮ Kennen gelernt haben wir uns auf der Schauspielschule in München. Mir ist er sofort aufgefallen durch diesen fremdländischen Kopf und durch sein Verhalten, das einerseits total frech war und andererseits sehr, sehr verhemmt und schüchtern. Zwischen uns war genauso viel Magnetismus wie auch Abstoßung. Er hatte eine Mischung aus Grazie und sehr viel Hässlichkeit, Pickel eben. In den Händen und in der Gestik war eine inspirierte Anmut. Wenn der Rainer Sachen erklärt hat und man hat die Hände angeguckt, war das immer Musik. ▮ Ich bin nie in die Fassbinder-WG eingezogen. Ich wollte nie ganz dazugehören, weil ich kein Gruppenmensch bin. Als ich mit fünf Jahren mal etwas verloren herumstand, fragte mich einer: »Wo gehörst du hin?« Ich antwortete: »Zu mir.« ▮ Rainer war Magier und Monster. Eigentlich kamen alle Leute, mit denen er sich umgab, aus gestörten Familienverhältnissen und suchten eine Ersatzfamilie. In seinem Clan erzeugte er ein Reizklima, und die Gruppe ist im Chor in ein Quälritual eingefallen. Ein Großteil von Rainers Erfahrungswelt bestand darin, die Natur des Menschen dadurch kennen zu lernen, dass er die Leute bis zum Es-geht-nicht-mehr gereizt hat, durch Verletzung und auch wie im Tierreich durch Jagen. Es waren Katz-und-Maus-Spiele. Ich habe mal eine Katze gesehen, wenn sie eine Maus tötet. Was da an Ritual abgeht, ist ungeheuerlich. Die könnte sie auch mit einem Biss erledigen, aber sie verletzt sie erst mal. Dann nimmt sie sie zwischen die Tatzen, wirft sie rum und lässt sie wieder ein Stückchen frei. Dann ist es fast so, dass die Maus danach schreit, überwältigt zu werden. ▮ Auch ich füge mich in dem Moment gerne, wo ich eine Übermacht erkenne. Ich gehe gern in irgendwas auf, was stärker ist als ich. Nur bin ich auf diesen Mechanismus innerhalb der Gruppe nicht angesprungen. Ich bin ein Typ, der viel besser kommt, wenn man ihn lockt. Ich bin total versperrt, wenn man es bei mir mit Zwang macht. ▮ Privat haben wir uns strikt gemieden. Sonst wäre diese Art von Sado-Masochismus aktuell geworden, und da hätten wir beide gewusst, das wäre nichts geworden. Ich bin kein Mensch, der sich gern in eine Hörigkeit begibt. Er war aber einer, der die Hörigkeit einerseits gehasst hat, andererseits als die einzige Form von Liebe kennen gelernt hat. Das wäre nicht zwischen uns gegangen. ▮ In der frühen Phase wollte Rainer mich heiraten. Ich selbst war damals zu keinem Intimkontakt bereit. Ich wäre in einer späteren Phase bereit gewesen, aber da war es schon zu spät. Da war der schon verloren, durch Drogen über sämtliche Grenzen hinübergegangen. Ich habe mich natürlich gefragt, warum ein Schwuler mich heiraten will. Er wollte diese ganzen Extreme alle gleichzeitig ausleben. Einerseits vollkommen jenseits aller bürgerlichen Normen stehen und ein totaler Tabubrecher sein, und andererseits eben auch das so genannte bürgerliche Glück wollen. Der Rainer und ich waren in diesen Vorstellungen immer sehr konträr, obwohl er ja auch ein Kritiker des Deutschtums war, dieser ganzen Vor-

stellungen von Ordnung. Aber so eine Art Nibelungentreue hat er auch gewollt und gefordert. Das Einzige, was ich von ihm mal schriftlich bekommen habe, war auf eine Serviette geschrieben. Da stand: »Es war einmal ein treuer Husar, der liebt sein Mädel ein ganzes Jahr.« Ich verkrampfte etwas, aber es hat mich auch wahnsinnig gerührt. Ich habe ihm dann auf der Serviette zurückgeschrieben: »Es waren zwei Königskinder, die konnten zusammen nicht kommen.« Dann habe ich das »nicht« durchgestrichen und »doch« drübergeschrieben. ▌ Ich kenne nur die erste Phase der Ehe von Rainer und Ingrid Caven. Da ist die Caven oft zu mir geflüchtet, weil der Rainer wütend gegen die Türen gedonnert hat, weil sie sich ihm nicht total ausgeliefert hat. Sie konnte auch provozieren bis zum Es-geht-nicht-mehr. Die hat nicht gekuscht. ▌ Beim Drehen hat man immer darauf gewartet, mit welcher Laune er ankommt. Das konnte von totaler Tyrannei bis zu einem Klima großer Zärtlichkeit, Entspanntheit, Ruhe, Konzentration, Behutsamkeit, Freiheit reichen. Oder es gab diese ganz gefährlich aufgekratzten Atmosphären, wo er die Leute so lange in die Sackgassen getrieben hat, bis sie mit dem Rücken an der Wand standen und nur noch gejapst haben.

Und dann hat er das vor der Kamera rausgeholt. ▌ Dem Udo Kier ließ er eine Glatze schneiden. Dann hielt er ihm einen Spiegel vor und begann zu drehen. Den Harry Baer, der besonders schöne Wimpern hatte, ließ er albinomäßig bleichen. So was hat der Rainer gerne gemacht, gerade wenn er gemerkt hat, dass jemand total narzisstisch orientiert ist. Dann hat er ihm gerne das weggenommen, woran der am meisten gehangen hat. ▌ Als wir 1973 »Effie Briest« drehten, gehörte Rainer noch zu denen, die wütend wurden, wenn man mal einen Joint geraucht hat. Das musste man heimlich machen, denn ihn hat diese Joint-Euphorie genervt. Er trank immer nur Cuba Libre und solche Sachen. 1978 bei »Die Ehe der Maria Braun« wusste dann jeder, dass er auf Koks war. Aber in welchem Ausmaß und was da in den Hotels gelaufen ist, davon hatte ich keine Ahnung. Ich habe ja immer in einem anderen Hotel gewohnt. ▌ Als Schauspieler ist man eine Marionette, und ich war sehr gern eine. Aber mein Instinkt hat mich immer dazu getrieben, genau dort hinzugehen, wo die Angst am größten ist. Ich bin aus Angst mutig geworden, schon als Kind in der Nachkriegszeit. Damals haben wir oft im Haushof Tischtennis gespielt. Wenn der Ball in eine Ruine reinrollte, wurde immer ich geschickt, um ihn rauszuholen. Dieser kleine weiße Ball im Dunkel der Ruine interessiert mich immer noch. ▍ Manchmal muss ich am Abend ganz bewusst an etwas Schönes denken, damit mich nicht irgendeine Angst überkommt. Oft ist es das Gefühl, ich hätte mein Leben vertan oder auch Angst vor dem Tod. Ich bin viel mit meinem 93-jährigen Vater zusammen, da denke ich natürlich oft an diesen Schritt in das große Unbekannte hinein. ▍ Meine Mutter bekam einen Schlaganfall, und dann starb sie zehn Jahre lang. Ich wusste, ihre Krankheit wirft mich aus der Karriere. Gleichzeitig habe ich gespürt, wie wichtig es für mich ist, vom Egozentrischen wegzukommen. Dieses Dienen, so nenne ich es mal, hat mir gut getan. ▍ Während ich meiner Mutter die Hosen hochzog, dachte ich: »Siehst du, jetzt kehrst du in deinem hohen Alter wieder ins Kindsein zurück!« Im selben Moment kam aus ihrem Mund der Satz: »Bist du mir auch nicht böse, dass ich jetzt dein Kindchen bin?« Ich antwortete: »Ich habe kein Kind gekriegt. Jetzt bist du eben meines geworden.« In dieser Zeit hörte ich auch auf zu kiffen. ▍ Ich fand alles Rauschartige immer sehr schön. Und wenn ich einen sehr guten Wein habe und dadurch etwas Berauschendes angeflogen kommt, genieße ich das nach wie vor sehr. Aber ich habe festgestellt, dass mich Drogen immer auch verunsichert haben. Sie höhlen mein Selbstbewusstsein aus. ▍ Das Schöne am Altwerden ist, dass man nicht mehr in diesem Schönheitskampf drinnen ist. ▍ In Paris gehe ich gerne auf den Place des Vosges, der liegt bei mir um die Ecke. Dort betrachte ich die Kinder im Sandkasten. Was sich da abspielt, ist Karl Valentin und Shakespeare pur. ▍ Ich bin überhaupt nicht mondän. Über das Mindestmaß pflege ich das gesellschaftliche Leben nicht. Lieber hätte ich möglichst viele Beziehungen zu Kindern. Sie haben diese heiße Lebensflamme, die mich begeistert. Leider kann ich keine Kinder mehr kriegen oder adoptieren. Das würde auch altersmäßig nicht passen. Ende der 80er wäre es noch gegangen, aber da wurde meine Mutter krank. ▍ Ich habe ein Patenkind. Ich sehne mich danach mitzuerleben, wie ein Kind groß wird, und dabei eine kleine Rolle zu spielen. ▍ Seit ich selbst keine Filme mehr mache, gucke ich mir auch nicht mehr viele an. Vielleicht, damit es mir nicht leidtut. ▍ Ich habe immer das Gefühl, dass ich meine allerwichtigste Filmrolle noch nicht gespielt habe. Ja, ich denke, ich komme auf die Leinwand zurück. ▍ Es werden mir inzwischen kaum mehr Drehbücher geschickt. Beim Film bin ich ja darauf angewiesen, dass einem anderen etwas zu mir einfällt. ▍ Das Leben ist nicht nur Rolle. Ich bin durchaus ehrgeizig, aber ich kann es auch lassen. Ich habe zum Beispiel nicht wahnsinnig gelitten, als ich wegen meiner Mutter nicht einsatzfähig war. Mir war aber durchaus bewusst, dass es meine letzten Glamour-Jahre waren. ▍ Den Glamour habe ich schon sehr geliebt, aber es war auch anstrengend. Man musste ständig konkurrenzfähig sein. Ich bin erleichtert, dass es heute auf andere Sachen ankommt. Man weiß ja, dass der eigene Glamour zum Teil eine Lüge ist. Das macht unsicher. Man kann sich kurzfristig darüber freuen, dass man endlich so schön ist, wie man sein möchte – oder wenigstens so schön scheint. Aber tief drinnen ahnt man, dass es eigentlich auf etwas ganz anderes ankommt. ▍ Ich schaue nicht mehr so viel in den Spiegel, denn die Augen, mit denen man sich selbst anschaut, sind nicht die Augen, in denen man am besten aufgehoben ist. ▍ Lange habe ich immer in den Spiegel geschaut, um zu sehen, ob ich nicht endlich schöner geworden bin. Ich kann nicht sagen, dass ich in Euphorie ausbreche, wenn ich mich selbst betrachte. Selbstliebe ist ganz wichtig, aber vor dem Spiegel kriegt man sie nicht. ▍ Die Männer wirken heute verunsichert. Selbst das Flirten ist völlig weggefallen. Früher kamen mir Männer als der feigere Teil der Menschheit vor, auch weil ich zu viel dafür getan habe, ihnen zu gefallen. ▍ Ich habe nur einmal mit einem Mann zusammengelebt – und das war sehr bald schon Krieg. ▍ Heiraten? Wenn ich einen Mann finde, der über eine Fülle von Humor und Güte und Sinnlichkeit verfügt und von mir nicht allzu viel verlangt als Gastgeberin und Repräsentierfrau – warum nicht? Eine späte Ehe einzugehen wäre lustig.

Ingrid Caven Sängerin

»Fassbinder ging in die Strichersauna, und nachher haben wir uns geliebt«

Fassbinder habe ich Ende der 60er in einer Bar in München kennen gelernt. Da stand zwei Meter weg ein Junge, der die ganze Zeit kein Wort sagte. Das war so eine Buddhafigur in jung. Er war anziehend. In der Zeit ging es ja nicht um schön oder nicht, sondern um eine Intensität. Dieser Körper mit den kleinen Patschhändchen, wie ein Kind. Die Augen wunderschön. Darin habe ich mich später verliebt, in diese unheimlich zärtlichen Augen, die so ganz versteckt waren hinter diesem ganzen Gehabe. Und das Ganze in einem lebendigen, tänzerischen Körper, wie ein Tanzbär, ganz transparent auch. ▪ Es gibt eine Schüchternheit, wo du leicht verletzbar bist durch einen falschen Ton, durch eine Geste, weil deine Antennen zu weit ausgefahren sind. Als wir uns ganz am Ende seines Lebens in Cannes trafen, sagte Rainer: »Alles stört mich. Der da kann nicht mal die Gabel richtig halten, und der da, wie zieht der sich an? Das halten meine Augen nicht aus!« ▪ Der Rainer hatte keine Angst vor Niederungen. Ich habe ihn gekannt, da ging er in die Klappe, und gleichzeitig hat er einen Horror gehabt vor dem Onanieren. Er ging in Paris in die Strichersauna, und nachher haben wir uns geliebt. Im Leben war er sein eigener Hauptdarsteller. Er sagte: »Ich bin der Neger, ich bin der Jude, ich bin der Antisemit, ich bin der Mörder, ich bin die Frau.« Er hat sich ausgesetzt, um etwas zu erfahren und Filme darüber zu machen. ▪ Das letzte Mal gesehen habe ich ihn bei seinem Geburtstag zehn Tage vor seinem Tod. Da hatte ich den Eindruck, dass er auch noch Heroin genommen hatte. Ich war sehr erschrocken, denn er war ganz schwebend und ganz leise. Es war viel Trubel. Der Rainer war ganz zart. Da hatte ich viel Angst. ▪ Wir haben 1970 aus Liebe geheiratet. Ich wusste ja, dass der Rainer homosexuell ist, nicht mal bisexuell. Wir lebten in einer Wohngemeinschaft. Als wir eines Abends heimkamen, sagte er: »Bleib doch ein bisschen bei mir im Zimmer.« Ich hatte überhaupt keine Bedenken. Für mich war er schwul. Und da hat er dann die Matratzen zusammengeschoben. Ich habe ihn ja gerne gehabt, und dann haben wir zusammen geschlafen – auch noch so normal und so zärtlich. Ich war ganz verwundert, und das war wunderschön. Am nächsten Morgen wache ich auf, und da war er schon weg. Dann komme ich in die Küche, und der Rainer hatte plötzlich ein weißes Hemd an. Wir waren beide plötzlich ganz jungfräulich. Dann hat er sich sehr gewunden und gesagt: »Ich möchte, dass wir verheiratet sind. Sonst kann ich dich nicht mehr sehen.« Er hatte kein Vertrauen. Ich sah ja ganz gut aus und hatte viele Freunde. Er hatte Angst, dass er mich verlieren kann. Er konnte sich nicht vorstellen, dass jemand die Kraft hat, mit jemandem zu leben, der schwul ist. Er wollte ja auch ein Kind haben. Ich wollte filmen, mit dabei sein. Der Rainer wollte das aber nicht: »Meine Frau arbeitet nicht. Sie repräsentiert und ist neben mir.« Einmal hat er mir den Pass weggenommen, weil er Angst hatte, ich fahre weg. Er hat mich auch eingesperrt. Er hatte Angst, allein zu sein. Ich musste in der Wohnung die Badezimmertür offen lassen, damit er das Gefühl hatte, ich bin nicht weg. ▍ Der Rainer wollte unbedingt, dass ich als »Frau Fassbinder« auftrete. Es war wichtig für ihn. Auch nach der Scheidung wollte er nicht, dass ich meinen Namen ändere. Ich mache davon keinen Gebrauch, aber wenn mich jemand reizt, bitte, ich heiße Ingrid Fassbinder. ▍ Für mich wurde das gefährlich mit dem Koks, die Schleimhäute, und wenn man das immer macht, diese ganzen Paranoia-Dinger: »Der verfolgt mich, die verfolgt mich!« Deshalb bin ich nach Paris gegangen. Rainer hat bei unserer Scheidung eine Gürtelrose bekommen. Er wollte sich ja immer wieder verheiraten, mit mir und auch einmal mit der Barbara Valentin. Wir sind nach der Scheidung viel gereist. In New York waren wir mal im »Anyhow«, ein Club, ganz herrlich Sado-Maso. Ich war sehr auf Sonne und wollte zurück ins Chelsea-Hotel. Ich finde unser Zimmer und lasse sofort Badewasser ein. Man fühlt sich dann ja oft so schmutzig. Ich zog mich aus und setzte mich in das Wasser. Da waren lauter schwarze Punkte auf dem Wasser. Ich habe die angetippt, und da war wirklich was, was Knackiges. Da war das voll mit Kakerlaken. Ich habe den Atem angehalten: »Jetzt sterbe ich!« Ich habe aber immer gedacht: »Der Rainer kommt, der Rainer kommt ja, der holt mich hier raus.« Dann kam er. Das Bett war leer. Er rief: »Ingrid! Ingrid!« Ich habe dann ganz klein und ängstlich »ja« gesagt. Ich wollte diese kleinen schwarzen Dinger nicht aufwecken. Dann hat er mich rausgeholt. Das Wasser war schon kühl. Er hat dann mit mir geredet, die ganze Nacht. ▍ Ich habe mich ja gewundert, dass er so lange gelebt hat. Alles, was er angefangen hat, hat er zweihundertprozentig gemacht als guter Deutscher, als Über-Deutscher. 1979 habe ich mit Daniel Schmid einen Versuch gestartet, ihn vom Kokain wegzukriegen. Daniel hatte eine Entziehungsklinik in der Schweiz ausfindig gemacht, wo Mick Jagger und solche Leute waren. Ich hatte dem Rainer versprochen, dass ich mich mit ihm drei Monate da hinsetze und das mitmache. Er war ganz happy. Zu der Kur ist es nie gekommen, und drei Jahre später war er tot. Okay, ich hätte mehr Druck machen können, aber ich weiß nicht, ob der Entzug gelungen wäre. Das kann niemand sagen.

Peter Berling Filmproduzent und Autor
»Der tote Fassbinder sah aus wie Bismarck«

Trotz seines martialischen Habitus hatte Fassbinder stets ungeheure Angst, verdroschen zu werden. Er erniedrigte immer nur Leute, bei denen er sich ausrechnen konnte, dass die nicht zurückschlagen, Klaus Löwitsch zum Beispiel. Den hat er geschlagen, und der hat sich das gefallen lassen. Löwitsch war damals ein Säufer, und Säufer sind schwach. ▮ In den letzten Jahren ließen sich die Leute teuer dafür bezahlen, dass sie Rainer Gesellschaft leisteten. Die aus dem Hofstaat kriegten im Monat 10.000 Mark dafür, dass sie mit ihm aßen und mit ihm auf die Straße gingen. Sexuell lief da wegen der Drogen gar nichts mehr. ▮ Es war fast unmöglich, Hotelzimmer für den Fassbinder-Clan zu bekommen. Unter den Hoteliers hatte sich herumgesprochen, dass die Zimmer hinterher vollgeschissen waren. Kokain führt irgendwann zu Schließmuskelschwäche. ▮ Der tote Rainer wurde in eine Besenkammer des Münchner Nordfriedhofs geschoben, um eine Totenmaske abzunehmen. Das war die Idee seiner Lebensgefährtin Juliane Lorenz. Sie stellte mir die Maske zur Verfügung, um sie bei der Biennale in Venedig ausstellen zu lassen. Ich trug die Maske im Jutebeutel durch Venedig. Das fand die Lorenz ungeheuer deplatziert. Frau Lorenz drang dann nachts in mein Hotelzimmer ein, um mir die Maske zu rauben. Sie kreischte unentwegt: »Mein Rainer, mein Rainer, er gehört mir!« Halb bekleidet verteidigte ich die Maske, bis die Hotelleitung die Polizei verständigte. Die Maske ist übrigens toll. Rainer sieht aus wie Bismarck, ganz friedlich und weise. Allerdings sieht er aus wie 70.

Joachim Lottmann Autor
»Für die Jugend von heute ist Adenauer eine Herrenseife«

Die Berliner Krankheit: Niemand liebt den, der ihn liebt. ▍ Die Jugend von heute labert nur schwul rum, statt zu bohnern. Es wird zwar dauernd von »Superpussys« und »geilen Snails« geredet, aber wie in der Pubertät erschöpft sich das Körperliche in Schmusen und Kuscheln. Die Jugend leidet unter sexuellem Parkinson: Die Steuersignale sind nicht richtig koordiniert. Deshalb erreicht kaum noch einer die genitale Phase. Früher hätte man gesagt: Niemand gibt sich mehr hin. ▍ Man läuft Gefahr, von jungen Leuten tagelang nichts mehr zu hören, wenn man den Fauxpas beging, einen real existierenden Politiker zu erwähnen. ▍ Für die Jugend von heute ist Suhrkamp eine Zigarettenmarke und Adenauer eine Herrenseife. ▍ Wir leben in einer Rentnerhölle mit einer Seniorenpolitik, aber seit dem Siegeszug des Privatfernsehens ist unsere Kultur zu einer Jugendkultur geworden. Man muss die Jugend geil finden, um mitmachen zu dürfen. Deshalb die vielen 60-Jährigen mit Piercingringen und Tattoos am welken Körper. Jugend ist zur Endlosschleife geworden. ▍ Mit über 50 noch in Clubs abzuhängen ist für mich ethnologische Feldforschung. Ich wurde schon zig Mal gezwungen, Drogen zu nehmen, obwohl ich davon Todesangst bekomme. Außerdem mag ich mein Gehirn, ich will gar nicht enthemmt werden. Wenn einer dieser Kiffer mal wieder den Laber-Flash hat, gerate ich sofort in Panik, weil das wirklich die größte vorstellbare Qual ist. ▍ Ein Rezensent schrieb mal: »Lottmann lesen heißt, absolut gut gelaunt sein darüber, dass man nicht Lottmann ist.« In Gesellschaft bin ich in der Tat so verspannt und von Panikattacken geschüttelt, dass jeder denkt: »Gleich platzt er!« Aber ich verliere diese Merkmale, wenn ich alleine bin. Deswegen habe ich nur eine Stunde am Tag Kontakt mit anderen. ▍ Heiraten nimmt mir die Verlustangst. Ich denke beim kleinsten Streit: »Jetzt ist die Beziehung zu Ende!« In der Ehe aber kann man mit Messern aufeinander losgehen und bleibt trotzdem verheiratet.

Udo Kier Schauspieler
»Der Star ist das Steak, du das Gemüse«

Von Pamela Anderson kann man eins lernen: Hollywood ist auf Sand und Titten gebaut – und die müssen stehen. Ihre stehen so perfekt, dass die Produzenten ihr den Kaffee umrühren. ▮ Niemand darf denken, dass du aus deiner Neben- eine Hauptrolle machen willst. Konkurrierst du als Supporting Actor mit dem Hauptdarsteller, statt ihn zu unterstützen, schneiden sie dir sofort deine besten Szenen raus. An einem meiner ersten Drehtage in Hollywood sagte mir ein Produzent: »Vergiss nicht, mein Junge, der Star ist das Steak, du bist hier bloß das Gemüse.« ▮ Ich gehöre in Los Angeles nicht zur deutschen Gemeinde um Roland Emmerich und Wolfgang Petersen. Ich spreche lieber mit meinem Hund – da sind die Schwingungen besser. ▮ Nur Anfänger glauben, dass Filme auf Partys besetzt werden. Die meinen, sie hätten es geschafft, wenn sie auf Stehempfängen zehn Visitenkarten einsammeln. Ein Regisseur will dein Geheimnis beim Drehen entdecken, und das funktioniert nicht, wenn man vorher zusammen säuft. ▮ Es ist unglaublich, wie gehemmt amerikanische Schauspieler sind. Robert De Niro nimmt für eine Rolle problemlos 20 Kilo zu, aber wehe, er müsste einen Mann auf den Mund küssen. ▮ Nachdem ich mit ein paar Martinis im Blut ein Auto gerammt hatte, konnte ich zwischen einer Geldstrafe und zwei Tagen Gefängnis wählen. Ich dachte: »Wunderbar, Knastfahrung sollte sich kein Schauspieler entgehen lassen.« Da wusste ich noch nicht, dass Männergefängnisse in den USA »Buttfuck Motels« genannt werden. Als ich die glühenden Augen meiner Mithäftlinge sah, habe ich ganz schnell geguckt, wer die Bosse sind, vor denen alle zittern. Das waren riesige Farbige. Denen habe ich die 30 Dollar, die man als Häftling mit ins Gefängnis nehmen darf, als Schutzgeld gezahlt. Dafür durfte ich nachts in ihrer Mitte liegen. ▮ Ich habe das Glück, dass nie über mein Sexleben geschrieben wurde. Heute wäre das auch langweilig, da ich nur noch onaniere. ▮ Am Tag meiner Geburt wurde das Hospital von amerikanischen Flugzeugen bombardiert. Im Babysaal stürzten die Mauern ein. Ich war das einzige Kind, das überlebt hat. Vielleicht hat mich dieses Geburtsdrama zum Schauspieler gemacht.

Peter Zadek Regisseur

»Gegen Antisemitismus habe ich nichts – solange die Leute uns nicht umbringen«

Die Formulierungen, mit denen die Zeitschrift »Theater heute« mir mein Gehalt vorgehalten hat, finde ich antisemitisch. Auf dem Cover wurde mein Gesicht mit einem Tausendmarkschein überklebt. Der »Stürmer« hätte es nicht anders gemacht. ▍ Gegen Antisemitismus habe ich nichts – solange die Leute uns nicht umbringen. Einige meiner besten Freunde sind Antisemiten. Die sagen mir: »Klar, die Feindbilder, die man während der Jugend im Nationalsozialismus mitbekommen hat, wird man nie mehr ganz los.« ▍ Das Theater steckt in einem tiefen Sumpf. Es arbeitet fast nicht mehr fürs Publikum. Es produziert, weil es da ist. Es ist eine Produktionsstätte, also wird produziert. ▍ Wer will denn noch in diese Miefsessel gequetscht werden? Theater müssen große luftige Räume sein. Bühnenbild, Technik – die ganze Maschinerie ist albern und viel zu teuer. Das braucht kein Mensch, das sind alles olle Sachen. ▍ Ich finde es aufregend, wenn ein Theater leer ist. Das ist die beste Chance, gutes Theater zu machen. Dann muss man sich nämlich wirklich fragen: »Was ist los? Was sollen wir denen geben?« Leidlich gefüllte Theater, wo die Leute nur aus müder Konvention hingehen, finde ich entsetzlich langweilig. Es gibt Tage, muss ich sagen, da sitze ich in meinen eigenen Aufführungen und wünsche mir, dass die Hälfte von den Leuten lieber nicht da wäre. Nichts ist deprimierender, als vor miefigen Zuschauern zu spielen, die ein Abonnement grün für Dienstag haben. ▍ Natürlich wollen Regisseure zeitgenössische Stücke inszenieren, sonst würden sie es ja nicht dauernd zu ihrem eigenen Nachteil versuchen. Aber das deutsche Theater war noch nie berühmt für moderne Stücke. Engländer und Amerikaner waren schon immer die begabteren Dramatiker. Dafür schreiben die Deutschen schöne Gedichte und Symphonien. ▍ Ideal ist die Situation von Peter Brook, der eine Gruppe aus freien Schauspielern zusammengestellt hat. Das ermöglicht die absolute Konzentration auf eine Sache. Ich habe ein paar Mal versucht, solche Gruppen zu bilden. Es ist schief gegangen. Die Schauspieler redeten bloß über Versicherungen und Rentenansprüche. ▍ Ich weiß nicht, wann ich das letzte Mal in einer Aufführung war, die ich nicht selbst inszeniert habe. Ich gehe nicht so gern ins Theater. Wenn ich Zeit habe, gehe ich in Konzerte. Aber ins Theater? Ich habe das zu lange gemacht. Der Komponist Luciano Berio hat mir mal erklärt, warum er nicht mehr in Konzerte geht: »Zeig mir die Partitur und den Namen des Dirigenten, und ich höre das Konzert in meinen Ohren.« Mir geht es so mit dem Theater.

Gert Voss Schauspieler
»Peter Zadek saß mir mit offenem Bademantel und in Unterhose gegenüber«

Als Jugendlicher war ich scheu, verkrampft und furchtsam. Dass ich die Bühne brauchte, um mich von meinen Komplexen zu befreien, würde aber meine Begeisterung für den Schauspielerberuf nicht erklären. Für mich gab und gibt es nichts Schöneres, als mir Menschen und Geschichten auszudenken. Als Kind zeichnete ich diese Geschichten auf Papierstreifen und imaginierte damit vor meinen Geschwistern eine Art Kino. Diese Comics waren ein merkwürdiges Gemisch aus Kinoerlebnissen und Schundheftchen. Entscheidend war, dass sie alle traurig endeten, denn meine beiden Zuschauer sollten tief beeindruckt sein von den Schicksalen, die sie gesehen hatten. ▪ Am Anfang einer Arbeit geniere ich mich heute noch, weil die Kluft gewaltig ist zwischen dem, was ich träume, und dem, was ich noch nicht kann. Eine erste Probe ist wie das Betreten eines Hallenbades: Da laufen lauter tolle Sportler rum, man selbst aber zittert vor der ersten Berührung mit dem kalten Wasser. Erst wenn man im Wasser ist, fängt die Freiheit an. ▪ 1994 fiel ich wegen Herzrhythmusstörungen aus. Ich kenne nur sehr wenige Theaterleute, die sich um einen kümmern, wenn es einem wirklich schlecht geht. Wir tun immer wahnsinnig intim, indem wir uns dauernd anfassen, umarmen und küssen. Aber in Wirklichkeit sind damit unmittelbare Interessen verbunden. Du gibst mir was, ich gebe dir was. Schauspieler sind wie Zirkuspferde: Kann das Pferd auftreten, ist es gut. Wenn nicht, ist es kaum mehr was wert, und es wird überlegt, ob man es noch füttern muss. Schon meine Schauspiellehrerin warnte mich: »Vermeide den Kontakt mit Schauspielern im Privatleben. Sie sind neidisch, bösartig und benutzen dich.« ▪ Zadek habe ich 1985 kennen gelernt. Ich war um sieben Uhr bestellt, aber vor Aufregung schon früher da. Ich bin vor seinem Haus rumgelaufen, weil ich nicht schon um fünf vor sieben da sein wollte – doof. Als ich klingelte, machte mir seine Frau Elisabeth Plessen auf. Sie sagte: »Der Peter kommt gleich. Er ist noch im Bad. Setz dich doch ins Wohnzimmer.« An der Wand hing ein riesiges Poster von Arnold Schwarzenegger als »Conan der Barbar«, auf dem Boden lagen überall Videos. Und dann kam Zadek. Mit offenem Bademantel und in Unterhose. So saß er mir dann gegenüber und sagte: »Ja wie, Liebling, was ist denn unser Problem?« Ich antwortete: »Wir wollten uns doch einfach mal unterhalten.« Darauf er: »Ach so, ja. Dann fang doch mal an, uns zu unterhalten.« ▪ Unsere erste Zusammenarbeit war »Die Herzogin von Malfi«. Ich habe mich unheimlich bemüht und war wohl ziemlich verkrampft. Ich kam mir vor wie ein Binnenschiffer, der zum ersten Mal auf den Atlantik hinausfährt. Das war umso grotesker, weil ich einen Herzog zu spielen hatte, der ein funkelnder Abgrund von Bösartigkeit, Selbstverliebtheit, Sadismus und Wahnsinn ist. Zwei Wochen lang ließ Zadek mich scheinbar in Ruhe. Dann unterbrach er eines Morgens und kam auf die Bühne. Ich wusste: »So, jetzt geht es gegen dich!« Er legte den Arm um mich und sagte: »Was ist denn los mit dir? Hast du Angst vor mir? Ich glaub dir einfach nicht, dass du so bescheiden und so nett bist. Du versteckst doch deine Eitelkeit, und eine sadistische Sau hat jeder in sich. Stell dich doch einfach mal drei Minuten an die Rampe und sei der Brandauer. Spiel den tollsten Mann der Welt, bis die Leute anfangen zu applaudieren.« Ich sagte ihm, so toll fände ich mich nicht, dass ich das spielen könnte. Darauf er: »Du bist ja in diesem Kinderheim beim Peymann groß geworden. Du musst diese nette Umgangsart mal verlernen. Der Peymann ist auch ein Schwein und böse.« Ich stellte mich dann tatsächlich als perverser Narziss an die Rampe. Diese drei Minuten wurden zu einer Ewigkeit. Ich kam mir vor wie eine Prostituierte. Das war die tiefste Erniedrigung, die ich je in meinem Leben empfunden habe. Mich kotzte dieser Beruf an, und ich bekam eine unheimliche Wut auf Zadek. Der aber sagte, er hätte gerade zum ersten Mal etwas sehr Aufregendes an mir gesehen, und ich sollte in dieser Richtung mit mehr Mut weiterarbeiten. Über dieses Erlebnis begriff ich, wie herausfordernd seine Arbeitsweise ist und wie unbeschützt man sich ihr stellen muss. Er schlägt einem die Haltegriffe aus der Hand und zwingt einen, alle schauspielerischen Tricks und kleinen Fluchtwege zu vermeiden. Das Einzige, was bei ihm zählt, ist Wahrhaftigkeit. Es ist oft

schwer, sich zu öffnen, weil man eine Schamgrenze überschreiten muss, um eine Wahrheit in sich preiszugeben. Deshalb geht Zadek mit Schauspielern in eine Art von Psychose hinein, die beide Seiten sehr stark beutelt. ▌ Ein Künstler muss einen gewissen Grad an Zerstörung in sich zulassen, um etwas Neues zu finden. ▌ Wenn ich mir eine Rolle erarbeite, suche ich stets nach der Verwandtschaft mit einem Tier. Bei Othello habe ich an einen jungen, gutmütigen Stier gedacht, der eigentlich gar nicht kämpfen will, aber ständig so gereizt wird, dass ein Selbstzerstörungsprozess beginnt. Da Tiere weder Bewusstsein noch Moral haben, komme ich nicht in Versuchung, meine Figur zu kommentieren, sie berechenbar zu machen. Ein Regisseur, der sagt »Stirb jetzt wie Lear«, ist idiotisch. Ich würde sagen: »Stell dir vor, du bist ein Elefant, und der stirbt. Was macht er für einen Laut?«

Dadurch ist meine Fantasie viel größer, und ich entgehe dieser verkrampften Identifikationsschauspielerei, wo man seine kleinen privatistischen Gefühle von sich gibt. Die meisten Schauspieler sind genauso feige und spießig in ihren Gefühlen wie andere Menschen auch. Auf der Bühne sollen sie aber plötzlich große Gefühle spielen. Wenn sie da bloß in sich rumkramen, kommen lächerlich verkleinerte Figuren heraus. Mein eigenes Leben ist ja viel zu langweilig, um dem Wahnsinn einer Figur von Shakespeare standzuhalten. ▌ Wenn man den Körper einer Figur gefunden hat, entsteht auch die Wahrheit der Figur. Für Othello wollte ich eine tiefere, kehligere Stimme haben. Ich habe mir Papier-Einlagen in den Kiefer gestopft, aber das reichte nicht. Ich schritt dann zu einem ganz grässlichen Mittel: Ich schrie mich heiser. Bei mir sackt dann die Stimme am nächsten Tag um einige Etagen tiefer. Dieses schöne Gefühl, plötzlich etwas Raues und Griffiges in der Stimme zu haben, hat mir Mut gemacht, auch einen anderen Gang und neue Handbewegungen zu finden. Die Illusion, dass ich mich in einen Menschen verwandelt habe, der nichts mehr mit mir zu tun hat, gibt ein Gefühl der Stärke und Überzeugung. Man kann mit diesem Menschen Kaffeetrinken gehen, man könnte sich ansprechen lassen und würde dann mit diesem Menschen antworten. ▪ Meine Kollegin Hildegard Schmahl hat mal bei uns übernachtet. Ich hatte am nächsten Abend Vorstellung, traute mich aber nicht, ihr zu sagen, dass ich mich deshalb heiser schreien musste. Das wäre so, als würde man sagen: »Du, ich muss immer onanieren, bevor ich diese Rolle spielen kann. Also gehe ich jetzt mal auf mein Zimmer.« Ich verzog mich in den Schuppen hinterm Haus, weil ich dachte, da kann sie mich nicht hören. Plötzlich stand sie aber vor der Tür und rief: »Hallo? Wer ist denn da?« Ich hatte nicht mal die Courage, ihr den Vorgang zu erklären. Ich habe mich dann spät in der Nacht heiser geschrien. Mit dem Ergebnis, dass die Hunde in der Nachbarschaft wie wahnsinnig anfingen zu bellen. ▪ Ich mag keine Schauspieler, die eine Vorstellung nur dazu benutzen, um auszutreten, wie ich es nenne. ▪ Heinz Schubert beschwerte sich mal, dass ich ihn bei einer Probe ohne Vorwarnung in die Brust gebissen habe. Ich spielte eine Figur, die sich in einen Wolf verwandelt. Schubert sagte: »Junge, wenn du mich beißen willst, musst du mir das doch vorher sagen!« Um mich zum Lachen zu bringen, hat er sich bei der nächsten Probe mit einem Filzstift einen Klingelknopf auf die Brust gemalt und darunter geschrieben »Bitte drei Mal klingeln!« Da ich als Wolf nicht lesen kann, habe ich ihn in die andere Brust gebissen. ▪ Ich habe immer die Schauspieler am meisten geliebt, die um ihr Leben spielen – nicht, um sich selbst zu spielen, sondern um ihre Geschichte zu beglaubigen. ▪ Bei meiner ersten Premiere an der Wiener Burg 1987 als Richard III. hatte ich ab Mittag plötzlich das Gefühl, als läge ein riesiger Zementstein auf meiner Brust. Ich konnte kaum mehr atmen und hatte Magenkrämpfe. Ich habe geweint und gebetet. Angst habe ich auch heute noch vor jeder Vorstellung, und mein Beten ist eine Art von letzter Konzentration vor dem Start. Denn jede Aufführung – so wie ich sie verstehe – ist immer ein Risiko und durch nachlassende Konzentration bedroht. Ich begreife Schauspieler nicht, die in der Kantine bei Kalbshaxe und Bier Witze reißen und dann auf die Bühne gehen. Ich würde es nie schaffen, in eine Vorstellung zu gehen, ohne vorher zwei Stunden den Text gelesen zu haben. Ich habe den Aberglauben, dass ohne dieses Ritual garantiert etwas schief geht. ▪ Natürlich überlege ich, ob mir durch meine Theaterbesessenheit nicht das Leben entgeht, das ich auf der Bühne darstellen soll. Ich führe zwei Leben: Dr. Jekyll und Mr. Hyde. So unbedingt ich meinen Beruf betreibe, so unbedingt verteidige ich mein privates Leben. Wenn ich mit meiner Frau und meiner Tochter in meiner privaten Welt bin, ödet mich die Wichtigtuerei des Theaters wahnsinnig an. Ich hätte oft Lust, einen zweiten Beruf zu ergreifen: Arzt. Dahinter zu kommen, was einen Menschen stört und zerstört, ist faszinierend. Ich bin ein großer Verehrer von Ärzten. Es gibt kaum Menschen, mit denen ich mich so lange und gerne unterhalte. Allerdings nicht über mich. Das ist gefährlich, weil ich dann hypochondrisch werde. ▪ Meine Frau schaut sich seit 35 Jahren jede Vorstellung von mir an. ▪ Für jede Rolle lese ich furchtbar viele Bücher, aber letzten Endes ist das alles vollkommen wurscht – etwa so wichtig wie die Zahnbürste, die Sie mitnehmen für eine Bergbesteigung. ▪ Bei den meisten Drehbüchern, die ich geschickt bekomme, sage ich: »Nee, dafür lohnt es sich nicht!« Sollte ich auf Othello verzichten, um einen Mörder im »Tatort« zu spielen? ▪ Es kam mal ein Angebot aus Hollywood. Eine Casting-Dame rief mich an und sagte: »Ganz große Sache, Herr Voss, halten Sie sich bitte fest. Steven Spielberg hat Video-Aufzeichnungen Ihrer Theaterarbeiten gesehen und ist brennend an Ihnen interessiert. Er will, dass Sie die Hauptrolle in ›Schindlers Liste‹ spielen.« Ich dachte: »Das gibt es ja nicht!« Und so war es auch. Nach monatelangem Hin und Her sollte ich bloß noch den KZ-Arzt Mengele spielen – eine Rolle ohne Text.

Ben Becker Schauspieler
»Ich stand nackt auf der Bühne und habe geschissen und geheult«

Als Zadek den »Blauen Engel« in Berlin machte, wurde mir telefonisch ausgerichtet, dass ich mich da mal vorstellen soll. Als ich ins Theater kam, sagte Zadek zur Begrüßung: »Was machst du denn hier? Kannst du tanzen? Kannst du singen?« Als ich nein sagte, meinte er nur: »Tja, dann weiß ich überhaupt nicht, was du hier eigentlich willst.« Die Art und Weise, wie er mich weggeschickt hat, war mein erster persönlicher Eindruck vom Mythos Peter Zadek. ▌ Als er mir später anbot, in Neil LaButes »Bash« mitzuspielen, habe ich erst mal meinen Ziehvater Otto Sander gefragt, ob ich mich auf den einlassen soll. Ich kannte halt die ganzen Kantinengeschichten über Zadeks angebliche Foltermethoden. ▌ Wochen später saß ich bei einer Probe sechs Stunden auf einem Stuhl. Als ich pinkeln gehen wollte, sagte Zadek auf seiner Chaiselongue liegend: »Würdest du dich bitte beeilen!« ▌ Es haut ganz schön rein, das bei sich selbst zu finden und zuzulassen, was dieser Mann von einem will. Bei Zadek kann man nicht bloß so tun als ob. Der will halt dich, der will das Verborgene in deinem Kopf sehen. Aber natürlich hat man erst mal Muffe, sich vor unbekannten Assistentinnen den Brustkorb aufzureißen und zu sagen: »Hier sind meine Schwächen. So bin ich wirklich.« Da sträubt man sich aus reinem Selbstschutz. Dann fängt bei Zadek eine psychologische Kriegsführung an. Der Typ ist ein spitzenmäßiger Guru. Durch seine Aura ist eine wahnsinnige Elektrizität im Raum. Der kitzelt dann genau das aus dir raus, was er für die Rolle haben will. Zu mir sagte er mal: »Ben, man lügt doch immer so ein bisschen. Man tut zum Beispiel so, als wäre man ein ganz toller Schauspieler, ein super Typ. Diese ganzen Lügen häufen sich, und irgendwann macht es dann kawusch! und man knallt durch.« Damit hat er ein Stück Wahrheit bei mir freigeschaufelt. Das war ein erlösender Moment, weil ich mir sagte: »So, jetzt stand ich einmal nackt auf der Bühne und habe geschissen und geheult, und alle haben gesehen, wie das aussieht.« Jeder denkt ja, dass ich so ein Hau-auf-die-Kacke-Typ bin, der sich selbst feiert. Bei Zadek bin ich aber wieder ganz klein und jung und heule. Das ist vielleicht Masochismus von mir. Jede Rolle nimmt mich mit, aber bei Zadek fühle ich mich oft wie auf dem Peitschbock. ▌ Nach der Probe verschwindet Zadek sofort. Ich glaube, die Arbeit würde auch nicht funktionieren, wenn ich in ihm einen Freund suche, mit dem man nachts Rotwein bechert und sich Anekdoten an den Kopf wirft. Ich habe auch nicht das Gefühl, dass ihn meine Geschichten sonderlich interessieren – es sei denn, er kann sie auf der Bühne verwerten. ▌ LaBute muss ein merkwürdiger Typ sein. In einem seiner Stücke klagt ein Säufer dem anderen: »Frauen. Verdammte Fotzen! Du kannst ihnen nicht trauen.« Darauf sagt der andere: »Ich würde nie jemandem trauen, der eine Woche lang blutet und dabei nicht draufgeht.«

Josef Bierbichler Schauspieler
»Ungequälte Schauspieler bringen es meist nicht weiter als bis zur Gefallsucht«

Von früh an produziere ich in ununterbrochener Folge Komplexe. Das Theater hat mich vor einem Leben im eigenen Kot gerettet. Auf der Bühne verkaufte ich meine Komplexe als gesellschaftliche Realität – und werde sogar gefeiert dafür. ▪ Meine Komplexe hängen mit meiner kleinbäuerlichen Herkunft zusammen. Wir hatten eine Landwirtschaft und ein Gasthaus mit Hotelbetrieb, und ich war vorgesehen, das zu übernehmen. Im Sommer waren wir immer fünf Monate lang Gäste im eigenen Haus, mussten uns aber benehmen wie die Gastgeber. Die Leute, die bei uns Ferien machten, wurden von meinen Eltern als »Herrschaften« bezeichnet und sehr verehrungswürdig behandelt. Da hat sich bei mir eine Feindseligkeit eingegraben. Ich kam mir im gesellschaftlichen Raum minderwertig vor. Ich hatte das Bedürfnis, mehr zu sein, fortzukommen. Als die Eltern tot waren, haben wir sofort das Hotel geschlossen. ▪ Durch die Schauspielerei konnte ich mich in der Gesellschaft spüren – ich wurde verhandelt! ▪ Ich empfinde es als Gefahr, von anderen geachtet oder gar geliebt zu werden. Ich will sie als meine Feinde. Ich bin, im Wortsinn, feindselig. Ich brauche Feinde, weil ich Angst vor falscher Harmonie habe. Ich sehne mich sehr nach Harmonie, auch bei Frauen, aber sobald sie auftaucht, kriege ich Angst vor ihr und versuche, sie wieder zu zerstören. ▪ Zadek ist eine richtige Sau und genießt es, mit dieser Eigenschaft die Schauspieler zu traktieren. Sein Problem ist das aber nicht. Es ist das Problem der Mimen, die sich das gefallen lassen. Menschen mit intaktem Selbstwertgefühl werden nicht Schauspieler. Falls doch, steigen sie früh wieder aus. Bei Zadeks Schauspielern ist es so: Wer ihn enorm verehrt, spürt die Verletzungen nicht mehr, und wer sich ihm total unterwirft, braucht nicht mehr zu reflektieren, was Zadek sagt oder tut. ▪ Bei den Proben zu Tschechows »Kirschgarten« nötigte Zadek mich, einen Rittberger zu springen. Er glaubte, das sei etwas Bauerntypisches und sähe irgendwie naturgeil aus. Seither ist mein kleiner Zeh verkrüppelt. Die Verletzung war die Folge meiner Verkrampfung. Die konnte nur in einer Aura entstehen, in der ich mich beengt fühlte. Da kommt dann mein Komplex wieder durch, wenn der da unten plötzlich den Bauern bei mir sehen will, nur weil er weiß, dass ich jahrelang Kuhställe ausgemistet habe. Später habe ich mich gefragt: »Wieso hat der es hinbekommen, dir eine vorübergehende Verhaltensstörung aufzuzwingen?« Er macht das mit unglaublichem Raffinement. Da ist er besser als jeder andere. Der Peymann wird hysterisch und brüllt rum. Zadek sticht einen Satz rein, und du weißt nicht, wie du dich verteidigen sollst, weil der Satz irgendwo auch stimmt. Ich hatte Angst vor ihm – und dafür hasste ich mich. ▪

Ungequälte Schauspieler bringen es meist nicht weiter als bis zur Gefallsucht. ▌ Wer sich schinden lässt und so bleibt, wie er ist, geht mich nichts an. ▌ Schon Goethe sagte, dass man ein Kunstwerk nur dann wirklich verstehen kann, wenn man an seinem Entstehungsprozess beteiligt war. ▌ Ein aufregender Künstler, der wirklich etwas mitzuteilen hat, ist immer auch ein Vollidiot. Bei Franz Xaver Kroetz zum Beispiel ist die Seite Arschloch sehr schnell sichtbar. Aber das ist dann auch wieder ein ganz toller Typ, der oft sehr genaue Sachen sagt. ▌ Wenn ich Arschlöcher beobachte, bemerke ich Elemente von mir selbst. Ich habe inzwischen kapiert, dass Dinge, die ich an anderen nicht mag, meine eigenen Eigenschaften sind. ▌ In meinem Buch »Verfluchtes Fleisch« habe ich ein Zitat von Herbert Achternbusch geklaut: »Mein Hirn ist prall gefickt von fremder Eichel.« ▌ Der Schauspieler Gert Voss sagt: »Man kann nur etwas spielen, was man nicht ist.« Er meint, er ist immer ein anderer. Das stimmt aber nicht. Auch er kann nicht aus seiner Haut heraus und ist immer der Gert Voss. Ich kann auf der Bühne nur von mir erzählen. Alles andere wäre Verstellung und Anmaßung. Wenn der Text stark genug ist, kann es sein, dass die Rolle neue Räume in mir öffnet. Ich würde aber nie etwas spielen, wofür ich keinen Erfahrungshintergrund habe. Ich bin als König Lear gescheitert, weil ich nicht genug über das Alter wusste.

Benjamin von Stuckrad-Barre Autor
»Alles um einen herum ist falsch – man selbst auch«

Heute muss man zu seinen Büchern ein Image mitliefern. Man muss den Medien eine Figur zur Verfügung stellen, die der Autor sein könnte. Ziel dieser Tarnung ist vor allem der Selbstschutz, denn wer sich nicht stilisiert, der wird stilisiert – und das ist die gefährlichere Variante. ▮ Öffentliche Auftritte verschleißen das Sensorium für Peinlichkeit. ▮ Wenn die »Zeit« schreibt, es sei »H & M-Literatur«, was ich mache, zeigt das bloß, dass die noch nie bei H & M waren und gar nicht ahnen, dass man da ausgezeichnete Unterhosen kaufen kann. Der Kritiker Ulrich Greiner beispielsweise weiß nur, dass seine Tochter sagt: »Ulrich, ich brauche 100 Mark.« Dann sagt er: »Du sollst mich nicht Ulrich nennen.« Dann sagt die »Vati«, und er gibt ihr 200 Mark, und dann geht sie zu H & M. Mehr weiß er nicht. Und dann schreiben die einfach »H & M-Literatur«. Also wenn ich Gräfin Dönhoff wäre und gerade von der Fahrerflucht mit meinem Golf kommen würde, würde ich denen das um die Ohren schlagen. Verblödeter als dieses Benzinwut-Feuilleton ist höchstens, dass ich mich darüber aufrege. ▮ In Helmut Kraussers Tagebuch steht: »Vorgestern verkaufte ich an meine treuesten Fans ausgewählte Schamhaare, in niedlichen Plastikdosen, Stück für 20 Mark.« Die Frage wäre nur: Kriegen Selbstpflücker Rabatt oder zahlen sie Zuschlag? ▮ Man läuft durch sein Leben, und alles um einen herum ist falsch – man selbst auch. Schreiben ist Notwehr. Dazu kommt der Größenwahn, dass die Welt meine Texte braucht. ▮ Mir moralische Indifferenz vorzuwerfen ist eitles Geschwätz. Ein Autor ist keine ethische Empfehlungsanstalt. Bei Haltung denke ich zuerst an Orthopädie. Kein ernstzunehmender Schriftsteller hat eine Haltung – er hat gefälligst auf zirka 700 Haltungen zuzugreifen. ▮ Von Wiglaf Droste stammt die schöne Wendung: »Mit Nazis reden – wieso? Haben sie uns etwas zu sagen?« Mein Vorschlag ist: Bitte nicht schon wieder eine Unterschriftenaktion oder gut fotografierte Frontbesuche in ostdeutschen Jugendheimen. Stattdessen: Bewaffnung der Antifa-Szene.

Harald Juhnke Schauspieler
»Man säuft, um zu saufen«

Nach zehn Glas Bier und 23 Klaren habe ich mir eine Verfolgungsjagd mit der Berliner Polizei geliefert. Die haben mich mit ihren Autos eingekreist, sonst wäre ich denen davongefahren. Ich war damals ein kräftiger junger Mann und habe zugeschlagen. Die auch. Am Ende des Kampfes sah ich so aus, wie mein Freund Bubi Scholz nie ausgesehen hat. ▌ Die vier Monate im Gefängnis waren für mich eine lustige Zeit. Meine erste Frau kam mich besuchen, voller Trauer und mit Schleier. Ich trug Knastuniform, hatte mir einen Pepitaschal umgeschlungen und saß da wie Johannes Heesters. ▌ Die Langeweile ohne Alkohol ist das Schlimmste. Es gibt Alkoholiker, die immer so Schutzbehauptungen haben wie »Ich saufe, weil Marianne Buttenburgel mich verlassen hat«. Das ist alles Quatsch. Man säuft, um zu saufen. ▌ Als Trinker bin ich ein Sonderfall. Ich bin eigentlich nie gefährdet, wenn es mir schlecht geht. Ich saufe, wenn ich große Erfolge habe und obenauf bin. Jeder Suff beginnt bei mir mit Größenwahn und endet in Selbstekel. ▌ Die Chefredakteure der »Bild«-Zeitung sagen, eine Juhnke-Schlagzeile bringt fünf Prozent mehr Auflage. Ich bin eben ein Markenartikel. ▌ Ich verstehe es selbst nicht: Die Nation liebt mich noch, wenn ich voll wie eine Natter bin und in der Scheiße liege. Günter Pfitzmann ist zu brav und zu bürgerlich. Das haben die Leute zu Hause. ▌ Den Anonymen Alkoholikern beizutreten ist nichts für mich. Anonym bin ich ja nun wirklich nicht.

Heiner Lauterbach Schauspieler
»Wir haben es halt blubbern lassen«

Es ist ganz einfach: Ich hatte Langeweile, also habe ich gesoffen und gehurt. Ich finde Leute grausig, die banale Gründe mit Tiefenpsychologie oder ihrer Mutti rechtfertigen und einen Scheiß sagen wie: »Mit dem Trinken bin ich vor mir selbst davongelaufen.« Ich bin morgens um elf in die Kneipe gegangen und habe zwölf Stunden lang gesoffen. Das war teilweise extrem amüsant und teilweise ziemlich stumpfsinnig. Das bleibt nicht aus bei 10.000 Besäufnissen. Saufen ist eben doch eine ziemlich banale Beschäftigung. ▌ Es gibt den geborenen Alkoholiker, der dieser Krankheit verfällt, sobald er trinkt. Ich dagegen habe mich zehn Jahre lang zum Alkoholiker gesoffen und bin es 25 Jahre lang geblieben. ▌ Vieltrinker schwören auf Wodka-Tonic, weil man da den Alkohol am wenigsten rausschmeckt. Ich wollte den Alkohol ja nie schmecken. Ich war auch nie ein Genusstrinker, der sich was aus guten Weinen macht. Ich war reiner Wirkungstrinker. ▌ Bei meinem Entzug habe ich keine professionelle Hilfe in Anspruch genommen, denn was Alkohol angeht, bin ich selbst Profi. Ich habe immer mal wieder vier Wochen Pause gemacht und in dieser Zeit nicht mal eine Schorle angerührt. Diese ununterbrochene Hardcore-Druckbetankung wollte ich meinem Gehirn nicht zumuten. Insofern hatte ich schon ein bisschen Erfahrung mit dem Runtertrinken. ▌ Eine der größten Veränderungen ist, dass ich auf einmal jeden Tag acht Stunden mehr Zeit habe. Die habe ich früher in Kneipen verbracht. ▌ Meine erfolgreichste Aufrissnummer war, einer Frau aus dem Stegreif ein Gedicht zu reimen. Es war jedes Mal dasselbe Gedicht. Ich hatte es bei einer Freundin in der »Cosmopolitan« gelesen, weil die keinen »Kicker« da hatte. Man muss natürlich das Gefühl vermitteln, dass man das Gedicht ausschließlich für sie und im Moment erfunden hat. Aus diesem Grund versah ich das Vorgetragene mit Tempowechseln und Blicken, die in der Ferne nach Worten suchten. Da hilft es, Schauspieler zu sein. ▌ Der sicherste Weg, einer Frau begehrenswert zu erscheinen, ist, von ihr wegzugehen. Das ist wie bei Katzen: Eine einigermaßen normale Katze will nicht auf den Schoß und gestreichelt werden. Wenn man aber weggeht und sie in Ruhe lässt, kommt sie auf einmal ganz von alleine an. Nur bei völlig degenerierten Hauskatzen ist das anders. ▌ Es gab keine Frau, der ich treu war. Ich habe nicht gesagt: »So, jetzt habe ich Langeweile, also muss was zum Knallen her.« Aber Frauen lieben eben ausschließlicher, während bei uns Männern das Fremdgehen mehr so ein Sidestep ist. Es gab kaum eine gut aussehende Frau, mit der ich nicht gerne schlafen wollte. Das Nachlassen dieser Marotte ist übrigens einer der ganz wenigen Vorzüge des Alters. ▌ Kaum eine Frau versteht, warum ein Filmstar Sex mit Prostituierten hat. Das ist auch wirklich schwer zu erklären. Wir haben es halt blubbern lassen. Das ist für mich immer einer der schönsten Momente im Bordell gewesen, wenn man mit Kumpels im Whirlpool liegt und so ein paar aufgeschlossene Mädels dabeihat. Da kriegt man wahnsinnig viel zu lachen. Man hat einen Longdrink in der Hand und kann Blödsinn machen. Das waren für mich oft unheimlich schöne Momente, die mich bewogen haben, sie zu wiederholen. ▌ Als einzelner Freier mit einer Frau zu schlafen hat mich zu Tode gelangweilt. Das musste immer irgendwas Abgefahrenes sein. ▌ Die Atmosphäre in Swingerclubs ist locker, und es ist halt ganz lustig, wenn man da nackt an der Theke sitzt. Dann schaut man mal, was da so abgeht. ▌ Die eigenen Freundinnen mit anderen Männern zu teilen ist eine Sache, die man lernen muss. Die wenigsten Männer können das. Das sind so Klammerer, wie wir immer zu sagen pflegten. Es bedarf da natürlich so einiger Voraussetzungen. Unter anderem darf das keine große Liebe von einem sein. Dann funktioniert das nicht. Aber andererseits muss mir eine Frau auch sympathisch sein, mit der ich irgendwelche sexuellen Sperenzchen mache. Es muss genau dazwischen liegen. ▌ Es stimmt, dass ich während eines Blowjobs mal telefoniert habe. Der Blowjob als solcher ist ja zunächst mal nichts Außergewöhnliches. Außerdem, was soll's? Während eine Frau mich beglückte, klingelte das Telefon, und ich bin halt rangegangen. Das kann jedem passieren. Gut, wir waren zu dritt, weil mein Freund Franjo daneben saß. Das macht den Kreis natürlich schon wieder etwas

enger. ▮ Wenn eine Frau mich betrügt, bin ich schon versucht, vernünftig und fair zu sein, aber nichtsdestotrotz bin ich natürlich eine alte Schauspielerzicke, die mädchenhaft schnell beleidigt und in ihrem Stolz verletzt ist. ▮ Auf lange Sicht büßt man Kokain mit Depressionen. Deshalb sind Drogen letztendlich ein sinnloses Nullsummenspiel. Ich habe diese ganzen Sachen nur mit sehr viel Glück überlebt. ▮ Weil ich vier Kilo Haschisch schmuggeln wollte, wurden ich in Indien mal zu zwei Monaten Gefängnis ohne Bewährung verurteilt. Als ein Wärter mich aufforderte, seinen Schwanz in den Mund zu nehmen, sagte ich: »Wenn du darauf bestehst, lutsch ich dir dein Ding, aber du wirst danach keine Freude mehr mit ihm haben, weil ich dir deinen verdammten Schwanz abbeißen werde. Und sobald ich ihn ausgespuckt habe, werde ich dir die Kehle durchbeißen.« Das war bitter ernst gemeint. Es war so demütigend und abartig ekelig, dass ich mir seither vorstellen kann, wie das für Frauen ist, wenn sie vergewaltigt werden. Ich bestand nur noch aus Angst und Hass und dem Wunsch, mich an diesem Mann zu rächen. Mir war völlig wurscht, wie der dann auf mich einschlägt. Ich war felsenfest überzeugt: Wenn ich dessen Schwanz in den Mund nehmen muss, dann werde ich ihn abbeißen! Ob ich ihm auch noch die Kehle durchgebissen hätte, weiß ich nicht. Wahrscheinlich hätte ich so lange kotzen müssen, dass ich dazu gar nicht gekommen wäre. Aber in jedem Fall wäre der Mann erst mal beschäftigt gewesen. ▮ Ich habe in ungefähr 150 Filmen mitgespielt. Von vielen wusste ich schon vorher, dass sie scheiße werden, aber ich wollte eben mal ein Land wie Ghana oder Costa Rica besuchen. Im Flugzeug fragte man dann einen Kollegen: »Sag mal, wie ist denn überhaupt das Drehbuch?« Dann sagte der: »Keine Ahnung. Ich dachte, wenigstens du hättest es gelesen.« ▮ Das Verprügeln eines »Bunte«-Fotografen oder mein öffentliches Pinkeln waren sehr logische Situationen. Ich hatte eine Freundin dabei und bin von diesem Fotografen permanent geknipst worden. Als ich ihn bat, endlich damit aufzuhören, sagte er: »Nö, wieso? Du bist doch dafür da, dass du geknipst wirst.« Was soll ich dem da lange mit dem Rechtsanwalt drohen? Also habe ich ihm eine geknallt. Das mit dem Pinkeln war in einer Diskothek, in der ich ein- und ausging. Die wollten einen Freund nicht reinlassen, mit dem ich da war. Da habe ich dann an die Theke gepinkelt. Auf die Frage, warum ich das mache, sagte ich: »Ein Laden, wo ich Stammgast bin und mein Freund nicht reinkommt, ist für mich eben eine Pissbude!«

Heinz Hoenig Schauspieler
»Am meisten kapiere ich durch Exzesse«

Es will mir keiner glauben, aber der kleine Heinzi war brav und schüchtern und ein beliebtes Opfer bei Keilereien. Meine Kumpane sagten Sachen wie: »Alter, du hast eine Frau aufzureißen und sie zu bumsen. Und am besten machst du dir einen Zettel, wie viele es in der Woche waren.« Das waren für mich verhornte Arschlöcher. ▪ Meine Muckis kamen erst in der Schlosserlehre. Da war sozusagen jeden Tag Training angesagt. Mit 17 kam der Tag, wo ich dann einfach mal zurückgefenstert habe – aber nur Schellen mit der flachen Hand. Einem die Faust in die Fresse zu hauen kam erst mit Anfang 30. Obwohl der eine linke Ratte war, habe ich ihn anschließend aufgehoben und gesagt: »So, und jetzt erkläre ich dir auch, warum.« Da bestand ich drauf. ▪ Ich habe Leuten den Kiefer gebrochen. Wenn ich getriezelt werde, halte ich das aus, aber wenn einer dann noch dieses gewisse Lächeln im Gesicht hat, werde ich zum Stier, der was riesiges Rotes sieht. ▪ Einen Regisseur hätte ich beinah vermöbelt. Der Typ laberte dummes Zeug und wollte einfach nicht kapieren, dass er mich in Ruhe lassen soll. Da habe ich den Tisch vom Wohnwagen rausgerissen und ihm vor die Füße geschmissen. ▪ Ich schlucke meine Wut runter, um dann irgendwann zu explodieren. Das ist der Choleriker in mir. Ich bin sehr leicht gekränkt und neige dazu, aus Angst vor Strafe alles in mich hineinzufressen. Heute laufe ich lieber in den Wald, umarme einen Baum und schreie, bis ich an mein Inneres rankomme. ▪ Um Abstand von mir zu kriegen, stelle ich mir vor, in einem Helikopter zu sein. Wenn ich aufsteige, entsteht eine positive Schizophrenie. Ich sehe auf mich herab und merke, dass ich von Elend umgeben bin. Dann meldet sich eine Stimme: »Und du kleiner Pisser dachtest, du hast ein Problem.« ▪ Ich habe drei Jahre unter Luden gelebt. Die Jungs waren fair. Die brauchten keine Richter. Da stand einfach das Ehrenwort. Im Milieu wird auch weniger geschleimt und gekrochen als bei diesen eitlen Arschbacken vom Film. ▪ Mit Dieter Wedel habe ich mehr als 20 Filme gedreht. Würde man uns beide auf eine menschenleere Insel sperren, wäre das filmreif. Wir wären beide Robinson und nicht Freitag. Ich könnte ihm zeigen, wie man in der Natur überlebt, und er könnte mich mit tollen Bildungszitaten Marke Oberlehrer beruhigen. Ich würde ihn anmachen, dass er endlich mal schauspielert. Ich Regisseur – er Schauspieler, das wäre so wunderbar, dass wir gar nicht merken würden, dass schon längst ein Dampfer da ist. Zu unseren Rettern würden wir sagen: »Moment mal, wir brauchen noch drei Tage.« ▮ 1980 schnupfte ich Heroin. Ich musste sofort kotzen und erlebte mich zweigeteilt: Ich hatte zwar irrsinnigen Spaß, konnte aber nicht lachen. Normalerweise lacht der Heinz. ▮ 1983 kam ich in U-Haft, weil ich verdächtigt wurde, Drogen kiloweise zu verkaufen. Ich habe im Knast wie in einer Rolle gelebt, sonst hätte ich einen Knacks bekommen. ▮ Gegen Kokain habe ich mich lange gesträubt, aber eine Dame hat wochenlang auf mich eingeredet. Sie war ein interessantes Fragezeichen. Mit der wäre ich gern ins Bett gegangen. Ich werde hier keine Kokainbeichte ablegen, aber ich kann nur jedem empfehlen, mit dem Geräusch von Meereswellen auszukommen. ▮ Mit Heiner Lauterbach hatte ich legendäre Wodka-Tonic-Duelle. Der Heiner war mal auf Alk, aber er hat es super geschafft, davon wegzukommen. ▮ Ich kapiere am meisten durch Exzesse. Du kannst als Schauspieler nicht alles in Büchern lesen. Du musst rein in den Dreck. Wenn auf einer Tür »böse« draufsteht, trete ich sie ein, weil ich denke, vielleicht ist dahinter einer, der mir was schuldet. ▮ Am Set gilt: »Nie intim im Team!« Intim spielen kann ich besser, wenn ich mit einer Kollegin nicht intim bin. Will eine Schauspielerin den Kameramann ins Bett kriegen, steht dahinter meist nur: »Belichte mich perfekt!« Solche nutznießerischen Verbindungen gehen mir auf den Sack. ▮ Zu Hause bin ich ein verschmustes Knuddelbärchen, das von allen geliebt werden will und bei herzigen Filmen sofort losflennt. ▮ Heute gibt es Phasen, wo ich zum Hängebauchschwein werde. Dann muss der Käse aus dem Kühlschrank. ▮ Dass Simone und ich in getrennten Häusern leben, sorgt immer wieder für Trennungsgerüchte. Aber das ist Würmergedenke. Wir verändern uns, und wir zeigen uns das. Das ist wie eine Gesundscheidung. ▮ In der »Bild«-Zeitung stand, Simone habe mir einen »Puff-Persilschein« ausgestellt. Die haben mich gefragt, woran ich in der Ehe nicht glaube. Meine Antwort war: »An Monogamie«. Daraus wurde, ich gehe fremd, und meine Frau befürwortet, dass ich in Puffs verkehre. Diese verfuckte Verdrehung war ein Schlag auf die nackte Fußsohle. Die haben nicht mehr alle Nadeln an der Tanne! Die müssen doch Kakerlaken im Hirn haben! Die Kaste der Journalisten sollte auch mal gesäubert werden! Neulich wurde ich von zwei Interviewern richtig angemacht, weil die den Hoenig brüllen hören wollten. Da habe ich eine Cola-Büchse genommen, »Heinz« draufgeschrieben und beim Rausgehen gesagt: »So, Jungs, damit könnt ihr euch jetzt unterhalten.«

Dieter Bohlen Musiker und Produzent
»Doofheit setzt sich durch«

Die »Bild«-Zeitung titelte mal: »Blutiges Drama im Bad: Bohlen fast entmannt!« Ich hatte Schwindelanfälle und bin vor der WC-Schüssel zusammengebrochen. Ich fiel so bescheuert, dass mir das Ding echt gebrochen ist. Die beiden Schwellkörper waren gerissen, und die Harnröhre war in der Mitte durch. Ich hatte so ein Ding! Das Blut spritzt eben nicht vorne raus. Das ist wie eine Zwiebel, Tausende von Hautschichten, und die saugen sich alle voll Blut. Dein Ding wird immer dicker und schwärzer, und du denkst: »Gleich explodiert das!« ▮ Wenn Kunst von Können kommt, ist meine Musik bestimmt Kunst. Was ist denn höher zu bewerten: Irgendwelche Sachen von Beuys, die Putzfrauen auf den Müll schmeißen, weil sie das für Abfall halten, oder ein Welterfolg wie »You're My Heart, You're My Soul«? ▮ Ich möchte meine Kinder nicht in Monaco auf die Schule schicken, zu diesen ganzen Millionärs-Deppen da. Die könnten nachher gut Wasserski laufen, aber ihr Charakter wäre ruiniert. ▮ Wenn Thomas Anders im Ausland die Speisekarte nicht verstand, bestellte er alle Hauptgerichte auf einmal. Die ließ er sich an den Tisch kommen und wählte eins aus. Aus Wut habe ich mal gesagt, er soll sich einen Finger in den Arsch stecken und Kikeriki schreien. ▮ Der eine freut sich, wenn seine Tulpen wachsen, der andere, wenn er eine Nummer eins hat. Ich bin sehr erfolgsorientiert, aber das scheint vielen so zu gehen. Warum verleihen denn sonst Karnickelzüchtervereine das Goldene Kaninchen? ▮ Eine meiner Golden Rules ist, dass man eine Frau erst richtig kennen lernt, wenn man sich von ihr trennt. ▮ Wer mehr liebt, ist immer der Schwächere. Man kann dann nur versuchen, möglichst schnell wieder aufzuwachen, bevor man richtig abgestraft wird. ▮ Romantisch ist doch keiner mehr. Für mich ist ein Baum noch ein Baum. Für die meisten anderen ist ein Baum bloß ein Stück Holz mit Blättern dran. ▮ Für den Tisch, auf dem ich angeblich Sex mit dem Teppich-Luder Janina hatte, wurden 20.000 Mark geboten. Man hat immer mehr das Gefühl: Doofheit setzt sich durch. ▮ Ich bin jemand, der in die Kirche geht, wenn es ihm gut geht – auch wenn es natürlich blöde ist, dass jeder in der Kirche guckt, ob ich da jetzt einen Tausender in den Klingelbeutel reinschmeiße. ▮ Wenn ich mal abnippel, weiß ich gar nicht, ob da einer meine Hand halten soll. Vielleicht sage ich eher: »So, jetzt geht mal alle raus. Ich will die letzten Minuten echt lieber alleine sein.« Ich möchte auch ein Grab haben, das nicht gepflegt werden muss. Keiner soll alle vier Wochen die Verpflichtung haben müssen, neue Stiefmütterchen zu pflanzen. Die sollen mich verbrennen, und ich stelle meine Asche zum Streuen im Winter zur Verfügung. Wenn eine Oma nicht stolpert wegen meiner Asche, habe ich doch noch was Gutes getan. ▮ Die »Bild«-Schlagzeile »Blutiges Drama im Bad: Bohlen fast entmannt!« war getürkt. Meine Penisfraktur war kein Sturz im Badezimmer, sondern ein Sexunfall. Aber warum soll man so was Peinliches auch noch öffentlich zugeben? Ich habe mich mit Händen und Füßen gegen die Veröffentlichung gewehrt. Was an der Geschichte eigentlich schrecklich ist: Bei uns gibt es Krankenschwestern, die bei der »Bild«-Zeitung anrufen und sagen: »Wir haben gerade den Bohlen mit gebrochenem Glied eingeliefert bekommen. Was zahlt ihr für die Geschichte?«

Michael Ammer   Partyveranstalter
»Auf Koks kriege ich sowieso keinen hoch«

Wer einigermaßen glaubhaft machen kann, Model zu sein, darf bei mir gratis Sponsoren-Sekt trinken. Männer wollen geilen Weibern auf den Arsch gucken, und es gibt nun mal keine besseren Animateure als Models, die frei saufen dürfen. Da brennt die Hütte. ▪ Ich habe 3000 echte Pistenhühner der Klasse »XXX« in meiner Kartei. »X« heißt »ist reingekommen«. »XX« steht für »prima, dass sie da war«. »XXX« bedeutet: »Show-Time, Traumfrau mit positiver Ausstrahlung!« Der IQ ist bei Partymäusen weniger entscheidend. ▪ 60 Prozent der Pistenhühner wollen entweder einen reichen Typen kennen lernen oder was mit einem Promi anfangen. Der Kick ist, am nächsten Tag den Freundinnen stolz zu erzählen, man habe was mit einer Fernseh-Nase gehabt. Die suchen nicht Andy Warhols »Fifteen Minutes of Fame«. Die machen es sogar für zwei Minuten Ruhm. ▪ Von meiner VIP-Lounge aus brülle ich immer mal wieder Richtung Tanzfläche: »Hey, jaaaah, ihr Schweine!« Mit diesem Kampfschrei heize ich die Stimmung an. Der Rest geht mir am Arsch vorbei. ▪ Meistens sind es Männer, die gegen mich hetzen. Das ist natürlich der Sexualneid, weil die sehen, wie die Mädels vor meinem Tisch Schlange stehen. Wenn es mir eine zu einfach macht, ist das abtörnend. Man will ja den männlichen Jagdinstinkt ausfahren. Wenn man aber mehr Gejagter als Jäger ist, wird es unspannend. ▪ Kondome benutze ich nur ab und an. Das Ding ist, dass ich seit zwei, drei Jahren gar nicht mehr so drauf aus bin, direkt mit einer zu schlafen. Die können Hand anlegen oder so. Das ist mir lieber. ▪ Das A

und O bei einer Frau ist Toleranz. Die muss mich auch mal laufen lassen. Wenn ich mit Freunden 48 Stunden am Stück unterwegs bin, darf sie nicht jede Minute blöde hinterfragen. ▮ Frauen gehen, Freunde bleiben. ▮ Mit Frauen in Urlaub fahren ist ein absolutes No-go. Dieses Eifersüchtige ist einfach megaanstrengend. Wenn man mal mit einer Frau am Nebentisch flirtet, hat man gleich Rotwein auf seinem weißen Anzug. Das ist echt grausam. ▮ Nach 15 Wodka bin ich nicht groß angesäuselt. Wenn man fett isst, kann man schon was wegstecken. Im Moment trinke ich nur Veuve Clicquot Champagner, immer auf Eis, sonst hat man am nächsten Morgen Sodbrennen, nur so als Tipp. Du kannst das Zeug natürlich nicht eine Stunde lang rumstehen lassen, weil es dann wässrig wird. Aber wenn du das Ding relativ zügig wegarbeitest, dann klappt das schon. ▮ Der Arzt, bei dem ich mir Fett absaugen lassen wollte, verlangte 15.000 von mir. Die wollte ich mir sparen. Als ich ihm anbot, dass die »Bild«-Zeitung Fotos bringt, hat er es umsonst gemacht. Ist doch klar. Der praktiziert inzwischen in Marbella. ▮ Ich krieg auf Koks sowieso keinen hoch. Ich will nur reden. Deshalb kokse ich auch nicht mehr. ▮ Die Firma Procter & Gamble hat auf einer meiner Partys die weltweit erste schwarze Slip-Einlage präsentiert. Wieso die ausgerechnet auf Schwarz kommen, müssen Sie eine Frau fragen. Vielleicht kann man das Ding ja dreimal benutzen. Oder die wollen, dass der Ausdruck »Ich ziehe heute mein kleines Schwarzes an« eine ganz neue Bedeutung kriegt.

Karl-Heinz (»Neger-Kalle«) Schwensen   Rotlichtgröße
»Ich unterscheide zwischen Kakerlaken und glatten Jungs«

Der Name »Neger-Kalle« ist eine Wortschöpfung der Hamburger Staatsanwaltschaft. Ich schlage aber nicht zu, wenn mich jemand so nennt. Ich gehe zur Maniküre. Ich will doch meine Finger nicht ruinieren. Ich habe so zarte Hände, dass ich schon beim Koffertragen auf dem Flughafen Blasen an den Händen bekomme. ▪ Ich unterscheide zwischen Kakerlaken und glatten Jungs. Da spielen Nationalität und Herkunft keine Rolle. Im Milieu ist nur wichtig, wie sich jemand gibt. ▪ Die deutschen Jungs haben nach wie vor das Sagen auf dem Kiez. Sie schießen nur nicht so schnell wie die Ausländer, weil sie hier was zu verlieren haben – Familie, Geschäfte. Wer aus einem Elendsgebiet kommt, hat keinen Anlass, Rücksicht auf jemanden zu nehmen. Dem ist es egal, ob er mit seiner Plastiktüte in Hamburg oder Amsterdam herumstreift. ▪ Mein leiblicher Vater ist ein schwarzer US-Soldat, den ich nie kennen gelernt habe. Ich bin ein so genanntes Besatzungskind, das beim Stiefvater groß wurde. Kinder sind ehrlich. Wenn man sich stritt, sagte man »Du Sau!« oder »Du Idiot!«. Bei mir hieß es dann eben: »Du Neger!« Das ist bei Kindern ganz normal. Ich mag Witze über Ostfriesen genauso wie über Neger. Was ist der Unterschied zwischen einem Winterreifen und einem Neger? Der Winterreifen singt keine Gospels, wenn er in Ketten gelegt wird. ▪ Dass ich Tag und Nacht Sonnenbrille trage, kommt aus meiner Rockerzeit. Ich war 17 und meine Eltern hatten keine Ahnung, was ich trieb. Ich versteckte meine Lederklamotten in der Gaststätte, in der wir uns immer trafen. Ich kam hin mit Pullover, Sakko und Faltenhose und zog mich dann zur Belustigung der Freunde um. Ich war schon immer etwas anders. Wenn alle Bier tranken, trank ich Granini. Wenn alle rauchten, aß ich Bounty und Milky Way. ▪ Wenn ich das erste Mal Sex mit einer Dame habe, setze ich die Sonnenbrille nicht ab. ▪ Ich bin in der Love & Peace-Generation aufgewachsen. Da war es nichts Besonderes, Sex zu haben. Es gab in Hamburg kein gehobenes Hotel, dessen Fahrstuhl man nicht dafür benutzte. ▪ Mit 18 arbeitete ich in einer Diskothek, Geschäftsführer ist zu viel gesagt, Rausschmeißer zu wenig. Da bin ich mal abgestochen worden. Ein Gast, dem ich Lokalverbot gegeben hatte, wollte mich halt umbringen. Das war ein kleiner Artist mit dem Messer. Der erste Stich schlitzte mir gleich die Bauchdecke auf. Dass er mich auch in die Wange gestochen hatte, merkte ich erst, als der Arzt im Krankenhaus sagte: »Versuchen Sie mal, die Zunge durch die Backe zu stecken.« So bin ich zu dieser zehn Zentimeter langen Narbe im Gesicht gekommen. ▪ Der Messerstecher ist dann irgendwie auf unnatürliche Weise zu Tode gekommen. ▪ Mit 20 wurde ich zu drei Jahren Gefängnis verurteilt, unter anderem wegen sexueller Nötigung. Während einer Orgie habe ich einem Mädchen eine Ohrfeige gegeben. Als sie kess reagierte, fragte ich: »Was würdest du machen, wenn ich dich jetzt anpisse?« Sie konterte mit einem wirklich coolen Spruch: »Na und? Es gibt doch Wasser und Seife.« Da habe ich sie halt angepinkelt. Mein Fehler war, sie anschließend rauszuschmeißen, ohne sie noch mal ins Bad zu lassen. Das ist die einzige Sache, wo ich heute noch sage, es tut mir leid. ▪ Ich habe fünf Einschussnarben: Knie, Oberschenkel, Oberarm, Rücken, Lunge. Zuletzt wurde ich 1996 von zwei Kugeln getroffen. Ich aß mit meinem Fahrer in einem Lokal, als plötzlich ein Mann neben uns stand. Kann sein, dass ich in seinem Gürtel eine Waffe sah, jedenfalls riss ich den Typ instinktiv über den Tisch. Da krachten auch schon die Schüsse des zweiten Mannes. Ich lag am Boden und konnte nicht sprechen. Ich wusste, dass irgendwas mit der Lunge war. Auf der Trage machte ich das Victory-Zeichen. Wäre ich da mit schmerzverzerrtem Gesicht in den Krankenwagen reingeschoben worden, hätte ich dem Schützen das Gefühl des Triumphes gegeben. Ob im Knast, im Gerichtssaal oder auf dieser Sanitäter-Trage: Ich habe noch nie die Contenance verloren. ▪ Die anderen Narben stammen von einem Polizisten. Ich wurde dreimal am Bein getroffen, Steckschuss, Durchschuss, Streifschuss. Als ich zweimal im Oberschenkel getroffen wurde, war es so, als hätte ich einen Pferdekuss gekriegt. Dann sah ich, wie das Blut herausfetzte. Der dritte Schuss war ein Streifschuss am Knie. Der holte mich richtig von den Beinen, und ich flog durch die Luft. Mein Glück war,

dass der Schütze vom Mobilen Einsatzkommando war. Bei seinen drei Schüssen zielte er auf meinen Oberschenkel und traf ziemlich gut. Der Arzt meinte: »Respekt, das muss ein kleiner Wilhelm Tell gewesen sein.« Schlimm ist, wenn ungeübte Polizisten auf dich schießen und dabei die Nerven verlieren. Wenn die Typen durch den Rückstoß immer höher schießen statt jedes Mal neu zu zielen, kann es unangenehm werden. ▌ Die Herren vom MEK standen um mich rum, als wenn sie mit mir zur Schule gegangen wären. Einer meinte: »Mensch, Kalle, warum bist du denn nicht stehen geblieben?« Und dann kam der Gag. Ich lag da blutend auf der Straße, und die Besatzungen der beiden Rettungswagen stritten sich endlos, in welchen Wagen ich komme. ▌ Der Grund für die Schießerei war mein Ausbruch aus dem Gefängnis Neuengamme. Ich war verheiratet und hatte eine kleine Tochter. Der hatte ich versprochen, dass ich zu ihrem Geburtstag draußen bin. Ich fragte den Anstaltsleiter, ob ich Ausgang kriege. Als der nein sagte, meinte ich: »Dann breche ich eben aus.« Daraufhin er: »Herr Schwensen, das steht Ihnen frei.« Ich bin also mit Ansage ausgebrochen, pünktlich morgens um fünf nach sieben. Es ist ja nicht so, dass ich das hinterhältig gemacht habe. ▌ Ich bin einfach raus, wupp, weg. Während die nach mir suchten mit ihren Hunden, lag ich in einem Graben, richtig unten im Wasser drin. Es war arschkalt. Wenn über dir die Köter schnüffeln, musst du dich am Riemen reißen – wo ich Hunde nicht ausstehen kann. Ich bin dann mit Bus und Bahn weiter, obwohl ich aussah wie Schwein. Hinterher habe ich meine Anstaltskleidung gewaschen zurückgeschickt, damit ich keine Anzeige wegen Sachbeschädigung bekomme. Straffällig wollen wir ja nicht werden. ▌ Zwei Jahre und sieben Monate war ich streng isoliert. Ich habe immer die Arbeit verweigert, weil ich nicht in einer Institution arbeiten kann, die mich festhält. Das wäre ja widersprüchlich und pervers. Folglich saß ich in einer Einzelzelle, die 208 Mal pro Jahr durchsucht wurde. Am Fenster war vor den Stäben zusätzlich ein Stahlnetz, das so dichtmaschig war, dass nicht mal ein Streichholzkopf durchging. Da kriegt man entweder graue Haare – dann könnte ich jetzt

Reklame für Uncle-Ben's-Reis machen –, oder du bleibst cool. Ich habe nie was verlangt, also konnte man mir auch nichts verbieten. Bloß psychosomatisches Asthma habe ich gekriegt. ▪ Ich habe jeden Briefverkehr und jeden Besuch abgelehnt. Ich bin nicht der Typ, der wehleidiges Händchenhalten braucht. Außerdem wollte ich meiner Familie diese Tortur der Leibesvisitation ersparen. ▪ Es ist ja klar, dass die Aufseher mir gegenüber nicht frech wurden. Dann hätten die Krieg gehabt. Die haben mich in Ruhe gelassen, und ich habe keine Klappe gedrückt und kaum mit ihnen geredet. ▪ Natürlich onaniert man, aber irgendwann wird das auch langweilig. Dauernd an mir rumzufummeln ist nicht mein Ding. Sex ist nicht? Bingo, aus, Ende. Da musst du durch. ▪ Es gibt eine ganze Reihe von Jungs, die in Strafanstalten mit weiblichen Bediensteten Sex haben. Was bleibt ihnen auch anderes übrig? Die sind da 20 Jahre oder lebenslang, und einige Frauen finden das ja auch ganz prickelnd mit dem einen oder anderen. Wenn da eine Frau ständig Anspielungen kriegt und einen mal doll findet, dann lässt sie sich halt einen verplätten. Das gibt es ja auch im Büro, dass der Chef mal mit der Sekretärin losmacht. Nichts für mich. Ich habe da auch keine Dame gefunden, die mich hätte reizen können. ▪ Es gibt drei Dinge, von denen ich bei einer Frau keinen Deut abgehe: rot lackierte Fingernägel, keine flachen Schuhe und nie Strumpfhosen. Den, der die Strumpfhose erfunden hat, sollte man darin einwickeln und in der Alster ersäufen. ▪ Wie ich im Bett bin, kann ich nicht beurteilen, weil ich ja mit mir selbst noch keine Liebe gemacht habe. Es kommt doch immer auf die Partnerin an. Irgendeine Sklavin würde einen Schock fürs Leben kriegen, wenn ich zu ihr zärtlich wäre, und meine Freundin würde einen Schock kriegen, wenn ich sie in Ketten legen würde. ▪ Natürlich bezahle ich schon mal für Sex, man ist doch Gentleman. Wenn wir unseren Kegelabend hatten, waren wir hinterher im Bordell und haben es den Frauen gut gehen lassen, finanziell, meine ich. ▪ SM ist Sex wie jeder andere auch. Ich glaube, dass viele Frauen Bock drauf haben, ob sie es zugeben oder nicht. Und bei mir verlieren sie halt ihre Hemmungen. Ich bin eben sehr locker. Anpinkeln war aber nur einmal. Ich habe keinen Bock auf diesen Nasszonen-SM, furchtbar! Das muss alles Stil haben. Ich lasse für die Ladys Armbänder und Ketten anfertigen, die pur vergoldet werden. ▪ Dass ich auch mal der Sklave bin, wäre zu viel des Guten. Auf dieses Ding stehen doch nur die Herrschenden, und Kalle Schwensen zählt ja zur Kaste der vom Staat Verfolgten. ▪ Wenn ein Zuhälter Stil und Klasse hat, betreibt er das Geschäft im Einvernehmen mit seinen Frauen. Ich kannte einen, der hat es wirklich draufgehabt, dass er mit vier Frauen in eheähnlichen Verhältnissen gelebt hat. Drei davon haben im selben Bordell gearbeitet – zwei in der Nachtschicht, eine in der Tagschicht – und die vierte in einem Privatladen. Alle hatten tolle Wohnungen und fuhren Porsche Carrera oder Mercedes 450 SL. Er hat noch einige Frauen nebenbei poussiert. Er war der Hahn im Korb, und alle waren stolz, mit ihm zusammen zu sein. So was hat Klasse. ▪ Koksen? Ich bin nicht alle. Bei mir ist ein K davor.

Paul Bowles Schriftsteller
»Erst unsere Wünsche verfinstern das Leben«

Mein Roman »Himmel über der Wüste« begann als bengalisches Leuchten in meinem Unterbewusstsein. Ich hatte kein Thema, ich wusste nur, dass sich alles in der Wüste abspielen würde. Die Figuren sind dort aufgetreten, und die Dünen haben für sie entschieden. ▍ Der Held stirbt im Typhus-Delirium. Um mich in die Halluzinationen des Sterbenden einzufühlen, habe ich Majoun gegessen, eine Art Haschisch-Marmelade. Ich lag auf dem Rücken, sterbend, nicht unglücklich. Der Tod meines Helden wurde mein eigener. Das brach das Eis. Danach brauchte ich keine Drogen mehr. ▍ Wenn ich schreibe, gibt es mich nicht. Es ist, als würde mein Unterbewusstsein den Text tippen. Der erste Anschlag ist gut. Ich streiche auch nie. ▍ Ich leide nicht beim Schreiben. Doch vielleicht wäre es besser, das nicht auszusprechen. Wenn Sie das Leben für einfach halten, respektiert Sie niemand. ▍ Seit Jahren rede ich kaum noch mit Menschen und gehe abends um sechs ins Bett. Das Leben hat keine festgelegten Merkmale. Erst unsere Wünsche verfinstern es. ▍ Nach dem Krieg kamen Leute wie Samuel Beckett, Jean Genet, Jack Kerouac und Timothy Leary nach Tanger. 1958 besuchte mich Tennessee Williams. Es war ein regnerischer Winter, und Tennessee beschäftigte sich die meiste Zeit mit seiner Steuererklärung. Ich weiß noch, wie entsetzt ich war, als ich sah, dass er für das zurückliegende Jahr 111.000 Dollar Steuern nachzahlen musste. ▍ Die exzentrischsten Feste in Tanger gab die Woolworth-Erbin Barbara Hutton, die einen Palast in der Kasbah gekauft hatte. Für einen ihrer Bälle ließ sie 30 Rennkamele und die dazugehörigen Jockeys aus einem 1000 Meilen entfernten Ort in der Sahara heranholen. Am Festabend bildeten sie eine Ehrengarde, an der die Gäste vorbeidefilierten. Bei einer Party in den Herkuleshöhlen wurde ausschließlich Haschisch und Champagner serviert. Truman Capote behauptete, sich vor Skorpionen zu fürchten, und musste von marokkanischen Helfern die Felsklippen heruntergetragen werden. ▍ Gertrude Stein steckte mich zum Waschen ihres Pudels in kurze Lederhosen. ▍ Auch William S. Burroughs übersie-

delte Mitte der 50er nach Tanger. Die Marokkaner nannten ihn »El hombre invisible«, weil er sein Hotelzimmer fast nie verließ. Er lag auf seinem Bett, spritzte Heroin und schoss mit seiner Pistole herum. Die Zimmerwände waren mit Einschusslöchern übersät. Ich fragte ihn: »Was soll das?« Seine Antwort war: »Es ist eine gute Übung.« Er tippte Seite für Seite in die Maschine, ohne sich am nächsten Tag an den Inhalt erinnern zu können. Hunderte gelbe Seiten lagen monatelang auf dem Boden herum, mit Schuhabdrücken drauf, Rattenmist, Krümeln von alten Sandwiches und Sardinenresten. Ich fragte: »Bill, hast du wenigstens eine Kopie?« – »Nein.« – »Warum hebst du die Blätter nicht auf?« Mit einem Candy-Riegel in der Hand antwortete er: »Ist doch egal, irgendwann wird sie schon jemand aufheben.« Dieser jemand war dann ich. 1959 erschienen die Seiten unter dem Titel »Naked Lunch«. ▍ Vor kurzem tauchte Bill wieder in Tanger auf, weil Hollywood »Naked Lunch« verfilmen will. Wir hatten uns nicht mehr viel zu sagen. Er schien immer noch Heroin zu nehmen – als wollte er damit die Zeit für sich zum Stillstand bringen. ▍ Einem sterbenden Mann hält man einen Spiegel vors Gesicht. Der Alte schaut sein Spiegelbild an und sagt: »Good bye, wir beide werden uns nie mehr wieder sehen.« Ich würde noch hinzufügen: Gott sei Dank!

Wolfgang Koeppen Schriftsteller
»Schönheit weckt bei Menschen Träume von Liebe«

Der Roman »Das Treibhaus« ist entstanden, weil ich kein Geld hatte und mein Verleger ein neues Buch von mir haben wollte. Ich schlug ganz spontan vor, etwas über die junge Hauptstadt Bonn zu schreiben. Sechs Tage lang habe ich mich dort umgesehen. Ich hatte eine Empfehlung mit, die dazu führte, dass mich der damalige Wirtschaftsminister Erhard empfing. Wir hatten ein völlig vages Besuchergespräch, und er stellte mir für einen Tag seinen Dienstwagen mit Chauffeur zur Verfügung. Geschrieben habe ich den Roman im Stuttgarter Bunkerhotel. Das war ein alter Kriegsbunker, in dem man in den stählernen Gängen überall das Klappern meiner Schreibmaschine hörte. ▪ Mein Verleger zögerte, den Roman zu veröffentlichen. Was ich geschrieben hatte, war ihm unheimlich, und er fürchtete einen Skandal. Nicht einmal das Manuskript bekam ich zurück. Erst als sich Rowohlt für das Buch interessierte, wurde es 1953 im Schnellverfahren zur Frankfurter Buchmesse herausgebracht. ▪ Der Roman hatte einen mir fremden Sensationserfolg, der mich auch bedrückte. Die Buchhandlungen waren ausverkauft, und in der »Welt am Sonntag« erschien eine Kritik unter der Überschrift »Ein Buch, mit der Feuerzange anzufassen«. Die Einladung einer Bonner Buchhandlung für eine Lesung wurde mit der Begründung zurückgezogen, man könne für meine Sicherheit nicht garantieren. Jahre später habe ich den damaligen Bundeskanzler Helmut Schmidt getroffen. Er sagte mir, kein anderes Buch habe ihn jemals so fürchterlich geärgert. ▪ Heute erleben wir die Ereignisse, die ich damals nur schüchtern angedeutet habe. Beim Wiederlesen des Romans denke ich jedes Mal: »Du hättest viel schärfer sein müssen!« Allerdings würde man mir als Schriftsteller eine Geschichte wie die von Uwe Barschels Tod in der Badewanne niemals glauben. Die Literaturkritik würde schreiben, das sei schlecht erdachte Science-Fiction. ▪ Seit 1954 habe ich keinen Roman mehr veröffentlicht. Trotzdem schreibe ich jeden Tag drei Stunden lang an einem meiner drei Schreibtische. ▪ Selbstzweifel sind ein Merkmal geistiger Arbeit. ▪ Ein Mensch ohne Bücher ist blind. ▪ Wie Alfred Dregger sich einbildet, ein guter Deutscher zu sein. Hätten wir den Krieg gewonnen, wäre aus dem so ein Herrenmensch mit Kasino-Ton geworden. ▪ Zorn lasse ich in mir zu. Hass dagegen ist immer Versagen und der Wahnsinn des Neids. ▪ Das Fernsehen ruiniert nicht die Fantasie, sondern unsere Erlebniskraft. Die einen nehmen alles als Realität, die anderen alles als Fantasie. Für Letztere ist auch die »Tagesschau« bloß ein spannender Spielfilm. ▪ Die meisten reichen Menschen, die ich kenne, sind überdurchschnittlich unglücklich. ▪ Schönheit weckt bei Menschen Träume von Liebe. ▪ Das Paradoxe ist: Wer verliebt ist, verliebt sich auch leicht. ▪ Augenblicke der Liebe kann unser Gedächtnis unglücklicherweise nicht bewahren. Es ist viel besser darin, uns unsere Verluste klarzumachen.

Thomas Gottschalk   Entertainer
»Soll ich etwa Cher fragen, wer ihr die Backen macht?«

Beim Kartoffelschälen bin ich nicht anders als im Fernsehen. Eine Verbiegung würde mich zu viel Kraft kosten. Meine Frau hat jeden Tag zwölf Stunden Fernsehen – was für einen Menschen nicht einfach auszuhalten ist. Aber ich würde nie eine Pointe nicht machen, weil nur zwei Leute zuhören und einer davon mein Sohn ist, der ohnehin nie zuhört. Ich kann es mir leisten, den Witz zu verballern, weil mir in der nächsten Situation ein neuer einfällt. Ich musste nie haushalten. ▌ Ich merke, dass ich die Macht habe, in Menschen Wohllaunigkeit zu erzeugen. Selbst hartgesottenen Finsterlingen entweicht eine gewisse Freundlichkeit, wenn sie mir begegnen. Wenn ich merke, mir geht die gute Laune verloren, bin ich vor der Kamera nichts mehr wert. Dann mach ich meinen Laden dicht. ▌ Kritiker werfen mir vor, als Interviewer ein Versager zu sein, aber ich bin nun mal Unterhalter und kein Ermittler. Bei mir ist es fast ein Zwang, einem Menschen, der mir da mit vor Angst flackernden Augen gegenübersitzt, nicht wirklich eine reinzufegen. Obwohl ich genau weiß, was ich eigentlich fragen müsste, kratze ich bloß ein bisschen an der Oberfläche. Da vermisse ich bei mir einen gewissen Mut. Harald Schmidt sagt die Sachen, die ich nur denke. Er hat das Diabolische, was ich auch gerne haben würde. ▌ Wenn ich Lauren Bacall in der Sendung habe, wird mir vorher ausgerichtet: »Ein Wort zu Humphrey Bogart, und Frau Bacall sitzt sofort wieder im Flugzeug!« Dann hocken die Damen und Herren vom »stern« vorm Fernseher und denken: »Der Gottschalk ist doch völlig verblödet. Der weiß noch nicht mal, dass die mit Bogart verheiratet war.« Dabei könnte ich mich vorher von gescheiterten »stern«-Redakteuren mit tausend Interviewfragen versorgen lassen – nur hätte ich dann bald keine Gäste mehr. Soll ich etwa Cher fragen, wer ihr die Backen gemacht hat? Soll ich die großen Psycho-Interviews abliefern mit dieser coolen Überheblichkeit, die ich von den Feuilletonfritzen kenne? Wenn die mir mit ihren schwarzen Klamotten und ihrem Leidensblick gegenübersitzen, kriege ich jedes Mal die Panik. ▌ In der »Gottschalk Late Night Show« hatte ich mal eine Idealbesetzung. Yehudi Menuhin bequemte sich für mich zu einem Kopfstand, und Loriot dirigierte die Studioband. Das Resultat dieser niveauvollen und eloquenten Herren, die viel Kluges von sich gaben, waren 1,2 Millionen Zuschauer. Eine Woche später kam dieser Typ, dem die Frau den Pimmel abgeschnitten hat. Das Ergebnis waren 2,2 Millionen Zuschauer. Danach hörst du auf, den Menuhin noch mal zu bemühen – es sei denn, Anne-Sophie Mutter kommt mit der Schere. ▌ Johannes Gross sagt, die Entwicklung des Fernsehens vollziehe sich in drei Phasen: »1. Kluge Leute machen Programm für kluge Leute. 2. Kluge machen Programm für Dumme. 3. Dumme machen Programm für Dumme.« Der Großintellektuelle verzweifelt eben, wenn er sieht, dass 16 Millionen Menschen zuschauen, wenn ein Hund bei »Wetten, dass…?« Spielzeug zusammensucht, aber nur ein paar hunderttausend die »FAZ« lesen. Die aber ist für Johannes Gross die reine Lehre und das Unterhaltungsfernsehen die reine Leere. ▌ Der Blick hinter die TV-Kulissen ändert für den Zuschauer gar nichts, denn die Übermacht des Fernsehens ist immun gegen jede Kritik. Das ist wie bei »Pretty Woman«: Du weißt, das ist eine verlogene Story, aber du fällst immer wieder drauf rein, weil sie so gut erzählt wird. ▌ Wen die Yellow Press nicht zerstören kann, den hebt sie irgendwann aufs Podest – spätestens zu seinem Begräbnis. Wenn die sich ausgerottet haben, ist die Nase leer. Man muss nur lernen zu warten. ▌ Ich habe Leute beschäftigt, die zuvor versucht hatten, mich fertigzumachen. Das ist Professionalität und Zynismus. Bei »Na sowas« hatte ich mal einen Hund, von dem es hieß, er könne »Mama« sagen. In der Sendung hat der Köter dann noch nicht mal gebellt. Trotzdem habe ich mit der Nummer sieben Minuten Programm gemacht und am Ende selbst »Mama« gesagt. Mit dieser Kindergartenmentalität kam ich zur »Gottschalk Late Night Show«. Da merkte ich dann schnell, dass mir die notwendige Härte fehlt. Also musste ein Großzyniker her. Ich überlegte: »Wer hat dir am meisten geschadet? Der kann dir jetzt am meisten nützen.« So bin ich auf den ehemaligen »Bild«-Chef Hans-Hermann Tiedje gekommen. Ich war immer noch der Nette, aber der ist dann bei uns grölend durch die Gänge gerannt, hat zwischendurch ein Telefon aus der Wand gerissen und all die Sachen gemacht, mit denen du eine Truppe von 80 Leuten auf Trab hältst. Tiedje hat vorne gerudert, und ich bin hinten Wasserski gefahren. Ich habe ihn zu einem besseren Menschen gemacht, aber er mich nicht zu einem schlechteren. Er musste oft wider seinen Willen lachend in die Zigarre beißen. Meine Unbelehrbarkeit und sture Fröhlichkeit haben den Mann einfach weich gekocht. Manchmal wurde der richtig lieb. Was mir von ihm geblieben ist, ist ein Satz: »Es reduziert sich alles auf das Menschliche.« Das ist mir seitdem sein philosophisches Vermächtnis.

Sandra Maischberger Fernseh-Interviewerin
»Ich war schon mit 17 ein Fragemonster«

Mit Helmut Kohl war ich mal bei seinem Stamm-Italiener in Berlin. Hinterher ließ er mich mit seiner gepanzerten Limousine nach Hause bringen. Seither weiß ich, dass die Fensterheber in Panzerlimousinen nur Attrappen sind. Die Fenster lassen sich gar nicht öffnen. ▍ Die häufigst gestellte Frage an mich ist, ob ich mit meinen Gästen flirte. Die Antwort ist: Natürlich nicht! Ich führe Interviews nicht mit Augenaufschlag. Ich versuche, mein Gegenüber in meine Augen reinzusaugen. Das wird von manchen als Flirt missverstanden. ▍ Ich war ein Kind, das sich die Welt erschloss, indem es furchtbar viel fragte. Schon mit 17 war ich ein Fragemonster. ▍ Wenn ich beim Kickern verliere, drehe ich durch. Leider bin ich tödlich ehrgeizig. Ich möchte beweisen, dass ich gut bin, egal worin und egal wem. Zu verlieren ertrage ich nicht. Da werde ich wütend oder schmolle den ganzen Tag. ▍ Vielleicht wollte ich als zweitgeborenes Kind beweisen, dass ich meinem Bruder, der mehr Taschengeld bekam, ebenbürtig bin. Hinzu kommt, dass ich mit 1,64 sehr klein bin. Im Sportunterricht wurde ich immer nach ganz hinten gestellt. Auch da wollte ich dann nach ganz vorne kommen. Mein Ausweg war, dass ich der Klassenclown wurde. Ich merkte immer als Erste, wenn der Hosenstall des Mathematiklehrers mal wieder offen war. ▍ Ich war mal eine Öko-Else und noch Schlimmeres. Als 13-Jährige war ich in einer Rockergang namens »The Black Cats«. Die Jungs fuhren Moto Guzzis und hatten schwarze Lederjacken an. Später kamen dann Dritte-Welt-Laden und Friedensbewegung. Ich trug tatsächlich diese indischen Gewänder mit kleinen Glöckchen dran. Ich hatte mal einen Sommer, wo ich mich komplett weigerte, Schuhe anzuziehen, selbst in der U-Bahn. Ich hatte auch eine Phase, wo ich nach der Schule immer mit Straßenmusikern in der Fußgängerzone rumsaß und auch mal nach 'ner Mark fragte. ▍ Wenn ich heute in der U-Bahn sitze oder meine Sachen in die Reinigung gebe, frage ich sofort los. Das ist eine zweite Natur. Auch privat fühle ich mich für das Gespräch verantwortlich. Wegen meiner Frage-Manie finde ich es angenehm, im Ausland die Sprache nicht zu verstehen. Dieses Ausgeschlossensein nimmt den Druck von mir. ▍ Ich bin keine Zuschauerin von Talkshows, weil ich es nicht ertrage, nicht mitreden zu können. Mir wird immer ein Rätsel bleiben, wo der Spaß beim bloßen Zuschauen liegen soll. Gesprächen zuzuhören, die ich nicht selbst führe, hat für mich überhaupt keinen Reiz. ▍ Ich bin der unschüchternste Mensch, den ich kenne. Für meine Freundinnen bin ich schwer zu ertragen, weil ich beim Ausgehen immer diejenige bin, die Leute kennen lernt. Ich sitze im Restaurant gerne an großen Tischen in der Mitte, um mit allen meinen Spaß zu haben – plus den Kellnern, plus den Leuten am Nachbartisch. Mit mir auszugehen ist kein Vergnügen. ▍ Der Ex-Kommunarde Rainer Langhans sagt, ich würde mich zu sehr mit anderen beschäftigen und zu wenig mit mir selbst. Es stimmt, dass ich ziemlich unreflektiert bin. Dauernd nach innen zu schauen ist für mich ein Rezept zum Wahnsinnigwerden. Die letzte Erfahrung dieser Art hatte ich in der Pubertät. Ich dachte, ich drehe durch, weil ich alles auf mich bezog und persönlich nahm. Ich fragte mich ständig: »Wer bin ich? Wohin gehe ich? Weshalb bin ich auf der Welt?« Das brachte mich an den Rand einer Depression. Vielleicht ist es eine instinktive Abwehrreaktion, dass ich heute ständig anderen diese Fragen stelle. ▌ 16 Jahre professionelle Fragenstellerei führt zu Deformationen. Ich bin nervig. Es passiert ständig, dass Freunde stöhnen: »Oh, Gott, ist das jetzt wieder ein Interview oder was?« ▌ Meinen Erfolg genieße ich sehr, weil ich eine lebendige Erinnerung habe, wie es ohne ist. ▌ Dass Prominenz eine Droge ist, merkt man am Entzug. ▌ Zu Veranstaltungen wie der »Goldenen Kamera« gehe ich fast immer alleine, weil das für meinen Freund eine Zumutung wäre. Ich fühle mich da alleine freier. Ich habe mal meine Mutter mit zum »Bayerischen Fernsehpreis« genommen. Sie hat es gehasst. Für sie war das alles Schall und Rauch, wie eine Art Theaterstück. ▌ Was mich schwach werden lässt: das Männerparfüm »L'Eau d'Issey« von Issey Myake, Zwiebeln in Olivenöl angebraten, frisch gekaufte Bücher, die man zum ersten Mal aufblättert, und Kinderschokolade – und zwar in dem Moment, wo die Hülle mit dem weißen Kern auf dem Gaumen verschmilzt.

Robert Wilson   Regisseur
»Ich war ein hoffnungsloser Stotterer«

Texttheater interessiert mich nicht. Ich wurde zum Regisseur, als ich 1968 einen 13-jährigen taubstummen Schwarzen adoptierte, der nie auf einer Schule war und für einen Idioten gehalten wurde. Als ich begriff, wie er statt in Worten in visuellen Signalen denkt, entwickelte ich mit ihm mein erstes Theaterstück. Es hatte keinen Text und erzählte von seiner Welt. Dieser Junge lehrte mich, dass es ein Denken ohne Wörter gibt, das sich durch Bilder und Zeichen ausdrücken lässt. ■ Meine Inszenierungen sind asexuell. Ich stamme aus einer texanischen Kleinstadt, wo es als Sünde galt, wenn eine Frau Hosen trug. Außerdem lässt sich Sex nicht in meine Formensprache übertragen. Ich behandle Emotionen auf der Bühne wie ein Japaner: Der weint niemals in der Öffentlichkeit, sein Weinen findet im Inneren statt. ■ Als Kind eines strenggläubigen Baptisten musste ich dreimal in der Woche in Schlips und Jackett zum Abendessen erscheinen. Ich war ein hoffnungsloser Stotterer. Mit 17 brachte mir eine Therapeutin bei, einzelne Körperteile mit äußerster Verlangsamung und Konzentration zu bewegen. Ich begriff, dass ich in Wahrheit doch sprechen kann – wenn ich es nur langsam tue. So entstand meine Zeitlupenästhetik. In »Deaf Man's Glance« dauert die Bewegung des Messers, das ein Kind ersticht, 60 Minuten. In »Ka Mountain and Guardenia Terrace« schält ein schwarzes Mädchen eine rote Zwiebel. Als sie damit fertig ist, sind zweieinhalb Stunden vergangen. ■ Der Psychologe Daniel Stern hat mehr als 300 Mütter gefilmt, die ihr schreiendes Baby auf den Arm nehmen, um es zu trösten. Anschließend schaute er sich die Filme in extremer Zeitlupe an. In acht von zehn Fällen sah man auf den ersten Bildern, wie die Mutter sich mit grimmiger Fratze auf das Kind stürzte, und man sah das angstvolle Erschrecken des Babys. Als man den Müttern die Bilder zeigte, riefen sie entsetzt: »Das kann nicht sein! Ich liebe mein Kind!« So komplex ist menschliches Verhalten, und so komplex muss man auf der Bühne den scheinbar einfachen Satz »Ich liebe mein Kind« darstellen – die Haut, darunter das Fleisch und darunter die Knochen. ■ Als Amerikaner habe ich kein Problem zu sagen, dass mich ein Text von Dostojewski ebenso stark interessiert wie die Schnittlinie einer Hose von Giorgio Armani. ■ Weil Theaterkritiker stumpfe Sinne haben, sind sie süchtig nach Bedeutung und Psychologie. Diese Typen können bloß noch über den Ideenmüll in ihren Köpfen schreiben. ■ Wenn ich alles verstehe, langweile ich mich. Ich stelle mir auch nie die Frage, was ich mit einem Stück sagen will. Ich höre zu, was mir das Stück zu sagen hat. ■ Ich hasse es, Schauspielern vorab etwas erklären zu müssen. Erst koche ich, am Ende habe ich das Rezept. ■ Mein Theaterparadies liegt in Asien, weil dort die Schauspieler mit den Bewegungen ihrer Körper sprechen. In der Peking-Oper lernt man 250 Variationen, einen Schal zu binden. Eine 16-jährige Sängerin an der Oper in Schanghai erzählte mir, dass sie mehr als 800 Arten beherrscht, ihren Rockärmel zu bewegen. ■ Mechanik macht frei. Fahrradfahren ist für Anfänger eine höchst komplexe Tätigkeit. Erst wenn es automatisch läuft, fühlt man sich frei, die Hände vom Lenker zu nehmen. ■ In Büchners »Leonce und Lena« sagt Leonce über seine ideale Frau: »Sie ist unendlich schön und unendlich geistlos. Es ist ein köstlicher Kontrast: diese himmlisch stupiden Augen, dieser göttlich einfältige Mund, dieses schafnasige griechische Profil, dieser geistige Tod in diesem geistigen Leib.« Das kann man lustig verstehen oder tragisch. Diese Mehrdeutigkeit Büchners ist heute noch ein guter Grund, eine Theaterkarte zu kaufen. ■ Ich mag es überhaupt nicht, wenn Schauspieler in sich nach Ähnlichkeiten mit ihrer Figur suchen, um dann angeblich besser spielen zu können. Ich nenne das Identifuckation. ■ Ich arbeite an bis zu zehn Projekten gleichzeitig. Meine Assistenten treibt das in den Wahnsinn, aber wenn ich bloß an einer Produktion arbeite, fangen meine Gedanken an zu wandern, und ich verliere mich.

Wenn ich simultan arbeite, füttert ein Projekt das andere. Ohne diesen dauernden Perspektivenwechsel würde mir nach kurzer Zeit nichts mehr einfallen. ▍ Ich mag Deadlines. Sie stimulieren mich. Außerdem konnte noch niemand nachweisen, dass die Qualität einer Inszenierung von der investierten Zeit abhängt. Einstein kamen seine besten Ideen auch immer wie ein Blitzschlag. ▍ Meine Arbeit ist mein Leben. Trotzdem komme ich mir manchmal wie ein gestresster Mönch vor. Gut geschlafen habe ich zum letzten Mal vor 20 Jahren.

Bruno Ganz Schauspieler
»Humor war Hitler nicht gänzlich verschlossen«

Als ich Hitler spielte, half mir, dass ich zwischen mich und die Rolle meinen Schweizer Pass schieben konnte. ▌ Hitlers Parkinson-Zittern habe ich studiert durch stundenlanges Beobachten im Warteraum der Neurologie eines Spitals in Luzern. Damit ich den Patienten nicht so auffiel, habe ich selbst gezittert. ▌ Hitler hatte das Talent, in schauspielerischen Wirkungszusammenhängen zu denken. Ich will die Stadt nicht beleidigen, aber das ist wohl Wien-begünstigt. ▌ Im Januar 1945 wurde in Gegenwart Hitlers der Witz erzählt: »Berlin ist sehr praktisch als Hauptquartier: Man kann bald mit der S-Bahn von der Ostfront zur Westfront fahren.« Zeitzeugen berichten, Hitler habe gelacht. ▌ Als die Russen näher kamen, baten Hitlers Sekretärinnen, das Pistolenschießen lernen zu dürfen. Hitlers Antwort war: »Nein, meine Damen. Ich möchte nicht durch die Hand einer Sekretärin fallen. Schießen Sie mit den Augen, das genügt.« Die Dimension Humor war Hitler nicht gänzlich verschlossen. ▌ Die Zeitzeugen widersprechen sich heillos, ob Hitler je Sex hatte. Wenn man ihm zuschaut, muss ich an einen Witz von damals denken. Wenn Hitler mal wieder mit vorm Schritt verschränkten Händen dastand, hieß es: »Hitler schützt den letzten Arbeitslosen.« ▌ Deutsche Frauen klauten verzückt die Steine, die Hitlers Fuß berührt hatte. Er war der Eine, von dem alles ausging und um den sich alles drehte. Ich kann mir vorstellen, dass viele Frauen von ihm träumten. Die Verzückung und Massenhysterie, die er hervorrief, ist vielleicht vergleichbar mit der von Popstars in ihrer Blüte. Beneidenswert! ▌ Mein einziges Tabu ist, einen ausgemergelten KZ-Häftling zu spielen. So zu tun, als könne man sich dieses Grauens vorstellen, halte ich für verlogenes Getue.

Werner Herzog Regisseur
»Tourismus ist Sünde, zu Fuß gehen Tugend«

Das Drehbuch für »Aguirre, der Zorn Gottes« habe ich in zweieinhalb Tagen geschrieben, während ich mit meinem Fußballverein unterwegs war und alle um mich herum betrunken waren und obszöne Lieder sangen. Ich habe das Drehbuch fast vollständig mit der linken Hand getippt, weil ich mit der rechten unseren betrunkenen Torwart abwehren musste, der sich schließlich doch über einen Teil der Seiten erbrach. ■ Nach »Cobra Verde«, meinem letzten Film mit Klaus Kinski, sagte ich: »Es ist aus jetzt. Ich wünsche Kinski nichts Schlechtes – nur den Tod.« Das war ein schöner Satz. Der Tod war nicht als Strafe gedacht. Ich sah voraus, dass Kinski sich immer mehr in völlige Isolation bringen würde. Das wäre ganz elendlich gewesen, wenn seine Existenz noch weitere 20 Jahre gehabt hätte. ■ Die Nachricht von Kinskis Herztod erreichte mich auf Sizilien. Jemand meinte: »Wie arg, dass der Kinski gestorben ist.« Für mich war das nur Gesage. Die Realität seines Todes habe ich erst Monate später verstanden, als mich seine Frau zur Totenfeier einlud. Weil er nicht begraben werden wollte, fuhren wir mit einem Schiff von San Francisco aufs offene Meer. Als ich zwei Hände voll von seiner Asche ins Wasser warf, ging ein Stich durch mich: Jetzt ist er wirklich tot! ■ Ich habe unter Bedingungen gedreht, die niemand auf sich nehmen würde. Kein anderer hätte einen 340 Tonnen schweren Dampfer von 1000 Eingeborenen über einen Berg im Amazonas-Urwald schleppen lassen. Der Bergsteiger Reinhold Messner sagt: »In den Momenten, in denen wir zu sterben scheinen, werden wir wie neu geboren.« Diese Pseudoabenteurer sind ein widerwärtiges Pack, ein Erkrankungszustand unserer Zivilisation. Das ist so ausgestorben und lächerlich wie Männer, die sich im Morgengrauen zum Pistolenduell auf der Wiese treffen. Der Wettlauf zum Nord- und Südpol war das letzte Aufbäumen dieser Unsinnigkeit. Heute können Sie bei Neckermann einen Abenteuerurlaub bei den Kannibalen auf Neuguinea buchen. Da wird mir schlecht. Damit habe ich nichts zu tun. ■ Blind sein wäre für mich nicht ganz so schlimm wie ein Bein verlieren. Ich bin als Regisseur auf der Höhe, wenn die Arbeit physisch ist. Auf einem Vulkan, der explodieren kann, funktioniere ich viel besser als in der geordneten Atmosphäre eines Studios. ■ Mit 36 habe ich einen Freund zum Tätowierer begleitet. Das war Paul Getty, den sie entführt und dem sie ein Ohr abgeschnitten haben. Sein Tattoo faszinierte mich so, dass ich mir geschwind auch eins machen ließ. Auf meinem rechten Oberarm ist ein apfelgroßer Totenkopf tätowiert, der in ein Mikrofon singt, auf dem ZDF steht. Das ist der Tod, der singt. Und ZDF steht da, weil ich mich mit dem Sender mal rumgeplagt habe. ■ Als Kind war ich so jähzornig, dass ich meinen Bruder mit einem Messer niederstach. Ich habe meinen Jähzorn mit großer Anstrengung in den Griff bekommen. Die Stürme, die in mir toben, sieht man von außen nicht mehr. Dass ich zu 98 Prozent aus Selbstdisziplin bestehe, ist für mich simple Überlebensnotwendigkeit. Von Fußballern wird verlangt, dass sie vor laufender Kamera Emotionen zeigen, weil ja inzwischen der jubelnde Torschütze dreimal so lang gezeigt wird wie das Tor selbst. Ich halte die Entblößung von Emotionen in der Öffentlichkeit für einen großen Irrtum und werde daran nicht teilnehmen. ■ Ich habe Deutschland zu Fuß umrundet. Das Wissen kommt von den Sohlen. Zu Fuß gehen ist eine intensive Existenzform. Wenn ich um die Hand einer Frau anhalten will, würde ich nicht im Flugzeug zu ihr reisen, sondern zu Fuß. Anthropologisch sind wir Nomaden, deshalb ist es ungesund, wenn man nicht auch zu Fuß geht. Ich meine nicht Joggen, diese große Peinlichkeit unserer Zivilisation, sondern Travelling on Foot. Tourismus ist Sünde, zu Fuß gehen Tugend. ■ In der Regel verkommen Filmemacher und nehmen kein gutes Ende. Wer als Illusionist arbeitet, hat gute Chancen, zu einer Lächerlichkeit zu verkommen. Nehmen Sie ein Filmlexikon zur Hand und schauen Sie, welches Ende selbst die Stärksten genommen haben. Orson Welles war nach drei Filmen nur noch ein fettleibiger, unausstehlicher Partykönig. ■ Mein Nachname ist Stipetic. Wenn man mich fragt, warum ich mich seit meinem 15. Lebensjahr Herzog nenne, sage ich: »Fragen Sie das Duke Ellington, Count Basie oder King Vidor.«

Robert Hunger-Bühler Schauspieler
»Die Strapse waren meine Geheimwaffe«

Bei den Proben zu Peter Steins »Faust«-Marathon bei der Expo in Hannover merkte ich plötzlich, dass mein linker Oberschenkel heiß wurde. Unwillkürlich begriff ich, dass es mein auf Vibrator geschaltetes Handy war, das mich heimlich massierte. Ich versuchte, meine Scham zu überspielen, und widmete mich verzweifelt den goetheschen Versen. Bei der anschließenden Kritik hatte ich einen leichten Bammel. Stein aber hob die prekäre Stelle als exemplarisch hervor. ▌ Für Mephisto hatte ich ein Zungenspiel entwickelt: Zunge in geschlossenem Mund bespeicheln, dann raushängen lassen, wölben und kreisen lassen. Aber aufpassen, dass sie sich nicht verknotet. Und immer daran denken, dass etwas Unsichtbares geleckt wird. Für alle Nachahmer: Bei Krampf Zunge sofort zurückrollen und gegen das Halszäpfchen drücken, bis der Schmerz nachlässt. ▌ Als ich Valerio spielte, sagte ich zur Kostümbildnerin, die Figur müsse ein unsichtbares Geheimnis haben. Unter meinem gelben Anzug habe ich dann – was kein Zuschauer wusste – Strapse getragen. Ich habe mich dadurch anders bewegt. Man fühlt auch anders, irgendwie erotisch. Die Strapse waren meine Geheimwaffe. ▌ Ich habe die Aufzeichnung von Gründgens' legendärer Hamburger »Faust«-Inszenierung studiert. Das ist natürlich singulär, wie Gründgens da durch den Text galoppiert. Ich bin aber nicht so sicher, dass er immer wusste, was er sagt. Da bin ich anders geprägt. Für mich ist die höchste Form des Schauspielens, wenn die Gedanken so aus dem Körper kommen, als wären sie gerade gedacht worden. Mephisto hat lernen müssen, dass ich oft auf Worten verharre oder dass ich manchmal nach einem Satz auf ein Echo höre. Das kommt aus meinem Schweizer Gebirgstum. ▌ Bruno Ganz ist ein Landsmann von mir. Wir Schweizer waren schon immer erfolgreiche Söldner. Dazu kommt, dass wir eine natürliche Sprachhemmung haben. Wir müssen ja die deutsche Sprache erst erfinden. Das bringt dann natürlich ein gewisses Formbewusstsein mit sich. ▌ Bruno ist bis zu seinem 50. Lebensjahr in die Schweiz gefahren und hat Wehrdienst geleistet. Er hatte eine sitzende Tätigkeit im Büro, ich glaube bei der Sanität. Jedenfalls konnte er nebenbei Text lernen. Bei mir wäre das schwer gewesen, ich war Cyclist. Unsere Devise hieß: »Ohne Licht, ohne Lärm.« Einmal sind wir mit unserem schweren Waffenrad und 30 Kilogramm Sturmgepäck den Simplon heraufgefahren, Rad an Rad, den Hintern vom Sattel zu heben war nicht erlaubt. Mit unseren Kräften am Ende auf der Passhöhe angekommen, rief der Major: »Alles absteigen, die Russen haben Nägel gestreut!« Wir waren um die traumhafte Abfahrt betrogen und mussten Nägel auf der Straße imaginierend das Rad zu Fuß ins Tal schieben. Diese Kraft zur Einbildung von nicht vorhandenen Gegenständen fordert sonst nur noch die Kunst. ▌ Der Erwartungsdruck vor einer Premiere hat mich schon neurotisiert, als ich am Theater Belvedere in Wien angefangen habe, Theater zu spielen – vor 49 Zuschauern, darunter meine Eltern. Inzwischen habe ich gelernt, dass sich die Körpertemperatur nicht im ganzen Körper erhöhen muss. Mein Motto ist: Warm in den Waden, kalt im Kopf.

Volker Schlöndorff   Regisseur
»Seit meine Depression vorüber ist, gebe ich mir nicht mehr so viel Mühe«

Geschichten aus meinem Leben kann ich nicht verfilmen. Es gelingt mir nicht, was ich selbst erlebe so ernst zu nehmen wie das, was andere erleben. Ich finde mich einfach uninteressant. ▮ Beim Drehen denke ich oft, wie idiotisch es ist, Literatur zu verfilmen. Jeder Zuschauer, der die Vorlage kennt, kann nachprüfen, ob ich es geschafft habe oder nicht. Das ist, als müsste ich immer wieder zum Abitur antreten. ▮ Max Frisch wollte uns bei den Dreharbeiten zu »Homo Faber« besuchen, aber dann bekam ich einen Brief, er sei krebskrank und werde den fertigen Film wahrscheinlich nicht mehr erleben. Als er Fotos des Hauptdarstellers Sam Shepard sah, sagte er: »Mit dem kann ich nichts anfangen. Der sieht aus wie ein eiskalter Manager- oder Killertyp.« Ich erklärte ihm, ich wolle einen Typ haben, dem man es abnimmt, wenn er sagt, ich habe kein Seelenleben. Es gibt keinen deutschen Schauspieler, dem man diesen Satz glauben würde. Die tragen alle ihre Seele auf dem Silbertablett vor sich her. ▮ Schriftsteller sind im Gespräch oft nicht sehr ergiebig, vor allem wenn es um ihr eigenes Leben geht. Sie knausern mit ihren Gefühlen und heben sie für etwas auf, was sie dann schreiben. ▮ Nachdem ich Frisch die Rohschnittfassung gezeigt hatte, schenkte er mir zum Abschied seinen alten Jaguar, ein bildschönes 67er Modell, silbergrau mit Speichenrädern, tiptop gepflegt. Ich wusste nicht, wie man mit so einer Geste umgehen soll. Ich habe dann erst mal den geschätzten Gegenwert gespendet, um das Materielle abzulegen. An Weihnachten habe ich John Malkovich mit seinem drei Monate alten Kind stilgerecht durch die Toskana gefahren. Zur Einweihung schiss das Baby auf die Lederpolster. ▮ So ein Wagen ist ja auch eine Verpflichtung zu einem gewissen Lebensstil, zu mehr Lockerheit. Leider bin ich nicht komisch, obwohl ich es immer wieder versucht habe. Ich habe fast zwei Jahre lang mit dem Komiker Steve Martin an einer Idee rumgedoktert. Am Schluss war auch Steve Martin nicht mehr komisch. ▮ Dustin Hofmann braucht es geradezu, dass ihm beim Drehen andere zuschauen. Wenn man mit ihm in New York vor Hunderten Zuschauern eine Straßenszene dreht, läuft er sofort nach dem Cut an die Absperrung und fragt: »Wie fandet ihr das? Wie war ich?« ▮ Sam Shepard ist das genaue Gegenteil. Er hat immer das Gefühl, er prostituiert sich, wenn er spielt. Das ist fast pathologisch. Ich fragte ihn: »Denkst du denn, deine Frau Jessica Lange prostituiert sich auch, wenn sie vor der Kamera steht?« Er antworte ganz erstaunt: »Natürlich nicht, sie ist doch Schauspielerin!« Als wir bei »Homo Faber« auf einem Schiff eine Kussszene drehten, wollte er, dass das ganze Deck geräumt wird. Nicht mal der Kapitän durfte auf der Brücke sein, denn er hätte sich ja umdrehen und sehen können, wie Sam die Julie Delpy in den Armen hält. Er glaubt sich selbst nur, wenn ihm niemand zuschaut. Deshalb hat er auch einen Satz des Drehbuches so geliebt: »Ich halte es nur drei Tage mit einer Frau aus – danach beginnt die Heuchelei.« ▮ Seit meine Depression vorüber ist, gebe ich mir nicht mehr so viel Mühe. Wenn man nicht mehr den ganz großen Glücksanspruch hat, ist man eben eher mal heiter.

Sönke Wortmann   Regisseur
»Ich bewundere Nelson Mandela – aber keine Schauspieler«

Als »Das Superweib« erstmals im Fernsehen lief, sagten viele: »Hey, so furchtbar ist der Film ja gar nicht.« Nur den Titel fanden alle nach wie vor unsäglich. Würde der Film »Die Geschichte der Franziska F.« heißen, wäre er nicht so leicht angreifbar. Da die Romanvorlage von Hera Lind sich mehr als zwei Millionen Mal verkauft hat, hätte ich aber erst mal den Produzenten Bernd Eichinger erschießen müssen, um einen neuen Titel durchzudrücken. ▍ Eichinger sagt über hochfliegende Pläne von Regisseuren: »Wenn es dem Esel zu gut geht, geht er aufs Eis tanzen.« ▍ Ich habe Leute wie Kai Wiesinger, Armin Rohde, Joachim Krol und Thomas Heinze für den Film entdeckt. Aber nur manche Schauspieler sind zu Dankbarkeit fähig. Halt die mit Stil. Es ist schon erstaunlich, wie viele Schauspieler im Nachhinein der Meinung sind, sie hätten alles alleine gemacht. ▍ Ich bewundere Nelson Mandela, aber keine Schauspieler – na ja, mit Ausnahme vielleicht von Jack Lemmon. ▍ Innerlich lache ich mich über viele Sachen kaputt, aber es passiert wirklich äußerst selten, dass ich mal lauthals loslache. Loriot und Helge Schneider habe ich auch noch nie lachen sehen. Da wir uns berufsmäßig mit Lachen beschäftigen, wissen wir meist schnell, wo der Witz herkommt und wo er hinläuft. Und Lachen ohne Überraschung gibt es nun mal nicht.

Udo Lindenberg Musiker

»Der Partner einer Lichtgestalt wird schnell zum Schattengewächs«

Künstler sollten alleine leben. Eine 24-Stunden-Beziehung halbiert die Rechte und verdoppelt die Pflichten. ▌ Der Partner einer Lichtgestalt wird schnell zum Schattengewächs. ▌ In meinem Organizer sind rund tausend Namen gespeichert. Hinter vielen ist ein »WR« verzeichnet. Ein dusseliges Gerücht behauptet, das stehe für »White Rain«, vulgo: Sperma. Danach wäre mein Organizer eine Art Registratur für erfolgreiche Spermientätigkeit. ▌ In Wahrheit steht »WR« für »wahrhaftig religiös«. ▌ Du bist, was du selbst von dir behauptest. Wenn du ein Genie spielst, wirst du auch eins. Irgendwann habe ich den Beschluss gefasst, nicht den Normalstreifen zu leben, sondern mich zu einer Erscheinung zu erklären. Bescheidenheit hat mich nie interessiert. Ich komme aus beengten Verhältnissen und wollte Popstar werden. Es hieß aber, ich könne nicht singen und sähe auch nicht besonders lecker aus. Ich habe mir dann so lange eingeredet, ich sehe wunderbar aus, bis ich daran glaubte. Ich konnte dann kaum in den Spiegel schauen, ohne dass Erektionsgefahr drohte. ▌ Du musst dir diesen Geheimschub geben. Mit 17 war ich Trommler in einer Hamburger Band. Ich saß auf den Alsterwiesen und schwor mir, irgendwann mal in der Präsidenten-Suite des Atlantic-Hotels zu wohnen. Heute lebe ich in diesem Edelstolz-Hotel. ▌ Mein Herzinfarkt war eine gesunde Reaktion meines Körpers auf 100 Zigaretten und zweieinhalb Flaschen Whisky am Tag. Das war ein Touch too much. Jetzt rauche ich Zigaretten ohne Tabak, trinke aber nach wie vor Alkohol mit Alkohol. ▌ Ich bin ein Freund von Ausnahmesituationen. Die geben Schub für Texte. Ein bewusstseinserweiternder Doppelkorn kann Horizonte verschieben. Läuft so ein Exzess, schlafe ich auch mal in der Kneipe. Ein wirklich feiner Herr verleugnet seine Herkunft nicht. ▌ Unter meinem Hut sieht es sensibel aus. Ich bin sozusagen in der Mauser und kann mich nicht entscheiden, wo der Scheitel sitzen soll. ▌ Ungewollten Nachwuchs vermeiden: oben das Hütchen, unten ein Tütchen.

Markus Lüpertz Maler
»Nicht die Themen machen groß, sondern die eigene Größe«

Die enorme Egozentrik, die ein Künstler haben muss, macht ihn für ein bürgerliches Leben ungeeignet. Wenn die Frau von Johann Sebastian Bach gerufen hätte »Du, Johann, bring mal den Müll runter!«, hätte er sicher manche Kantate nicht geschrieben. ▪ Ich war ein glückloser Student und bin wegen einer Tätlichkeit von der Kunstakademie in Düsseldorf geflogen. Heute stehe ich dieser Anstalt als Rektor vor. Bei der Prügelei ging es nicht um Kunst, sondern um Olga. Die war wunderschön und wollte nichts von mir wissen. Ihr Freund hohnlachte. Ich hatte gerade ein Jahr im Bergbau gearbeitet und war etwas undiszipliniert in meiner Physis. ▪ Kunst können Sie nur über die Hingabe an einen Meister beigebracht bekommen. Meine Rolle ist die des Meisters, und der Schüler will ein bisschen davon abhaben. Infolgedessen muss er sich anschmeicheln und mich so weit verführen, dass ich ihn interessant finde. Ich betrachte mich zuerst als Talentverhinderungsmaschine. Solange es mich gibt, hat der Schüler kaum eine Chance. Gegen dieses Bollwerk muss er anstinken. Wenn er das schafft, kann er auch was. Jeder Schüler erträgt das nur drei, vier Jahre. Dann geht er voller Hass und Unbill – aber sein Ehrgeiz ist grenzenlos! ▪ Die Psychodramen meiner Schüler gehen bis zu Demonstrationen vor meinem Atelier. Aber ich bin auch abgelehnt und rausgeschmissen worden. Ich habe gigantische Niederlagen überlebt. Das hat mich nie gehindert zu glauben, ich sei der Größte. ▪ Als junger Mann dachte ich: »Wie James Dean siehst du nicht aus.« Also musste ich mich eines Tages selbst erfinden und mich zu einem schönen Mann erklären. Im Laufe meines Lebens bin ich dann einer geworden. ▪ Ich habe mir schon mit zwölf ein Barett mit Feder aufgesetzt. Ich wollte aussehen wie Rembrandt. Keiner brauchte mich als Maler, also musste ich mein eigenes Universum aufbauen und für andere attraktiv machen. Ich bin ein Prophet meiner Kunst. Ich will den Leuten beibringen, dass Künstler Herren sind und keine verhuschten Zwerge. ▪ Ich male fünf bis sieben Stunden am Tag. Ich brauche weder Stimmungen noch Einfälle. Da ist eine nie abreißende Kette von Bildern, die mir im Kopf rumschwirren. Wenn ich von einem Burg-Schauspieler höre, er hat Lampenfieber, denke ich: »Was erzählt der da? Das ist doch alles nur dummes Gewäsch für die Presse, um sich menschlich darzustellen.« Als Künstler bist du aber unmenschlich oder gar nichts. Es wäre doch kokett, mit meinen Verzweiflungen rumzuhampeln. Ich werde nicht zulassen, dass Sie wissen, dass mich irgendetwas quält. Da würde ich ja etwas zugeben – unerträglich! Ich habe einmal gestattet, dass man mich beim Malen filmt. Die Leute waren erschrocken über diese Schlachten. Das ist, als wenn Sie mir beim Sterben zuschauen. ▪ Meine Bullterrierzucht habe ich auf den Namen »Lüpolis« getauft, aber das ist vorbei. Ich fand Bullterrier aufregend schön. Sie gehörten in meine Ästhetik. Den ersten habe ich für meinen kleinen Sohn gekauft. Er liebte ihn aber nicht. So begann die Zucht, die bis zum Weltsieger »Botticelli von Lüpolis« führte. Durch die nachlassende Muskelkraft deutscher Kleinkrimineller, die sich eine legale Waffe besorgen wollten, wurde der Bullterrier dann aber in einer Art niedergezüchtet, dass er zur Räuberpistole wurde. ▪ Ein Künstler soll göttlich sein. Wer sein Talent für politische Agitation einsetzt, endet als Dilettant. Nicht die Themen machen groß, sondern die eigene Größe. ▪ Meine Bilder kosten mehr als eine Million, aber die Atmosphäre, die du zum Malen brauchst, kostet mit der Zeit auch immer mehr – man gibt ab, der Kreis wird größer, da ist plötzlich ein riesiger verschlingender Apparat. Und es gibt noch andere Gründe, teuer zu sein: Was tut ein Sammler, dessen Haus abbrennt? Er rettet nicht das geschenkte Bild, sondern das für eine Million. Der teure Künstler wird durch die Rettungsaktion der Ewigkeit überantwortet, während der schenkende Künstler im Feuer umkommt. Nur mit Spitzenpreisen kannst du die Ewigkeit besiegen.

Alice und Ellen Kessler   Tänzerinnen
»Dieser Zwillingsschlamassel ist wie eine Zwangsjacke«

Alice Kessler: Bei der Vorstellung, dass es für viele Männer der Jackpot war, beide Kesslers gleichzeitig ins Bett zu kriegen, kriege ich eine Gänsehaut. Mit meiner Schwester und einem Mann im Bett zu liegen – das ist ja schon pervers! ▌ Seit zehn Jahren leben wir ohne Männer. ▌ Wir haben uns in den letzten 30 Jahren auseinander entwickelt. Obwohl wir beide bei Escada kaufen, kleiden wir uns auch nicht mehr gleich. Trotzdem kommen wir aus diesem Zwillingsschlamassel nicht mehr raus. Man kann oft nicht miteinander, aber ohne einander erst recht nicht. ▌ Ich war gerade das erste Mal ohne Ellen im Urlaub. Ich fand das sehr gut. ▌ Unser letzter großer Krach ging ums Tanken. Einer unserer zwei Wagen musste betankt werden, aber ich hatte eine Hose an, die nicht zum T-Shirt passte. Ich sagte: »Ellen, könntest du heute mal tanken? Ich mache das ja sonst immer.« Es gab einen Mordskrach. Seit diesem Vorfall ist die Schiebetür in unserem Münchner Doppelhaus fast immer zu. ▌ Zu unseren Freunden gehörte der Ballett-Tänzer Rudolf Nurejew. Den Rudi haben wir bei Franco Zeffirelli in Positano kennen gelernt. Bei einer Party wurde er versehentlich ausgesperrt. Weil ihn niemand vermisste, drehte er total durch. Aus Rache machte er auf die ersten zwölf Stufen zum Haus jeweils ein Häufchen. Das ist ein Kunststück gewesen. Im Salon schmiss er mit schmiedeeisernen Hockern, zertrümmerte antike Keramiken und riss die Vorhänge runter. Das war das Tartarische in ihm. Es ist mir immer ein Rätsel geblieben, wie ein klassischer Tänzer, der schon mittags eine halbe Flasche Wodka drin hatte, auf der Bühne solche Leistungen bringt. ▌ Ellen Kessler: Mit 17 haben wir uns in kurzem Abstand von zwei ägyptischen Artisten entjungfern lassen. Ich dachte: »Jetzt ist Alice keine Jungfrau mehr. Sie wird sich verändern und mir nicht mehr ähnlich sein. Ich muss das unbedingt auch durchmachen, und der Mann muss dieselbe Nationalität haben.« Es ist absurd, aber wir mussten immer alles synchron machen, wie auf der Bühne – aber wir sind eben eineiige Zwillinge. ▌ Nachdem uns Burt Lancaster im Lido tanzen gesehen hatte, lud er uns zu einer Party ins George V ein, das feinste Hotel von Paris. Als wir in das Zimmer kamen, saßen da aber nur Burt und sein Produzent Arthur Hill. Es war eine Falle. Mit unseren 19 Jahren waren wir natürlich ein bisschen eingeschüchtert. Später hat mich Burt bei der Hand genommen

und gefragt, ob ich mit ihm auf die Terrasse seiner Suite gehe. Es war eine wundervoll laue Vollmondnacht, und er hat mich sanft in den Arm genommen. Ich konnte da gar nicht nein sagen, denn es war ja der Burt Lancaster. Als er mich zu seinem Bett führte, bin ich richtig hingeflossen. Ich registrierte, wie seine Hände mich zart entblätterten. Er tat, was er konnte, um mich in Fahrt zu bringen, aber es lief bei mir nicht. Ich war wegen meiner Komplexe wie gelähmt. Ich dachte, ich sei zu lang und zu dünn und hätte nicht genug Busen. Außerdem hatte es zu Hause immer geheißen: »Zieh dich ja nie vor einem Mann nackt aus!« Ich lag im Bett wie eine tote Flunder. Burt sagte: »Ich war noch nie zuvor mit einer Statue im Bett.« ▍ Wir haben uns öfter gegenseitig die Männer madig gemacht. Es ist eine Angst da, die einen denken lässt: »Ich bin jetzt nicht mehr die Hauptperson im Leben meiner Schwester.« Wegen dieser unterbewussten Eifersucht fängt man zu sticheln an. Wenn Alice einen Schnupfen hatte, schimpfte ich: »Schlaf zu Hause, dann kriegst du keinen!« Was wir wurden, wurden wir nur zu zweit. Da kann doch nicht plötzlich eine ausscheren und die andere eiskalt im Stich lassen – wegen eines Mannes! ▍ Man steckt in einer Zwangsjacke. Wir beobachten und kontrollieren uns ständig. Eigentlich können wir uns gar nicht richtig entspannen. Wenn man seine Zwillingsschwester im Augenwinkel hat, geht man nicht aus sich heraus, wie man es gerne tun würde. Man ist dauernd gehemmt. ▍ Wir haben nur gemeinsame Freunde. Uns stören halt die gleichen Dinge. ▍ Ich würde gerne mal allein auf der Bühne stehen, aber die Produzenten sagen, dass sie eine Kessler alleine nicht verkaufen können. ▍ Wir sind von unseren Liebhabern immer betrogen worden. Aber welcher Mann betrügt seine Frau denn nicht? Ich kenne nur einen monogamen Mann – und der ist stinklangweilig. Wir waren ja wegen unserer Tourneen monatelang nicht greifbar. Da liegt es nahe, dass der Mann seine Triebe woanders abführt. ▍ Ein Mann in unserem Alter, der noch nicht verheiratet ist, da kann man sowieso die Finger von lassen. Bei dem stimmt was nicht. Das sind ganz große Egoisten, die nur eine gute Zeit haben wollen. Wir warten ab. ▍ Wer zu mir passen könnte, müsste 60 bis 70 sein. Da muss man sich allerdings schon ein ärztliches Attest vorlegen lassen. Bei dem Alter wissen Sie ja nicht, ob Sie nicht zur Krankenpflegerin werden.

James Last Musiker
»Mein Image ist, dass ich keins habe«

Mein Nachname ist echt. Meinen Vornamen Hans hat die Plattenfirma ohne mich zu fragen in James geändert. Die fanden, das klänge internationaler. ▊ Soll ich auf der Bühne Handstand machen oder was? Diesen ganzen Käse brauche ich nicht. Mein Vater war Gasableser in Bremen, und ich bin der Hansi. Die Leute mögen mich so schlicht. Mein Image ist, dass ich keins habe. ▊ In meinem Wohnzimmer stapeln sich CDs mit Gangsta-Rap und Hardcore-Punk. Ich mag diese Sachen. Wenn mir im Radio ein Titel gefällt, schicke ich meine Frau Waltraud sofort in den Plattenladen. Ich kann abwechselnd eine Partitur von Beethoven studieren und A Tribe Called Quest hören. ▊ Ich möchte, dass Leute meines Alters nicht bloß noch im schwarzen Anzug Kreuzworträtsel lösen und darauf warten, in die Kiste zu springen. Die sollen sich auch noch mal bewegen können. Deshalb gehe ich immer noch auf Tournee. ▊ Ich kenne kein Gemecker und Geschimpfe. Meine Frau kann sich nicht erinnern, dass ich in 42 Jahren Ehe mal mit schlechter Laune aufgewacht bin. ▊ Die ersten 15 von meinen 200 Goldenen Schallplatten waren noch aus richtigem Gold. Von denen war jede rund 30.000 Mark wert. Darauf wollte das Finanzamt Vermögenssteuer kassieren. Dieser Streit ist nach 16 Jahren noch immer nicht beigelegt. ▊ Es gibt die seriöse Forderung, dass es meine Platten auf Krankenschein gibt. Meine Musik wird bei der Rehabilitation von Schlaganfall- und Infarktpatienten eingesetzt. Diese Menschen werden aufgeheitert und bekommen motorische Impulse. Viele Ärzte spielen meine Musik im Operationssaal, um ihre Patienten abzulenken. Ich bin mal sieben Stunden lang an der Hand operiert worden. Der Chirurg sagte: »Normalerweise würde jetzt Ihre Musik im OP laufen. Wollen Sie vielleicht lieber was anderes hören?« Ich habe dann Mozart vorgezogen.

Heino Volkssänger
»Mein kleiner Freund führt kein Eigenleben mehr«

Das letzte Mal im Kino war ich 1973, als »Blau blüht der Enzian« mit mir rauskam. ▮ Ich habe fünf Toupets. Das ist hygienischer. Meine Hannelore hat den Heino oben ohne am liebsten. Es kommt vor, dass ich im Bett Toupet trage, denn manchmal kleben die Dinger so fest, dass ich sie nicht wieder runterkriege. ▮ Ich bin kein Albino. Ich habe schöne blaue Augen. Meine Brillengläser sind dunkel gefärbt, weil meine Schilddrüsen nicht richtig funktionieren. Dadurch treten die Augäpfel aus den Höhlen hervor wie beim Froschkönig. Diesen nicht eben hübschen Anblick möchte ich den Leuten ersparen. ▮ Mein kleiner Freund führt kein Eigenleben mehr. Da habe ich hart dran gearbeitet, dass der von Herz und Seele gesteuert wird. ▮ Liebesbriefe von schwulen Heino-Fans sortiert die Sekretärin aus, weil ich da eine Gänsehaut kriegen würde. ▮ Ich habe in meinem Haus eine Sauna, aber da war ich noch nie drin. Man sitzt da blöd rum und fängt an zu schwitzen. Was soll das? ▮ Ich ziehe morgens saubere Unterwäsche an. Bin ich deshalb eitel? ▮ Die »Bild«-Zeitung hat Hannelore und mich durch erfundene Geschichten zusammengeschrieben. Ende der 70er waren wir als angebliches Liebespaar 36 Mal auf Seite eins, obwohl zwischen uns noch gar nichts war. Am Ende haben wir es dann selbst geglaubt. Die 37. »Bild«-Story war die über unsere Hochzeit. ▮ Ich bin für Hannelore ein großes Kind, das betreut werden muss. Wenn ich allein verreisen muss, packt sie meine Garderobe und schildert die Kombinationsmöglichkeiten aus. ▮ Ich habe so viele Lügner und Schleimer erlebt, dass ich mich heute in meinem Schäferhund-Club am wohlsten fühle. ▮ 20 Jahre lang war ich die Marionette meines Entdeckers Ralf Bendix. Er hatte angeordnet, dass ich bei Interviews nur mit ja oder nein antworte. Lachen durfte ich auch nicht. Er sagte immer: »Heino, du musst arm und einsam aussehen. Je weniger du sagst, umso mehr müssen die Leute deine Platten kaufen.« ▮ Je mehr man auf Heino eingehauen hat, desto größer ist er geworden. Wenn irgendwo ein Verriss steht, frage ich bei der Bank nach meinem Kontostand. Das bringt die Seele wieder ins Lot. ▮ Mick Jagger habe ich bei einem Geburtstagsessen in Venedig kennen gelernt. Er wusste, dass ich der Johnny Cash Deutschlands bin. ▮ Der größte Irrtum ist, dass ich ein Rechter bin. Dabei hasse ich diese braunen Glatzen. Außerdem war ich der Lieblingssänger von Willy Brandt. ▮ Ich habe zwei Scheidungen hinter mir, die Mutter meiner unehelichen Tochter beging Selbstmord und meine Exfrau Lilo war Alkoholikerin. Aber ich war Schrottsortierer, Klopapierverkäufer und Dressman – da lernt man, was wegzustecken. ▮ Weinen tue ich für mein Leben gern, zum Beispiel über einen schönen Film, wo Mann und Frau nicht zusammenkommen. Oder wenn ich den »Förster vom Silberwald« sehe, und da wird ein Reh erschossen, das tut mir weh, da muss ich heulen. ▮ Mein Alter soll nach dem Motto sein: Der liebe Gott hat mir das Können genommen, jetzt soll er mir auch das Wollen nehmen.

Christoph Schlingensief Regisseur
»Ich bin der Ulrich Wickert der Mülltonne«

Abstrakte Angst ist für mich viel furchtbarer als eine konkrete Katastrophe. ▪ Meine Krankheit heißt Koprolalie. Das ist das zwanghafte Aussprechen von obszönen Wörtern. Etwas Archaisches will raus und bricht die Blockade. ▪ Kotzen und Scheißen sind für mich erlösende Momente. Das ist mit einem Krankenhausaufenthalt verbunden. Mein Darm arbeitete nicht mehr, und ich kotzte immer nur. Ich bekam die Peristaltik antreibende Spritzen, und die Schwester machte mir einen Einlauf. Plötzlich riss mein Darm, und ich ließ eine Scheißfontäne auf die Schwester ab. Das war eine völlige Erlösung, ein Sieg. Mein Bettnachbar brach in hysterisches Lachen aus. Seitdem weiß ich, dass so was komisch sein kann. Niveauloses Lachen gibt es ebenso wenig wie einen niveaulosen Orgasmus. ▪ Ich drehe gerne in Bunkern oder auf Halligen in der Nordsee. Weil die Schauspieler nicht weg können, machen sie mir vor der Kamera auch nichts vor. Wer mit mir dreht, ist in einer Strafkolonie, die um ihr Leben baggert – und das mit großem Enthusiasmus. ▪ In meinem Film »Tunguska« ist Alfred Edel ein Avantgardeforscher, der den Eskimos am Nordpol Avantgardefilme vorführen will. Am Ende foltert er mit diesen Filmen ein junges Ehepaar zu Tode. Das ist mein Verhältnis zu linker Kunst. ▪ Die Botschaft meiner Filme lautet: Jetzt ist aber Feierabend! Alles, was Angst einflößt, wird zerschlagen oder lächerlich gemacht. Wir müssen wieder wissen, warum wir auf der Welt sind, und was gut ist und was schlecht. Wir wollen Mauern und vor allem Krieg. ▪ Ich will nicht erreichen, dass im Kölner Dom kopuliert wird. Im »Deutschen Kettensägenmassaker« rennt Alfred Edel einer Ossifrau mit der Kettensäge hinterher und schreit: »In einer Zeit, in der alles möglich ist, ist es egal, ob etwas gut ist oder schlecht.« Das ist für mich der größte Alptraum, weil jeder Mensch wissen möchte, wo seine Grenze ist und woher seine Angst kommt. ▪ Ich bin der Ulrich Wickert der Mülltonne. Das Wahrhaftige ist, dass man sich erst mal eingestehen muss: Wir sind alle Schrott! Wer diesen Punkt erreicht hat, will sich selbst benutzen lassen statt immer nur andere zu benutzen. ▪ In »United Trash« ist Jesus ein krummbeiniger Liliputaner mit einem 55 Zentimeter langen Schwanz. Das ist wie Stammtisch, wo man auf den Tisch haut und brüllt: »Da habt ihr die Scheiße!« Ich bin ein schreiendes Kleinkind. ▪ Ich glaube, dass ich Beichtfilme drehe. ▪ Mit sechs wurde ich für zwölf Jahre Messdiener. Ich war ein feiges Schweinchen, das betete: »Lieber Gott, lass mich bitte keine Fehler machen.« Ich war einer von zwei Messdienern, die auf dem Schoß vom Kaplan sitzen durften. Der hat mir den Nacken gekrault und auf Kinderstunde gemacht. Das fand ich total toll. ▪ Mit Jesus hatte ich immer mehr Probleme als mit Gott, Maria und den Heiligen. Bei Jesus dachte ich immer: »Das ist ein eitler, wehleidiger Fatzke. Der hängt da am Kreuz, und wir wollen alle ans Kreuz. Nun soll er bitte mal Platz machen, dass jemand anders da hängt.« ▪ Ich glaube an Gott, und ich glaube auch, dass er einen Sohn hatte, aber der muss jetzt radikal reingewaschen werden. Das muss zu einem rituellen Erlebnis führen. Das kann nicht in einem Papst enden, der am Fenster steht und nach Luft japst, als hätte er eine Faust im Arsch. ▪ Ich bete jeden Abend im Bett. Es geht aber nicht mehr so leicht raus. Wenn ich bete »Lieber Gott, hilf den Menschen, die heute Nacht nicht mehr weiter wissen«, denke ich immer öfter: »Schnauze halten! Schnauze halten!« Ich habe mir auferlegt, häufiger glücklich zu sein als immer nur zu bitten. ▪ Für meine Bildsprache ist es ein großes Plus, dass es in der katholischen Kirche um Blinde geht, die geheilt werden, und dass da ein Vater ist, der vielleicht gar nicht mit seiner Frau geschlafen hat, sondern sie hat mit dem Erzengel Gabriel eine Nummer geschoben. Dass solche Bilder in meinem Kopf existieren, finde ich schön. Es wäre schade, wenn man auf dieser Welt alles so nehmen müsste, wie es ist. ▪ Ich war mal Aufnahmeleiter bei der »Lindenstraße«. Das war die Hölle, ein ARD-Lager der redaktionellen Feigheit, geleitet von einem sozialdemokratischen Herrn Geißendörfer, der vor lauter Gerechtigkeit Wutanfälle bekam. Das ist ein mieser Links-Calvinist, dessen Aufklärung mit der Frage beginnt: »Wie wäscht man Socken?« Oder besser: »Wie wäschst du meine Socken?«

Hella von Sinnen Entertainerin

»Als Lesbe hast du die Möglichkeit, dir an jeder Ecke ein Schöppchen Samen zu organisieren«

Was die Jungs in ihrer Freizeit machten, mochte ich immer lieber. Ich bekam aber nur Schlummerle und Träumerle und solche Kleinmädchenkacke. ▮ Meinen ersten Orgasmus hatte ich mit zwölf. Ich bin 21 darüber geworden, mit einer lesbischen Frau einen Orgasmus zu haben. ▮ Als die »Bunte« mich outete, riss es mir die Beine weg. Ich habe immer Schwiegertöchter mit nach Hause gebracht, aber nie gesagt: »Vater, ich bin lesbisch.« ▮ Dass ich Jungfrau bin, was Männer angeht, würde ich nicht dementieren wollen. ▮ Als Lesbe hast du die Möglichkeit, dir an jeder Ecke ein kleines Schöppchen Samen zu organisieren und dir Kinder zu machen, soviel du willst. ▮ Die Fantasie der Medien ist: Die Hella schnallt sich zu Hause den schwarzen Gummipenis vor und besorgt es ihren Liebhaberinnen. ▮ Meine besten Freunde sind Homosexuelle. Es gibt einfach nichts Schöneres, als mit einer Hand voll kreischender Jubeltrinen auszugehen, die gut riechen, sich nett anziehen und narzisstisch sind. ▮ Wenn alle so befreit übers Ficken reden würden wie ich, gäbe es weniger Magengeschwüre, weniger Verdauungsstörungen und weniger Gürtelrosen. ▮ Unter Hunderten positiver Zuschauerbriefe gibt es schon Sachen wie: »Man sollte deine Fotze mit Teer zugießen!« Aber ich sage immer: Der Mob ist besser als sein Ruf. ▮ Mein kleiner Bruder kann bei seinen Schulkameraden leider nicht mit mir angeben. Ich glaube, es wäre ihm lieber, ich wäre Thomas Gottschalk. ▮ Ich liebe alle infantilen Genüsse: Schokoriegel, Eis, Fritten, Pudding, Pizza, Fischstäbchen, Ketchup, Majo. Ich habe ein Kinderzentrum in mir, dem ich permanent Nahrung gebe, weil ich nicht gern erwachsen werde. ▮ Das Problem ist, dass du von Bier nicht besoffen wirst. Deswegen muss ich 20, 30 Bier trinken. ▮ Bei Frotteebettwäsche und Frotteeunterwäsche bekomme ich einen pantomimischen Herpes, auch beim Golf, dem funktionalen Mittelklasseauto. Entweder voll auf die Kacke hauen oder ganz pupsig. ▮ Es ist nicht so, dass ich einen Turkey kriege, wenn ich meinen Arsch nicht irgendwo in die Öffentlichkeit schieben kann. Ich bin hundekuchengut.

Herbert Grönemeyer   Musiker
»Man ist Mensch und macht vieles falsch«

Meine Frau und mein Bruder starben 1998 innerhalb einer Woche an Krebs. Wenn man so eine Katastrophe erlebt, ist man völlig hysterisch, zerrüttet und ängstlich. Musik ist für mich eine Form von Begeisterung und ein Ventil, das mein Leben in Balance hält. Sie ist mein privater Hochsicherheitstrakt, mein Geheimnis, das mich überallhin begleitet und das mir keiner nehmen kann. Ich dachte: »Wenn du dieses Zentrum deines Lebens auch noch verlierst, ist Schluss!« ▮ Als meine damals neunjährige Tochter vom Tod ihrer Mutter erfuhr, war ihr erster Satz: »Papa, du hörst jetzt aber nicht auf zu singen!« Ich denke, meine Musik repräsentiert für meine Kinder Lebensenergie: Solange der singt, ist alles halbwegs okay, solange der Musik macht, lebt der. ▮ Meine Tochter reagierte sehr verhalten auf Annas Tod. Als ein Jahr später ihr Meerschweinchen starb, rastete sie völlig aus. Ich denke, sie hat versucht, ihren Mut zusammenzuhalten. Das hat sie von ihrer Mutter abgeguckt, die sehr stark und stolz und aufrecht war. Anna zeigte nie einen Hauch von Resignation. Die Norddeutschen sind sehr stoisch. Es war ihr Ziel, auch die Kinder mit so viel Haltung zu befeuern. Wahrscheinlich dachte meine Tochter nach Annas Tod: »Ich muss den Laden zusammenhalten!« Da hat sie sich zu viel Verantwortung aufgehalst. Als dann ihr Meerschweinchen starb, konnte sie plötzlich nicht mehr an sich halten. Da brach alles aus ihr heraus. ▮ Ich bin nüchterner und präziser geworden und strenger mit mir selbst. Ich muss begreifen, dass Verlust Teil unseres Lebens ist und dass Traurigkeit wesentlich elementarer zu meinem Leben gehört als vor Annas Tod. Das schließt nicht aus, dass ich Glück empfinde – wenn auch fatalistischer als früher. Meine Zuversicht ist, dass man durch große Trauer Gefühle wie Glück, Zuwendung und Nähe intensiver empfindet. ▮ Anna mochte meine Musik lange nicht. Sie sagte Sätze wie: »O Gott, was schreibst du denn für 'nen Müsli-Schrott!« Als wir uns 1978 bei Dreharbeiten kennen lernten, hatte ich lange rote Haare und war eine etwas anstrengende Frohnatur. Sie kam aus der Hamburger Hippie-Szene, wollte immer tief in die Emotionen einsteigen und hielt das Ruhrgebiet für Dunkeldeutschland. Da prallten zwei Welten aufeinander. Das hat uns aber auch ausgemacht. ▮ Eine Platte erzählt mir viel radikaler, wo ich stehe, als meine Selbstanalysen. Ich kann mich und andere belügen, meine Platten können das nicht. Ich weiß bei jedem Album, wie blasiert ich zu der Zeit war oder wann ich einen Neuanfang gesucht habe. Traue der Kunst, aber nie dem Künstler. ▮ Bewusst hatte ich nie das Gefühl im Kopf, so grandios zu sein, dass das Leben mir nichts mehr anhaben kann. Nur Ende der 80er gab es bei mir mal eine Phase von Blasiertheit und Unmäßigkeit. Ich schwebte auf einer Wolke von Erfolg, die Kinder waren da, und ich glaubte, wahnsinnig viel verstanden zu haben. Das hatte was von sehr viel Glück, und ich dachte: »Jetzt hat das Leben seinen Lauf!« ▮ Man ist halt Mensch und macht vieles falsch. ▮ So ein Schicksalsschlag macht einen weniger verbissen, weil man Ängste verliert. Wenn einem vieles weniger wichtig geworden ist, macht man sich nicht mehr so kirre. Ich lerne, wie beschränkt und schwach der Mensch ist. Wie wenig er das Leben kontrollieren kann. Das menschliche Gehirn ist zum Glück so limitiert, dass es solche Ereignisse erst mal gar nicht begreifen kann. Es ist auch eine Gnade und ein Segen, dass der Mensch verdrängen kann. Sonst würde er durch die dauernde Konfrontation mit übermächtigen Bildern zugrunde gehen. ▮ Natürlich habe ich auch zynische Attitüden gekriegt, mir selbst und anderen gegenüber. In den ersten zwei Jahren habe ich eine ziemliche Ignoranz entwickelt. Ich war emotional abgeschottet und kalt in meinen Empfindungen. Das Gefühlspotenzial war zerschossen. Es hat lange Zeit gedauert, da überhaupt wieder empfänglich zu werden. Das Perfide ist: Sobald die innere Durchkühlung nachlässt, trifft einen der Schmerz wieder mit voller Härte. Das ist wie aus der Narkose aufwachen. ▮ Selbstzerstörung stand nicht zur Debatte. Der Song »Blick zurück« ist ein verklausulierter Brief an meinen Vater. Er verlor mit vier seinen Vater, im Krieg wurde ihm ein Arm amputiert, und vor vier Jahren starb einer seiner Söhne an Leukämie. Trotzdem war er immer einer, der zufrieden in sich ruht und so eine westfälische Genügsamkeit hat. Seine Haltung war: Es ist schon alles in Ordnung. Sein Beispiel habe ich mir immer wieder vor Augen gerufen. ▌ Ich trage Anna nach wie vor in mir und setze immer noch alles in Beziehung zu ihr. Egal, was ich denke, es kommt mir bedeutungslos vor, wenn ich nicht weiß, was sie davon hält. Das hat etwas sehr Positives, weil ich das Glück erfahren habe, 20 Jahre sehr liebevoll und eng mit ihr zusammen gewesen zu sein. Die Engländer sagen: Du kannst klagen, dass sie tot ist – du kannst dankbar sein, dass sie gelebt hat. ▌ Wenn man wieder nach dem Leben greift, macht man sich deswegen Vorwürfe. Trauer ist ein sicherer Raum, in dem man sich einschließen und zu Hause fühlen kann. Da hat man seine eigene Welt. Es ist aber egoistisch und unfair, die Tür nicht mehr aufzumachen und sich in seiner Trauer zu vergraben. Der, um den du trauerst, möchte nämlich, dass du rausgehst und gefälligst wieder glücklich wirst. Anna würde sagen: »Jammer nicht rum, Herbert, solange du mich in deinen Gefühlen in Erinnerung behältst, ist alles in Ordnung. Und jetzt lass dir mal wieder den Wind um die Nase wehen.« ▌ Ich will wieder normale Fehler machen und auch mal daneben treten dürfen. ▌ Mich neu zu verlieben ist noch nicht möglich. Ich würde es mir nicht verbieten, aber ich lege es auch nicht drauf an. Wenn das Leben will, dass da noch mal jemand um die Kurve kommt, dann soll es so sein. Wenn nicht, ist es auch okay. Wenn Anna die Liebe ist, die mein ganzes Leben bestimmt, dann ist das völlig in Ordnung. ▌ In London zu wohnen hilft mir sehr. Trauern heißt bei Engländern nicht, dass man nicht mehr lacht. Das ist ihr schwarzer Humor. Als Oscar Wilde auf dem Sterbebett lag und eine hässliche Tapete entdeckte, sagte er: »One of us must go!« ▌ Es ist für den eigenen Kopf sehr heilsam, in einem Land zu leben, wo einen niemand kennt. Wenn man bekannt ist, ist man so bekloppt, dass man denkt, alle gucken, und man krampft sich unheimlich einen weg. Dabei guckt oft kein Mensch. ▌ In Berlin hätte ich unter Beobachtung gestanden. Wenn man mal lacht, sollte es nicht heißen: »Oh, der lacht. Der trauert wohl nicht richtig. Kann der mal bitte schnell wieder ein schwerst betroffenes Gesicht aufsetzen.« ▌ Ich vermisse es massiv, Deutsch zu sprechen. Deshalb telefoniere ich wie ein Wahnsinniger mit Leuten in Deutschland. Das ist Nahrung, wie Vollkornbrot geschickt zu bekommen. ▌ Tagsüber kümmere ich mich um mein Plattenlabel, gehe ins Studio oder treffe mich mit Freunden zum Kaffeetrinken. Zwischen sechs und acht habe ich dann immer ein Tief. Das kommt von meiner Zeit am Theater. In dieser Spanne ist man als Schauspieler wie ein Tier, das seine Energien komplett runterfährt. ▌ Ich hatte meinen ersten Auftritt im Theater mit 17, als ich in Bochum in einem Beatles-Musical mitspielte. Die folgenden zehn Jahre bei Peter Zadek waren mit die schönsten meines Lebens. Ich habe nie wieder so viele faszinierende Charaktere kennen gelernt, die einem das Hirn bereichern. Gleichzeitig war es schwierig zu sehen, was es da für subtile Psycho-Spielchen zwischen Regisseuren und Schauspielern gab. ▌ An mir ist dem deutschen Theaterpublikum definitiv kein Jahrhundertschauspieler verloren gegangen. Ich war trotz heftigstem Bemühen eher durchschnittlich und nur manchmal richtig gut. Ich weiß noch genau, wie Zadek mir vor meiner Premiere als Melchior in »Frühlings Erwachen« eröffnete: »Du, Herbert, ich weiß nicht, ob wir das Stück rausbringen sollten. Du guckst das Publikum nicht an, starrst auf deine Füße und nuschelst so vor dich hin, dass man deinen Text kaum verstehen kann.« ▌ Vielleicht ist meine Musik irgendwann weniger Rock und mehr Rollstuhl. Als alter Mann trete ich in der Helgoländer Kurmuschel auf und singe: »Männer sind auf dieser Welt einfach unersetzlich.« Mehr Tiefe im Gesicht werde ich dann ja haben.

Marius Müller-Westernhagen Musiker
»Durch permanente Selbstbeobachtung wird man leicht zum Paranoiker«

Herbert Grönemeyer sagt, er empfinde Konzerte als »sexuellen Moment«. Viel wichtiger ist, dass du nicht pinkeln musst. ▋ Der Mann ist der Sklave seines Schwanzes. Ich konnte mir nie vorstellen, treu zu sein. Wegen meiner Unsicherheit suchte ich in Affären nach Bestätigung. Es ging gar nicht so sehr um Sex, ich war eher verrückt danach, verliebt zu sein. Ich kenne auch die dumme Situation, mit der Frau eines Freundes zu schlafen. Wir Männer funktionieren leider Gottes so. Robbie Williams sagte mal: »Der Mann hat ein Gehirn und einen Penis, aber nur genug Blut, um eins zur Zeit zu durchbluten.« ▋ Meine heutige Sexualität beschreibt am besten der Filmtitel »Hurra, wir leben noch«, Regie Peter Zadek. ▋ Mit Anfang 20 wog ich nur 54 Kilo. Ich quälte mich mit Hanteln, um kräftiger zu werden. Bis vor ein paar Jahren habe ich sechsmal die Woche drei bis vier Stunden lang Krafttraining gemacht. ▋ Auf der Bühne öffne ich mich weiter, als ich es in meinem Privatleben jemals tun würde. Die Bühne gibt dem Schüchternen die Chance zum Identitätswechsel. ▋ Privat bin ich eher zurückhaltend. Ich falle nicht gern auf. Diese Schizophrenie gibt es bei allen Performern, die ich kenne. ▋ In meinem Beruf musst du dich ununterbrochen mit dir selbst beschäftigen. Ich kreiere ja das Produkt Westernhagen. Diese permanente Selbstbeobachtung führt zu einem Vakuum, in dem man leicht zum Paranoiker wird. Das hält auf Dauer kein Partner aus. Der innere Substanzverlust ist schon sehr stark in meinem Gewerbe. ▋ Ich bin ein spiritueller Mensch, der jeden Abend betet und zu Gott spricht. ▋ Ich bin nach wie vor kein großer Fan von mir. Mein Ego ist heute noch genauso selbstquälerisch, wie es mit 18 war. Ich neige dazu, mich runterzumachen und bei Kritik zur Mimose zu werden. Mein lädiertes Selbstwertgefühl liegt wohl an einem Mangel an Urvertrauen. Für mich war es das Schlimmste, als Kind belogen zu werden. Ich war sehr sensibel und versponnen und schlief immer bei Licht, weil ich mir Geister einbildete, die mir panische Angst einjagten. Meine Eltern versprachen, abends nicht mehr wegzugehen. Wenn ich dann aber nachts aufwachte, waren sie nicht da. Das waren traumatische Erlebnisse, die bei mir zu Verlassensängsten geführt haben. ▋ Wenn ich Klamotten kaufe, frage ich meine Frau immer, ob ich mir den Kauf auch wirklich leisten kann. Ich bin leider so. Ich wurde in einer Familie groß, wo der Vater immer Schulden hatte und auch welche hinterließ. Seit einiger Zeit versuche ich, das Leben ein bisschen mehr zu genießen. Das habe ich viele Jahre nicht gekonnt. Wenn ich mir mal zwei Anzüge gekauft habe, hatte ich eine Woche lang ein schlechtes Gewissen. ▋ Amerikanische Stars versuchen gegenüber Journalisten nach der Devise zu leben: »You can call me motherfucker, but spell my name correctly.« Da habe ich viel von Boris Becker gelernt. Der kann Schmähartikel über sich lesen und sich dabei auch noch amüsieren. ▋ Für unseren Sohn Giulio ist Coolness das Wichtigste überhaupt. Als ich noch Rüschenhemden und schulterlanges Haar trug, fand ich mich auch cool. ▋ Heute sind die Kids sehr schnell von allem gelangweilt und denken immer an ihr Image. Basketball-Klamotten sind wichtiger, als gut Basketball zu spielen. ▋ Giulio besucht ein Internat in England, in dem er Schuluniform tragen muss. Das war nötig. Bei ihm sind die Hormone überm Kopf zusammengeschlagen, und er hat – wie alle Jungen in dem Alter – gelogen wie gedruckt. Er ist auch mit der Rolle nicht klargekommen, der Sohn vom Rockstar Westernhagen zu sein. Er hat ständig versucht, mit meinem Image zu konkurrieren, und ist dabei sozial zurückgeblieben, weil er sich als Privilegierter aufführte. ▋ Ich bin ein Ästhet, den schlechter Geschmack abstößt. Das Dumme ist nur, dass Ästheten strukturell unglücklich sind, denn Perfektion wird in dem Moment zerstört, wo du sie erreicht hast.

Durs Grünbein Lyriker
»*Lyriker werden von der Gesellschaft wie Callgirls angesehen*«

Der DDR-Mensch steckte voller Befehlsstachel. Drill und Repression hatten aus ihm einen Kaktus gemacht. Die Ost-Nostalgie kann mir deshalb gestohlen bleiben. ▎ 1990 bin ich zwecks intensiver Drogenstudien nach Amsterdam gereist. Kokain ist wie Peppermint im Gehirn. Es beschleunigt und erfrischt, schafft aber keine wirklich neuen Kombinationen. Heroin war eine sinnlose Erfahrung, weil ich hinterher überhaupt keine Erinnerung mehr hatte. Ich war einfach weg und kam am nächsten Tag mit ungeheurem Wimpernflimmern wieder zu mir. Letztlich sucht man mit Drogen nach einem neurologischen Trick, um in die eigene Hirnstruktur hineinzukommen. Die Frage ist: Wie kann man sich als Instrument noch präziser handhaben? Da ich meine unter Drogen geschriebenen Sachen größtenteils grotesk misslungen fand, nehme ich heute als Stimulanz Zigarillos von Davidoff. Da ich eigentlich kein Raucher bin, gibt das einen eigenartigen Blow-up-Effekt. ▎ Mit 33 musste ich entscheiden, ob die Annahme des Büchner-Preises verkehrstechnisch für mich eine Rot-Situation ist. Mit dieser Auszeichnung wird ein Autor unter Naturschutz gestellt – und das ruft natürlich die Wilderer auf den Plan. Was man zum Preisgeld gratis dazukriegt, sind eine Menge Feinde. ▎ Die Einkünfte aus meiner Lyrik lagen in den letzten Jahren auf Sozialhilfe-Niveau. Meine Agentin vermarktet mich gemäß meiner eigenen Idiotie in Gelddingen. Ihre Funktion ist es, mich so abzuschotten, dass ich Autist sein kann. Ich muss wieder anfangen können, mit den Bommeln zu spielen. ▎ Lyriker werden von der Gesellschaft wie Callgirls angesehen: Es muss sie geben, aber sie haben weder Status noch Prestige. Die Lust, Gedichte zu lesen, ist historisch abhanden gekommen. Die orgiastische Überschreitung ist von der Poesie hinübergewandert in Bereiche wie Pop. Es ist die tiefste Schmach für heutige Literaten, dass sie sehen müssen, dass die Show ganz woanders spielt. Diese Kränkung beim Anblick eines Popstars empfinde ich selbst. ▎ Besuche im Zoo sind eine wunderbare Erholung von der Menschenwelt. Soziologisches stößt mich ab, Zoologisches tröstet mich. Das Tier im Menschen ist vielleicht die Hoffnung. Bonobo-Affen sind berühmt dafür, dass sie fast ununterbrochen koitieren oder masturbieren. Jetzt wurde nachgewiesen, dass das bei denen eine ganz klare Funktion hat. Immer wenn Streit aufkommt, wird zur Lösung Sex eingesetzt. Ständig und immer Sex als konfliktvermeidende Strategie – das hat mich als Idee sofort begeistert.

Peter Rühmkorf Lyriker
»Ich benutze Hanf wie ein Segelflieger und nicht wie ein Bruchpilot«

Ein Leben lang habe ich mir das Leben eines Ausgeschlafenen herbeigesehnt. ▮ Wenn man mal ausgeschlafen und scheinbar voll betriebsfähig an die Schreibmaschine geht, kommt meist nichts. Ist man dagegen angeraspelt, verpennt, menschenfeindlich, kommt plötzlich was. ▮ All meine Notizen schicke ich ins Literaturarchiv nach Marbach. Jeder Autor möchte zu seiner Entzifferung beitragen. ▮ Zum Geheimnis eines Gedichts gehört für mich die viele Arbeit, die es macht. Gedichte sind keine Himmelsgeburt, die als großer Feuerball herunterfallen. Bei mir bestehen nur 25 Prozent eines Gedichts aus Sternschnuppen. ▮ Rilke hat sich sehr bemüht, aus dem Dichten ein Geheimnis zu machen. Es gibt von ihm die Zeile: »Wer weiß, wer mich genährt hat.« Rilkes Köchin würde sagen: »Ich!« ▮ Wegen einer Blaseninfektion sollte ich mal Samen abliefern. Das war mir ganz grausam, für diesen technischen Zweck Samen absondern zu sollen. So in die Enge gebracht, geriet ich ins Dichten statt ins Ejakulieren. ▮ Mir sind unter Hanfeinfluss eine Menge guter Zeilen gelungen. Ich weiß heute noch, welche. Die Drogenwelt gehört zur Vorsphäre der Poesie. Das Verrückte und Ausgefallene muss dann in nüchternem Zustand bearbeitet und an seinen richtigen Platz gesetzt werden. ▮ Auch Schnaps kann anregend sein, um tiefere Schichten zu lockern. Man wird wagemutig, und es fallen gewisse Zivilisationsgitter. Der Panzer der Arbeitsperson zerbricht. Außerdem kommt das andere Ich zum Vorschein – und bei Dichtern sind das Gedichtzeilen. ▮ Ich benutze Hanf wie ein Segelflieger, nicht wie ein Bruchpilot. Es gibt die Situation, wo man völlig stoned in Embryonalstellung unterm Tisch liegt und nur noch in sich hineindöst. Das sind keine fruchtbaren Zustände. Wenn der Stoff belebt und beflügelt, reden die Leute plötzlich in Zungen. Es kommt aber nur heraus, was schon drinnen war. Es gibt auch Leute, die dann eine belegte Zunge kriegen. Das hat dann keinen Zweck. Da kann man nur sagen, dass derjenige beim Schnaps bleiben sollte. ▮ Wenn ich mich trotz Müdigkeit in Gesellschaft begebe und nicht weiß, wie der Kreis zusammengesetzt ist, ziehe ich vorher manchmal einen durch. Dann kommen die ersten Anwehungen und man denkt: »Oh Gott, das Taxi wartet, aber ich muss das noch schnell aufschreiben!« Im Taxi geht es dann weiter, da kommen alle möglichen Sensationen. Es gibt allerdings auch Furchtphasen, wo ich denke: »Gott, jetzt komme ich in diese graumäusige zugeknöpfte Gesellschaft, und du trittst da ein als völlig verantwortungslose Quasselfigur.«

Robert Gernhardt Lyriker
»Hölderlin hat wahrscheinlich auch nur rote Zahlen gesehen«

Vor Jahren habe ich mich mal drei Monate in Rom eingemietet. Ich spürte damals noch ein bisschen den Schatten Goethes im Nacken, und der ist in Italien sehr aktiv gewesen. Ich empfand einen gewissen Druck, dass der deutsche Schriftsteller in Rom irgendwie Flagge zeigen muss. Das Gedichteschreiben ging mir erstaunlich schnell von der Hand: 60 Gedichte in 90 Tagen! Als ich nach Hause kam, blätterte ich in einer Goethe-Biografie und stellte fest, dass der Mann in zwei Jahren Italien ganze zwei Gedichte geschrieben hat. Ich hatte mich auf einen ganz unsinnigen Wettbewerb eingelassen, weil Goethe im Süden offensichtlich eine lyrische Auszeit genommen hat. ▮ Es ist furchtbar leicht, ein Gedicht zu verrätseln. Ich will aber nicht für dumm verkauft werden und mir Gedanken machen, wo sich der Dichter keine gemacht hat. ▮ Gottfried Benn hat mal ausgerechnet, dass er mit seiner Lyrik vier Mark fünfzig im Monat verdient. Hölderlin hat wahrscheinlich auch nur rote Zahlen gesehen. Um zu Geld zu kommen, müssten Dichter 500 Jahre alt werden. ▮ Lyriker machen sich selbst das Leben schwer durch Verzicht auf lyrikeigene Suggestionstechniken, die ein Gedicht erst einprägsam machen. Ich habe mal nachkontrolliert, bis wann Dichter noch Hammersätze gefunden haben wie »Kennst du das Land, wo die Kanonen blühen?« oder »Es gibt nichts Gutes, außer man tut es« oder »Was sind das für Zeiten, wo ein Gespräch über Bäume fast ein Verbrechen ist?« Die Letzten, die das geschafft haben, sind alle noch vor 1900 geboren. ▮ Es wird unendlich viel gedichtet in Deutschland. Dahinter steckt die Vorstellung, man könnte etwas reimend auf den Punkt bringen. In der »Bild«-Zeitung stand mal: »Kohl machte bumm, aber keiner fiel um«. ▮ Das Gedicht hat den Respekt ein bisschen verspielt, auch durch zu große Volksnähe. Schiller hatte Recht: Die Poesie muss dem Publikum als Genius oder als Gespenst erscheinen. Anders ist den Leuten kein Respekt beizubringen. ▮ Den Neid des Epikers auf den Lyriker hat Max Frisch mal in Worte gefasst, als er über Trakl sagte: »Er fliegt, und ich gehe.« ▮ Ich verstehe Martin Walser nicht, der sagt, er kenne keinen Schriftsteller, der nicht lieber Lyriker wäre. Ich habe auch beim Prosaschreiben erhebende Gefühle. Es ist etwas sehr Schönes und Gottähnliches, morgens noch mal die zehn Seiten Prosa vom Vortag durchzulesen und dann zu überlegen: »Wir haben Olga eingeführt. Was machen wir jetzt mit Olga?« ▮ Die Malerei ist die höchste aller Künste, weil sie die leiseste ist. ▮ Eine gute Formulierung überdauert. Das Maß hat Horaz vorgegeben: »Ich habe ein Monument geschaffen, das dauerhafter ist denn Erz.« Er hat Recht. Die Heldenbüsten sind fast alle eingeschmolzen worden, aber die Gedichte gibt es noch. ▮ Kohl hat gesagt: »Ich war gut in Hölderlin.« Das ist der Satz, den ich von Kohl im Gedächtnis behalten werde.

Hans Magnus Enzensberger Schriftsteller
»Wer sich für einen Geistesriesen hält, ist fast immer ein Dummkopf«

Herrschaft des Mittelmaßes heißt, dass es niemanden mehr gibt, auf den es ankommt, egal ob Fußballtrainer, Physiker oder Intendant. Glauben Sie etwa, es spielt eine Rolle, wer bei uns Bundeskanzler ist? Das bildet sich doch nur der Bundeskanzler ein. ▪ Wenn von Mittelmaß die Rede ist, sind immer die anderen gemeint, so als hätte derjenige, der dieses Urteil fällt, nichts damit zu tun. In Wirklichkeit sind wir denen, über die wir sprechen, außerordentlich ähnlich. Das beweisen die Mäntel, die wir tragen, die Häuser, in denen wir wohnen, die Ferien, die wir machen. Einer, der wirklich ganz anders wäre – ein Marsmensch oder ein Olympier – könnte diese Gesellschaft auch gar nicht verstehen. Die Einbildung, die ich meine, ist nicht nur moralisch unhaltbar, sie hat auch intellektuelle Konsequenzen: Wer sich für einen Geistesriesen hält, ist fast immer ein Dummkopf. ▪ Tatsache ist, dass die von Kohl propagierte moralische Wende nur zu einem stetigen Ansteigen des Korruptionsniveaus geführt hat. ▪ Es gibt neue Formen von Verelendung, die sich nicht nur am monatlichen Einkommen ablesen lassen. Die Opfer sind diejenigen, die vom herrschenden Mittelmaß ausgesondert werden. Denn sobald eine Klasse das Sagen hat, ist sie unerbittlich. Das gilt auch für die Mittelklasse. Wer bei ihrem Tanz psychisch oder körperlich nicht mithalten kann – vor allem die Alten und die Kranken –, wird in die Ecke gestellt, mit irgendwelchen Mindestsätzen abgefunden und vergessen. Das ist natürlich nur so lange möglich, wie die Opfer in der Minderheit bleiben. ▪ Vielleicht sind die Deutschen heute tatsächlich die Avantgarde des Mittelmaßes. Länder wie Frankreich oder England haben noch Traditionen und Eliten mit einem ausgeprägten Klassenbewusstsein. Bei uns ist der alten Gesellschaft durch die historischen Nackenschläge das Rückgrat gebrochen worden. ▪ Wenn man die Kultur als eine Industrie wie jede andere betrachtet, muss man sagen, es geht ihr besser denn je. Von Jahr zu Jahr mehr Galerien, Ausstellungen, Neuerscheinungen, Festivals – riesiger Andrang, riesige Umsätze. Die Produkte sind konkurrenzfähig, die Museen sind voll, und man kann nicht einmal behaupten: alles Mist. Im Gegenteil. Was die Republik kulturell hervorbringt, ist hoch qualifiziertes Mittelmaß. Und eben hier liegt das Problem. Die Gleichheit, die der Pluralismus mit sich bringt, ist eben immer auch Gleichgültigkeit. Jeder darf, jeder macht sich bemerkbar. Aber wenn dann alle nur die Achseln zucken und keiner mehr einen Unterschied zwischen dem Richtigen und dem Falschen macht, zwischen Kunst und Müll, dann sieht es ziemlich trübe aus mit dem, was man früher einmal Kultur genannt hat. Dann erschöpft sich der ganze Betrieb in einem einzigen, unaufhörlichen Schleswig-Holstein-Festival. ▪ Wer läuft denn hierzulande mit einem glücklichen Bewusstsein herum? Die Selbstzufriedenheit an der Oberfläche ist doch nur Selbstschutz. Spätestens nach dem dritten Glas Wein kommt das unglückliche Bewusstsein zum Vorschein, oft sogar penetrant und in weinerlicher Form. Dass mit uns etwas nicht stimmt, weiß doch jeder. ▪ Wir kennen doch den Magazinredakteur, der sich in jeder Nummer darüber ereifert, dass schon wieder irgendjemand »kassiert« hat. Nur er selbst kommt in seiner Predigt nicht vor. Die Spesen der anderen findet er skandalös, die eigenen normal. Wir haben es mit massenhaften und immer raffinierteren Formen der Heuchelei zu tun. ▪ Meine begrenzte Erfahrung mit Drogen ist, dass sie letzten Endes unproduktiv sind. Wenn ich mein Bewusstsein erweitern will, muss ich das schon selbst tun.

Harry Mulisch Schriftsteller

»Die Macht von Leuten wie Hitler und Stalin ist rein physisch«

Seit 30 Jahren lese ich keine Romane mehr. Wenn man älter wird, sieht man nach fünf Seiten, ob ein Roman gut oder schlecht ist. In beiden Fällen ärgere ich mich. ▌ In Romanen Menschen zu erschaffen hat etwas Gottähnliches. Deshalb haben Schriftsteller in der Regel einen unangenehmen Charakter. Es gibt für sie nur die eigene Welt. Jede Schriftstellerfrau weiß, dass ihr Mann sich im Zweifelsfall gegen sie und für die Literatur entscheidet. Das sind also sehr heldenhafte Frauen. ▌ Der Ruhm durch den Literatur-Nobelpreis steigert den Marktwert, aber genau das kann für den Autor zum Problem werden. Als ich las, dass ein Bild von Jasper Johns zehn Millionen Dollar gebracht hat, dachte ich: »Mit welchem Gefühl betritt dieser Mann morgens sein Atelier? Er weiß, dass das Bild, das er gerade malt, ein Zehn-Millionen-Dollar-Schein ist.« ▌ Jeder Mensch hat ein absolutes Alter. Es gibt Menschen, die immer 70 gewesen sind. Ich bin 17. Da fühlt man sich als Genie und will den weltbewegenden Roman schreiben. Diesen Träumereien muss man treu bleiben, sonst wird man nie ein Genie. Keine Größe ohne Größenwahn. ▌ Macht erwirbt ausschließlich derjenige, der die fleischliche Konstitution dafür besitzt. Wer Macht hat, denkt, es liegt an seiner Persönlichkeit oder seinen Meinungen. Dabei ist die Macht von Leuten wie Hitler und Stalin rein physisch. Es ist ihr Körper, ihre Motorik. Dalí sagte über Hitler: »Ich liebe seinen Rücken.« Der Philosoph Karl Jaspers fragte einmal seinen Kollegen Martin Heidegger: »Wie kann ein so ungebildeter Mensch wie Hitler Deutschland regieren?« Heidegger antwortete: »Bildung ist gar nicht wichtig. Sehen Sie sich mal Hitlers schöne Hände an.« Der Name ist auch wichtig. Hätte Hitler weiterhin Schickelgruber geheißen, wäre vor 1933 der Moment gekommen, wo jemand zu ihm gesagt hätte: »So, jetzt hältst du endlich mal deine große Klappe!« ▌ Ich war mal mit Jörg Haider in einer Talkshow. Während der Sendung sagte ich ihm: »Auch wenn Sie das Gegenteil sagen würden, hätten Sie großen Zulauf.« Haider meinte: »Ja, das könnte schon sein.« ▌ Als ich Albert Speer besuchte, sagte er: »Hitler ist für mich immer noch leibhaftig anwesend.« Er sagte »leibhaftig«, nicht »im Geiste«. Ich fragte, ob er später mit einem anderen Politiker eine ähnliche Erfahrung gemacht habe. Er nickte, kam aber nicht auf den Namen. Den hatte er freudianisch verdrängt. Schließlich kam der Name doch noch aus ihm heraus: Rudi Dutschke, der Bürgerschreck, der Anti-Hitler. Aber ich verstand ihn genau: diese fanatischen Augen! Das beweist auch, dass Speer kein Nazi war. Er war einfach verliebt in dieses Führerfleisch.

Heinz G. Konsalik Bestsellerautor
»In jeder Minute werden zwei meiner Romane gekauft«

Wenn ich mitten in einem Roman bin, schreibe ich am Tag zehn Stunden oder noch länger. Es muss sprudeln, wie ich volkstümlich sage. Wenn ich am Abend aus meinem Arbeitszimmer komme, brauche ich ungefähr eine halbe Stunde, bis ich wieder in der realen Welt bin. Während dieser Zurückbesinnung setze ich mich in die Couchecke und trinke ein großes Glas kalte Milch. ▪ Wenn absolut nichts aus mir heraus will, lasse ich mich im Auto herumfahren. Dann sitze ich in mich zusammengesunken auf der Rückbank und höre das 1. Klavierkonzert von Tschaikowsky. Plötzlich ist es dann wie ein Platzen: sofort nach Hause an die Maschine und schreiben! ▪ Dass nichts aus mir heraus will, kommt nicht oft vor – sonst hätte ich nicht 145 Romane geschrieben. Ich muss schreiben. Das ist eine Besessenheit. Wenn ich pausiere, werde ich ungenießbar. Mit Anfang 30 ist es vorgekommen, dass ich so von Stoffen bedrängt wurde, dass ich zwei Romane nebeneinander geschrieben habe, zwei Tage den Roman, zwei Tage den Roman, weil das einfach raus musste. Der eine spielte in Sibirien bei 40 Grad Kälte, der andere im Urwald bei 40 Grad Hitze. Es war eine unheimliche Anstrengung, dauernd 80 Grad Temperaturunterschied zu haben, aber der Drang war immer da. Wenn ich mit den Füßen auch schreiben könnte, würde ich das tun. ▪ In ganz jungen Jahren, in den so genannten verrückten Jahren, hatte ich die Angewohnheit, mir während des Schreibens eine griechische Hirtenkappe auf den Kopf zu setzen. Wie Schiller einen angefaulten Apfel zum Schreiben brauchte, so hatte ich jahrelang diese bestickte Kappe auf. ▪ Ich habe in meinem ganzen Leben noch nie eine Seite umgeschrieben. Manchmal setze ich Wörter um oder streiche mal eine Zeile, aber eigentlich sitzt es beim ersten Mal. ▪ Ich bin 72 und lebe mit einer 28-jährigen Chinesin zusammen. Das ist meinem Schreiben sehr bekömmlich. ▪ In jeder Minute werden zwei meiner Romane gekauft. ▪ Mein wirklicher Name ist Freiherr von Günthern, Ritter zu Augustusburg.

Robert Schneider Schriftsteller
»Einem Menschen, der alleine lebt, ist nicht zu trauen«

Zynismus ist ein Präventivkrieg. Ehe ein Gefühl an mich herankommt, mache ich es lächerlich. Deshalb reagiert ein Zyniker immer vorschnell. ▌ Zynismus ist eine Ungenauigkeit der Lebensführung. Man verdächtigt andere für das eigene Unglück. ▌ Zum Zyniker wird man durch Enttäuschungen. Ein Zyniker hatte nicht die Kraft, nach einem gescheiterten Lebenstraum wieder von vorne anzufangen. Weil er keine Kraft mehr hat, fängt er an, sich zu schützen, indem er auf Distanz geht. Er wechselt in die zweite Reihe, dann in die fünfte. Er wird zu einem kalten Beobachter, hat aber nichts als die Sehnsucht, ganz vorne dabei zu sein, da, wo das Leben tobt. ▌ Mit 15 habe ich ein Mädchen in der Nachbargemeinde unsäglich geliebt, ohne sie je zu berühren. Das war eine 13-jährige unerfüllte Liebe. Am Ende versuchte ich, mich mit den Auspuffgasen meines Mopeds umzubringen. Bis zu meinem 22. Lebensjahr war ich unberührt. Bis dahin sonnte ich mich darin, dass ich sozusagen der einzige ehrenhafte Liebhaber bin. ▌ Ich möchte mich an den Schultern einer Frau ausruhen und endlich nicht mehr schreiben müssen. Nietzsche sagt so wunderschön: »Die Kunst rettet uns vor dem Leben.« Ich bin der Meinung, der Satz muss umgekehrt lauten: Das Leben soll uns vor der Kunst retten. ▌ So hübsch man es auch präsentieren will: Letzten Endes schämt sich jeder, ein Single zu sein. Einem Menschen, der alleine lebt, ist eigentlich nicht zu trauen. ▌ Ich liebe es, Frauen zu beschenken. Wenn sie dann mit schweren Tüten bepackt sind, werden sie so anschmiegsam. ▌ Ich bin dabei, vor meinem Haus einen hundert mal hundert Meter großen Park anzulegen, in dem die Hauptfiguren meiner Romane als Skulpturen aufgestellt werden. Es ist mir völlig egal, wenn die Leute sagen: »Der verewigt sich da selbst.« Es ist einfach wunderschön, aus dem Fenster zu schauen und meine Romanfiguren zu sehen. Für »Die Luftgängerin« ist ein Künstler dabei, etwas sehr Monumentales zu machen, eine mindestens zehn Meter hohe Skulptur. In diesem Park ist auch bereits meine Grabstelle vorgesehen.

Salman Rushdie Schriftsteller

»Es ist gespenstisch, aufgrund eines Todesurteils berühmt zu werden«

Zu Empfindungen wie Todesangst bin ich schon seit Jahren nicht mehr fähig. ▪ Khomeinis Mordbefehl und die Jahre der Verfolgung sind meine Altersversicherung. Wenn mir irgendwann mal keine Romane mehr einfallen, werde ich auf dieses unselige Thema zurückkommen. Hoffentlich bin ich dann schon ein Greis unterm Sauerstoffzelt. ▪ Es ist gespenstisch, aufgrund eines Todesurteils ein berühmter Schriftsteller zu werden. Ich selbst hasse es am meisten, für alle »der Typ mit der Fatwa« zu sein. Ich weiß doch auch, dass »Die satanischen Verse« trotz Millionenauflage der am wenigsten gelesene Bestseller der Welt ist. Je mehr ein Buch zum Ereignis wird, desto weniger Lust hat man, es zu lesen. ▪ Auch ohne die Fatwa würde ich niemals einen Journalisten in mein Haus lassen. Der Reporter würde nicht mich interviewen, sondern mein Haus: Welche Möbel habe ich? Welche Tapeten kleben an den Wänden? Wie oft klingelt bei mir das Telefon? ▪ Ich habe über mich lesen müssen, dass ich mich in meinen Verstecken von einem Hostessen-Service mit Nutten versorgen lasse. Gossip ist das Plutonium unserer Zeit. ▪ Rock 'n' Roll war die erste Musik, die Rassen, Kulturen und Kontinente einfach überflog. Ein ganzer Planet reagierte auf die gleiche Weise. Mit Elvis begann die Globalisierung. ▪ Rocksongs scheinen die pure Oberflächlichkeit zu sein, sind aber in Wahrheit Soulfood für Millionen. Früher stolzierten Soldaten zu Marschmusik in den Krieg. In Vietnam dagegen lagen die GIs im Dschungel unter Feuer und hörten die Doors, die die Unschuld tanzender Mädchen besangen. Rockmusik hat mitgeholfen, den Krieg in Vietnam zu beenden. Nicht, weil sie sagt »No more war«, sondern weil sie so unwiderstehlich das Leben feiert. ▪ Nichts bringt mich mehr nach oben als Motown-Soul. Das ist die ansteckendste und fröhlichste Musik der Welt. Außerdem ist die emotionale Spannweite so hübsch übersichtlich. Entweder sie singen darüber, verliebt zu sein, oder davon, es nicht mehr zu sein. ▪ Wie jeder Mann meiner Generation posierte ich früher mit einem Tennisschläger in der Hand als Gitarrist. Als ich mit U2 auf der Bühne des Londoner Wembley-Stadions stand und 85.000 Menschen vor mir sah, war mir auf einmal sehr mulmig zumute – mir fehlte mein Tennisschläger. ▪ Der letzte Satz, den John Lennon in seinem Leben gehört hat, lautete: »Wissen Sie, wer Sie sind?« Nachdem auf ihn geschossen worden war, lag er blutend in einem Polizeiauto, und ein Beamter schrie ihm immer wieder diese Frage ins Gesicht, um ihn bei Bewusstsein zu halten. Lennon hätte die Antwort gewusst. Elvis dagegen nicht. Der gehörte zum Stupid Club des Rock 'n' Roll – genau wie die Selbstzerstörer Janis Joplin, Jim Morrison, Jimi Hendrix und Kurt Cobain.

▋ Neugierde ist für mich die Definition von Intelligenz. Alle klugen Menschen, die ich kenne, wollen immer begreifen, wie etwas funktioniert. Sie kommen auf einen zu mit dieser Geste: Was weißt du, was ich nicht weiß? ▋ Die Bereitschaft, öffentlich über intime Dinge zu sprechen, ist heute oft wichtiger als Talent. Die Popularität von Prinzessin Diana stieg erst dann ins Unermessliche, als sie anfing, öffentlich ihre Wunden und Narben zu entblößen. ▋ Wir verehren Celebrities nicht trotz, sondern wegen ihrer Schwächen. Je mehr Niederlagen sie gestehen, desto stärker lieben wir sie. Die Heroinsucht eines Musikers ist Teil seiner Attraktivität. Wenn die Schönheit einer Filmdiva langsam zerbricht, weiden wir uns an ihrer narzisstischen Qual. Wir hegen zärtliche Gefühle für Oprah Winfrey, weil sie seit Jahren diese schreckliche Schlacht gegen ihre Fettleibigkeit schlägt. Ihr Kampf ist auch unser Kampf. Und wenn wir ihr ihre Fresssucht vergeben, vergeben wir auch uns selbst. Sie hat uns durch ihre Sünden erlöst. Sich in anderen wiederzuerkennen, ist einer der machtvollsten menschlichen Impulse. Darauf basiert das ganze Geheimnis der Literatur. ▋ Schriftsteller zählen zu den Opfern der Bekenntniskultur. Das Versprechen der Literatur ist es, dass Sie eine wertvollere Erfahrung machen, wenn Sie einer erdachten Figur folgen als einer tatsächlich existierenden. Aber statt nach Wahrhaftigkeit zu suchen, lesen die Leute lieber Real Life Stories. »Anna Karenina« verstaubt in den Regalen, aber die Leiden von Prinzessin Diana werden zum Millionenseller. ▋ Das Fernsehen lieferte jeden Tag Anschauungsmaterial, wie Dianas Tod durch die größte Medienoperation des Jahrhunderts zum Weltereignis hochgeputscht wurde. Ihr Leichnam wurde zum wahrhaftigsten Spiegel unserer Kultur. ▋ Das Verhalten der Massen war ein Feedback-Loop: Die Trauer der Menschen nach dem Tod von Diana war echt – aber nur zehn Sekunden lang. Dann haben die Medien die ersten Bilder von Trauernden in Umlauf gebracht. Von da an haben die Menschen nicht mehr auf Dianas Tod reagiert, sondern auf die Bilder von Trauernden. Nach kürzester Zeit verschwand die authentische Trauer, und die Leute schauspielerten die Trauer, die sie im Fernsehen bei anderen gesehen hatten. Ich habe mir die Menge rund um den Kensington Palace angeschaut. Die Zahl der wirklich Trauernden nahm stündlich ab. Stattdessen kamen immer mehr Zuschauer, die Trauernde sehen wollten. Es ist eine allgemeine Tendenz: Wir reagieren nicht mehr auf das eigentliche Ereignis, sondern auf das Echo, das dieses Ereignis in den Medien hervorruft. Wir wollen Teil dessen werden, was wir im Fernsehen sehen.

Peter Sloterdijk Philosoph
»Man kann zur Welt kommen, wie man in einem brennenden Flugzeug abstürzt«

Anfang der 80er war ich in Indien beim Bhagwan Shree Rajneesh. Ich hatte das Gefühl, dieser Mann hat die Art von Verführung, auf die ich gerne hereinfallen würde. In Poona habe ich die Einsicht gewonnen, dass Geist ein anderes Wort für Freundlichkeit sein kann. ▌ In jeder bedeutenden Kritik eines Philosophen bohrt eine Wunde. Mir ist zumute, als wäre ich als Kind psychisch gestorben. Jetzt führe ich mein zweites Leben. Der Tiefenpsychologe Stanislav Grof hat mit Hilfe von LSD die subjektiven Geburtserfahrungen des Kindes aufgearbeitet: Höllenstürze und apokalyptische Verzweiflungen, alles auf den 20 Zentimetern, die das Kind zurücklegt, wenn es den Mutterschoß verlässt. Ich weiß, dass er Recht hat. Man kann zur Welt kommen, wie man in einem brennenden Flugzeug abstürzt. Mein Trauma war eine brennende Welt, in die ich langsam hineinfalle. ▌ Manchmal ist bei mir das Gefühl da, dass ich nicht genau weiß, ob ich von Menschen abstamme oder ob ich über der Stadt Karlsruhe mit dem Fallschirm abgesprungen bin. Man müsste nur sehr defensiv leben, dann bliebe es einem ein Leben lang erspart, sich an dieses Gefühl zu erinnern. Ich hätte zum Beispiel meinen ersten Lebensansatz weiterführen und ein furchtsamer, schizoider Intellektueller werden können, wie er im Umfeld der großen Landesbibliotheken gedeiht – und in der ganzen akademischen Welt. Meine Wiedervermenschlichung fing an durch Freundschaften und Liebesbeziehungen und bewusstes Zurückgehen in den poetischen Raum. Von da an kommt das brennende Flugzeug in mir allmählich an die Oberfläche. ▌ In der letzten Zeit habe ich an mir beunruhigende Beobachtungen gemacht. Ich bin fast sicher, dass ich, wenn ich heute noch mal 18 wäre, den Versuch machen würde, Pfarrer zu werden – natürlich vergeblich. Aber immerhin: Wahrheit will gemeinsame Sphäre erzeugen. ▌ Als politischer Theoretiker muss man zugleich Menschenfreund und Monstrum sein. Als Menschenfreund interessiert man sich für die Wiederholung des Menschen durch den Menschen. Das heißt, man fragt: Was braucht ein Kind, um kein Monstrum zu werden? Als Homo politicus interessiert man sich dafür, wie man tüchtige, verkehrsfähige Hochleistungsmonstren bekommt, die im Großraum einsatzfähig sind. Stellen Sie sich vor, Franz Josef Strauß wäre noch am Leben oder Herbert Wehner, beides Prototypen für das politisch begabte Ungeheuer. Sie konnten konkret menschlich, allzu menschlich sein und unmenschlich abstrakt. An beiden sah man das Lächeln der

Sphinx, die in steinerner Ruhe den Untergang der anderen betrachtet. Und bei beiden gab es einen Willen, sich nützlich zu machen, und zwar im größten Maßstab. ▪ Bei sehr verfeinerten Menschen geht die Gesellungsfähigkeit inzwischen fast gegen null. Das ist ein modernes Phänomen. Es gibt eine fatale zivilisatorische Kurve von der Urhorde, in der 20, 50 oder 80 Menschen eine gemeinsame Seelensphäre ausbildeten, zu dem Single, der eine Sechszimmerwohnung alleine bewohnt und zwischen seinen Büchern und Blumen auf und ab geht. ▪ Die Medien spielen keine so böse Rolle, wie man oft sagt. Es ist doch eine verblüffende Aufgabe, eine Gesellschaft von 80 Millionen Menschen so zu synchronisieren, dass diese glauben können, in einer gemeinsamen Wirklichkeit zu leben. Moderne Staaten sind Selbsteinbildungen, die über permanente Nachrichtensendungen laufen. Wenn wir nur noch Regionalsender zuließen, würde sich die deutsche Nation innerhalb eines Jahres in Wohlgefallen auflösen. ▪ Auch Katastrophennachrichten sind gute Nachrichten, solange die Basismessage lautet: Die Sendung geht weiter. Zivilisation ist die Verbreitung von hinreichend guten Nachrichten. ▪ Der üblichen Philosophiegeschichte, die in den großen Ideen nur noch Verrücktheiten sieht, die uns nicht mehr bewegen, darf man kein Wort glauben. Ideen als Manien und Ambitionen sind noch immer die entscheidenden Weltmächte. ▪ Es gibt einen Niedergang der Begeisterungen, bei dem zuerst Gott zum Menschen wird und dann der Mensch zum Schlumpf. ▪ Die Zeit der Religion ist nicht vorbei, denn wie könnte Weltfremdheit vorbei sein? ▪ Man kann leicht erklären, warum das Sich-Kleinmachen im Augenblick die bevorzugte Form der Wirklichkeitsverarbeitung ist und warum sich fast niemand mehr zur Verfügung hält für die ganz großen Aufgaben. Was die herrschende Endverbraucherideologie fordert und was die Medien honorieren, sind Slogans für Deserteure. Gesucht sind Leute, die das gute Gewissen machen für die Spielereien, mit denen sich desorientierte Massen vom Wesentlichen ablenken. Der Unernst durchdringt jeden Einzelnen bis in die innersten Antriebe. ▪ Die deutsche Sprache ist im Laufe eines Jahrhunderts runtergekocht. Es ist keine hysterische Verheißungssprache mehr. Daher ist Deutsch jetzt fast wie Englisch: Pilotensprache, Funktionalsprache, Servicesprache: Thank you for flying Lufthansa. Keine großen Worte mehr. Das Problem ist nur: Wie will man ohne große Begriffe einer großen Welt gewachsen sein?

Michael (»Bully«) Herbig   Regisseur
»Ich mache Realsatire«

Schon als kleines Kind habe ich in der Badewanne vor Publikum Otto-Platten nacherzählt. Später wurde ich der Klassenclown. ▮ Mein Glücksfall war ein Nachbarjunge, der mir mit 14 seine Videokamera lieh. Wenn heute die Skandinavier behaupten, sie hätten Dogma erfunden, kann ich nur sagen, ich habe das schon vor 20 Jahren gemacht: mit der Videokamera rein in den Wald, kein Licht, kein Ton, keine professionellen Schauspieler, einfach nur Blätter im Wind. ▮ Mit 19 wurde ich Soldat. Als die Übungen etwas überhand nahmen, habe ich meinem Leutnant angeboten, einen Film über die Truppe zu machen. Stilistisch sieht der Film aus wie ein Werbespot für die US-Army. Komisch wird die Sache, weil die Gestalten, die da herumlaufen, halt keine Marines sind, sondern Wehrpflichtige, auch mal mit Bierflasche in der Hand. ▮ Ich mache Realsatire, jede Figur gibt es in der Wirklichkeit. Ein Fahrradkurier kommt in unser Büro und sagt: »Ich bin gestern gegen einen Baum gefahren, ey, Mann, der war voll aus Holz!« Da brichst du doch zusammen. ▮ Ich bin ein Jäger und Sammler, für den alles Material ist. Alles durch den Kakao zu ziehen ist schon ein Defekt, weil du fast nichts mehr ernst nimmst. Neulich sagte ein Finanzprüfer in einem Nebensatz zu mir: »Aber ned, dass Sie mi im nächsten Sketch einbauen, gell?« Aber natürlich wird der im nächsten Sketch eingebaut! ▮ Vielleicht drehe ich mal einen Schwarzweißfilm auf Französisch mit tschechischen Untertiteln. Darin lasse ich dann eine Frau mit Haaren unter den Achseln minutenlang in schwarzem Kaffee rühren. Weiter bin ich noch nicht. Vielleicht wird aber auch ein Thriller draus.

Michael Mittermeier Entertainer
»Dein Kopf ist eine elende Drecksau«

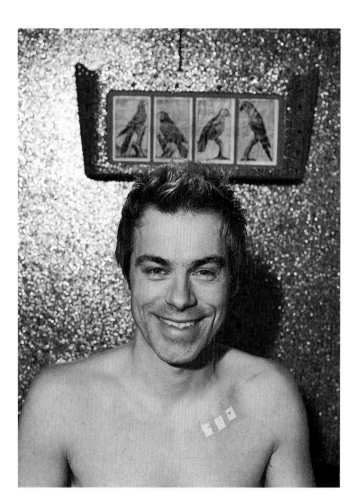

Zur Schule gegangen bin ich in einem oberbayerischen Klosterinternat. Wir bekamen Watschen, und Kopfnüsse waren auch sehr beliebt. Die Kuttenträger unter den Lehrern haben tendenziell härter zugehauen. Wenn ich mit zwölf Jahren heimlich eine Zigarette rauchte, habe ich wegen meiner Schuldgefühle immer ein »Vater Unser« gebetet. ▮ Ich war von der schüchternen Fraktion. Ehe ich ein Mädchen ansprach, musste ich 20 Lonely-Wolf-Runden um sie rum drehen. Man sah schon meine Fußspuren im Teppich. ▮ Als ich als Teenager beim Autoscooter von einem stärkeren Typen eins auf die Fresse bekommen habe, konnte ich es ihm verbal dreifach zurückgeben. Er hat mich trotzdem weiter verprügelt, aber ich wusste, was ich zu ihm gesagt habe, vergisst der nie. ▮ Wenn man ehrlich ist, steckt ja was Wahres drin, wenn ich auf der Bühne über Angela Merkel sage: »Sie taugt nicht mal zur Diktatorin. Sie könnte nie so etwas werden wie Saddam Hussein, denn es findet sich niemand, der ihre Doppelgängerin werden möchte. Aber ich will jetzt nicht so viel auf Angela Merkel rumreiten – wer will das schon?« ▮ Ich habe gelernt, meinem Bauch zu vertrauen, statt auf meinen Kopf zu hören. Dein Kopf ist eine elende Drecksau. ▮ Die ersten grauen Sackhaare habe ich mit der Pinzette bekämpft, aber damit habe ich aufgehört. Man durchlebt dabei Schmerzen, die man nicht ein weiteres Mal ertragen möchte. Also lass ich sie einfach in Ruhe und lass mich von meiner Frau »Gandalf, der Graue« nennen.

Arthur Miller   Dramatiker

»Ein Pessimist macht die eigenen Niederlagen zu seiner Weltanschauung«

Den Börsencrash von 1929 habe ich als 14-Jähriger miterlebt. Mein Vater verlor sein Millionenvermögen, und ich musste plötzlich ohne Chauffeur und Kindermädchen auskommen. Mein Vater war fast ohne Schulbildung. Vor dem Ersten Weltkrieg wanderte er aus Polen in die USA ein. Nach ein paar Jahren gehörte ihm eine prächtig laufende Fabrik für Damenbekleidung. 1927 machte er die großartige Entdeckung, dass es ihm viel mehr Geld bringt, sein Kapital in Aktien zu investieren, statt es in die Produktion von Mänteln zu stecken. Als der große Crash kam, hatte er immer noch eine prächtig funktionierende Fabrik – nur konnte er seine Arbeiter nicht mehr bezahlen, denn all sein Geld war auf einmal im Klo verschwunden. Die Menschen ändern sich nicht sehr. Es ist immer die gleiche Geschichte: Gier! ▎ Der totale Zusammenbruch unserer Familienwelt in der Großen Depression hat mich gelehrt, dass nichts auf dieser Welt Bestand hat. Unsicherheit ist das einzig gültige Prinzip. Ich weiß inzwischen auch, dass ich ohne das Desaster meines Vaters niemals Dramatiker geworden wäre. Sein Schicksal ist in jedes meiner Stücke eingeflossen. ▎ Früher war ich ein zorniger Moralist. Mit 84 fühle ich mich nicht mehr schuldlos genug, um andere zu verdammen. Und je älter man wird, desto mehr kichert man in sich hinein. ▎ Der Held in meinem Stück »Mr. Peter's Connections« kommt sich vor wie jemand, der ein Kanu mit einem Tennisschläger vorwärts bewegen soll. Und manchmal wird er das Gefühl nicht los, Gott hätte die Welt wie eine Uhr aufgezogen und sich dann verdrückt. Diese Befindlichkeiten kommen mir bekannt vor. Ich konnte noch nie eine Zeile über eine Person schreiben, mit der ich nicht mitempfinde. ▎ Ein Pessimist macht die eigenen Niederlagen zu seiner Weltanschauung. Ich habe beim Stückeschreiben immer darauf bestanden, dass es auch in der Tragödie die Möglichkeit des Sieges geben muss. ▎ Rache ist eine feige Form der Trauer. ▎ »Tod eines Handlungsreisenden« hätte heute am Broadway keine Chance. Als sozialkritischer Dramatiker können Sie nur darauf hoffen, dass eine Hollywood-Größe unbedingt Ihr Stück spielen will. Haben Sie einen Star an der Hand, finden Sie auch einen Produzenten. ▎ Die meisten Amerikaner leben mit dem Gefühl, dass in ihrem Leben nichts richtig funktioniert. Trotzdem stehen sie morgens mit der Zuversicht auf, dass sie es heute irgendwie schaffen werden. Es gehört zum Ethos dieses Landes, auch noch nach dem kleinsten Hoffnungssplitter zu greifen. In Europa ist man viel fatalistischer und wehleidiger. Man fühlt sich wie in einer alten Kathedrale und glaubt, die Geschichte sei vorbei. ▎ Nach dem Tod des Kommunismus steht der amerikanische Kapitalismus heute als einsamer Sieger da. Aber was passiert mit einem System, das keinen Gegner mehr hat? Es wird unglaublich fett. Und es beginnt, Fehler zu machen, weil kein Konkurrent mehr aufpasst. Bis in die 80er Jahre saß die Welt auf einem Stuhl mit drei Beinen. Es gab die USA, Russland und China. Heute sitzt die Welt auf einem Stuhl, der nur ein Bein hat: die USA. Aber wie lange kann sich jemand halten, der auf einem einbeinigen Stuhl sitzt? ▎ Jede Darmtätigkeit ist aufregender als eine Präsidentenwahl in den USA. Ich verstehe nicht, was an diesen Showbusiness-Ritualen so spannend sein soll. ▎ Die Konservativen hören nicht auf zu lamentieren, dass dieses Land endlich wieder Werte braucht. Die Ironie ist nur, dass dieselben Konservativen Spitzenpositionen in dem System bekleiden, das unsere Werte jeden Tag weiter zerstört. ▎ Politik und Religion waren in diesem Land niemals wirklich getrennt. Neu ist allerdings der nackte Missbrauch der Religion durch Politiker. Nicht einmal ein Rechter wie Eisenhower hat es gewagt, Gott zu instrumentalisieren. Es gab den Konsens, dass es sich einfach nicht gehört, den eigenen Glauben im Wahlkampf zur Schau zu stellen. Jetzt ist auch diese Schamgrenze gefallen. Statt die eigenen Kinder vor die Kameras zu zerren, zeigt man sein Gebetbuch her. ▎ Laut Umfragen glauben 80 Prozent der Amerikaner, sie kommen in den Himmel. Die meisten von ihnen glauben auch, sie werden dort niemanden treffen, den sie kennen. Religion hat in den Vereinigten Staaten die geistige Tiefe eines Comicstrips. ▎ Die Deutschen haben mehr getan als jedes andere Volk in Europa, um ihre Geschichte

aufzuarbeiten. Die Österreicher haben sich bis heute ihrer Vergangenheit nicht gestellt. Sie geben sich immer noch als die ersten Opfer Hitlers aus. Dabei haben sie diesen Mann geliebt, und sie waren die besten Nazis, die es gab. Die Österreicher glaubten immer schon, dass sie die Brandmauer Europas gegen die Türken sind. In dieser Hinsicht sind sie wie die Texaner, die die Mexikaner hassen. Nirgends ist die Fremdenfeindlichkeit so groß wie in Grenzstaaten. ■

Wenn man Jörg Haider im Fernsehen sieht und den Ton abdreht, könnte man ihn für einen Amerikaner halten. Er hat diesen relaxten Appeal eines Tom Cruise. ■ Meine größte Hoffnung ist die österreichische Fremdenverkehrsindustrie. Einige meiner Freunde fahren wegen Jörg Haider nicht mehr zum Wintersport nach Österreich. Wahrscheinlich sind es die Skiliftbesitzer, die dafür sorgen werden, dass Haider nicht allzu mächtig wird.

Robert F. Kennedy, Jr.
Umweltschützer und Sohn des erschossenen US-Justizministers

»Macht kann einen Menschen zerstören – Machtlosigkeit aber auch«

Am 5. Juni 1968 weckte mich morgens um sechs ein Lehrer meines Internats. Er sagte, draußen würde ein Wagen warten, der mich nach Hause bringt. Dass der Palästinenser Sirhan Sirhan im Hotel Ambassador mehrere Schüsse auf meinen Vater abgegeben hatte, erfuhr ich erst bei meiner Ankunft. Wahrscheinlich wollte man mich schonen, weil ich erst 14 war. Wir flogen dann mit der Air Force Two von Vizepräsident Humphrey nach Los Angeles, wo mein Vater im Krankenhaus lag. Drei Kugeln hatten ihn getroffen, eine vierte gestreift. Er hatte einen Verband um den Kopf und war an eine Herz-Lungen-Maschine angeschlossen. Die Haut um seine Augen war schwarz. Meine Mutter, die mit meiner Schwester Rory schwanger war, saß an seinem Bett. Wir Kinder hielten abwechselnd seine Hand und beteten. Am nächsten Morgen kam mein älterer Bruder Joe zu mir in den Schlafraum und sagte: »He's gone.« Am Tag darauf hielt ich mit meinen Geschwistern Totenwache an seinem Sarg in der St. Patrick's-Kathedrale in New York. Draußen warteten einige hunderttausend Menschen, um Abschied zu nehmen. Man konnte drinnen hören, dass viele weinten. ▪ Der Mörder meines Vaters sitzt lebenslänglich in einem Gefängnis in Kalifornien. Er sagt, mein Dad habe Israel zu freundlich behandelt. Deshalb habe er geschossen. Ich spüre keine Sehnsucht, diesen Mann zu treffen. Ich bete für ihn, aber ich habe ihm nichts zu sagen. Er hat sein Schicksal, ich meins. Wir können nichts füreinander tun. ▪ Meine Eltern waren zutiefst katholisch und wollten, dass es ihre elf Kinder auch sind. Wir beteten zusammen und gingen jeden Tag zur Messe. Abends las uns mein Vater aus der Bibel vor oder erzählte Geschichten über Heilige und Märtyrer. Gleich nach dem Glauben kam für ihn Patriotismus. Er erzählte Heldengeschichten aus dem Bürgerkrieg, brachte uns sämtliche Kampflieder von Heer, Marine und Luftwaffe bei, und während der Autofahrt zur Kirche sangen wir patriotische Lieder. Mein Vater bewunderte das antike Griechenland, weil dort Demokratie und Humanismus erfunden wurden. Deshalb mussten wir jeden Sonntag Gedichte von Aischylos und Euripides auswendig lernen und beim Dinner vortragen. Mit meinen sechs Kindern mache ich es heute ähnlich. Wenn sie Gutenachtgeschichten hören wollen, erzähle ich ihnen etwas aus dem Leben von George Washington oder Abraham Lincoln. ▪ Weinen galt als Zeichen von Schwäche und war verboten. Wir sollten taff und furchtlos sein und uns durch Sport hart machen. Wenn es nicht gerade regnete oder schneie, war es untersagt, sich tagsüber drinnen aufzuhalten. Immer wieder schärfte mein Vater uns ein: »Wie schlimm es auch kommt, ein Kennedy gibt nie auf. Nie! Habt ihr das verstanden? Dieses Land war sehr gut zu uns, also kann dieses Land auch sehr viel von den Kennedys erwarten. Beweist, dass ihr würdig seid, die Fackel weiterzutragen!« ▪ Mit zwölf hatte ich öffentliches Eigentum beschädigt. Damit ich den Schaden bezahlen konnte, ließ mich mein Vater einen ganzen Sommer lang Bürgersteige sauber machen. ▪ Kinder, die man nicht liebt, werden Erwachsene, die nicht lieben. ▪ Mit 29 wurde ich auf einem Flughafen in South Dakota von Polizisten wegen des Besitzes von Heroin festgenommen. Nach dem Tod meines Vaters war ich lange Jahre drogensüchtig. Ich glaubte, kein Problem zu haben, weil ich weiterhin funktionierte und es Monate gab, in denen ich völlig ohne Drogen auskam. Wie jeden Süchtigen zog es mich aber immer wieder zurück zu den Drogen. Endgültig clean zu werden, war der härteste Kampf meines Lebens. Meine Festnahme half mir sogar, denn durch den Skandal wusste jeder, was mit mir los war. Also konnte ich endlich Hilfe in Anspruch nehmen ohne die Furcht, von Pitbull-Journalisten als prominenter Junkie vorgeführt zu werden. ▪ Viele glauben, über den Kennedys läge ein Fluch. Wahr ist, dass viele Kennedys nicht im Bett starben. Es ist aber auch nicht so, dass uns die Tragödien nachlaufen. ▪ Mein Bruder David starb ein Jahr nach meiner Festnahme an einer Überdosis Heroin und mein Bruder Christopher sagte mal: »Mindestens acht meiner engsten Verwandten gehen täglich zu Treffen der Anonymen Alkoholiker.« Dennoch betrachte ich meinen Namen als Geschenk und Segen. Er ist ein Türöffner und hilft, Gutes zu tun. Stellen Sie sich vor, ich wäre in einem der Armenviertel von Los

Angeles geboren worden und mein Vater säße im Gefängnis oder wäre bei einer Gang-Schießerei getötet worden. Was wäre aus mir geworden? Verglichen mit vielen amerikanischen Familien ist das Leid der Kennedys minimal. Außerdem kommt es nicht so sehr darauf an, was man erlebt, sondern wie. Ob man wegen eines Leids zerbricht oder nicht, ist auch eine Frage der seelischen Prädisposition. ▌ In meinem Buch »Crimes Against Nature« rechne ich mit der Umweltpolitik der amerikanischen Regierung ab. Kritiker haben mir schäumende Polemik vorgeworfen, aber wer gehört werden will, sollte nicht wie jemand auftreten, der Badeschaum an die Wand nagelt. Die globale Bedrohung unserer Umwelt hat einen Namen: George W. Bush! Er ist der schlimmste Präsident in der Geschichte der Vereinigten Staaten! Seine mit der Industrie verfilzte Regierung hat mehr als 400 Umweltschutzbestimmungen gekillt. Drei meiner Kinder haben Asthma. In New York City leidet jedes vierte schwarze Kind unter dieser Krankheit. Die Medien sind zahnlos geworden, weil sie inzwischen meist Großkonzernen gehören. Der Sender NBC zum Beispiel gehört General Electric, dem größten Umweltverschmutzer der Welt. Es ist eine Schande: Als Kind bin ich mit meinem Vater durch England, Frankreich und Deutschland gefahren, Hunderttausende säumten die Straßen, und wenn die Menschen meinen Vater erblickten, konnte ich die Hoffnung auf ihren Gesichtern sehen. Heute dagegen sind wir die meistgehasste Nation der Welt. ▌ 2005 habe ich mich entschieden, nicht als Justizminister des Staates New York zu kandidieren. Es ist schon komisch: Die Kennedys, die nie in der Politik waren, rieten mir begeistert zu, Politiker zu werden. Die politisch aktiven Kennedys dagegen rieten mir entgeistert ab. ▌ Macht kann einen Menschen verderben und zerstören – Machtlosigkeit aber auch.

Otto von Habsburg   Thronfolger und Politiker
»Die Menschen erkennen ihr kleines Glück erst, wenn sie es am Unglück der Großen messen«

Man fragt immer, ob es mir schmeichle, mit »Kaiserliche Hoheit« angesprochen zu werden. Bei Anreden erlebe ich die kuriosesten Verrenkungen. Mir hat mal ein Wildfremder mit den Worten auf die Schulter geklopft: »Otto, Majestät, wie geht's dir?« ▍ Standesdünkel und Snobismus erlebe ich bei Leuten, bei denen man es am wenigsten vermutet. Als mein politischer Mentor Franz Josef Strauß Bundeskanzler werden wollte, hatte ich ein Essen mit dem Chef eines Hamburger Nachrichtenmagazins. Als ich nach dem Dessert aufstehen wollte, sagte er: »Warten Sie, ich möchte Sie noch etwas fragen. Sie sind der Deszendent der größten Familie der deutschen Geschichte. Wie können ausgerechnet Sie dafür eintreten, dass bei uns der Sohn eines Metzgers Kanzler wird?« ▍ Als mein Vater 1922 in der Verbannung auf Madeira starb, wurde ihm sein Herz entnommen. Das ist eine alte Tradition unserer Familie. Wenn einer von uns nicht in seiner Heimat begraben werden kann, soll wenigstens sein Herz in die Heimat zurückkehren. ▍ Der Sinn für Prachtentfaltung fehlte meinen Eltern völlig. Es gab sehr einfaches Essen, und es wurde ausschließlich Wasser getrunken. Auch zum Anziehen gab es nur das Einfachste. Uns Kindern wurde immer wieder eingebläut, sparsam zu sein – und ich bin's. Als ich vor ein paar Jahren nach einem Autounfall blutüberströmt aufwachte, hörte ich den Arzt sagen, man solle mir das Hemd aufschneiden. Meine ersten Worte waren: »Um Gottes willen, nicht, das Hemd ist neu!« Man hat dann netterweise nur die Knöpfe abgeschnitten. Das reparierte Hemd trage ich heute noch. ▍ 1932 kaufte ich mir eine zweibändige Ausgabe von Hitlers »Mein Kampf«. Er hätte seinem Buch den Titel geben sollen »Mein Kampf mit der deutschen Sprache«. ▍ Hitler hat zweimal versucht, mich zu treffen. Das war die einzige interessante Konversation, die ich in meinem Leben abgelehnt habe. Wenn später mein Name fiel, sprach Hitler immer von dem »ungezogenen Bürschchen, Sohn des Verratskaisers Karl und der weltweiten Intrigantin Zita«. Der Überfall auf Österreich hieß bei den Nazis »Operation Otto«. Ich wurde per Steckbrief als Hochverräter gesucht, und am ersten Tag des Angriffs auf Belgien ließ Hitler als Visitenkarte Schloss Ham bombardieren, wo ich noch wenige Tage zuvor gewohnt hatte. ▍ Nach Verzicht auf Titel und Thronanspruch durfte ich erst 1966 wieder nach Österreich einreisen. Ich war sehr diskret und bin bei meinen ersten Besuchen nur wenige Stunden mit dem Auto herumgefahren. Trotzdem gab es irrationale Reaktionen. 250.000 Arbeiter streikten meinetwegen, und viele trugen Transparente mit Aufschriften wie: »Mit Otto, diesem Schuft, ab in die Kapuzinergruft!« ▍ Beim Anblick verstaatlichter Habsburger-Besitzungen denke ich manchmal: »Eigentlich gehört das ja alles mir!« ▍ 1979 zog ich für die CSU ins Europaparlament ein. Die folgenden 20 Jahre als Abgeordneter waren die glücklichsten meines Lebens. Ein Parlamentarier darf das Maul aufmachen und einen Esel einen Esel nennen. Ein Monarch dagegen muss einen Esel mit Exzellenz titulieren. ▍ Willy Brandt wurde 1979 ebenfalls ins Europaparlament gewählt. Ich beschimpfte ihn mal als »ambulantes Monument für alles, was faul ist in unserer Gesellschaft«. Er hatte unsere Fehde angefangen, indem er mich einen »importierten abgetakelten Kaisersohn« nannte. Für den war ich Otto von Gestern. Weil ich nie einen Plenartag versäumte, galt ich bei meinen Kollegen als ein zweiter Herbert Wehner. Selbst an meinem 80. Geburtstag saß ich im Parlament. Disziplin ist für mich fast etwas Erotisches. Auch deswegen hat es mich so empört, wie stinkfaul der Brandt war. Bei dem wäre ich fast zum Monarchisten geworden. Ich habe mal ein Schild an seine Tür gehängt mit der Aufschrift »Büro zu vermieten«. Es blieb mehr als zwei Monate hängen. Das beweist, welche Dimensionen Brandts Fleiß hatte. Später habe ich ihn dann in Ruhe gelassen. Wissen Sie, wenn man auf Entenjagd geht, will man, dass die Enten fliegen. Bleiben sie auf dem Wasser sitzen, gefällt einem die Jagd nicht mehr. ▍ Um einen Politiker zu durchschauen, genügt mir ein Blick an die Wände seines Arbeitszimmers. Hängen da Porträts, ist der Mann bedeutungslos. Hängen da aber Landkarten, ist mit ihm zu rechnen. Nehmen Sie die Versailler Verträge von 1919: Die größten Katastrophen der Geschichte sind durch Unkenntnis

der Geografie entstanden. ▪ Das Interesse an Adelsgeschichten scheint uferlos zu sein. Vielleicht erkennen die im Alltag gefangenen Menschen ihr kleines Glück erst, wenn sie es am Unglück der Großen messen. ▪ Mein ältester Sohn Karl fragte Francesca von Thyssen zwischen seinen einbalsamierten Vorfahren in der Kapuzinergruft: »Möchtest du hier begraben sein?« Er meinte das als Heiratsantrag. Auch ich bin wenig romantisch. Ich habe Prinzessin Regina von Sachsen-Meiningen und Hildburghausen meinen Heiratsantrag am Telefon übermittelt. ▪ Ich nehme doch stark an, dass mein Sohn geheiratet hat, ohne zuvor mit einer Frau geschlafen zu haben. ▪ Die Pille lehne ich absolut ab. ▪ Von meinen sieben Kindern haben nur zwei Bürgerliche geheiratet. Die Geschichte hat einen langen Atem, aber die beste Lunge hat eben die Dynastie. ▪ 2012 werde ich 100. Ich habe mir schon viele Grabaufschriften angesehen. Die grandioseste habe ich in einem Westernnest in Nebraska entdeckt. Da stand auf dem Grab eines Cowboys nur: »Hier liegt Joe. Er gab sein Bestes«.

Christoph Ransmayr Schriftsteller
»Vor einem Mikrofon bin ich nicht klüger als der nächstbeste Passant«

Obwohl ich mich für »Die letzte Welt« sieben Stunden am Tag zur Arbeit zwang, brauchte ich für jede Seite bis zu zwei Wochen. Im Rückblick erscheint mir jede Seite wie ein privater Brief. Ich weiß, welche Musik ich bei einem Satz gehört habe oder was für Wetter war. ▪ 200 Mal am Tag bin ich vom Stuhl aufgesprungen, habe die Fenster aufgerissen, gebügelt oder abgewaschen, nur um ja nicht weiterarbeiten zu müssen. Um mich zu überlisten, kaufte ich eine Stoppuhr. Die lief jeweils 60 Minuten. Während dieser Zeit musste das Telefon ausgestöpselt sein, und selbst der Gang aufs Klo war verboten. Danach war zehn Minuten Pause. Vier Jahre ging das so, dann hielt ich die Druckfahnen in den Händen. Beim Korrigieren geriet ich plötzlich in einen Kürzungsrausch. Mit ungeheurer Lust strich ich 60 Seiten. Das war die Arbeit eines dreiviertel Jahres. Wäre mir Hans Magnus Enzensberger nicht in den Arm gefallen, hätte ich noch weitere 50 Seiten weggeschmissen. ▪ Ich bin immer wieder verblüfft, dass sich Leute dafür interessieren, wie ein Schriftsteller aussieht, wie er spricht und zu welchen Kommentaren über Gott und die Welt er spontan fähig ist. Was ich zu sagen habe, schreibe ich. Vor einem Mikrofon bin ich nicht klüger als der nächstbeste Passant. ▪ Verbindend und anziehend wirkt nicht nur das Gemeinsame, sondern auch das, wodurch man sich dramatisch voneinander unterscheidet. ▪ Ich kenne keine Fortbewegungsart, die dem Denken gemäßer wäre als das Gehen. ▪ Die eigentliche Frage ist: Wie kommt man von den äußersten Rändern der Welt, aus der Wildnis und der Wüste, wieder zurück zu den Menschen? Das eigentliche Abenteuer bleibt stets der Weg zurück ins Allervertrauteste. ▪ Ich bin kein Entdecker und schon gar kein Eroberer, und vermessen und kartografiert ist so gut wie alles. Aber weitgehend unbekannt ist immer noch das, was sich in einem selbst auftut, wenn man durch eine ungeheure, übermächtige Landschaft geht. ▪ Die Vorstellung, irgendwann ein für alle Mal ortsfest zu werden, hat mich stets deprimiert. ▪ Einerseits bin ich geradezu süchtig nach Menschen, aber in dem Moment, in dem sie mir zu nahe kommen, beginnen mich Nebenwirkungen ihrer Nähe zu stören, ja zu vertreiben. ▪ Vielleicht werde ich irgendwann einen kleinen Theatertext schreiben, eine Tirade, die den Titel »Die Unsichtbare« tragen könnte. Es soll die Geschichte einer alternden Souffleuse werden, die das Theater als längst verjährte Darstellungsform des Lebens verflucht. So wartet sie Abend für Abend auf den Schlussvorhang, um dann endlich in die Nachtvorstellung eines Kinos zu flüchten. In ihrem Hass auf die Bühne und ihrem Schwärmen für den Film spielt sie aber immer nur und wieder: Theater.

Sten Nadolny Schriftsteller
»Als Schriftsteller kann man leicht zum Zombie werden«

Vier Jahre lang habe ich mich dreimal die Woche bei einem Psychoanalytiker auf die Couch gelegt. Ich muss dem Mann mächtig auf die Nerven gegangen sein, denn manchmal hörte ich hinter meinem Kopf das Rascheln einer Zeitung. Die Kosten der Analyse jobbte ich mir zusammen. Ich lieferte Bürsten von Kriegsblinden aus und lief als Lexikonvertreter von Haus zu Haus. Hinterher kamen jede Menge Stornos, da ich versehentlich Kaufverträge mit Minderjährigen und geistig Behinderten abgeschlossen hatte. ▌ Mein Lebensgefühl ist das Vor-sich-hin-Dröseln. Für Luxus bin ich nicht realitätstüchtig genug. Mir fällt es schon schwer, mein geparktes Auto wiederzufinden. ▌ Mir geht jedes Talent für gesellschaftliches Treiben ab. Ich habe Angst zu langweilen – oder gelangweilt zu werden. ▌ Als man mich 1980 beim Ingeborg-Bachmann-Preis zum Sieger kürte, schrieb ich der Jury, sie möge die 14.000 Mark Preisgeld gleichmäßig auf alle Teilnehmer verteilen, um den Wettbewerb zu entbittern. ▌ Mein Schreibtempo ist zum Verzweifeln langsam. Morgens um elf setze ich mich an den Schreibtisch, meist für zehn bis zwölf Stunden. In dieser Zeit schaffe ich rund zehn Manuskriptseiten. Nachts um vier schrecke ich aus Alpträumen hoch und renne mit der Frage zum Schreibtisch: »Was ist zu retten?« Am Ende meiner Nachtschicht sind gerade noch vier Sätze übrig. ▌ Damit kein Einfall verloren geht, benutze ich auf Bergtouren ein Diktafon, ebenso nachts im Bett. Ich habe gelernt, so leise in das Gerät hineinzusprechen, dass meine Freundin nicht aufwacht. Im Kino oder Restaurant kritzele ich meine Notizen mit Bleistift auf zigarettenschachtelgroße Karteikarten, die dutzendweise in meinem Sakko stecken. ▌ Man kann als Schriftsteller leicht zum Zombie werden, der nur noch zwischen den Zeilen lebt. Romane sind wie der Magnetberg, der den Schiffen die Eisennägel herauszieht.

Fatih Akin Regisseur
»Ein Außenseiter muss halt doppelt so viel hauen«

Meine Eltern sind in der Türkei aufgewachsen, ich in Hamburg-Altona. Meine Eltern beteten fünfmal am Tag, ich küsste ihnen die Hände, und wenn im Fernsehen James Bond einer Frau den Reißverschluss öffnete, hat mein Vater sofort umgeschaltet. Manchmal habe ich auch selbst umgeschaltet, um uns die Peinlichkeit zu ersparen. ▪ In türkischen Kinos lief »Gegen die Wand« in der deutschen Originalfassung mit türkischen Untertiteln. Bei der Übersetzung mischte sich die Zensur ein. Wenn Sibel sagt »Ich will leben, ich will tanzen, ich will ficken, und zwar nicht einen, sondern viele«, wurde das in den Untertiteln verharmlost zu: »Ich will ins Bett gehen.« In der türkischen Fernsehfassung wurde sogar alles Sexuelle rausgeschnitten und bei jedem Fluchen ein Beep draufgesetzt. Mein Vater schwärmte hinterher: »Ich habe deinen Film noch nie in einer so schönen Fassung gesehen!« ▪ Als meine Mutter Brustkrebs bekam, dachte sie, sie muss jetzt den Löffel abgeben. Ich war 15 und bin dann überhaupt nicht mehr zur Schule gegangen. Ich trieb mich nur noch rum, fing an zu kiffen und fühlte mich auf dem falschen Planeten ausgesetzt. Dazu kam, dass ich sehr lange total unglücklich in ein Mädchen verliebt war. Das ging mit 13 los und dauerte acht Jahre. Zwischen 14 und 17 schrieb ich einen 800 Seiten langen Roman, den ich ihr zum Geschenk machte. Man muss sich das mal reinziehen: auf 800 Seiten nur pubertäres Unglück und Weltschmerz! ▪ Unsere Straße hatte die höchste Kriminalitätsrate in Hamburg. Mit zwölf wurde ich bei den Türk Boys aufgenommen. Ich trug eine übergroße Bomberjacke und viel Gel in den Haaren. Für die Gang war ich der abgedrehte Außenseiter, der immer zu hören bekam: »Hey, Mann, du gehst doch aufs Gymnasium, und deine Mutter ist Lehrerin. Was hängst du denn mit uns ab?« ▪ Wenn was los war, war ich immer der Erste, der ganz vorne war. Ein Außenseiter muss halt doppelt so viel hauen oder auf die Nase kriegen, um anerkannt zu werden. ▪ Wir haben mit zwölf Leuten einen Jugoslawen fertig gemacht, der einen von uns verprügelt hatte. Ich war neu in der Gang und sollte eine Mutprobe abliefern, indem ich mich alleine mit dem Typen haue. Es gab heftige Storys über den, von wegen, dass er an der Tankstelle mal einen Typen mit Benzin übergossen hatte und anzünden wollte. Ich war ein superdünner Hänfling und er eine richtige Kampfmaschine. Als er mich fertig machte, haben mir die Jungs geholfen und den mit Chakus total blutig gehauen. Ein paar Stunden später bin ich zu ihm nach Hause gegangen und habe mich entschuldigt: »Hey, Alter, tut mir leid, 13 gegen einen, das war Scheiße.« ▪ Mit 18 wurde ich in einem Jugendzentrum von Casting-Scouts fürs Fernsehen entdeckt. Ich spielte den Drogendealer-Türken vom Dienst, der die verlorene Ehre seiner Schwester mit dem Messer rächt. Türken waren damals in Drehbüchern nur als Problem gefragt. ▪ Ich bin empfänglich für Oberflächlichkeiten wie First-Class-Tickets und dicke Hotels, weil es das bei uns zu Hause nicht gab. Ich kann mich nicht erinnern, dass meine Eltern mal Taxi gefahren sind. ▪ Der Ruhm verändert einen. Das Schlimmste ist, sich nicht mehr entschuldigen zu müssen. ▪ Wenn man anders betrachtet wird, fängt man an, auch anders zu gucken. ▪ Jeder meiner Filme muss mir eine Frage beantworten. Wenn mir das Leben diese Frage beantwortet, muss ich den Film nicht mehr machen. ▪ Ich habe gecheckt, dass ich in Gefahr bin, dieses Rock-'n'-Roll-Klischee zu leben: Both Ends Burning. Das hängt auch damit zusammen, dass viele meiner Freunde in der Gastro sind. Was das Ungesunde angeht, gibt es eine absolute Parallele zwischen Filmemachen und Gaststättengewerbe. ▪ Von experimentellen Drogen lasse ich inzwischen ganz die Finger. Meine Kurve beim Kiffen war so: Je mehr ich arbeitete, desto mehr kiffte ich nach Feierabend, um runterzukommen. Ohne softe Drogen glorifizieren zu wollen: Kiffen half mir, meine Gedanken schweifen zu lassen, sie zu vertiefen und zu fokussieren. ▪ Meine Frau habe ich auf einer Party kennengelernt. Wir haben uns ein paar Mal versehentlich angerempelt – als würden die Engel versuchen, uns zusammenzubringen. ▪ Nachdem eine alte Tante von mir in die Türkei zurückgekehrt war, sagte sie: »Eigentlich möchte ich in Deutschland sterben. Dort sind die Friedhöfe so gepflegt.«

Rolf Zacher Schauspieler
»Ich bin vom Trieb besessen«

Neun Jahre lang war ich heroinsüchtig. Es fing damit an, dass ich nach einem Autounfall so starke Rückenschmerzen bekam, dass ich oft auf ein Stück Holz beißen musste. 1973 rieselte mir dann ein Freund eine Linie hin. Ich dachte, es sei Kokain. Das ist ja bekanntlich schmerzlindernd. Als meine Qualen nach ein paar Sekunden weg waren und eine wohlige lenormäßige Stumpfheit einsetzte, dachte ich: »Endlich hast du eine Medizin für deinen Rücken gefunden!« Leider war es Heroin, was ich in der Nase hatte. Sobald die Schmerzen zurückkamen, nahm ich wieder 'ne kleine Bahn. ▌ Heroin war damals noch ziemlich neu. Ich hatte keine Ahnung, dass das Zeug dermaßen brutal zuhackt. Dein Kopf sagt nein, aber dein Blut schreit: Ja! Am Ende bist du so erbärmlich, dass du alle drei Stunden einen Snief brauchst. ▌ Heroin habe ich immer nur geschnupft. Wer spritzt, ist noch abgefuckter. Ich wusste immer: »Irgendwann kommst du runter von diesem Gift!« Und dann der ästhetische Punkt: Ich wollte mir meine zarten kleinen Ärmchen nicht zerstechen. Dazu liebe ich meinen Körper zu sehr. Außerdem sind Pusher sehr auffällig, weil sie immer ihr Besteck brauchen. Und dann noch diese Schweinerei mit dem Blut beim Drücken. Ich kann es noch nicht mal haben, wenn man mir beim Arzt Blut abnimmt. ▌ Meine damalige Freundin Geli und ich lebten bald wie Penner. Durch das Junk ging es rasend schnell bergab. Oft hatte ich gerade noch zehn Mark in der Tasche. Unter deinem Heroinschleier kriegst du aber gar nicht mit, wie du dich veränderst. Wir schliefen am Ende in Absteigen oder Abstellräumen von Kumpeln. Wir haben es in neun Jahren Sucht bestimmt auf über 100 Unterkünfte gebracht. Als wir wieder mal auf Turkey waren, drehte Geli mir Speed an. Das ist wie das Löschen eines Feuers mit Benzin. Ich musste gleichzeitig kotzen, pissen und scheißen und dachte, meine Eingeweide platzen. Das war wie sterben. ▌ Ich habe Geli nicht zum Heroin gebracht. Sie scharwenzelte so lange um einen Typen rum, bis der ihr einen Snief gab. Die Geli war eine alte Speed-Nudel, die schon als Kind Tabletten fraß. Sie bekam mit 14 ein Baby und wuchs in einer Erziehungsanstalt auf. Als sie von mir schwanger war, sind wir nach Holland gefahren und haben eine Abtreibung machen lassen. Es war zu gefährlich, denn wir hatten das Kind auf Heroin gezeugt. Später ist Geli dann an Krebs gestorben. ▌ Ich habe in mehr als 300 Filmen mitgespielt, darunter im »Zauberberg« und der »Venusfalle«. Auf Heroin war ich als Schauspieler großartig – nur etwas unberechenbar. Wenn ich keinen Stoff hatte, bin ich einfach im Bett geblieben. Auf Turkey interessiert es dich überhaupt nicht, dass ein fünfzigköpfiges Team auf dich wartet. Ohne Pulver im Blut zitterte ich vor Schwäche, und der Schweiß lief mir nur so runter. ▌ In der Branche hat kaum einer was mitgekriegt. Ich bin zwar öfter mal aufs Klo, aber bei mir konnten ja nie Spritzen entdeckt werden. Die Kollegen waren nur verdutzt, dass ich häufig für Stunden vom Set verschwand. Die konnten ja nicht wissen, dass ich auf Beschaffung bei meiner Connection war. ▌ Der Regisseur Roland Klick hat mich mal beim Drehen angebrüllt: »Zeig beim Lachen doch endlich deine Zähne!« Als ich den Mund aufmachte, ist der Typ vor Ekel und Entsetzen zwei Meter zurückgewichen. Durch das Gift hatte ich nur noch fünf vergilbte Vorderzähne, die auch noch schief standen und spitz wie Mäusezähnchen waren. Um das zu kaschieren, hatte ich mir antrainiert, beim Lachen die Hand vor den Mund zu halten. ▌ Ich brauchte Stoff für 300 Mark am Tag, und das neun Jahre lang. Macht eine knappe Million. Obwohl man als Schauspieler ganz gut verdient, hatte ich Schulden wie ein Major. Das ging bis 400.000 Mark rauf. Da muss man cool bleiben. ▌ Ich habe gebettelt. Wenn die Suchtglocken in deinem Körper bimmeln und dir auf Turkey die Brühe den Arsch runterläuft, ist dein Stolz abgemeldet. Das war auch kein richtiges Betteln, sondern eher cleveres Organisieren auf höchstem Niveau. Ich hatte ein dickes Telefonbuch und wusste: »Der Typ kann dir zehn Mark geben, der 50.« Oder ich guckte in der Lokalzeitung nach, in welchen Hotels die Promis wohnten, die ich kannte. Bei denen bin ich dann um einen Schein vorstellig geworden. Ich weiß noch, dass ich beim Lebensgefährten von Iris Berben und beim Schlagersänger Michael Holm eine Quittung über 300 Mark unter-

schreiben musste. ▌ Ich habe auch als Zuhälter und Synchronsprecher für Pornofilme angeschafft – und als Gigolo. Wenn ich mit reichen Frauen schlief, lag da Geld auf der Kommode. Das habe ich mir dann genommen. ▌ Ich war an die 100 Mal auf Heroin-Entzug. Vom Junk losgekommen sind Geli und ich erst, als wir für sechs Monate nach Gran Canaria gingen. In den ersten Wochen ist dein Körper durch den Würgegriff des Turkeys so schwach, dass du nur liegen kannst. In Minutenabständen hast du Gliederkrämpfe, Schüttelfrost und Schweißausbrüche. Du schläfst nicht und bist gleichzeitig gehetzt und depressiv. Wir haben uns anfangs in einem Fünf-Sterne-Schuppen einquartiert, denn je teurer das Hotel, desto dicker die Wände. Bei aller Pein habe ich den Entzug aber auch genossen. Es sind geile Momente, wenn das Spüren und die Sinnlichkeit wiederkommen. Deinen Finger in eine Frau gleiten zu lassen – das war

wie eine Wiedergeburt. Und nach dreimal hin und her spritzt dein Bursche ab. Wer erlebt das schon? ∎ Heroin ist ein Sexkiller. Du hast zwar eine Erektion und bist am Machen, bis es quietscht, aber es gibt keinen Höhepunkt. Das hat mich so gelangweilt, dass ich es ganz gelassen habe. ∎ Drogensüchtig bin ich heute noch. Schlimmer noch: Ich bin süchtig nach der Sucht. Als ich vom Heroin runter war, habe ich ein Jahr lang nur gesoffen. Schon nachmittags fing ich an, mich mit einer Flasche Tequila einzunebeln. Ich habe dann aber gelernt, die Sucht auf andere Gebiete zu lenken – erst auf die Schnecken der Frauen, dann auf maßloses Kuchenessen. Auf 'nen Hit habe ich heute keine Lust mehr, weil ich nie mit Genuss süchtig war. Ich brauchte das Zeug, aber geliebt habe ich es nie. ∎ Ich war zehn Mal in Haft, unter anderem wegen Diebstahls und organisierten Betrugs. Ich musste insgesamt zwei Jahre absitzen. In der Zelle habe ich geübt, mit der linken Hand zu schreiben. Und ich habe vier Stunden am Tag Papierkügelchen in Wasser getaucht und versucht, sie in einen Eimer zu werfen. Bei jedem Treffer kriegst du gute Laune, also strengst du dich an. Ich habe auch viel gelesen, Dostojewski, die ganzen Jungs, zu denen du sonst keine Ruhe hast. ∎ Was ich im Gefängnis gelernt habe, ist, mich fast zu Tode zu onanieren. Wichsen kann auch süchtig machen. Man lernt dann aber, enthaltsam zu sein, weil das Wichsen auf Dauer ganz schön blöde macht und in eine stramme Sackgasse führt. Man macht sich seine Träume kaputt und verroht, weil einem die Zärtlichkeit fehlt. ∎ Die Aufseher waren ätzend zu mir. Wenn ich onanierte, hatten die einen Mordsspaß daran, durchs Guckloch zu glotzen und beim Höhepunkt die Tür aufzureißen. 80 Prozent der Wärter werden durch ihre Machtposition krank und pervers. Das ist nicht nur im Film so. ∎ Als ich 16 war, prophezeite meine Mutter, ich würde im Gefängnis landen. Mit 17 saß ich wegen Diebstahls in Jugendhaft. Meine Mutter meinte, ich hätte starke kriminelle Energien. Dabei ist das bei mir eher so ein Robin-Hood-Denken. Business-Typen was wegzunehmen ist legitim, weil die es den arbeitenden Menschen geklaut haben. Für mich hat das was mit sozialer Gerechtigkeit zu tun. ∎ Der Mann, der mich damals immer gratis verteidigt hat, heißt übrigens Otto Schily und wurde später Minister. ∎ Anfangs waren meine vielen Mädchen eine Art Rachefeldzug für die jahrelange Missachtung als armes Flüchtlingskind aus der Unterschicht. Das muss sich dann verselbstständigt haben. Ich war schon immer vom Trieb besessen. Um nicht schräg zu werden, habe ich das auch ausgelebt. Eine Frau gestand mir mal: »Du bist der sexuelle Schock meines Lebens gewesen.« ∎ Früher sagten Regisseure oft: »Rolf, deine Kollegin ist völlig verklemmt. Die würde lockerer werden, wenn ihr Sex hättet.« Manchmal ist es auch noch heute angebracht, sich zu überwinden und das Bett als therapeutisches Mittel zu benutzen. ∎ In den 80ern hatte ich in kurzer Folge Affären mit Iris Berben und Hannelore Elsner. Hannelore ist eine extrem sinnliche Vollfrau, die nichts von sich versteckt und sich ihre Liebhaber nimmt wie ich mir meine Frauen. Dagegen ist die Berben wie das Gefrierfach eines Kühlschranks. ∎ Treue ist so ein Ding. Ich habe gelernt, zu einer Freundin noch lieber und offener zu sein, wenn ich gerade mit einer anderen Frau wunderschönen Sex hatte. Jede Frau, die ich im Arm halte, ist meine Göttin. ∎ Gerade wer häufig fremdgeht, ist am eifersüchtigsten. Es ist kleingeistig, aber ich war auf 180, wenn meine Frauen sich nur mal mit einem anderen Mann unterhalten haben. Ich gönnte ihnen nicht, was ich mir selbst wünschte, und brannte vor Eifersuchtswahn. Das zermürbt dich. Deshalb lebe ich heute lieber alleine und habe ab und zu mal eine Muse, die mich animiert oder spirituell begleitet. Ich bin jetzt ein tantrischer Liebhaber: langsamer werden, mehr genießen. Die Leute sollen endlich checken, dass ich weder ein Playboy bin noch so ein primitiver Hüftficker. ∎ Zuletzt habe ich 1989 mit einer Frau unter einem Dach gelebt. Marylin war mein letzter großer Kampf. Obwohl sie es leugnete, spürte ich, dass sie mit einem anderen Typen Sex hatte. Ich hatte in der Nacht auch mit einer anderen geschlafen, aber Marylins Lügen machten mich rasend. Als ich ein Messer in den Tisch hauen wollte, rutschte ich ab und säbelte mir so in die Finger, dass sie kreuz und quer hingen. Ich wurde vier Stunden operiert. Trotzdem sind zwei Finger fast steif geblieben. ▪ Ich habe eine Tochter, die über 30 ist. Ihre Mutter habe ich 1971 kennen gelernt. Gisela war Scriptgirl und machte Propaganda für eine dieser kommunistischen Splittergruppen. Eigentlich hatte ich ein Auge auf ihre eineiige Zwillingsschwester Jutta geworfen, aber daraus wurde nichts. Die Hochzeit fand ein Jahr später in einer Drehpause statt. Gisela war hochschwanger, aber mein Kerlchen regte sich trotzdem weiter. Der Mensch ist nun mal nicht monogam, und das Weglügen der Begierde war noch nie mein Ding. ▪ Kurz nach der Geburt von Anna habe ich mich aus dem Staub gemacht. Ich bin ein Zigeuner und Wanderartist. Den Familienvater zu geben wäre für mich der reine Horror. Dass ich Arschloch das kleine Würmchen und seine Mutter im Stich ließ, verdrängte ich. Ich habe mein Kind nicht heranwachsen sehen und mich auch nie an der Erziehung beteiligt. ▪ Meine Frau heiratete später den Milliardärsenkel Paul Getty III., dem Entführer 1973 ein Ohr abschnitten. Paul war damals 17, ein lieber Junge und ein abgefahrener Hippie. Die Entführung haben sich Gisela und er ausgedacht, weil ihnen die monatliche Apanage nicht reichte. Als sie sich von der Mafia helfen ließen, entglitt ihnen die Geschichte. Weil der geizige Großvater an der Entführung zweifelte, schnitt man Paul das rechte Ohr ab und schickte es dem Alten. ▪ Paul wurde berühmt für den Satz: »Leider kann ich nun keine Sonnenbrillen mehr tragen.« Er hat dann meine Tochter adoptiert. Wir haben mal zusammen gewohnt. Nachts hörte ich immer, wie er in seinen Albträumen schrie. Den Schock mit seinem Ohr ist er nie wieder ganz losgeworden. Man muss sich das reinziehen: Er kam erst nach fünf Monaten wieder frei. ▪ 1981 fiel Paul in ein Koma, aus dem er blind und gelähmt erwachte. Heroin kannte er. Aber dieses Mal hatte ihn eine Überdosis einer chemischen Keule erwischt. Er sitzt noch immer im Rollstuhl, aber er sieht wieder ein bisschen was und kann auch ein wenig sprechen. ▪ 1985 erfuhr Anna, dass nicht Paul ihr Vater ist, sondern ich. Trotzdem habe ich ihr nie geschrieben. 1992 rief ich sie an, und wir trafen uns in Los Angeles. Da war sie schon 18. Bei unserer Begegnung durchströmt es meinen Körper – auch da, wo es mir in dem Moment nicht so recht war. Ich hatte ein wohliges pulsierendes Gefühl in der Körpermitte. Anna spürte das und sagte: »Schön, dass du dich so sehr freust, mich zu sehen.« ▪ Ich hatte ein Verhältnis mit Annas Freundin Sammy, die damals 19 war. Wir haben uns geliebt. Ich bin ja irgendwie ein Hippie. Anna war anfangs furchtbar eifersüchtig, weil sie ein bisschen verliebt in mich war. Wir sind dann aber als tolles Trio durch die Gegend gezogen. ▪ Anna hat meine schauspielerische Begabung geerbt und schon in einigen Filmen mitgespielt. Die ist gut drauf. Sie will auch keine Karriere mehr machen. Sie kommt zwei Mal im Jahr nach München, weil ihre Mutter dort lebt. Dann sehen wir uns. Letztens saßen wir drei Stunden im Auto, und ich fragte sie, ob sie mir was aus ihrem Leben erzählen will. Sie sagte nur: »I'm happy, Rolfi.« Wir reden nicht, sondern wir atmen zusammen. Wir gucken uns an und halten uns an den Händen wie ein Liebespaar. Ganz wunderbar ist das. ▪ Das Magazin der »Süddeutschen Zeitung« schrieb mal: »Rolf Zacher trägt ein Wollsäckchen um seine Hoden«. Dabei hatte ich bloß gesagt, dass ich beim Reiten einen Eierschoner trage. Wenn ich diesen Schreiberling zu fassen kriege, haue ich dem volle Kanne in seine Wachteleier. ▪ Gerhard Schröder hat mich mal ins Kanzleramt eingeladen. Ich finde es sehr in Ordnung, dass kluge Leute keine Angst mehr haben vor dem Unhold Zacher. Der lustigste Politiker war Willy Brandt, wunderbar locker, der Mann. Mit Willy habe ich auch gezogen. Wir saßen bei einem Abendessen nebeneinander, und ich drehte mir unter dem Tisch einen kleinen Stick. Er sah das und sagte: »Ich würde auch mal gerne probieren. Ist aber zu gefährlich wegen der vielen Augen hier.« Er musste aufpassen, weil seine Frau und Helmut Schmidt mit am Tisch saßen. Ich sagte »Aber Herr Brandt, passives Mitrauchen ist doch nicht verboten«, und blies ihm meinen Rauch ins Gesicht. Er inhalierte tief und war sofort high. Bei Leuten, die noch nie Haschisch geraucht haben, geht das ja ruppdizupp.

Thomas Kapielski Alltagsphilosoph
»Kunst ist die edelste Form der Arbeitslosigkeit«

Die Leute lesen bei mir Sachen wie »Gemütsaids«, »Charmehaar«, »Biergierde«, »Schlepptop«, »je Dickens destojewski« und »Kann denn Hegel Gründgens sein?« und fragen dann, ob ich beim Schreiben trinke. ■ Ich habe mich mal drei Jahre lang systematisch tagsüber duhn gehalten. Statt kein Bier vor vier vier Bier um zwölf. Anstatt einer Speiseröhre amtierte in mir überwiegend eine Getränkeröhre. Schreiben kann ich aber nur stocknüchtern. Andererseits gilt: Eine nüchterne Lösung, die besoffen nicht standhält, kann in den Mülleimer. Mein vorläufiges Fazit: Nüchtern bin ich besser, besser zu mir, zu Menschen und beim Schreiben – aber besoffen geht es mir besser. ■ Lebt man abstinent, fühlt man sich am Anfang blitzblank und träumt schön. Aber dann kommt schleichend Elend über mich in Form von trostloser Fadheit und öder Klarheit. Man wird doof und langweilig und merkt: Alkohol ist ein heilkräftiges Kontrastmittel. ■ Warum ich trinke: Kompensation von mangelndem Sexualgenuss, Enthemmung, Rückgängigmachung der Sublimation und Flucht vor dem alltäglichen Elend. Bei Leerlauf lasse ich mich volllaufen. Alkohol ist meine Jammertalsperre, die aber auch überlaufen kann. Ohne taktisch gesetzte Räusche würde ich dieses Leben nicht ertragen, denn das Sein verstimmt leider das Bewusstsein. ■ Früher brachte ich es schon mal auf 16 Halbe. Das waren junge Bravourstücke, und die funktionieren nicht mehr so gut. Manchmal tut mir aber auch gut, dass mir was nicht gut tut. ■ Bei Langeweile arbeite ich schon mal Packpapier zu Lesezeichen um – und zwar schön exakt mit Eisenlineal und Schneidemesser! Hinterher hat man die Legitimation, sich gediegen volllaufen zu lassen. Und wie Sie sehen, wütet in dieser Wohnung der Putzteufel. Hier ist alles außerordentlich ordentlich. Ich schaffe mich ab bei ganz dumpfen Tätigkeiten, die einen gleichsam außen wie innen ordnen und sortieren und sehr wohlig in nichts auflösen. Ich bin mal vor einiger Zeit beim Gartenbauamt vorstellig geworden, ob sie nicht einen Halbtagsjob für mich haben. So vier, fünf Stunden Friedhofsgärtnerei simpelster Art, das täte mir gut. Aber die haben mich ganz entgeistert angeguckt und wollten mich nicht. Das offenbart wieder: Weltschmerz ist die Liege des Seins. Friedhof zu Lebzeiten hätte mich erquickt. ■ Das meiste wird von Leuten bewirkt, denen es nicht besonders gut geht. Man begreift sowieso nichts durch Anstrengung, aber einiges durch Langeweile. ■ Es glauben immer alle, ich würde jeden Morgen an den Schreibtisch preschen und losschreiben. Dabei leide ich ungeheuer an Langeweile. Ich sitze gleichgültig rum, lese Zeitung und trinke taoistisch Bier, um die ewigen Zeitdehnungen zu kurieren. Diese dumpfen Phasen zeitigen aber reiche Erkenntnis. Im Hirn scheinen sich Sedimentierungen zu bilden, die dann meine Schreibphasen nähren. ■ Das Verkannte oder Semiverkannte – wir wollen nicht angeben! – ist das Geschick meiner Generation. Natürlich träume ich gelegentlich davon, im pelzverbrämten Bademantel mit Goldtroddeln die Schweinslederbände meiner Werkausgabe zu betrachten. Aber ich will gar keinen Erfolg. Mir genügt Ruhm. Bedauerlicherweise kann man heute großen Ruhm ernten, ohne von Miete-, Strom-, Gassorgen befreit zu sein. ■ Kurz bevor mein Buchhändler Pleite ging, hatte er folgenden Spruch ins Fenster gehängt: »Wer nicht auf Menschen schießen kann, soll es mit der Existenzgründung sein lassen.« Es wurden nur noch Bücher gekauft, die er nicht verkaufen wollte. Außerdem war er so sympathisch grantig. Wenn mal ein Laufkunde reinkam und fragte: »Haben Sie was über Mallorca?«, hat er den angebrüllt: »Verlassen Sie meine Buchhandlung! Reisen Sie riskant nach Mallorca!« Um den Umsatz zu steigern, schlug ich ihm vor, ein Schild vor dem Laden aufzustellen: »Hier klaut Claudia Schiffer!« Das half aber auch nichts. Heute verkauft er Wein, weil er sagt: »Saufen tun die Leute dann doch eher, als beim Saufen Bücher lesen.« ■ Zu meiner K-Gruppen-Zeit sind wir nachts rumgezogen und haben BMW-Cabrios mit roten Ledersitzen gesucht. Dann haben wir in der Umgebung so lange Schnaps verkostet und Pizza gefressen, bis man kotzen konnte. Unser Motto war: »Brecht das Brot und verteilt es unter den Reichen!« ■ Während meines Geografie-Studiums wurde ich Kamel-Besitzer. Man schickte mich zu einer

Forschungsstation der Freien Universität Berlin in den Tschad. Dort piekten Hunderte linksgerichtete bärtige Studenten Thermometer in den Wüstensand und türkten ihre Messwerte zu Rudis-Resterampen-Dissertationen zusammen. Es gab zwei Kamele, die Eigentum der Universität waren, bis irgendein Haushaltsausschuss meinte, es sei günstiger, die Tiere abzustoßen und bei Bedarf zu leasen. Wir fassten uns in die linken Bärte und beschlossen, die Kamele zu kaufen, sie der Uni zu vermieten und künftig auch sehr häufig zu benützen. ▌ Mein 36 Semester währendes Studium habe ich unter anderem als Stöhnfilmtester finanziert. Die Firma produzierte Super-8-Pornos, die ich auf farbliche Defekte prüfen sollte. Damit man was wegschaffte, liefen vier Filme in Extremzeitraffer. Ich saß acht Stunden am Tag in einem ranzig riechenden Kabuff und betrachtete zwei Meter vor mir ein Andy-Warholsches-Zappelficken. Man wurde wahrnehmungs- und verhaltensgestört. ▌ Ich war mal Kunst-Professor in Braunschweig. Mir ist es bekömmlich, ein Amt zu versehen. Das Konzept Doppelleben halte ich für förderlich. Und bei Behörden und am Telefon funktioniert das Zauberwörtchen »Professor« komischerweise immer noch. Dabei kann man in der Kunst mit einem nicht vollendeten Hauptschulabschluss zum C4-Professor inklusive Forschungssemesterchen avancieren. ▌ Ich hatte eine Professur für »Spiel, Bühne und Performance«. Dabei spiele ich höchstens mal Lotto und finde das Wort »Performance« fürchterlich. Und ein Theaterfredi bin ich schon gar nicht. Aber aus Gründen einer nicht vorhandenen Stellenbeschreibung, wo steht, was zu tun ist, konnte ich da eben so nischenhaft machen, was ich wollte. Eine Veranstaltung von mir habe ich »Rumsitzen« genannt. Da kamen Leute, die überhaupt nicht auf einen Schein spekuliert haben. Nicht »Der Schein bestimmt das Bewusstsein!«, sondern um mich herum: die Besten! Die saßen einfach beim Onkel Professor rum, wurden von mir mit Bier verköstigt, und wir unterhielten uns prächtig und fruchtbar. Aus allen ist was geworden! ▌ Bildende Künstler trinken mehr als andere Künstler – entweder fruchtbar oder furchtbar. Also unter den richtig guten Professoren ist die Neigung zum Trunke allgemein doch ziemlich verbreitet. Bei den Studenten der Künste wird sowieso viel geballert. Die sind ja noch in der Lernphase, also haben sie einen allgemeinbildnerischen Hang zum Multitoxischen. Die kiffen fast alle, nehmen bunte Hirnfresserpillen und saufen auch ganz gut. »Für euch«, predige ich denen immer, »müsste völlige Nüchternheit die absolute Sensation sein. Also wagt es!« Diese verheerende Psychopharmapolitik am Bregen gehört aber wohl leider in die Lehrjahre. ▌ Jeder klamme Versager versuchte es Anfang der 80er mal als Künstler – so auch ich. Ich schuf Werke wie »The Piepel of San Francisco«, »Einfaltspinsel = Ausfallspinsel«, »Die mostrichte Senfte«, »Askeseshäppchen« und »Drei Künstler, die besser sind als ich«. Je mehr Pfusch man reinlegte aus Faulheit, umso mehr mochten es die Kunstkenner. Das war die pure Hochstaffelei. Alle wollten partout in die »Paris Bar« und dicktittige Spitzenweiber bocken. Wir latschten in jenen Jahren wie die Besessenen durch die Ausstellungseröffnungen der Rivalen und knallten in die Anwesenheitsalben unseren Stempel »Ditt könn wa och!«. Dies traf so die allgemeine Stimmung bei uns, die wir nie in Kunstschulen gehockt und Vasen schattiert hatten. Man muss die Künstler mehr quälen dürfen. Das sind hoffärtige, erfolgssüchtige Menschen, die sich in ihrer Mehrzahl um die Arbeit drücken und nichts taugen. Sie wissen: Kunst ist die edelste Form der Arbeitslosigkeit. ▌ Ich sammle nur geschenkte Kunst – und von Kindern. Ich verstehe bis heute kaum, wieso man Kunst kauft, wo es doch nie einfacher war, nichts falsch zu machen, wenn man sich das alles selbst machen möchte. ▌ Ich kannte einen Kneipenanarchisten, einen Maurer, der ein wunderbarer Naturperformer war. Dem schlugen wir vor, er solle mal eine Aktion in so einem Kunstverein machen. Er hat dann für alle Nudeln mit Tomatensoße serviert. Während man speiste, brüllte er: »Kunst heißt, etwas von sich geben, und deshalb habe ich in die Tomatensoße gewichst!« Wir wussten alle nicht: Jubeln oder Kotzen? Oder Kunst? ▌ Es besteht eine Verbindung zwischen Buchliebhaberei und einer geradezu narrischen Arschgeilheit. Wenn Sie ein Buch aufschlagen, ist

in der Mitte die Naht, und je nach Dicke und Güte der Bindung wölben sich rechts und links zwei Pobacken. Ein aufgeschlagenes Buch ist also gleichsam der abwesende Arsch, mit dem der geneigte Leser sich sogleich befassen möchte. Da kommt die Konzentrationsschwäche beim Lesen her. Wobei kritisch anzumerken ist: Wenn man umgekehrt einen Po betrachtet und infolgedessen an Bücher denkt, liegt wohl eine noch abnormere Unkonzentriertheit vor. ▌ Über meiner Sippe liegt ein seelischer Fluch, der en masse manisch-depressiv durchgeknallte Menschen produziert. Diese etwas überzogenen Äußerungen meine Familie betreffend konnte ich mir erst leisten, als ich Vollwaise wurde. Von dem Moment an dachte ich: »Das waren prima Leute, aber du musst ihnen literarisch noch mal einen ordentlichen Arschtritt verpassen, weil man sich das vorher immer strikt verkneifen musste.« Wenn man sich eine Ausfälligkeit gegönnt hat gegen die abstruse Mutti, die immer besorgt die Bücher des Sohnes untersuchte und Psychoanalyse betrieb, ist man quasi quitt. Danach braucht man sich nur noch den eigenen Irrsinn vom Hals zu schreiben. ▌ Wer die Freiheit nicht liebt, soll's mit den Frauen versuchen! Das sagt einer, dem eben die Ehe gescheitert ist und der nun noch festere Beziehungen zum Weltschmerz pflegt. ▌ Wo wahrhaft gute Männer gute Sachen machen, fehlen gute Weiber. Es ist leider meine Erfahrung, dass um mich herum Männerüberschuss herrscht. Wir spendieren uns am Stammtisch gegenseitig Ballettkurse, damit wenigstens einer von uns mal unter die Frauen kommt. ▌ Journalismus ist eine komplexe Berufskrankheit. Alle sind dem kleinen, miesen, hinterhältigen Pressesex verfallen. Die kleinen Ekstasen der Machtausübung vom Schreibtisch der »taz« aus habe ich in durchaus schöner Erinnerung. Aber Journalisten tendieren dazu, auf fremder Pisse Kahn zu fahren. Also dieser Verwurstungswahn, dazu noch diese Veröffentlichungseitelkeit und Komplimentfischerei – aber ach, ich selbst bin ja so ein Oberwurstmeister geworden. Wie soll man sonst die Seiten füllen? ▌ Früher dachte ich als Inschrift auf meinem Grabstein an etwas wie: »Wegen Dir bin ich tot!« Oder, gnadenlos aufrichtig: »Wegen dir bin ICH tot!« Heute neige ich zu: »Macht bloß so weiter!«

Dank

an Oliver Creutz, Michael Ebert, Benedikt Erenz,
Lothar Gorris, Marcel Hartges, Philipp Oehmke,
David Pfeifer, Michaela Röll und Jana Straulino

allen Fotografen, die wie Volker Hinz und Manfred Klimek
kostenlos Bilder für dieses Buch zur Verfügung gestellt
haben

den Kollegen, die bei Interviews mitgearbeitet haben:
Jörg-Uwe Albig, Oliver Creutz, Michael Ebert,
Beate Flemming, Hans-Peter Junker, Joachim Köhler,
Christine Kruttschnitt, Bianca Lang, Claus Lutterbeck,
Werner Mathes, Uschi Neuhauser, Stefanie Rosenkranz,
Hannes Roß, Siegfried Schober, Christian Seidl,
Jochen Siemens, Hollow Skai und Michael Stoessinger

Bildnachweis

Umschlag

Vorderseite:
Harald Schmidt: Volker Hinz
Woody Allen: Volker Hinz
Arnold Schwarzenegger: Manfred Klimek
Robbie Williams: Picture-Alliance
Helmut Newton: Volker Hinz
Robert De Niro: Cinetext
Elfriede Jelinek: Martin Vukovits
Martin Walser: Volker Hinz
Karl Lagerfeld: EPA
Marcel Reich-Ranicki: Manfred Klimek

Rückseite:
George Tabori und Claus Peymann: Oliver Herrmann
Wolfgang Joop: Sven Michaelsen
Herbert Grönemeyer: Horst Diekgerdes
Peter Zadek: Martin Vukovits
Peter Handke: Lillian Birnbaum
Sönke Wortmann und Veronica Ferres: Volker Hinz
Roman Polanski: Picture-Alliance
Friedrich Dürrenmatt: Daniel Schwartz
Peter Ustinov: Roland Tännler

Innenteil

Anders, Hanns-Jörg: Seite 183
Ballnus, Olaf: 235
Birnbaum, Lillian: 61, 96, 133
Brinkhoff, Ralf: 209
Cinetext: 140
Degenhard, Kai: 51
Dreissinger, Sepp: 47
Eickelpoth, Dieter: 210
Fischer, Robert: 237-238
Herrmann, Oliver: 37, 115, 117, 119, 158, 185, 218
Hinz, Volker: 27, 55, 62, 65, 69, 72, 75, 78, 88, 101, 121, 129, 131, 152, 170, 181, 191, 196-197, 200-202, 205, 214, 227
Horn, Matthias: 167
Hecke, Roswitha: 161
Klimek, Manfred: 13, 41, 45, 49, 70-71, 84, 106, 126, 143, 147, 163, 192, 194, 232
Knechtel, Gunnar: 112-113
Koch, Raimund: 138
Koelbl, Herlinde: 109
Mannstein, Cellina von: 172, 199
Michaelsen, Sven: 58, 177
Ohlbaum, Isolde: 99
Padel, Fergus: 224
Picture-Alliance: 17
Pielow, Stefan: 178-179
Recht, Regina: 231
Schründer, Sabine: 243
Schwartz, Daniel: 33
Seidel, Florian: 225
Steffen, Alfred: 80, 116, 157, 169, 189
Tännler, Roland: 22

Index und Jahr der Gespräche

Fatih Akin (2005) 234-235
Woody Allen (2005) 10-14
Michael Ammer (2001) 178-179

Ben Becker (2001) 165
Jurek Becker (1992, 1993, 1994) 122
Thorsten Becker (1996) 118-119
Iris Berben (2001) 70-71
Helmut Berger (1998) 50-52
Peter Berling (1992, 2005) 156
Josef Bierbichler (2001) 166-167
Dieter Bohlen (1994, 1998, 2001) 176-177
Luc Bondy (1993, 2002) 40-42
Paul Bowles (1988) 183
Thomas Brasch (1999) 116

Michael Caine (2002) 136-137
Ingrid Caven (1992) 154-155
Paulo Coelho (2003) 111-113
Penélope Cruz (2005) 73

Kirk Douglas (1998) 132-134
Friedrich Dürrenmatt (1990) 32-34

Hans Magnus Enzensberger (1988, 1997) 216
Joe Eszterhas (2006) 138
Robert Evans (2006) 139-141

Veronica Ferres (2004) 72

Bruno Ganz (2004) 192
Robert Gernhardt (1997) 214-215
Thomas Gottschalk (1999) 186-187
Herbert Grönemeyer (2002, 2003) 207-209
Durs Grünbein (1995) 212

Otto von Habsburg (2002) 230-231
Peter Handke (1992, 1994, 2002) 94-98

Hugh Hefner (2001) 77-78
Heino (1995) 203
Hans Werner Henze (1996) 127-129
Michael (»Bully«) Herbig (2004) 224
Werner Herzog (2001) 193
Heinz Hoenig (2002) 174-175
Robert Hunger-Bühler (2000) 194

Elfriede Jelinek (1993) 126
Wolfgang Joop (1997, 2001, 2003) 56-59
Harald Juhnke (1996) 170
Udo Jürgens (1993, 2004) 74-76

Thomas Kapielski (2005) 241-243
Walter Kempowski (1988, 2002) 100-102
Robert F. Kennedy, Jr. (2006) 228-229
Alice & Ellen Kessler (1996) 200-201
Udo Kier (1992, 1996) 158-159
Wolfgang Koeppen (1987, 1993, 1994) 184-185
Heinz G. Konsalik (1993) 218
Helmut Krausser (2001) 99
Franz Xaver Kroetz (1999, 2006) 43-46

Karl Lagerfeld (1996) 53-55
Günter Lamprecht (2000) 108-110
James Last (1996) 202
Heiner Lauterbach (2006) 171-173
Peter Lindbergh (1997) 68-69
Udo Lindenberg (1996) 197
Joachim Lottmann (2004) 157
Markus Lüpertz (1996) 198-199

Sandra Maischberger (2002) 188-189
Paulus Manker (2002) 49
Alexander McQueen (1996) 62
Arthur Miller (2000) 226-227
Bernhard Minetti (1995, 1996) 103
Michael Mittermeier (2004) 225

Hans Moser (2000) 79-81
Armin Mueller-Stahl (1997) 120-121
Harry Mulisch (1993) 217
Heiner Müller (1993, 1997) 117
Marius Müller-Westernhagen (1999) 210-211

Sten Nadolny (1990) 233
Helmut Newton (1997, 2002) 63-67
Robert De Niro (1990, 1992) 135

Wolfgang Petersen (1997) 148-149
Claus Peymann (1993, 1994, 1999) 38-39
Roman Polanski (1995, 2005) 142-144

Will Quadflieg (1989, 1994) 47-48
Thomas Quasthoff (2000) 130-131

Christoph Ransmayr (1988, 2000) 232
Marcel Reich-Ranicki (1999) 82-86
Peter Rühmkorf (1997) 213
Salman Rushdie (1999) 220-221

Einar Schleef (1997) 104-107
Christoph Schlingensief (1996) 204-205
Volker Schlöndorff (1991) 195
Harald Schmidt (1999, 2001, 2005) 25-31

Robert Schneider (1997) 219
Arnold Schwarzenegger (2003) 145-147
Til Schweiger (1999) 150
Karl-Heinz (»Neger-Kalle«) Schwensen (1997) 180-182
Hanna Schygulla (1992, 1995, 2001) 151-153
Hella von Sinnen (1991) 206
Peter Sloterdijk (1994) 222-223
Benjamin von Stuckrad-Barre (2000) 168-169

George Tabori (1994, 1997, 2000) 35-37

Siegfried Unseld (1994) 114-115
John Updike (2005) 123-125
Peter Ustinov (2003) 20-24

Gert Voss (1993, 2001) 162-164

Martin Walser (1991, 1993, 1995, 1996, 1997) 87-93
Vivienne Westwood (1997, 1999) 60-61
Robbie Williams (1999, 2005) 15-19
Robert Wilson (1990, 1996, 2003) 190-191
Sönke Wortmann (1999) 196

Rolf Zacher (2002) 236-240
Peter Zadek (1990, 1993) 160-161